U0504341

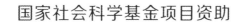国家社会科学基金项目资助

《金关汉简》
戍卒与武备词语研究

聂丹◎著

中国社会科学出版社

图书在版编目(CIP)数据

《金关汉简》戍卒与武备词语研究/聂丹著. —北京：中国社会科学
出版社，2022.10
ISBN 978-7-5227-0481-4

Ⅰ.①金… Ⅱ.①聂… Ⅲ.①居延汉简—词语—研究
Ⅳ.①K877.54

中国版本图书馆 CIP 数据核字(2022)第 125467 号

出 版 人	赵剑英
责任编辑	郭晓鸿
特约编辑	杜若佳
责任校对	师敏革
责任印制	戴 宽

出 版	中国社会科学出版社
社 址	北京鼓楼西大街甲 158 号
邮 编	100720
网 址	http://www.csspw.cn
发 行 部	010-84083685
门 市 部	010-84029450
经 销	新华书店及其他书店

印 刷	北京明恒达印务有限公司
装 订	廊坊市广阳区广增装订厂
版 次	2022 年 10 月第 1 版
印 次	2022 年 10 月第 1 次印刷

开 本	710×1000 1/16
印 张	26.5
插 页	2
字 数	423 千字
定 价	138.00 元

凡购买中国社会科学出版社图书，如有质量问题请与本社营销中心联系调换
电话：010-84083683
版权所有　侵权必究

目　录

序 ……………………………………………………………………（1）

凡例 ………………………………………………………………（1）

第一章　概论 ……………………………………………………（1）
　　第一节　研究材料 ……………………………………………（1）
　　第二节　《金关汉简》的研究现状 …………………………（18）

第二章　《金关汉简》戍卒与武备设施词语概貌及其特点 ……（41）
　　第一节　戍卒与武备设施词语的概貌及分类 ………………（41）
　　第二节　戍卒及武备设施词语的特点 ………………………（45）

第三章　《金关汉简》戍卒称谓词语研究 ……………………（52）
　　第一节　据工作场所命名的戍卒词语 ………………………（59）
　　第二节　据身份性质命名的戍卒词语 ……………………（113）
　　第三节　戍卒的爵位 ………………………………………（171）

第四章　《金关汉简》武备设施词语研究 …………………（184）
　　第一节　屯戍设施词语 ……………………………………（191）
　　第二节　兵器及兵器部件词语 ……………………………（253）
　　第三节　守御器词语 ………………………………………（335）

第五章 《金关汉简》戍卒与武备设施词语的研究价值 …………… （363）

第一节 对军事学的研究价值 …………………………… （364）

第二节 对词汇史和辞书编撰的价值 …………………… （372）

第三节 对词源学研究的价值 …………………………… （379）

第四节 对历史地理学研究的价值 ……………………… （380）

索引 …………………………………………………………… （382）

参考文献 ……………………………………………………… （384）

后记 …………………………………………………………… （402）

图 目 录

图 1　戍卒构成 ……………………………………………… 49

图 2　军事系统从属关系结构 ……………………………… 54

图 3　居延城的石磨 ………………………………………… 88

图 4　小楔 …………………………………………………… 210

图 5　桯楪 …………………………………………………… 215

图 6　墼 ……………………………………………………… 224

图 7　虎落 …………………………………………………… 232

图 8　天田位置 ……………………………………………… 242

图 9　圆銎矛 ………………………………………………… 256

图 10　方銎矛 ……………………………………………… 256

图 11　有方 ………………………………………………… 263

图 12　弩 …………………………………………………… 272

图 13　籣 …………………………………………………… 318

图 14　箭箙 ………………………………………………… 321

图 15　腰引弩 ……………………………………………… 326

图 16　棓 …………………………………………………… 340

图 17　漆椎 ………………………………………………… 346

图 18　长椎 ………………………………………………… 346

图 19　椎牛图 ……………………………………………… 347

图 20　梁盖 ………………………………………………… 349

图 21　橧 …………………………………………………… 361

图 22　饭筥(1) ································· 376

图 23　饭筥(2) ································· 376

图 24　竹箅筥 ··································· 376

图 25　箅筥 ····································· 376

图 26　消防扫把 ································· 377

表 目 录

表 1　各类戍卒武备词语的音节构成 ·············· 46

表 2　田卒/戍田卒年龄构成 ······················· 76

表 3　田卒爵位及籍贯对照(1) ···················· 80

表 4　田卒爵位及籍贯对照(2) ···················· 82

表 5　"治渠卒"简况 ······························· 95

表 6　明确所属部门的亭卒信息 ···················· 110

表 7　《金关汉简》及同质简所见一车人数统计 ······ 118

表 8　骑士年龄统计 ······························· 140

表 9　骑士简文例序列(1):右前骑士 + 左前骑士 + 中营右骑士 ··· 143

表 10　骑士简文例序列(2):右前骑士 + 左前骑士 + 中营左骑士 ··· 144

表 11　《金关汉简》残渺四营骑士简 ················ 145

表 12　同质简残渺四营骑士简 ····················· 146

表 13　"骑士"前后"县""里"完整的简文统计 ········ 155

表 14　相同出生地的骑士简统计 ···················· 157

表 15　同质简所见同里骑士 ······················· 161

表 16　《金关汉简》中戍卒出现频率统计 ············ 170

表 17　《金关汉简》所见戍卒爵位与汉代爵位对比统计 ··· 176

表 18　《金关汉简》所见戍卒爵位统计及其占比 ······ 177

表 19　"具弩"的拉力在《金关汉简》及同质简中的分布 ··· 280

表 20　《金关汉简》中与"弩"搭配的"矢"数量统计 ··· 293

表 21　《金关汉简》中与"弓"搭配的"矢"数量统计 ··· 297

表 22　随身携带的"弩"与"稾矢"数量搭配统计 …………………… 303

表 23　随身携带的"弩"与"茧矢"数量搭配统计 …………………… 304

表 24　《金关汉简》"稾矢""茧矢"储存情况 …………………… 305

表 25　《居延新简》"稾矢""茧矢"储存情况 …………………… 305

序

西北是汉简出土最多的地方，从1901年初英籍探险家匈牙利人马尔克·奥莱尔·斯坦因（Marc Aurel Stein）和瑞典探险家斯文·安德森·赫定（Sven Anders Hedin）在我国西北发现汉简以来，在西北地区已先后发现8万多枚汉简，这些汉简大都是当时人记当时事的"同时资料"，属于汉王朝在西北屯兵戍边的档案，不见于传世文献，故在历史学、语言学、文字学、军事学、民俗学、考古学等方面具有很大的研究价值。

对简帛进行语言文字学方面的研究真正兴起的时间，实际上是从20世纪90年代才开始的，我是较早从事这方面研究的人员之一。十多年前，无论是写文章还是在学术会议上发言，我往往要呼吁学界重视简帛的语言文字研究。随着简帛的不断出土和"简帛学"显学地位的不断提高，现在早已不需要这方面的呼吁了，因为不少原来不涉及出土文献的学人也投身到简帛研究中了，不少原来不搞简帛研究的高校、科研机构，也纷纷建立起了"简帛研究"类机构，有关研究成果和研究人才不断涌现，而其中进行简帛语言文字研究的人员不少，队伍蔚为壮观，成果也非常丰富，非常可喜。在简帛语言研究的新成果中，即将问世的聂丹的《〈金关汉简〉戍卒与武备词语研究》，可谓西北汉简词汇研究的一部力作，值得推荐。

词汇史研究的一个关键点，就是首先要对一部部专书、一批批专门材料的词汇状况进行清理，甚至编出一部部专书或专门语料词典，然后才谈得上构建出科学客观的汉语词汇史，而我们在这方面的工作还做得不够，甚至远远不够。由于西北屯戍汉简具有极强的文献真实性和口语性，它自然是绝佳的词汇研究的语料，研究这批汉简的词汇，不仅可以反映当时普通词语的情况，还可以反映当时军事用语的情况，聂丹的《〈金关汉简〉戍卒与武备词语研究》正是进行这方面研究的成果，故仅就选题来说，就是一个非常好的选题。本书对《金关汉简》的戍卒词语、武备设施词语进行了穷尽和系统的研究，展现了其词汇的客观面貌，得出了很多精彩的结论，值得称道的地方不少，兹举几点：

戍卒与武备设施词语 209 个。从词汇构成看，单音节 44 个，双音节 103 个，后者占了全部戍卒与武备设施词语的 3/4 强。多音节 62 个，其中大部分是三音节结构，有 37 个。由此可知，到了汉代，汉语单音节词为主的时代已经结束，双音节词占了主要地位。这一结论对汉语双音化研究具有重要意义。

戍卒称谓词语有 30 个。根据工作场所不同、工作内容不同和身份性质的不同，又有不同的称谓。根据工作场所的不同有以下称谓：隧卒、田卒、田兵、鄣卒、亭卒、候卒、部卒、府卒、仓卒、东部卒；根据工作内容的不同有以下称谓：车卒、车父、车工、马卒、迎卒、戍田卒、治渠卒、治沟卒、锻工卒、犁工关卒；根据身份性质的不同有以下称谓：省卒、罢卒、罢戍卒、死卒、官卒、游徼、骑士、材官。屯戍建筑设施词语有 24 个，如"堠""堞""坞""墼""关楼内户""坞前垣""垣北""天田""兰楼""坞上偃户""坞户关""楼椫""柃柱"等。武器及其配件词语有 67 个，仅"矢"类就有"矢""弩矢""稾矢""茧矢""稾茧矢""陷坚矢"等。这些称谓类别的清理归纳对词汇史研究和对当时军屯武备情况的认识都有着重要意义。

大量的烽燧名，有表示破敌制胜意义的（如"灭虏隧"），有表达追求和平意义的（如"安汉隧"），有表达美好喜乐意义的（如"乐哉隧"），有表达世代延续意义的（如"万世隧"）。这些名称不仅有着史学民俗学研究的意义，体现出人们对结束战争渴望和平的强烈愿望，而且在传统训诂学的"得名之由"的研究，即现代语言学的词源研究方面，有着积极的意义。

"箙、籣、韇、韔"，传世文献记载都是用来装"弓弩矢"的，但具体装什么大都不作具体区分。而简文中则有明确区别："箙"装"茧矢"，

"籣"装"稾矢"，"韇"装"弓"，"幡"装"弩"。这一发现无论是对单个词语史的研究，还是对古代兵器史的研究，都有着积极的意义。

防御器"鎧"，字形有"铠"也有"鞼"，以前者为常见，后者仅见一例（72EJC：119），说明当时的铠甲有铁质的，也有皮革的，以铁质的为常见。由词语"革铠"（73EJT28：11）可知，材质虽是"革"，字形仍作"钅"旁的"铠"，是"铁甲"多于"革甲"现象在文字上的反映。① 这一结论同样是无论对于词汇史的研究，还是对于古代兵器史的研究，都有着积极意义。

"弩"类词语十分丰富，仅从拉力看，就有"三石弩""三石承弩""三石具弩""四石具弩""五石弩""五石具弩""六石弩""六石具弩""七石具弩""八石具弩""九石具弩""大黄力十石弩""大黄力十五石具弩""官具弩""官第一六石具弩"等名称，② 说明当时"弩"的种类之多。这一结论不光对古代兵器史的研究有着积极的意义，③ 而且说明当时"弩"的制造业是非常发达的，从而对器物制造史的研究有着积极意义。

从考古发掘看，长安出土的汉代的"鍭"大部分为铁质，少部分为铜质。而简文中则有大量的"铜鍭"一名，未见有明确记载的"铁鍭"名。"铜鍭"优于"铁鍭"，这是汉王朝把精良武器用于边塞防御的例证。这对汉王朝戍边政策的研究显然是有意义的。

张掖郡的罢卒，由张掖郡辖区内各县护送到居延都尉府，张掖郡同一年所有的罢卒都集中在居延，护送回乡也由居延出发，故张掖郡的罢卒都可以称为"居延罢卒"。也正因为这个原因，"居延罢卒"分别由张掖郡

---

① 杜葆运、韩汝玢《汉长安城武库》说："武库遗址规模相当大……已发掘的第一遗址中，有大量铁铠甲，其中一块重约七八十斤。……这也说明铁器的使用在当时有更进一步的发展。"说明考古所见与文字反映的结果是一致的，当时铁铠甲的使用很普遍。

② 《居延汉简》36.11 的"官六石第一弩"，与这里的"官第一六石具弩"的"第一"的所指应当是相同的。

③ 《尹湾汉墓简牍》中的《武库永始四年兵车器集簿》，记载了汉王朝设置在东南地区的一处大型武器仓库的库藏情况，逐项详列兵车器等各类军用物资的名称和数量。如果我们将西北汉简所载"弩"的情况与之相比，即可知西北汉简中的"弩"的种类是远远多于《尹湾汉墓简牍》中所载的，若将两种文献所载武备词语进行比较，肯定是颇有意义的。

下的日勒、删丹、屋阑、昭武、䊆得各县负责护送回乡。护送回乡在每年的八月进行，往往由军队系统中的"尉官"负责具体事宜。为对于汉王朝处置西北罢卒的方法流程的研究是有实实在在意义的。

简文中有不少词语具有辞书学价值，其中有些是辞书未见者，如"䊆矢""稾矢"等；有些是辞书虽已收录，但首引书证晚于汉代者，如"炊帚""长矛"等。这些对于汉得的辞书学价值的研究是具有实实在在意义的。

本书精彩的研究结论不少，兹不赘述。

这里想谈谈对传统研究方法的运用问题。现在有不少做学问的人，往往有意无意忽视或轻视甚至丢弃经过长时间运用而行之有效的研究方法，片面追求所谓"时髦"的研究方法，特别是喜欢把国外新产生的研究方法用来研究汉语，而不管是否适合汉语的实际，导致的后果是其成果往往是仅有些"时髦"表述，让人难以卒读，自然经不起时间检验，最多也就是"各领风骚三五年"而已。而本书在对传统研究方法的运用上，是值得称道的，兹也举其几点：

统计分析法是一个很平常的传统研究方法，但怎样使用以及效果如何往往因人而异，我们只需看以上所举的本书研究所得的那些精彩结论即可知，这些结论大都是只有在对材料提供的信息进行地毯式搜索的基础上进行统计分析后才能得出的，所以，本书称得上是统计分析法的典范运用。

定量与定性相结合的研究方法的运用，也是本书对这一平常的传统研究方法成功运用的一大亮点。例如本书得出各种武器的出现频率由高到低分别是：弩 148 次，剑 110 次，弓 76 次，刀 41 次，有方 22 次，斧 10 次，矛 5 次，斤 3 次。由此得出结论：在汉代边塞中弋射类武器使用最为普遍，是当时武备中非常重要的远射武器。这一结论显然是定量定性研究法的精彩运用的结果。

因声求义法，也是一个古老的研究方法，但却是一个非常有用的方法，它往往可以解决形训法、义训法解决不了的问题，起到探求词源、弄清事物得名之由的目的。本书对此方法的运用也是很成功的。例如作者认为，《金关汉简》中的"堠"（堠楼）之所以称为"堠"，与声符"侯"相关。从"侯"得声的字多有"伺望"义，比如"候、喉、猴、鯸、鏉"等：候，伺望；喉，候气进食的关键；猴，习性善候望之兽；喉，迎候箭矢之靶。"堠"之所以称为"堠"，因其是用来瞭望敌情的哨楼。

接下来我想着重谈谈与研究方法紧密相关的另一个问题——学术研究的角度视野问题。由于现在学科越分越细，往往容易导致研究者只埋头于自己学科的问题，而不关心其他学科的问题，也自然往往不懂其他学科的理论和研究方法，这很不利于学术问题特别是疑难问题的解决。我们应该大力提倡跨学科研究，大力提倡运用本学科的方法和成果来解决其他学科特别是相关学科相邻学科的问题。这方面，前辈学者为我们做出了很好的榜样，例如对《列子》一书的辨伪问题，1950 年，季羡林先生从语言学角度发现《列子》中的故事有钞于西晋竺护法译《生经》的情况，从而肯定《列子》为伪书。[①] 杨伯峻先生找出该书中汉晋才产生的几个词语进行论证，认定《列子》当为魏晋时代的伪书，他说："从汉语史的角度来鉴定中国古籍的真伪以及它的写作年代应该是科学方法之一。生在某一时代的人，它的思想活动不能不以当日的语言为基础，谁也不能摆脱他所处时代的语言的影响。"[②] 张永言先生选取了《列子》中的 16 个魏晋时期产生的词语，从词汇史的角度又一次力证该书是魏晋伪书，他说："如果我们以历史语言学的眼光进行观察，就不难在他的书里发现不少晚于汉魏晋时期行用的新的语言成分，特别是词汇成分。"并下结论说：此书的撰人"就是生活于东晋中后期的本书的注者张湛"。[③] 这些学者从语言学角度进行的研究，有力地证明了从唐代柳宗元起人们从文献学角度进行研究认为《列子》为伪书结论的正确性，并且，进一步认定该书是魏晋伪书，至此，今本《列子》为魏晋伪书的结论就牢不可破了。这是前辈学者运用语言学理论方法和成果来解决其他学科问题的典范。

① 季羡林：《〈列子〉与佛典——对于〈列子〉成书时代和著者的一个推测》，载于《中印文化关系史论丛》，人民出版社 1957 年版；又载于《季羡林佛教论集》，山西教育出版社 2010 年版。

② 杨伯峻：《从汉语史的角度来鉴定中国古籍写作年代的一个实例——〈列子〉著作年代考》，《新建设》1956 年第 7 期；又载于《列子集释》附录三，中华书局 1979 年版。

③ 张永言：《从词汇史角度看〈列子〉的撰写时代——为祝贺季羡林先生八十华诞作》，载于《季羡林教授八十华诞纪念论文集》，江西人民出版社 1991 年版；又载于《汉语史学报》第六辑，2006 年；又载于《语文学论集》（增补本），语文出版社 1999 年版。

　　关于运用语言学研究的理论方法和成果来解决其他学科的问题，本人也深有体会。20世纪70年代以来，陆续出土了大量的简帛佚医书，这些宝贵的民族遗产所在的时代问题是一大问题，医药学和史学的学者有不少往往从各自学科出发来进行研究，并且常常是循环论证，说到马王堆简帛医书的成书时代时说，这批医书中所述经脉为十一条，只有灸法没有针法，其成书时代显然比传世的最早的医书《黄帝内经》更早，因为后者已是十二条经脉，针法也较成熟，由此认为，如果以《黄帝内经》成书于战国时期来推定，则简帛医书的成书年代至少可以上溯到春秋战国之际甚至更早。说到《黄帝内经》的成书时代时说，马王堆简帛医书成书不晚于春秋战国之际，则《黄帝内经》的成书时代在战国时期。这种循环论证显然是无力的。我们从语言学的语法学角度进行了研究，在全面清理马王堆医书虚词的大宗——副词的基础上，选取表时间的"既"与"已"、表否定的"勿"与"毋"、表程度的"稍"与"小（少）"以及"最"这几组典型的副词，从虚词发展史的角度来论断其成书时代，结论是：马王堆医书中副词的使用情况反映的是战国末期产生的语言新质，从而可以判断其成书时代不早于战国末期，学界认为其成书于春秋战国之际甚至更早的说法不能成立。[①] 并且，我们从汉语词汇史角度出发对《黄帝内经》的词汇进行了全面清理，发现《黄帝内经》各篇的成书时代均不早于汉代，且大都在东汉。[②] 这样也就能很好地解释简帛医书与《黄帝内经》的成书时代层次问题了，也就好理解《黄帝内经》与张仲景书的时代层次关系问题了。所以，搞语言学的不能只管语言的研究，要善于将语言学研究的成果运用来解决史学、文献学等相关学科的问题，这样才有利于科学研究，攻克学术难题。

　　聂丹的这本《〈金关汉简〉戍卒与武备词语研究》，就有不少是将语言学研究的成果运用来解决历史学问题的精彩地方，通过前面所举的亮点即可知，本书并不局限于纯语言学的研究，而是在语言学研究的基础上，

---

　　① 　详张显成、程文文《从副词发展史角度考马王堆医书成书时代》，《文献》2016年第2期。
　　② 　详本人指导的2016年通过的以下三篇西南大学硕士论文：《从词汇史角度考〈灵枢经〉的撰成时代》，作者张诗虞。《从词汇史角度考〈素问〉的撰成时代》，作者王艳。《从词汇史角度考〈素问〉"七篇大论"的撰成时代》，作者申佳丽。

进一步拓展到汉代戍卒的分工、各自的工作职能、工作条件，以及各种武备设施的研究，从而展现汉代的军队面貌、军事水平、武器制造水平，反映汉代对边塞的军事政策，等等。这种研究视角是尤为值得称道的。

任何成果都不可能是完美无瑕的，本书也不可避免地存在尚可努力的地方，例如，本书研究的关注点聚焦在《金关汉简》，而对于有关传世典籍资料的搜集运用，以及将同性质的《居延汉简》《居延新简》《敦煌汉简》《额济纳汉简》《地湾汉简》以及新近开始刊布的《悬泉汉简》等与《肩水金关汉简》有关词汇进行异同研究，还可再深入。

聂丹是贵州大学徐之明先生培养的硕士，毕业工作几年后，于2010年从余攻读博士学位。尽管是从零开始学习研治简帛，但由于她勤奋聪颖，诚笃踏实，很快就进入了简帛语言研究的行列，仅用三年时间就完成了博士论文《西北屯戍汉简名物词语研究——以衣饰、器用、植物类词语为主要研究对象》，并得到专家好评。由于她在博士学习阶段奠定了较好的西北汉简研究基础，在读期间就于2013年获得了国家社科基金项目"肩水金关汉简名物词语研究"，2015年晋升教授，2020年又喜获第二个国家社科基金项目"西北出土衣装简牍汇辑校注"。上帝是公平的，有付出，有汗水，就会有好的收获。

聂丹的这本《〈金关汉简〉戍卒与武备词语研究》，就是其国家社科基金项目"肩水金关汉简名物词语研究"成果中的一部分。书稿即将出版之际，向我索序，我是她的导师，义不容辞，便拉拉杂杂写了以上一通，聊以充序。

张显成

2020 年 11 月 28 日于西南大学竭驽斋

凡　　例

1. 引文说明

（1）释文原简符号，如：●、•、■、＝、｜、一、∠、⊠等，在不影响文意的情况下，本文引用时均予删除。

（2）由于简文情况不一，有的残断比较严重，有的简文较长，为了俭省篇幅，本文引录的简文，在不影响文意的前提下，尽量简短，不引用全简文字。

（3）原简文字有异体字、通假字或错别字，我们不做改动，原简实录。如"鱗得"，有作"角得"（73EJF3：558）、"乐得"（73EJT24：248），仍作"角得""乐得"，"太"字简文多作"大"，如"大守"（73EJT21：201）、"大初"（73EJT4：107），我们均原简实录。

（4）引用简文时，尽量避免出现特殊用字。简文提及的"隧名"较多且多用俗体字，如："燨""陇""隧""隊"等字形，在记录隧名时统一作"隧"。"烽"有作"蘴""漁""燹"的，根据其功能，我们统一采用字形"烽"。"侯"也有作"堠"，"邸"字也作"鄙"，"庠"字也作"唪"，在不影响表意的前提下，我们统一采用字形"堠""邸""庠"。如果有特殊字符且数量不多的，出现的特殊字符一般均原简原录。如"騱里"（73EJT3：88）的"騱"，就录为"騱"。

（5）论文文字采用小四号宋体，所引文例用小四号华文仿宋字以示区别。为了强调需要着重说明的词语，在相关词语下面画横线。

2. 引用简文的符号说明

☑，表示简残断处。

□，表示简文中无法释读或无法补出的文字，一个"□"表示一个字。

▨，表示原简残泐，残泐处文字不能释读且文字字数无法确定。

（ ），表示括号里面的内容，是据简文补充的。

［ ］，表示几个词语所指相同，在收录第一个词语之后的其他词语均用［ ］标注，表明同义关系。如"居延城墊里（73EJT24：296）［居延成墊里（73EJT24：781）、居延诚墊里（73EJT27：33）]"，"城墊里""诚墊里""成墊里"三种书写形式我们都收录，用［ ］标明它们是同一个词语。

【 】，表示补出的原简脱文，包括补出原简残断部分的字。

／，（1）汉简中的多种常用字形，我们均收录，用"／"号前后隔开。如："游徼/游傲/游檄"；（2）表明关系紧密，如："候官/塞候/障候/军候"，它们都属于"××候"的结构类型。

－，表明"－"连接的词语出自同一简文。如：登山吏－要虏吏－平乐吏－万礼吏－强新吏（73EJF3：251B＋73EJF3：445B＋73EJF3：636B＋73EJF3：562B），说明"登山吏""要虏吏""平乐吏"等出自同一简文中。

3. 简称说明

为了行文简洁，经常引用的各批简牍予以简称，具体如下：

全称简称

《肩水金关汉简》——《金关汉简》

《居延新简释粹》——《释粹》

《中国简牍集成》——《集成》

《敦煌汉简》
《居延汉简》—— ｝同质简
《居延新简》
《额济纳汉简》

4. 简号说明

（1）各批简标注简号说明

我们在引用的时候，照录每一批简使用的常见简号。每一批简都有自己的标注方式,"居延汉简"则有三种标注方式。总共六批简,论文中出现八种简号。

A.《肩水金关汉简》

简号以"72""73""74"开头,代表这批简发掘的时间,后面紧跟"EJT""EJF",还有少量的"EJT4H"、"EJD"和"EJC"。

B.《居延新简释粹》

简号以"74EPT""74EJT"① 开头,如"74EPT8:15""74"代表发掘的年份。

C.《居延汉简》

以《居延汉简甲乙编》为准。这批简有三种标注法,一种是在两个数字中间加".",如"52.3";一种是数字前加上"N",如"N5";一种是在数字前面加上"甲附""乙附",如"甲附4""乙附25"。

D.《居延新简》(不包括《金关汉简》)

以《居延新简——甲渠候官》为准。这批简的简号在数字前面加有"EPT""EPF""EPW""EPC""EPS""ESC""EN"等字母组合,如"EPT2.5"。

E.《敦煌汉简》

从"1"到"2485"的纯数字简号。此外,在敦煌市人头疙瘩采集的简牍的标注方式为:"八八 DYTGC""八九 DXC:六四",在敦煌市疏勒河北三墩采集的简牍的标注方式为:"九〇 D 八:一"。

F.《额济纳汉简》

简号以"99、2000、2002"开头,代表不同的发掘年份,后面紧跟一串数字和字母,如"99ES16SF3:2""2000ES7SF1:15""2002ESCSF1:2",字母不同表示不同的出土地点,字母后面的数字表示其序号,如:"99ES16ST1:9",是1999年在额济纳旗第16燧内的第一台阶发掘的第九枚简。

(2)简号标注的字母意思

每一枚简的简号或多或少都使用了字母。这些字母说明简牍发掘于不

---

① 仅一例简号为"82 EPWC:1"。此外,简号"24EJT23:354"当是"74EJT23:345"之误。

同的地点。《肩水金关汉简》《居延新简》《居延新简释粹》标注的简号使用的字母代表的意思比较相同，作如下说明（以下冒号后表示前一字母所表示的意思）：

E：额济纳河流域；J：肩水金关；T：探方；F：房屋遗址；C：鄣、坞外面的灰堆；N：地点不明的简；P：破城子（古代的"甲渠候官"）；W：坞壁内；A、B、C、D：同一简的各面。这些字母组合起来，表示简牍发掘的地点，如：

EJT：额济纳河流域肩水金关探方遗址；EJF：额济纳河流域肩水金关房屋遗址；EPT：额济纳河流域破城子探方遗址；EPF：额济纳河流域破城子房屋遗址；EPW：额济纳河流域破城子坞壁内；EPC：额济纳河流域破城子鄣、坞以外的灰堆；EPS4T：额济纳河流域甲渠塞第四隧探方；ESC：额济纳旗三十井次东隧遗址；ET 和 ES（T）：居延北部调查散简；72EDAC：1972 年采集于居延大湾；72ECC：1972 年采集于查科尔帖；72EDIC：1972 年采集于居延地湾；72BS7C：1972 年采集于居延布肯托尼第七隧；72BS79C：1972 年采集于居延布肯托尼第九隧；EN：1972年居延地区调查采集地点不明残简。

《居延汉简》有少数简牍的简号在数字前面标注上"N"，表示这些简牍采集地点不明。

《额济纳汉简》采用的字母表示的意思与以上几批简采用的有些差异：

E：为额济纳旗；S：表示烽燧；T：表示台阶；F：表示房舍；H：表示灰堆；D：表示过道；CS：表示额济纳旗察干川吉烽燧。

字母前面的数字，代表发掘的时间："74EPT" 1974 年发掘的简牍；"73EJT" 1973 年发掘的简；"99ES16ST" 表明是 1999 年发掘的简牍。

由于几批简使用简号的方式各不相同，据标注的简号，就能知道是出自哪批简，我们在引用简文时，直接标注简号，不再一一注明出自哪批简。

第一章　概论

第一节　研究材料

　　肩水金关汉简，就是在汉代肩水金关遗址发掘得来的一万余枚简牍。肩水金关，在今天甘肃省金塔县北部，位于金塔县天仓北 25 千米处。东经 99°55′47″，北纬 40°35′18″，是汉代张掖郡南部肩水都尉府所辖的一处出入关卡。"肩水金关汉简"因在汉代的肩水金关遗址发现而命名，其主要包括两大部分：（1）1972—1974 年，在肩水金关汉代遗址发掘出土的牍 10785 枚简牍档案。这是肩水金关汉简的主体部分。（2）1930 年，中瑞科学考察团成员瑞典人贝格曼在肩水金关遗址发掘的 779 枚汉简，发掘时间很早，但数量不大。两次发掘的肩水金关汉简共计有 11564 枚。

一　发掘整理情况

（一）主要研究材料

1. 《肩水金关汉简》

　　1972—1974 年，在甘肃省文物部门的主持下，甘肃省文化厅文物处、甘肃省博物馆文物队、酒泉地区及当地驻军组成文物考古队，对居延地区汉代亭隧进行调查清理发掘，在甲渠候官所在地破城子及其以南 5 千米处的甲渠塞第四隧、甘肃省金塔县天仓城以北二十五千米处的肩水金关遗址三处共出土了 19400 余枚汉简。其中肩水金关收获简牍 10785 枚。

　　1973 年 7 月 13 日至 9 月 25 日，在中国人民解放军某部警卫团的协助下，岳邦湖、初师宾、王勤台等十多位同志历时 75 天完成了肩水金关遗址的发掘工作。① 甲渠候官（破城子）和第四隧发掘的简牍于 1990 年和 1994 年，由文物出版社和中华书局分别出版了释文简装本和图文精装版。而肩水金关遗址出土的汉简，直到 2011 年才开始陆续出版发行。2011 年 8 月，上海文艺出版集团中西书局编辑出版了由甘肃简牍博物馆、甘肃省文物考古研究所、甘肃省博物馆、中国文化遗产研究院古文献研究室、中国社会科学院简帛研究中心五家单位合作编纂的《肩水金关汉简（壹)》。自被发掘以来，肩水金关汉简历时 37 年得以出版发行。

《肩水金关汉简（壹)》三册连发，包括彩色图版、红外线图版和释文三部分，上册是彩色图版，中册是红外线图版，下册是释文。后来陆续出版的《肩水金关汉简》都采用这样的三册安排。自《肩水金关汉简（壹)》出版之后，上海中西书局分别于 2012 年 12 月、2013 年 12 月、2015 年 11 月和 2016 年 8 月，出版发行了《肩水金关汉简（贰)》《肩水金关汉简（叁)》《肩水金关汉简（肆)》《肩水金关汉简（伍)》。每一套都是三册连发，5 套书共 15 册。至此，《肩水金关汉简》的整理出版工作全部结束。

《肩水金关汉简（壹)》，2011 年 8 月出版，共收录汉简 2351 枚；编号前部的数字和字母全部是 "73EJT"，表明在 73 年发掘于额济纳河流域肩水金关汉简的某个探方，共收录 10 个探方的简牍。各探方的编号及数量分别是：73EJT1：1 - 318（318 枚），73EJT2：1 - 106（106 枚），73EJT3：1 - 118（118 枚），73EJT4：1 - 214（214 枚），73EJT5：1 - 122（122 枚），73EJT6：1 - 198（198 枚），73EJT7：1 - 215（215 枚），73EJT8：1 - 115（115 枚），73EJT9：1 - 395（395 枚），73EJT10：1 - 550（550 枚）。

《肩水金关汉简（贰)》，2012 年 12 月出版，共收录汉简 2334 枚；编号前部的数字和字母也全部是 "73EJT"，编号及数量分别是：73EJT11：1 - 31（31 枚），73EJT14：1 - 42（42 枚），73EJT15：1 - 29（29 枚），73EJT21：1 - 501（501 枚），73EJT22：1 - 157（157 枚），73EJT23：1 -

---

① 为了行文简洁，本文省去对专家学者的尊称，敬请各位先生谅解。

1074 （1074 枚），73EJT24：1 - 500 （500 枚）。

《肩水金关汉简（叁）》，2013 年 12 月出版，共收录汉简 2066 枚；编号前部的数字和字母全部也还是"73EJT"。编号及数量分别是：73EJT24：501 - 1006 （506 枚），73EJT25：1 - 248 （248 枚），73EJT26：1 - 305 （305 枚），73EJT27：1 - 142 （142 枚），73EJT28：1 - 146 （146 枚），73EJT29：1 - 135 （135 枚），73EJT30：1 - 267 （267 枚），73EJT31：1 - 242 （242 枚），73EJT32：1 - 75 （75 枚）。

《肩水金关汉简（肆）》，2015 年 11 月出版，共收录汉简 2065 枚；整理者整理缀合了 29 枚简，故实际收录简牍 2036 枚。编号前部的数字和字母有"73EJT"，也有"73EJH"和"73EJF"，表明在 73 年发掘于额济纳河流域肩水金关汉简的某个探方、某个灰堆或某个房屋遗址。编号及数量分别是：73EJT33：1 - 91 （91 枚），73EJT34：1 - 50 （50 枚），73EJT35：1 - 16 （16 枚），73EJT37：1 - 1590 （1590 枚），73EJH1：1 - 82 （82 枚），73EJH2：1 - 110 （110 枚），73EJF1：1 - 126 （126 枚）。

《肩水金关汉简（伍）》，2016 年 8 月出版，共收录汉简 1969 枚；编号前部的数字和字母有"73EJF"和"73EJT4H"，也有"73EJD"、"72EJC"和"73EJC"，还有少量的"72EDAC""72ECC""72ECNC""72EDIC""72BS7C""72BS79C"，编号及数量分别是：73EJF2：1 - 49 （49 枚），73EJF3：1 - 636 （636 枚），73EJT4H：1 - 90 （90 枚），73EJD：1 - 391 （391 枚），72EJC：1 - 680 （680 枚）。还有 72 年采集于居延大湾的编号是 72EDAC：1 - 8 的 8 枚简；在居延查科尔帖调查采集的编号是 72ECC：1 - 83 的 83 枚简，附编号是 72ECNC：1 的 1 枚简；在居延地湾采集的编号是 72EDIC：1 - 22 的 22 枚简；在居延布肯托尼第七隧采集的编号是 72BS7C1 - 5 的 5 枚简，在第九隧采集的编号是 72BS79C1 - 4 的 4 枚简。

2. 《居延汉简》的部分简牍

1930 年，中瑞科学考察团成员瑞典人贝格曼（Folke Bergman）在额济纳河流域进行考古调查，共发掘汉简一万余枚，其中在肩水金关遗址发掘汉简 850 余枚，著录了 746 枚，据《居延汉简补编》增补了 33 枚简，共 779 枚汉简。

这些简牍是在汉代张掖郡发现的，虽然部分是在北部的汉代居延都尉府所辖地烽燧中发现的，部分是在南部的汉代肩水都尉府所辖地烽燧中发现的，但学界习惯把这次发掘的简牍统称为"居延汉简"。整理、出版时都同等对待，没有分开。

这批被命名为"居延汉简"的简牍，于1930年5月被送往北京，由北京大学的刘半农、马衡等进行研究，傅振伦、傅明德等负责协助整理，1935年之后又由向达、劳干、贺昌群等协助整理。1937年抗战爆发，简牍照片毁于战火，简牍辗转运到香港大学图书馆，由沈仲章对简牍进行拍照、编号，1941年，太平洋战争爆发，香港沦陷，简牍照片再次被毁，简牍运到美国国会图书馆。劳干据手头照相副本，在四川奥地南溪进行独立研究，1943年，出版了石印本《居延汉简考释》释文之部（共四册），1944年出版了《居延汉简考释》考证之部（共二册）。此书印数不到百本，1949年商务印书馆活本印刷《居延汉简考释》释文之部，这个版本国内较易见到。1957年，劳干在中国台湾出版了《居延汉简》图版三部，是所发掘简牍的部分图版，此书出版后，人们才得以见到这批图版的原状。另外，中国社会科学院考古研究所据留在大陆的简牍照片，于1959年由科学出版社出版了《居延汉简甲编》，包括2596支简牍的照片、释文和索引。中国社会科学院考古研究所1980年出版的《居延汉简甲乙编》是最为完备的资料。1987年，文物出版社出版发行了由谢桂华、李均明、朱国炤三位对《居延汉简考释》《居延汉简甲编》《居延汉简甲乙编》进行详细校释的成果《秦汉魏晋出土文献：居延汉简释文合校》。1998年，台北"中央研究院"历史语言研究所出版了史语所简牍整理小组整理搜集的《居延汉简补编》。《居延汉简甲乙编》和《居延汉简补编》两本书几乎包括了"居延汉简"的全部内容，也是对早期肩水金关汉简的完备收录。敦煌文艺出版社于2001年出版了中国简牍集成编辑委员会编《中国简牍集成——甘肃省·内蒙古自治区卷（居延汉简）》（释文在第5、6、7、8册）。此书是在前人研究的基础上，对已公布的汉简释文进行汇集、标点、注释，个别处作了修订。并附有部分图版和遗址地图，是对肩水金关汉简收录整理最为完整的版本。这批简牍现存于台北"中央研究院"

历史语言研究所。

我们以《中国简牍集成——甘肃省·内蒙古自治区卷（居延汉简）》（初师宾，敦煌文艺出版社 2001 年版）为底本，以《秦汉魏晋出土文献：居延汉简释文合校》（谢桂华、李均明、朱国炤，文物出版社 1987 年版）和《居延汉简补编》（台北"中央研究院"历史语言研究所 1998 年版）为参照本。

以上著录包含了在肩水金关遗址发掘的 779 枚汉简，这批汉简共有 26 包，各包的编号及数量分别见下：

第 15 包的编号分别是：15.1—25，（共 25 枚汉简）；

第 22 包的编号分别是：22.4—5，（共 2 枚汉简）；

第 29 包的编号分别是：29.1—15，（共 15 枚汉简）；

第 32 包的编号分别是：32.1—2，32.4—9，32.11—18，31.20—25，（共 22 枚汉简）；

第 37 包的编号分别是：37.1—7，37.13—14，37.17—40，37.42—46，37.49—51，37.56—59，37.62，另外加上据《居延汉简补编》增补的三枚简：※37.28，※37.35，※37.53，（共 49 枚汉简）；

第 43 包的编号分别是：43.2—5，43.7—13，43.15—17，43.19—20，43.23—25，43.27，43.29—31，另外加上据《居延汉简补编》增补的※43.22，（共 23 枚汉简）；

第 50 包的编号分别是：50.1-9，50.13，50.15-20，50.22-26，50.28-31，另外加上据《居延汉简补编》增补的※50.12，（共 26 枚汉简）；

第 51 包的编号分别是：51.1，51.3-6，51.8-11，51.13-17，51.21，51.23-25，另外加上据《居延汉简补编》增补的※51.7，※51.18，（共 20 枚汉简）；

第 62 包的编号分别是：62.1-58，另外有两枚据《居延汉简补编》增补的"X62.13"和"X62.39"（共 60 枚汉简）；

第 75 包的编号分别是：75.1-11，75.13-30，另外有一枚据《居延汉简补编》增补的※75.12，（共 31 枚汉简）；

第 77 包的编号分别是：77.1-4，77.6-11，77.15-18，77.21-25，77.28-31，77.33-39，77.41-42，77.44，77.48-49，77.52-55，77.58-60，77.62-69，77.72，77.74，77.76-77，77.79-80，

（共56枚汉简）；

第119包的编号分别是：119.1－3，119.5－9，119.11－14，119.17－19，119.22，119.25－27，119.30，119.33－37，119.39－42，119.44－51，119.53－55，119.57－59，119.62－64，119.66－69，（共50枚汉简）；

第121包的编号分别是：121.1，121.3－5，121.7－9，121.12－14，121.16，121.18－19，121.21，121.24，121.26，121.28－29，121.31－32，121.39，另外加上据《居延汉简补编》增补的※121.6，※121.14，※121.21，※121.23，※121.34，※121.35，※121.36，（共28枚汉简）；

第140包的编号分别是：140.1－12，140.15－20，140.26，140.29－30，另外加上据《居延汉简补编》增补的X140.20，※140.24，（共23枚汉简）；

第171包的编号分别是：171.1－2，171.5－10，171.13－16，171.18－19，另外加上据《居延汉简补编》增补的※171.11，※171.20，（共16枚汉简）；

第204包的编号分别是：204.3－9，（共7枚汉简）；

第212包的编号分别是：212.1－3，212.6－9，212.11－15，212.24－25，212.28－29，212.31，212.33－34，212.37－43，212.45－52，212.54－63，212.65－74，212.76－77，212.79－86，212.94，212.100－101，212.104－105，另外加上据《居延汉简补编》增补的※212.10，※212.16，（共71枚汉简）；

第218包的编号分别是：218.1－7，218.9－16，218.18－27，218.29－43，218.45，218.47－66，218.76，218.78，218.81，另外加上据《居延汉简补编》增补的※218.28，（共65枚汉简）；

第241包的编号分别是：241.1－6，241.8，241.10－15，241.18－19，241.21－25，241.27，241.31，241.40，241.42，241.44－47，241.49，另外加上据《居延汉简补编》增补的※241.7，※241.28，※241.32，※241.34，（共33枚汉简）；

第243包的编号分别是：243.2，243.5－6，243.8－9，243.11，243.13－14，243.21－26，243.28－32，243.34－35，243.37－38，243.41－44，243.47－50，243.54，243.57－59，（共35枚汉简）；

第 288 包的编号分别是：288.2－3，288.5－7，288.9－11，288.13，288.15－23，288.26－28，288.30－34，另外加上据《居延汉简补编》增补的 X288.11，X288.16，X288.20，（共 29 枚汉简）；

第 334 包的编号分别是：334.1－3，334.6－11，334.13－16，334.18，334.20，334.22－26，334.28－38，334.40－42，334.45－48，（共 38 枚汉简）；

第 340 包的编号分别是：340.1－2，340.5－8，340.10－12，340.14－23，340.25－28，340.31－36，340.39－43，340.45－48，340.52－54，另外加上据《居延汉简补编》增补的 X340.35，（共 42 枚汉简）；

第 526 包的编号是：526.1，（共 1 枚汉简）；

第 529 包的编号分别是：529.1－3，（共 3 枚汉简）；

第 530 包的编号分别是：530.1－4，530.6，530.8－9，另外加上据《居延汉简补编》增补的※530.5 和※530.2，（共 9 枚汉简）；

综上，本文的主要研究材料为 1973 年采集于肩水金关遗址的 10785 枚汉简和 1930 年采集于肩水金关遗址的 779 枚汉简，共计 11564 枚汉简。由于这两批汉简均已刊出，且以前者为绝对主体，为了行文方便，下文提及这两批肩水金关汉简时，径称为《金关汉简》。

（二）辅助研究材料

《金关汉简》是汉代屯兵西北产生的文书档案，在西北地区还发现了其他一些同是汉代在西北屯兵产生的文书档案，分别是《敦煌汉简》《居延汉简》《居延新简》《额济纳汉简》，它们与《肩水金关汉简》关系密切：出土地点接近，性质相同，产生时间相同或相近，甚至是发掘于同一次考古调查，出版于同一本专著。因此，这几批简牍，是研究《肩水金关汉简》必不可少的辅助材料。

1. 居延汉简

这批汉简共 10177 枚，1930 年发掘于居延都尉府管辖的烽燧亭障遗址，其发掘、整理、出版情况，与 1930 年发掘于肩水金关遗址的 700 余枚汉简同步进行，可参看上文"主要研究材料·《居延汉简》的部分简牍"的相关介绍。

这一万余枚汉简已经与同年发掘于肩水金关遗址的 700 余枚汉简同书

刊出，其在数量上占了绝对优势，为了行文方便，下文提及这批汉简时，径称《居延汉简》。

2. 居延新简

这批汉简与 1973 年发掘于肩水金关遗址的一万余枚汉简，是同一批专家在同一次考古调查时发掘的，为了与 1930 年发掘的《居延汉简》相区别，这一批发掘较晚的"居延汉简"就称为"居延新简"。

1972—1974 年间，甘肃省文化厅、甘肃省博物馆、酒泉地区及当地驻军组成的文物考古队，对居延地区汉代亭隧进行了调查发掘，完成了甲渠候官（破城子）和甲渠塞第四隧以及肩水金关遗址的发掘考察，共出土汉简 19400 余枚。我们所说的"居延新简"，是指在甲渠候官（破城子）和甲渠塞第四隧发掘的简牍，不包括肩水金关遗址发掘的 10785 枚汉简。

1976 年，考古队在额济纳旗布肯托尼以北又获得了 173 枚汉简，1982 年在甲渠候官遗址又发现了 22 枚汉简。这些简现存于中国社会科学院考古研究所。我们把这些散简也归入"居延新简"中，这样，"居延新简"共计 8810 枚。

目前"居延新简"通行的释文有三个版本，如下。

①《秦汉魏晋出土文献——居延新简——甲渠候官与第四燧》。甘肃省文物考古研究所、甘肃省博物馆、文化部古文献研究室、中国社会科学院历史研究所集体研究整理，文物出版社 1990 年出版，32 开平装本，简体字横排，这本书收录了甲渠候官、甲渠塞第四隧出土部分，没有图版和遗址地图。这本书是这批简牍最早的研究成果。②《居延新简——甲渠候官》。甘肃省文物考古研究所、甘肃省博物馆、中国文物研究所、中国社会科学院历史研究所集体研究，由中华书局 1994 年出版了这本书为八开精装本，繁体字竖排，包括甲渠候官所在地破城子和甲渠塞第四隧所出全部简文和图版，并附有遗址地图。③《中国简牍集成——甘肃省·内蒙古自治区卷（居延新简）》（释文第 9、10、11、12 册）。敦煌文艺出版社 2001 年出版。这本书是在前人研究的基础上，对已公布的汉简释文进行标点、注释，个别地方作了修订。

我们采用的简文，以《中国简牍集成——甘肃省·内蒙古自治区卷（居延新简）》（初师宾，敦煌文艺出版社 2005 年版）为底本，以《居延新简——甲渠候官》（甘肃省文物考古研究所等编，中华书局 1994 年版）和《秦汉魏晋出土文献——居延新简——甲渠候官与第四燧》（甘肃省文物考古研究所等编，文物出版社 1990 年版）为参照本。①

这批汉简已经独立刊发，为了行文方便，下文提及这批汉简，我们径称《居延新简》。

3. 敦煌汉简

敦煌汉简是最早发现的"西北屯戍汉简"，从 1907 年，斯坦因在中亚探险时获得的 708 枚汉简开始，陆续发掘了总共 2522 枚简牍。② 这些在疏勒河流域发现的简牍，因最先在敦煌发现，故被称为"敦煌汉简"。主要包括以下八批汉代简牍。

①1907 年，斯坦因第二次探险时，在敦煌以北汉代烽燧遗址获得简牍 708 枚。③ ②1913—1915 年，斯坦因第三次探险时，在敦煌汉代烽燧遗址中获得 84 枚简牍，这些简牍大部分属于敦煌郡玉门都尉和中部都尉，小部分属于宜禾都尉；在安西、酒泉两县境内获 105 枚，这批简的出土地大部分属于汉代酒泉都尉和北部都尉，陈梦家曾称之为"酒泉汉简"。共计 189 枚简牍。④ ③1920 年，周炳南在敦煌西北古玉门关城外小方盘古城附近掘得 17 枚简牍。⑤ ④1944 年春，西北科学考察团在敦煌西北小方盘古城附近掘得汉简 50 枚，简影和释文见夏鼐《考古学论文集》。⑥ ⑤1977

---

① 《居延新简释粹》（薛英群、何双全、李永良注，甘肃省文物考古研究所编，兰州大学出版社 1988 年版）是"居延新简"最早的研究成果，其所作的释文、解读有不少精当之处。收录了甲渠候官和肩水金关的部分简牍，与"居延新简""金关汉简"所收简牍有交叉，收录目前未刊布的简有 72 枚，可以作为我们研究的补充材料。

② 《敦煌汉简释文》有 2484 枚，据《敦煌汉简》收录有 2485 枚，据《集成》有 2522 枚。

③ 原简现藏于伦敦不列颠博物馆。详见斯坦因著《西域考古记》。另，1914 年罗振玉和王国维利用沙畹发表的《斯坦因在东土耳其斯坦因考察所获中国文书》中公布的简牍照片和内容进行精心考证研究，在日本出版了著名的《流沙坠简》。

④ 原简现藏于伦敦不列颠博物馆。详见斯坦因著《亚洲腹地考古记》。另，中国学者张凤在法国马伯乐处得到斯坦因第三次中亚探险获得的简牍的照片和出土地点编号，与斯坦因第二次探险考察所得简牍的图版一并带回国，对简牍内容作了考证，于 1931 年在国内发表了有名的《汉晋西陲木简汇编》。

⑤ 原简现藏于敦煌研究院。此事在《敦煌汉简》问世前未见专门报道。李均明《古代简牍》（第 13 页）称，这 17 枚简中仅 1 枚完整。

⑥ 原简现藏于台北"中央"图书馆。详见阎文儒《河西考古杂记》。

年 8 月，嘉峪关市文物保管所在今玉门市汉代烽隧遗址中获得简牍 91 枚。原简现藏嘉峪关长城博物馆。⑥1979 年 6 月，甘肃省文物工作队和敦煌县文化馆在敦煌西北小方盘城以西 11 千米的马圈湾发现一座被斯坦因当年考察时遗漏的汉代烽燧遗址，新编号为 D21，出土简牍 1217 枚。这是中华人民共和国成立后在敦煌地区进行的第一次汉代烽燧遗址的科学考察，收获比原来任何一次都多，所得汉简不仅在数量上超过了过去在敦煌所获的总和，而且在层位、断代上有了更确切的依据。这批简原简现藏于甘肃省文物考古研究所。① ⑦1981 年 3 月，敦煌县博物馆在敦煌西北 57 千米酥油土汉代烽燧遗址中获简牍 76 枚。原简现藏于今敦煌市博物馆。⑧1986—1988 年，敦煌市博物馆在全市文物普查过程中又陆续获木简 137 枚。此外，还有 1988 年在敦煌市人头疙瘩采集的 10 枚简牍和 1990 年疏勒河北三墩采集的 27 枚简牍。

这批简的研究成果，在国内最早见于罗振玉、王国维的《流沙坠简》，张凤的《汉晋西陲木简汇编》。这些都是较为零散的部分材料。1984 年，文物出版社出版了林梅村、李均明合编的《秦汉魏晋出土文献：疏勒河流域出土汉简》，对散见的部分简牍进行编号归类。1991 年，甘肃文物出版社出版了由甘肃省考古研究所研究整理的《敦煌汉简释文》，把散见的简牍搜集整理汇总。《敦煌汉简释文》一书为 32 开平装本，无图版，附有简牍编号索引和敦煌马圈湾汉代烽燧遗址发掘报告，简体字横排。1991 年，中华书局出版了甘肃省文物考古研究所编的《敦煌汉简》。《敦煌汉简》一书为 8 开精装本，附图版、原简编号索引及敦煌马圈湾汉代烽燧遗址发掘报告，繁体字竖排。《敦煌汉简》和《敦煌汉简释文》对"敦煌汉简"作了详细的校读，但均未收录 1988 年在敦煌市人头疙瘩采集的 10 枚简牍和 1990 年疏勒河北三墩采集的 27 枚简牍（共计 37 枚）。敦煌文艺出版社 2001 年出版的中国简牍集成编辑委员会编的《中国简牍

---

① 马圈湾烽燧遗址，位于敦煌市区西北 95 千米，东距小方盘城 11 千米，西距后坑（又名西湖）2.7 千米，北距疏勒河 8 千米。遗址位于汉代塞垣遗迹内侧 3 米的戈壁上，发掘前为一圆形沙丘，直径约 15 米，顶高约 3.5 米。1907 年斯坦因调查时遗漏。1979 年甘肃省博物馆文物队（现甘肃省文物考古研究所前身），对河西汉塞进行调查时发现。1979 年 9 月进行发掘，全面揭露了烽燧、堡屋、畜圈、井架、灰区等，发掘出简牍 1221 枚，帛书 1 件。

集成·甘肃省卷》（第3、4册），收录了前两家皆未收录的这37枚简牍，内容更加丰富，繁体字竖排。甘肃省文物研究所的学者们对这批简进行了较为细致的整理，基本解决了释读方面的问题。

我们以《中国简牍集成——甘肃省卷》（中国简牍集成编辑委员会主编，初师宾主编，敦煌文艺出版社2001年版）为底本，以《敦煌汉简》（甘肃省文物考古研究所，中华书局1991年版）和《敦煌汉简释文》（吴礽骧、李永良、马建华，甘肃人民出版社1991年版）为参照本。

这批汉简已经刊发，为了行文方便，我们径称为《敦煌汉简》。

4. 额济纳汉简

1999年9月—2002年10月，内蒙古自治区文物考古研究所、阿拉善盟博物馆、额济纳旗文物管理所组成考古队，对额济纳旗境内的汉代居延遗址进行了分阶段考古调查，会同吉林大学边疆考古研究中心对居延遗址内13处古城和烽隧遗址进行了测量，为配合地方公路改线，对部分遗址进行了抢救发掘，先后发掘了甲渠塞"第十六隧"（T9）"第七隧"（T14）"第九隧"（T13）"第十四隧"（T10）和卅井塞的察干川吉烽燧（T116），发掘得将近600枚汉简，被称为"额济纳汉简"。虽然《金关汉简》《居延汉简》《居延新简》等汉代简牍也发现于额济纳河流域，但只有这将近600枚简牍被称为"额济纳汉简"。

对"额济纳汉简"进行释文研究的，目前有两个本子：魏坚主编的《额济纳汉简》（广西师范大学出版社2005年版）和孙家洲主编的《额济纳汉简释文校本》（文物出版社2007年版），后者是对前者的整理和释读。

我们以《额济纳汉简释文校本》（孙家洲，文物出版社2007年版）为底本，以《额济纳汉简》（魏坚，广西师范大学出版社2005年版）为参照本。

这批汉简已经独立刊发，为了行文方便，我们径称为《额济纳汉简》。

综上，本文的主要研究材料有：《金关汉简》，辅助研究材料有：《居延汉简》、《居延新简》、《敦煌汉简》和《额济纳汉简》。除《敦煌汉简》外，其余简牍均发掘于张掖郡额济纳河流域，为了避免指称错漏，对各批简及其所指作一个简要概括，如下。

主要研究材料：

①1930年在额济纳河流域肩水金关遗址发掘的779枚汉简。

②1973 年在额济纳河流域肩水金关遗址发掘的 10785 枚简牍。

共计 11564 枚汉简，统称为《金关汉简》。

辅助研究材料：

《居延汉简》：1930 年在额济纳河流域居延都尉府所属遗址发掘的 10177 枚简牍。

《居延新简》：1972—1982 年，在甲渠候官（破城子）和甲渠塞第四隧发掘的汉简。《居延新简释粹》所收的不见于《居延新简》和《金关汉简》的 72 枚简牍也归在此类。此外还有一些不明发掘地的简牍，计 8882 枚。

《敦煌汉简》：从 1907 年开始，在疏勒河流域陆续发现的 2522 枚简牍。

《额济纳汉简》：1999—2002 年，对额济纳旗境内的汉代居延遗址进行试掘得到的 598 枚简牍。

以上这些辅助研究的简牍共计 22179 枚。

这些辅助研究材料，与主要研究材料一样，均发掘于中国西北边塞汉代烽燧遗址，它们出土地点相同相近，内容相同相关，反映的时代基本一致，可以互为补充、相互印证，是我们研究的有力补充。

二　语料的性质

《金关汉简》大部分是木质简牍，也有少量竹简。是汉代屯边遗留的宝贵资料，大部分是文书档案，小部分是书籍、历谱，还有一些零星的私人信件，是汉代西北边塞屯军社会生活的反映，是真实记录汉代西北屯边活动的宝贵财富。

对语言研究来说，语料的选择十分重要。张显成早在 1998 年就说过：“选择研究材料具有十分重要的意义。研究材料选定得不好，往往事倍功半，甚至是做的无用功（例如伪材料）；反之，经过精心选择反复论证而确定的材料，则会事半功倍。”① 作为研究语料，《金关汉简》是极为有价值的。张显成采用太田辰夫对文献的分类：同时资料和后时资料，说：“出土文献，它们大都是‘同时资料’或‘准同时资料’，如睡虎地秦简、居延汉简、敦煌汉简、简帛医书、遣策等。并且，有不

---

① 张显成：《简帛文献学通论》，中华书局 2004 年版，第 44 页。

少简帛，是当时人记当时事的口语性文献，如简帛中的账簿、契约、文书、医方等。所以，从理论上讲，简帛文献必然具有极强的真实性，它们应该是汉语史研究的极其宝贵的文献材料。"① 我们选择的《金关汉简》，正是当时人记当时事的口语性文献，多有文书、簿籍、契约和书信，具有极为重要的价值。

（一）时代明确

《金关汉简》中有大量纪年简，明确反映语料产生的时间。《金关汉简》中有不少简文明确记录了书写时间，这就为我们掌握这批简反映的时间提供了最真实的信息。

黄艳萍《〈肩水金关汉简（壹）〉纪年简校考》说："（《金关汉简（壹）》）有完整纪年的简 147 枚，含纪年内容的简约 350 枚，共计约497 枚纪年简。在这些纪年简中，纪年最早的为汉武帝太初五年（即天汉元年，公元前 100 年，见 73EJT4：107 简'大初五年'）；最晚的为新莽始建国四年（公元 12 年，见 73EJT7：50 简'始建国三年正月癸亥'），纪年跨度约 112 年。"② 罗见今、关守义在《〈肩水金关汉简（贰）〉历简年代考释》中说："（《金关汉简（贰）》）这批简牍中，纪年简有 162 枚，约占 7%。最早的一枚是 73EJT21：111 号简：□□候长居延西道里叔□年卅□始元二年五月辛未除见汉昭帝始元二年是公元前 85 年。最晚的一枚是 73EJT23：189 号简：始建国五年八月王莽始建国五年即公元 13 年。"③ 黄艳萍在《〈肩水金关汉简（叁）〉纪年简校考》中说："（《金关汉简（叁）》）这批简牍中与纪年有关的日期简共计约 339 枚……有明确纪年的简 127 枚。这些纪年简中最早的纪年为汉昭帝元凤二年（前 79，见 73EJT26：16 简'元凤二年二月癸卯'），最晚的为汉平帝元始五年（前 5，见 73EJT24：616A 简'元始五年三月乙丑朔戊辰'）。"④ 黄艳萍在《〈肩水金关汉简（肆）〉中

---

① 张显成：《论简帛文献的词汇史研究价值——兼论其汉语史研究价值》，《简帛研究》（第三辑），广西教育出版社 1998 年版，第 194 页。
② 黄艳萍：《〈肩水金关汉简（壹）〉纪年简校考》，《敦煌研究》2014 年第 2 期。
③ 罗见今、关守义：《〈肩水金关汉简（贰）〉历简年代考释》，《敦煌研究》2014 年第 2 期。
④ 黄艳萍：《〈肩水金关汉简（叁）〉纪年简校考》，《敦煌研究》2015 年第 2 期。

的纪年问题》中讨论《金关汉简（肆）》的纪年简时说："我们穷尽性地统计了其中的纪年简、历谱简、日期简等与纪年相关的简牍共计639 枚，其中有明确年号记载的纪年简 246 枚。"① 又说："原有纪年简中最早的纪年为元凤二年（73EJF1：31），最晚的纪年为建武三年（73EJF1：25）。"②

据笔者考察，《金关汉简》中，最早的纪年简是太初五年，见于简73EJT4：107，最晚的纪年为建武三年，见于简 73EJF1：25。

73EJT4：107：大初五年

"太初"原本仅有 4 年，"大初五年"当为"天汉元年"，即公元前100 年。

73EJF1：25：建武三年五月丙戌朔壬子都乡啬夫官敢言之金城里任安自言与肩水候长苏长俱之官谨案安县里年姓所葆持如牒毋官狱征事得以令取传谒移过所毋苛留如律令敢言之

建武元年是 25 年，建武三年即为公元 27 年，这是《金关汉简》中最晚的纪年简。

从公元前 100 年到公元 27 年，是《金关汉简》的时间跨度。

同质简的时代也是明确的。李均明等编著的《当代中国简帛学研究（1949—2009）》中说："以上疏勒河流域出土的简牍，绝大部分为汉代遗物，所见最早年号为西汉武帝天汉三年（公元前 98 年），最晚年号为东汉顺帝永和二年（公元 138 年）。"③ 张国艳在博士学位论文《居延汉简虚

---

① 黄艳萍：《〈肩水金关汉简（肆）〉中的纪年问题》，《敦煌研究》2017 年第 6 期。

② 黄艳萍：《〈肩水金关汉简（肆）〉中的纪年问题》，《敦煌研究》2017 年第 6 期。

③ 李均明、刘国忠、刘光胜、邬文玲：《当代中国简帛学研究（1949—2009）》，中国社会科学出版社 2011 年版，第 177—178 页。另外，李均明《古代简牍》："以上四批疏勒河流域出土的简牍，绝大部分为汉代遗物，所见最早年号为西汉武帝天汉三年（公元前 98 年），最晚年号为东汉顺帝永和二年（公元 137 年）。"东汉顺帝永和二年，当为公元 138 年。

词研究·绪论》中说："(《居延汉简》)这批简牍中年号最早的为汉武帝太初三年简（公元前 102 年），最晚为东汉光武帝建武七年简（公元 31年）。"① 又说："(《居延新简》)这批纪年简约有 1200 余枚，最早的为天汉二年（公元前 99 年），最晚的为建武七年（公元 31 年），以宣帝时期为多。另有一枚为晋武帝太康四年（公元 283 年）。"② 谢桂华在《初读额济纳汉简》中说："(《额济纳汉简》)其中，以西汉宣帝神爵三年（公元前 59 年）为最早，东汉光武帝建武四年（公元 28 年）为最晚，前后达八十七年之久。"③ 洪春嵘《额济纳纪年简初考》得出同样的结论。

据我们考察同质简，最早的要数《敦煌汉简》1278 号纪年简的"☑鼎三年"（公元前 114 年），④ 本简残缺。字迹保留完整的最早汉简是《敦煌汉简》1298 号简的"元鼎六年"（公元前 111 年）。张国艳提及的"太初三年"简，笔者仔细搜寻未果；⑤ 最晚的汉简要数《流沙坠简·数术类》收录的永兴元年（公元 153 年）历谱，⑥ 前后相差刚好有二百五十年时间：

> 1278A：☑鼎三年敢言之……☑ ☑毋忽如律令敢言☑（前 114 年）
> 1298：马以节，属吏用传信，及将兵吏边言缘【人】惊□□□马书府……□武皇帝元鼎六年九月辛巳下。（前 111 年）

《流沙坠简》收录历谱简：

> 三日，戊寅戊申戊寅丁未丁丑丙午丙子乙巳乙亥甲辰甲戌癸卯（153 年）

---

① 张国艳：《居延汉简虚词研究·绪论》，博士学位论文，华东师范大学，2005 年。
② 张国艳：《居延汉简虚词研究·绪论》，博士学位论文，华东师范大学，2005 年，第 9 页。
③ 谢桂华：《初读额济纳汉简》，载魏坚主编《额济纳汉简》，广西师范大学出版社 2005 年版，第 33 页。
④ 饶宗颐、李均明：《敦煌汉简编年考证》，"☑鼎三年"是"元鼎三年"残留。(1 页)
⑤ 李均明《古代简牍》："所见最早纪年是太初二年（内容系追述）。"(17 页)《当代中国简帛学研究》(182 页) 也有相同的记载。
⑥ 据沙畹考证为永兴元年历谱，得到罗振玉、王国维认同。

《流沙坠简》还收录了几枚三国时简牍，如"咸熙二年七月癸丑朔廿二日□□"，"咸熙二年"为魏元帝曹奂年号，公元265年，不过这个时间段的简牍数量极少。总的来说，这批简的主体是汉代的产物，写成年代是在西汉中后期至东汉中后期，即公元前1世纪至公元2世纪中叶。

（二）地域明晰

《金关汉简》因其发掘于汉代的肩水金关遗址而得名，故其发掘地址是非常清楚明晰的。肩水金关遗址在甘肃省金塔县天仓城以北二十五千米处，东经99°55′47″，北纬40°35′18″。

同质简的出土地点也是非常明晰的。《居延汉简》，是1930年4月瑞典人贝格曼（Folke Bergman）在额济纳河流域，东经100°—101°，北纬41°—42°的居延边塞发现了众多亭隧障塞发掘所得，因其是在张掖郡居延地区汉代烽燧发现的，所以被命名为《居延汉简》。《居延新简》是1972—1974年，在甲渠候官所在地破城子及其以南五千米处的甲渠塞第四隧以及在额济纳布肯托尼以北发掘所得。《额济纳汉简》，是1999年9月—2002年10月，在额济纳河流域居延遗址内的13处古城和烽燧遗址，即甲渠塞"第十六隧"（T9）、"第七隧"（T14）、"第九隧"（T13）、"第十四隧"（T10）和"卅井塞的察干川吉烽燧"（T116）等地发掘所得的汉简。《敦煌汉简》是在汉代敦煌郡、酒泉郡疏勒河流域发掘所得。额济纳河流域和疏勒河流域均在中国西北地区。

（三）文献真实

《金关汉简》是没有经过后人改写、传抄的第一手出土资料，完全真实地反映了资料所承载的信息原貌。传世文献往往被辗转传抄、校勘，不同程度地出现了"文献失真"，这是出土文献包括《金关汉简》在内不用面对的问题。薛英群《居延汉简通论·自序》："简牍具有极高的史料价值，首先表现在它们全部为原始记录和文书档案，是当事人的亲笔，或为部属记述经主吏过目，或为原文书的抄本。"①《金关汉简》产生的时间是西汉中期到东汉前期，这一时段的文献资料相对有限，《金关汉简》的出现，对这一时段的资料作了有力的补充，具有弥足珍贵的研究价值。正如

---

① 薛英群：《居延汉简通论》，甘肃教育出版社1991年版，第1页。

张显成所说:"文献的研究价值,首先取决于文献的真实性问题,越是如实反映原貌的文献,越具有研究价值,反之,则研究价值越低。"① 语言学的研究材料,决定了整个研究有没有价值,有多大的价值。徐时仪针对文献的真实性也说:"文献是从事语言研究的基础,同一文献在传承中总会有或多或少的衍误脱略,有一些文献还有不同程度的增补修订。……语言学的研究强调研究的语言现象的始见书和初见义的年代,如果不对所用材料进行一番文献的考证,所得结论就会有偏颇。"②《金关汉简》的文献真实性,是不容置疑的,只要是在科学方法的指导下,研究得出的结论往往可靠。

(四) 内容丰富

《金关汉简》涉及屯边活动的大量资料,包括军政活动、军政制度和私人生活等多方面。内容极其丰富,有诏书、奏记、律令、品约、牒书、爰书、符传、簿册、契券、封检、历谱、数术书、字书、医药方以及与吏卒生活有关的私人书信等,恰为汉代在中国西北屯军的有关屯戍档案。

魏璐梦在《〈肩水金关汉简(贰)〉词汇专题研究》中说:"肩水金关汉简材料以簿册、诏书律令、书信等应用性文书为主,内容涉及人员出入、兵役戍守、军事赋税、钱粮兵器、仓库买卖、日常生活等,记载全面详细,可借以了解汉代的政治、历史、军事及边疆情况。"③ 初仕宾、任步云在《居延汉代遗址的发掘和新出土的简册文物》中说:"在大量残册散简中,内容更加广泛。诸如各塞部燧的名称位置、隶书关系、人员编制、武器装备、戍务劳作,各种吏卒、家属、百姓、奴婢、刑徒的名册、考核,交通证件和公文、邮驿记录,各类钱粮财物的收支,调输、赋税、财产、买卖、雇佣、借贷的计算等等,从中可以看当时居延甚至全国的政治面貌、经济状况、军事系统、屯田水利、地理交通和各时期的变化。"④

林梅村、李均明在《疏勒河流域出土汉简》中说:"有大量与屯戍活动

---

① 张显成:《论简帛的文献学研究价值》,《古籍整理研究学刊》2005 年第 1 期。
② 徐时仪:《略论中国语言学的传承与创新》,载陈燕、耿振生主编《继往开来的语言学发展之路》,语文出版社 2008 年版,第 57 页。
③ 魏璐梦:《〈肩水金关汉简(贰)〉词汇专题研究》,硕士学位论文,华东师范大学,2016 年,第 1 页。
④ 初仕宾、任步云:《居延汉代遗址的发掘和新出土的简册文物》,《文物》1978 年第 1 期。

直接相关的下行、平行、上行文书，廪食、赐劳、俸禄、官吏任免名籍，符，传及出入关记录等简牍。……有些简牍内容虽然与屯戍无直接联系，但与当时的社会生活息息相关……总之，这批简资料对研究当时的敦煌、酒泉地区的屯戍活动乃至于两汉时期的政治、经济、军事均具较高价值。"①

额济纳河流域出土的汉简，内容涉及诏书、律令、官府文书、簿籍、符传、历谱等多方面，毫无疑问，这批汉简的出土不仅代表了汉代边郡防御制度的一般概况，而且较多地反映了汉王朝与西域各国的关系和中西文化交流的情况，这对于我们研究汉代边塞屯戍活动乃至两汉时期的政治、经济、军事、中西交通和社会历史提供了一个很好的平台，为中国西北史地研究打开了一扇大门。

（五）数量巨大

《金关汉简》的数量之大，是全国其他各处简牍无法比拟的。我们逐枚统计，《金关汉简》共 11564 枚。侯丕勋在《西北所出土简牍的特点》中说："自 20 世纪末以来，从我国很多地方发现了简牍，若就地区而言，西北各省区所发现简牍数量位居全国之冠。""居延地区出土旧简约 10200 枚。破城子、甲渠第四隧和不明地点的简牍共出土 8153 枚，肩水金关遗址出土 13003 枚；额济纳河下游调查发现 164 枚。居延地区共出土新旧简 31520 枚。"并总结："西北地区所出简牍约占全国所出土简牍的 80%。"② 这一组组统计数据，展现出来的，正是《金关汉简》数量上的绝对优势，是我们的研究得以顺利进行的丰富资源。

由于其时间清楚、地域明确，性质单纯，内容可靠而丰富，数量巨大，因此，我们选取《金关汉简》为研究材料，以同质简为辅助材料。

第二节 《金关汉简》的研究现状

《金关汉简》的研究成果不多，散见在各种领域的研究成果中，这些

---

① 林梅村、李均明：《疏勒河流域汉代边塞遗址概述》，载林梅村、李均明编《秦汉魏晋出土文献：疏勒河流域出土汉简》，文物出版社 1984 年版，第 6 页。
② 侯丕勋：《西北所出土简牍的特点》，《简牍学研究》（第一辑）1997 年。

已有的研究成果零散而不成系统，总体来说，研究不够深入，可开辟的空间极大。

从 2011 年出版以来，《金关汉简》备受中外学者关注。学者们从不同的角度去研究《金关汉简》，因为是刚刚刊布的新资料（2011—2016 年陆续刊出），学者们的关注点相对集中在简牍缀合和文字释读方面，这为对简文的正确理解和进一步研究奠定了基础。此外，有从历史学角度去研究的，也有从语言文字角度去研究的学者，词语研究也有涉及，词语研究中，相当一部分是对名物词语的研究。以单篇的论文为多见，有几篇专门研究的硕博学位论文，专著不多。就发表出处而言，有相当一部分论文是发表在武汉大学简帛研究中心主办的"简帛网"上，复旦大学"出土文献与古文字研究中心网"和中国社会科学院历史研究所"先秦史研究室网"上也有少量成果。此外，《简帛》《简帛研究》《简牍学研究》《简帛研究译丛》《简帛语言文字研究》《出土文献》《出土文献研究》《出土文献综合研究集刊》《简牍学报》等，都是《金关汉简》发表新成果的重镇。此外，还有一些涉及简帛研究的刊物，如：《文物》《考古》《考古与文物》《中原文物》《江汉考古》《农业考古》《古今农业》等，也是刊发简牍名物词语研究成果的主要阵地。

一 语言文字研究

对《金关汉简》的文字作的整体研究不多，这批简面世不久，释文校订是后期研究工作的重点，也是进一步研究的出发点，因而此阶段简文释读占了相当大的比重。简牍的缀合也涉及大量的文字信息，我们把对《金关汉简》的断简缀合也归在此处，《金关汉简》简牍缀合的成果数量也比较大。

（一）简牍缀合

简牍缀合的成果，大部分发表在武汉大学简帛研究中心主办的"简帛网"上，这些论文几乎都是以系列论文的形式发表。复旦大学"出土文献与古文字研究中心网"和中国社会科学院历史研究所"先秦史研究室网"上也有一些零星成果，期刊论文和硕博学位论文也有一点，数量不多。

发表在简帛网上的简牍缀合论文，成果集中在几个研究者，主要有姚磊（108 篇）、伊强（15 篇）、张文建（11 篇）、颜世铉（8 篇）、谢坤（7 篇）、许名玱（5 篇）等。

姚磊对《金关汉简》梳理了一遍，完成了对《金关汉简》的缀合和文字校读。形成了缀合的论文 105 篇，有《〈肩水金关汉简（壹）〉缀合》（一）到（十），共 10 篇；《〈肩水金关汉简（贰）〉缀合》（一）到（十八），有 18 篇；《〈肩水金关汉简（叁）〉缀合》（一）到（十八），也有 18 篇；《〈肩水金关汉简（肆）〉缀合》（一）到（四十三），有 43 篇；《〈肩水金关汉简（伍）〉缀合》（一）到（十），有 10 篇；此外，还有对《肩水金关汉简（壹）》缀合补充的 4 篇文章：《〈肩水金关汉简（壹）〉缀合小议一则》（2017 – 02 – 08）、《〈肩水金关汉简（壹）〉缀合小议二则》（2017 – 02 – 11）、《〈肩水金关汉简（壹）〉缀合小议之二》（2017 – 03 – 20）和《〈肩水金关汉简（壹）〉缀合补议一则》（2017 – 02 – 20）。对《肩水金关汉简》的缀合就有 103 篇文章。后出的《地湾汉简》，姚磊也完成了《〈地湾汉简〉缀合》（一）到（五）的 5 篇缀合文章，总共完成这批简牍缀合的 108 篇文章。

伊强缀合了《金关汉简》断简形成了 15 篇文章，其中针对《肩水金关汉简（壹）》形成 1 篇文章：《〈肩水金关汉简（壹）〉缀合六则》（2015 – 10 – 06），针对《肩水金关汉简（贰）》形成 3 篇文章，针对《肩水金关汉简（叁）》形成 2 篇文章，针对《肩水金关汉简（肆）》形成 4 篇文章；此外，还有《肩水金关汉简缀合五则》（2014 – 07 – 10）、《肩水金关汉简缀合二则》（2015 – 08 – 27）和《肩水金关汉简缀合十四则》（2015 – 01 – 19）。又针对其中的缀合简 73EJT23：1059 + 506 进行再缀合，得到新的缀合简 73EJT23：496 + 1059 + 506，形成文章《〈肩水金关汉简缀合十四则〉补充》（2015 – 06 – 17）。又针对缀合简 73EJT26：190 + 198 进行再缀合，得到新的缀合简 73EJT26：190 + 198 + 163，形成文章《〈肩水金关汉简缀合十四则〉再补》（2015 – 10 – 20）。

张文建对《肩水金关汉简（壹）》作了精致的梳理，完成了《肩水金关汉简（壹）缀合》（一）到（五），之后还有补充：《肩水金关汉简（壹）缀合一则再议》（2017 – 03 – 27）、《肩水金关汉简（壹）缀合一则》（2017 – 03 – 03）、《肩水金关汉简（壹）缀合四则》（2017 – 03 –

02)、《肩水金关汉简（壹）缀合三则》（2017－01－22）和《〈肩水金关汉简（壹）〉再缀三则》，还有张显成、张文建《〈肩水金关汉简（壹）〉缀合七则》（2017－01－20）。颜世铉《〈肩水金关汉简〉（肆）缀合第1组》至《〈肩水金关汉简〉（肆）缀合第13组》共缀合13组形成8篇文章。

谢坤梳理了《肩水金关汉简》，缀合了若干条简文，形成了《读肩水金关汉简札记》（一）到（七）共7篇文章。

许名玱缀合了几条简文，形成5篇文章：《〈肩水金关汉简（贰）〉"居摄元年历日"简缀合》（2014－06－20）、《〈肩水金关汉简（叁）〉〈甘露二年历日〉简册复原》（2015－04－27）、《〈肩水金关汉简（叁）〉缀合二则》（2015－06－11）、《〈肩水金关汉简（壹）〉缀合之一》（2016－06－07）和《〈肩水金关汉简（肆）〉缀合七则》（2016－01－12）。

雷海龙有《肩水金关汉简缀合一则》、《肩水金关汉简（贰）断简试缀（一）》、《肩水金关汉简（肆）〉断简试缀（一）（二）》（2016－2－10），也缀合了几片断简。

此外还有单印飞《〈肩水金关（肆）〉缀合一则》（2016－01－13），尉侯凯《〈肩水金关汉简（壹）〉缀合九则》（2016－10－05）、《〈肩水金关汉简（伍）〉缀合二则》（2016－08－23）、《〈肩水金关汉简（伍）〉缀合三则》（2016－08－29）。以上缀合断简的文章，全部刊发在简帛网上。可以说，武汉大学简帛研究中心主办的简帛网，是简牍缀合的重要阵地。简帛网也有对新出《地湾汉简》进行缀合的文章，如姚磊《〈地湾汉简〉缀合》（一）到（五）（2018－05－16）。

武汉大学简帛研究中心主办的简帛网是断简缀合的主要阵地，在中国社会科学院历史研究所先秦史研究室网上林宏明也有一系列缀合的文章，从汉简试缀"一则"到"86则"都有，如：《汉简试缀一则》（2016－10－14）、《汉简试缀第86则》（2017－08－28）。复旦大学出土文献与古文字研究中心网站上也有缀合的文章：何茂活《肩水金关汉简缀合校释一则》（2015－01－07）和《〈肩水金关汉简（叁）〉历谱简零缀》（2015－12－09）。

在一些期刊上也有一些相关的文章，如李洪财《读汉简札记——汉简缀合三则和一支纪年简讨论》（《金塔居延遗址与丝绸之路历史文化研究》2014.12），杨小亮《〈敞与子泾业君书〉——金关简缀合补释一则》（《金塔居延遗址与丝绸之路历史文化研究》2014.12）、《金关汉简编联缀合举隅——以简牍书体特征考察为中心》（《出土文献研究》第十三辑，2014.12）和《西汉〈居摄元年历日〉缀合复原研究》（《文物》2015.03），何茂活《肩水金关出土〈汉居摄元年历谱〉缀合与考释》（《考古与文物》2015.02）和《肩水金关第24、31探方所见典籍残简缀联与考释》（《简帛研究二〇一五》秋冬卷，2015.10），雷海龙《〈肩水金关汉简（伍）〉释文补正及残简新缀》（《简帛》第十四辑，2017.05），谢坤《〈肩水金关汉简（肆）〉缀合六则》（《出土文献》第九辑，2016.10）和《〈肩水金关汉简（肆）〉缀合及考释八则》（《简帛》第十四辑，2017.05），姚磊缀合的几篇文章也刊发在期刊上：《〈肩水金关汉简（伍）〉缀合札记》（《珞珈史苑2016年卷》2017.04）、《〈肩水金关汉简（肆）〉缀合考释研究（十二则）》（《出土文献》第九辑，2016.10），《〈肩水金关汉简（肆）〉缀合札记（十则）》[《简帛研究二〇一六》（秋冬卷）2017.01]，《〈肩水金关汉简（肆）〉拾遗》（《简帛》第十四辑，2017.05），《〈肩水金关汉简（肆）〉缀合及释文订补（十一则）》（《出土文献研究》第十六辑，2017.12）和《肩水金关汉简（贰）缀合及考释十则》（《出土文献与法律史研究》第六辑，2017.11）。刘钊《肩水金关汉简（壹）》（《出土文献研究》第十三辑，2014.12）指出汉简73EJT4：143的两段不应直接缀合，但不能完全排除同出一组简牍乃至同一枚觚的可能，伊强《肩水金关汉简缀合十五则》（《简帛》第十二辑，2016.05），张显成、张文建《〈肩水金关汉简（壹）〉缀合七则》（《出土文献》第十一辑，2017.10），尉侯凯《肩水金关汉简缀合十三则》（《出土文献》第十一辑，2017.10）都是缀合的重要文章。

缀合的硕博学位论文，仅见武汉大学姚磊《肩水金关汉简缀合、编连及相关问题研究》（博士学位论文，2018）。

（二）释文校读

释文校读的成果，也多半刊发在武汉大学简帛研究中心主办的简帛网，主要是几位研究者的成果，有：姚磊（36篇）、张俊民（7篇）、何有祖（6篇）、许名瑲（6篇）、高一致（5篇）、王锦城（3篇）、方勇

（2 篇）、伊强（1 篇）、谢坤（1 篇）、曹方向（1 篇）。

姚磊《读〈肩水金关汉简〉札记》（一）到（三十六）共 36 篇，全部发表在简帛网。张俊民《肩水金关汉简札记二则》（2011 - 09 - 30），《〈肩水金关汉简（壹）〉释文》（2011 - 09 - 23），《金关汉简札记》（2011 - 10 - 15），《〈肩水金关汉简（壹）〉释文补例续》（2012 - 05 - 08），《金关汉简73EJT31：163 解读》（2014 - 12 - 03），《〈肩水金关汉简（壹）〉释文补例》（2014 - 12 - 16），《〈肩水金关汉简（叁）〉释文献疑》（2015 - 01 - 19），是刊发在简帛网上的重要成果。何有祖《读肩水金关汉简札记》（一则）到（肆则），《读〈肩水金关汉简（叁）〉札记》（一）和（二），共 6 篇文字校释的文章也发表在简帛网。高一致有《读〈肩水金关汉简（叁）〉笔记》（一）到（三），《初读〈肩水金关汉简（肆）〉笔记》（2016 - 01 - 14）和《读〈肩水金关汉简（伍）〉小札》（2016 - 08 - 26）均发表在简帛网上。方勇《读肩水金关汉简札记二则》（2011 - 09 - 16）[①] 和《读〈肩水金关汉简（壹）〉小札（二则）》（2013 - 06 - 10），王锦城的《〈肩水金关汉简〉校读札记》（一）到（三）（2017 - 10 - 13，2017 - 08 - 01，2017 - 10 - 15）共 3 篇文章，曹方向《初读〈肩水金关汉简（壹）〉》（2011 - 09 - 16），邢义田《〈肩水金关汉简（壹）〉初读札记之一》（2012 - 05 - 08），还有伊强《〈肩水金关汉简〉文字考释五则》（2015 - 02 - 19），以上针对《金关汉简》简文进行释读的文章均是刊发在简帛网上。也有对新出《地湾汉简》进行释读研究的，如孙占宇、马智全的系列《〈地湾汉简〉研读札记》。魏振龙的系列论文《读地湾汉简札记之一》到《读地湾汉简札记之八》。

在复旦大学出土文献与古文字研究中心网上也有文字释读的成果，如：李洪财《〈肩水金关汉简（壹）〉校读札记》（2012 - 09 - 17），黄艳萍《初读〈肩水金关汉简（壹）〉札记》（2013 - 05 - 30），何茂活《〈肩水金关汉简（壹）〉残断字释补》（2014 - 11 - 20）[②] 和《〈肩水金关汉简

---

① 方勇：《读〈肩水金关汉简〉札记二则》一文后来发表在《鲁东大学学报》（社会科学版）2012 年第 2 期上。

② 《〈肩水金关汉简（壹）〉残断字释补》后刊发在《中国文字》新四十一期，（台北）艺文印书馆 2016 年版。

（壹）〉释文订补》（2014 – 11 – 29），林献忠《读〈肩水金关汉简（贰）〉札记》（2014 – 12 – 20）。

也有一些相关成果发表在期刊上，如鲁家亮《肩水金关汉简释文校读六则》（《古文字研究》第 29 辑，2012.10），马智全《〈肩水金关汉简（壹）〉校读记》（《考古与文物》2012.06），周艳涛、李黎《读〈肩水金关汉简（贰）〉札记二十则》（《昆明学院学报》2014.01），周艳涛《〈肩水金关汉简（贰）〉释文补正四则》（《敦煌研究》2015.02），李烨、张显成《〈肩水金关汉简（壹）〉校勘记》（《古籍整理研究学刊》2015.04），周艳涛、张显成《〈肩水金关汉简（贰）〉"□陵丞印"考》（《敦煌研究》2016.06）。胡永鹏的几篇文章：《读〈肩水金关汉简（贰）〉札记》（《中国文字》第 40 期，2014.07）、《肩水金关汉简校读札记》（《汉字文化》2015.03）和《肩水金关汉简校读两则》（《第五届出土文献研究与比较文字学全国博士生学术论坛论文集》2015.11），方勇、周小芸《读金关汉简小札二则》（《金塔居延遗址与丝绸之路历史文化研究》2014.06），刘乐贤《金关汉简〈谭致丈人书〉校释》（《古文字论坛（第一辑）——曾宪通教授八十庆寿专号》2015.01），刘乐贤《释金关汉简中与"过大公"有关的两枚封检》（《出土文献》第七辑，2015.10），邬勖《读金关简札记三则》（《出土文献与法律研究》第四辑，2015.11），何茂活《〈肩水金关汉简（贰）〉残断字补释》（《出土文献综合研究集刊》第二辑，2015.10）、《〈肩水金关汉简（壹）〉释文订补》（《简帛语言文字研究》第八辑，2016.08）、《〈肩水金关汉简（叁）〉释文商订（之一）》（《出土文献研究》第十五辑，2016.06）、《〈肩水金关汉简（叁）〉释文商订（之二）》（《简帛》第十三辑，2016.11），魏振龙《读汉简札记四则》（《简帛语言文字研究》第八辑，2016.08），乐游（刘钊）《河西汉简研读札记五则》（《出土文献综合研究集刊》第三辑，2016.04），林献忠《〈肩水金关汉简（贰）〉考释六则》（《敦煌研究》2016.05），胡永鹏《肩水金关汉简校读四则》（《出土文献综合研究集刊》第四辑，2016.10），姚磊《论〈肩水金关汉简（肆）〉的简册复原——以书写特征为中心考察》（《出土文献》第十辑，2017.04）和《〈肩水金关汉简〉简册复原及文字考释》（《台湾第 28 届中国文字学国际学术研讨会》2017.05），王锦城、鲁普平《肩水金关汉简释文校补举隅》(《出土文献》第十一辑，2017.
10)，张再兴、黄艳萍《肩水金关汉简校读札记》(《中国文字研究》第
二十六辑，2017.12)，徐佳文《〈肩水金关汉简(伍)〉札记二则》(《汉
字文化》2017.06)，数量也不多。

还有关于文字研究的论文：对文字作系统研究的成果不多，有：何茂
活《肩水金关汉简(贰)疑难字形义考辨》(《简帛研究二〇一四》2014.
12)，黄艳萍《〈肩水金关汉简〉字体概述》(《出土文献综合研究集刊》
第二辑，2015.10)，李洪财《释居延汉简中的"脊"和"置"》(《出土
文献》第八辑，2016.04)，姚磊《论〈肩水金关汉简(肆)〉的简册复
原——以书写特征为中心考察》(《出土文献》第十辑，2017.04)，黄艳
萍、李振宇《肩水金关汉简的书体类型》(《中国书法》2017.16))，对
《金关简文》的各类书体进行了统计，有：篆书、隶书、隶草、草书、楷
书、行书。此外还有王锦城、鲁普平《西北汉简中"芳"字释读述考》
[《简帛研究二〇一七(秋冬卷)》2018.01]，杜锋、张显成《"徙"字源
流与"徙""从"形讹补考》(《出土文献》第十二辑，2018.04)等。

关于文字研究的还有几篇硕博学位论文，有：西北师范大学杨晓军
《肩水金关汉简书写形态考察——以T1-T10出土简牍为例》(硕士学
位论文，2016)，聊城大学赵叶《〈肩水金关汉简(叁)〉文字整理与相
关专题研究》(硕士学位论文，2016)，吉林大学任达《肩水金关汉简
(壹)文字编》(硕士学位论文，2014)，收录了《肩水金关汉简(壹)》
中清晰的字形。相关博士学位论文仅有两篇：吉林大学李洪财《汉简草
字整理与研究·汉代简牍草字汇编》(博士学位论文，2014)，华东师范
大学黄艳萍《〈肩水金关汉简〉(壹—肆)异体字研究》(博士学位论文，
2016)。

(三)词语研究

对《金关汉简》词语作系统研究的论文不多。单篇论文主要有：田佳
鹭《〈肩水金关汉简(壹)〉数量词研究》(《学行堂文史集刊》2012.01)。
硕博学位论文也少见，主要有：西南大学李烨的《〈肩水金关汉简(壹)〉
研究三题》(硕士学位论文，2013)，华东师范大学刘倩倩的《〈肩水金关
汉简(壹)〉注释及相关问题研究》(硕士学位论文，2015)和魏璐梦的

《〈肩水金关汉简（贰）〉词汇专题研究》（硕士学位论文，2016）。

对《金关汉简》的词语研究主要集中在名物词语方面。在《金关汉简》刊发之前，就有不少名物词语研究成果。如：劳干《居延汉简考证》《劳干学术论文集甲编》、于豪亮《于豪亮学术文存》等就涉及不少名物词语的考释。薛英群、何双全、李永良注《居延新简释粹》对简文的注释涉及不少名物词语的考释，沈刚《居延汉简语词汇释》是一部对《居延汉简》词语作系统梳理的成果。

对《金关汉简》戍边人员的研究主要集中在以下几个方面。

戍卒研究。有杨延霞《肩水金关汉简所见戍卒名籍考》（《黑龙江史志》2013.17），认为肩水金关汉简中记录戍卒名籍的文书，具有严格的书写格式要求。相关研究还有黎明钊《肩水金关汉简的赵地戍卒》（《邯郸学院学报》2014.06），马智全《肩水金关汉简所见罢卒》（《丝绸之路》2015.20），姚磊《〈肩水金关汉简〉所见田卒史料探析》（《中国农史》2016.04）等。

通过其他汉简研究戍卒的，有陈公柔、徐苹芳《大湾出土的西汉田卒簿籍》（《考古》1963.03），管东贵《汉代的屯田与开边》（《"中央研究院"历史语言研究所集刊》第四十五本第一分，1973）和《汉代屯田的组织与功能》（《"中央研究院"历史语言研究所集刊》第四十八本第四分，1977）分析了田卒的构成，杨芳《汉简所见河西边塞军屯人口来源考》（《中国边疆史地研究》2009.01）、《汉简所见汉代河西边塞流动人口来源分析》（《简牍学研究》第六辑，2016.06），高元武《汉朝西北边疆戍卒的基本情况及日常工作》［《重庆科技学院学报》（社会科学版）2010.17］，程维荣《汉代居延戍卒及其法律地位》（《政治与法律》2008.03），张晓东《居延汉简所见南阳戍卒》（《和田师范专科学校学报》2006.02），马智全《居延汉简中的"河渠卒"应是"治渠卒"》（《中国农史》2015.04），孙闻博《河西汉塞"河渠卒"为"治渠卒"辨》（《敦煌研究》2015.05），沈刚《西北汉简所见骑士简二题》（《出土文献研究》第十一辑，2012.12），王彦辉《论秦汉时期的正卒与材官骑士》（《历史研究》2015.04）。

也有一些硕士学位论文，如陕西师范大学朱广亮《汉简所见西北戍卒戍吏文化学习活动——兼论低层官吏的文化素养》（硕士学位论文，

2003），东北师范大学李志远《西汉西北地区戍卒生活研究》（硕士学位论文，2008），南京师范大学高元武《影响汉代守边戍卒健康因素的相关研究》（硕士学位论文，2011），郑州大学张朋军《汉代居延戍卒研究》（硕士学位论文，2012）。西北师范大学伊传宁《汉代西北戍卒研究——以居延汉简为中心》（硕士学位论文，2011）、王耀辉《居延汉简所见戍、田卒服役制度研究》（硕士学位论文，2016）、梁馨予《河西汉塞屯戍士卒籍贯管理研究》（硕士学位论文，2018），吉林大学李天一《汉简所见张掖地区屯戍人口籍贯相关问题研究》（硕士学位论文，2018），等等。

关于"葆"的研究。早在1980年张政烺先生就著文《秦律"葆子"释义》（《文史》第九辑，1980）。裘锡圭《新发现居延汉简的几个问题》（《古文字论集》1992），认为"葆"是一种为他人收养保护的人。李均民《汉代屯戍遗简"葆"解》（《文史》第38辑，1994），认为"葆"是担保、保证，与今世所见出入境担保相类。此外还有王爱清《汉代"葆"身份补正》（2007），林永强《"葆塞蛮夷"相关问题考论》（《西北民族大学学报》2009.01），马智全《肩水金关汉简中的"葆"探论》（《西北师大学报》2013.01），沈刚《金关汉简中的"葆"》（《简帛研究二〇一一》2013.06），贾丽英《西北汉简"葆"及其身份释论》[《鲁东大学学报》（哲学社会科学版）2014.05]，张英梅《肩水金关汉简中"葆"再探讨》（《金塔居延遗址与丝绸之路历史文化研究》2014.12）等。

关于边塞职官的研究。有郭伟涛《汉代肩水金关关吏编年及相关问题》（《出土文献》第十辑，2017.04），侯旭东《西汉张掖郡肩水候系年初编——兼论候行塞时的人事安排与用印》（《简牍学研究》第五辑，2014.08），唐俊峰《A35大湾城遗址肩水都尉府说辨疑——兼论"肩水北部都尉"的官署问题》（《简帛》第九辑，2014.10）。相关汉简研究的成果较多。刘军《甲渠塞临木部候长考——兼论候长的职责》（《简帛研究》第一辑，1993.10），李天虹《居延汉简所见候官少吏的任用与罢免》（《史学集刊》1996.03），于振波《居延汉简中的隧长和候长》（《史学集刊》2000.02），范香立《汉简所见刺史和督邮的职能刍议》（《大庆师范学院学报》2008.01）讨论职官及人的身份，郭俊然《出土资料所见的汉代地方仓官考》（《江西教育学院学报》2013.05），认为汉代仓官分属三个系统：边郡防御系统、地方行政系统和地方漕运系统。李迎春《论居延汉简"主官"称谓——兼谈汉代"掾""史"称谓之关系》(《金塔居延遗址与丝绸之路历史文化研究》2014.12)，黄艳萍《居延汉简中的官印初探》[《宁夏大学学报》(人文社会科学版) 2014.06]，贾一平、曾维华《居延汉简"左部司马"考》[《河南大学学报》(社会科学版) 2014.11]，高天霞、何茂活《汉代"守令""令史""守令史"考辨——兼论〈肩水金关汉简〉中的相关官称》[《西华师范大学学报》(哲学社会科学版) 2015.05]，高震震《试论秦汉简牍中"守"、"假"、"行"》(《出土文献与法律史研究》第四辑，2015.11)。对职官研究的硕博学位论文有上海师范大学贾一平《西汉张掖郡部都尉所辖司马类职官考——以居延汉简为中心》(博士学位论文，2015)。

其他戍边人员研究。侯宗辉《肩水金关汉简所见"从者"探析》(《敦煌研究》2014.02)，汪受宽《肩水金关汉简"黑色"人群体研究》(《中华文史论丛》2014.03)，认为简文记录标有"黑色"的人群，是融入当地社会的黑种人。袁延胜《肩水金关汉简家属符探析》(《金塔居延遗址与丝绸之路历史文化研究》2014.12)，马智全《肩水金关汉简"元康二年七月辛未"使者简浅论》(《陇右文博》2015.01)，蒋波、周世霞《〈肩水金关汉简（肆）〉所见甘肃人身高》[《兰州文理学院学报》(社会科学版) 2017.02]，统计简文资料，推测当时甘肃成年男性的平均身高与整个华北地区基本持平，当在 167 厘米左右。

其他汉简也有关于戍边人员研究的成果。于振波《汉代的家赀与赀家》(《简帛研究二〇〇四》2006)，胡小鹏、安梅梅《"秦胡"研究评说》(《敦煌研究》2005.01)，李烨《"秦胡"别释》(《内江师范学院学报》2012.05)，认为"秦胡"应是"秦人"和"胡如"的合称。其他还有王子今《汉代军队中的"卒妻"身份》(《南都学坛》2005.05) 和《汉代西北边塞军事生活中的未成年人》(《南都学坛》2014.01)，李岩云《敦煌汉简"私从者"与"从者"再议》(《金塔居延遗址与丝绸之路历史文化研究》2014.12)，黄艳萍《汉代边境的家属出入符研究——以西北汉简为例》(《理论月刊》2015.01)，贾丽英《从居延汉简看汉代随军下层妇女生活》(《石家庄师范专科学校学报》2004.04)，施卫青

《汉代居延随军戍卒家庭人口的若干问题》（《中国社会经济史研究》1998.02），张俊民《西北汉简所见"施刑"探微》［《石河子大学学报》（哲学社会科学版）2015.04］。也有一篇学位论文论及戍卒家属的，西北师范大学魏振龙《汉代居延随军戍卒家属研究——以汉简为中心》（硕士学位论文，2017）。

对《金关汉简》武器设施制度词语研究成果如下。

陶玉乐《浅析汉代肩水塞防御体系》（《金塔居延遗址与丝绸之路历史文化研究》2014.12）和《汉代肩水塞的布防特点及历史价值》（《敦煌研究》2015.03）。黄艳萍《〈肩水金关汉简〉所见"燧"及其命名探析》（《敦煌研究》2016.01），对肩水金关汉简中的燧名加以梳理。郭伟涛《汉代肩水候驻地移动初探》（《简帛》第十四辑，2017.05），王锦城《西北汉简所见"强落"考论》（《中国文字研究·第二十六辑》2017.02），马智全《说"僵落"》（《敦煌研究》2018.01），郭伟涛《汉代肩水塞部隧设置研究》（《文史》2018.01）。关系密切的研究，有初师宾《汉边塞守御器备考略》（《汉简研究文集》1984），吴超《天田与土河》（《敦煌研究》2004.05），刘光华《西汉西北边塞》［《西北民族大学学报》（哲学社会科学版）2005.01］，安忠义《汉简〈守御器簿〉词汇释例五则》（《南京师范大学文学院学报》2005.02），赵沛《居延汉简所见〈兵簿〉〈被兵簿〉——兼论居延边塞兵器配给》（《西北史地》1994.04），王震《古兵器"有方"考证》［《内蒙古社会科学》（汉文版）2009.01］，张伟《从敦煌汉简看汉代戍卒的武器装备》（《和田师范专科学校学报》2010.04）等。黄今言《汉代征兵制度中若干问题的考辨》（《江西师范大学学报》1989.02），张俊民《汉代边境防御制度初探——以出土汉简日迹简为中心的考察》（《简牍学论稿——聚沙篇》2014.04），乐游《汉简"折伤兵物楬"试探——兼论汉边塞折伤兵器的管理》（《简帛》第十一辑，2015.11），罗小华《〈地湾汉简〉中的"弦"》（简帛网，2018－05－30）。也有些硕博学位论文，有西北大学黄永美《西汉长城若干问题研究》（博士学位论文，2013），西北师范大学杜亚辉《秦汉时期的兵器管理》（硕士学位论文，2013），西北师范大学张伟《敦煌汉简中的兵器》（硕士学位论文，2011），以传世文献结合出土资料，研究了《敦煌汉简》

中的几样兵器。

二 专题研究

除了对戍卒、武备设施词语进行研究，对《金关汉简》词语的研究还集中在以下几个方面。

（一）地名方位研究

对《金关汉简》地名进行研究的数量不小。简帛网上就有不少专门对地名方位进行研究的成果。主要有赵海龙，他对《肩水金关汉简》地名研究进行订补完成了系列论文，有《〈肩水金关汉简（壹）〉地名订补》（2014 – 08 – 23）、《〈肩水金关汉简（贰）〉地名订补》（2014 – 08 – 24）、《〈肩水金关汉简（贰）〉"浥城陬里"释读》（2014 – 08 – 28）、《〈肩水金关汉简（叁）〉所见地名补考》（2014 – 08 – 31）和《居延敦煌汉简地名补释》（2014 – 09 – 19）。还有赵尔阳的《〈肩水金关汉简〉地名小议一则》（2016 – 06 – 07）、《小议〈肩水金关汉简〉中的地名"荥阳"》（2016 – 07 – 31）和《浅谈肩水金关汉简中的几则县邑名》（2016 – 10 – 24）；此外，赵尔阳还对《地湾汉简》地名有所涉足，有论文《〈地湾汉简〉所见"里"辑录及相关问题讨论》（2018 – 05 – 29）。黄浩波对《肩水金关汉简》（壹）、（贰）、（叁）的"郡国县邑乡里"作了梳理，有系列论文《〈肩水金关汉简（壹）〉所见郡国县邑乡里》（2011 – 12 – 01）、《〈肩水金关汉简（贰）〉所见郡国县邑乡里》（2013 – 09 – 17）和《〈肩水金关汉简（叁）〉所见郡国县邑乡里》（2014 – 07 – 22），田炳炳《说〈肩水金关汉简（壹）中的"陕"》（2014 – 06 – 09）、《读〈肩水金关汉简〉杂识（三则）》（2014 – 06 – 27）、《读〈肩水金关汉简〉札记四则》（2014 – 07 – 02）、《肩水金关汉简（叁）所见县名与里名》（2014 – 07 – 22）和《简牍文书中的"太常"》（2014 – 09 – 23），这些成果均刊发在简帛网上。

发表在期刊上的也有不少相关成果，如：吴昌廉《居延汉简所见郡国县邑乡里统属表》（《简牍学报》第七期，1980），何双全《〈汉简·乡里志〉及其研究》（《秦汉简牍论文集》1989.12），周振鹤《新旧汉简所见县名与里名》（《历史地理》第 12 辑，1995.03），晏昌贵《增补汉简所见县名与里名》(《历史地理》第 26 辑，2012.01)，郝二旭《"肩水"小考》(《中国历史地理论丛》2010.01)，认为"肩水"就是古"弱水"。宋国荣、徐蓉蓉《汉代骊轩故县是否为骊轩降人而置》[《哈尔滨工业大学学报》(社会科学版) 2012.04]，孔祥军《肩水金关汉简所见"太常郡"初探》(《中国历史地理论丛》2012.03)，张俊民《简牍文书所见汉代"长安"资料辑考》(《简牍学论稿》2013) 和《有关汉代广至县的几个问题——以悬泉置出土文书为中心的考察》(《秦汉研究》第七辑，2013)，王勇《西汉"太常郡"创置时间新探》[《山东理工大学学报》(社会科学版) 2014.03]，马孟龙《西汉存在"太常郡"吗？——西汉政区研究视野下与太常相关的几个问题》(《中国历史地理论丛》2013.02)、《谈肩水金关汉简中的几个地名》(《中国历史地理论丛》2013.03) 和《谈肩水金关汉简中的几个地名 (二)》(《中国历史地理论丛》2014.02)，赵志强《说"太常郡"》(《中国历史地理论丛》2013.03)，周波《说肩水金关汉简、张家山汉简中的地名"赞"及其相关问题》(《出土文献研究》第 12 辑，2013)①。黄浩波《〈肩水金关汉简 (贰)〉所见"河东定阳"简试释》(《历史地理》2014.01)，李并成《汉酒泉郡十一置考》(《敦煌研究》2014.01)，孙兆华《〈肩水金关汉简 (贰)〉所见里名及相关问题》[《鲁东大学学报》(哲学社会科学版) 2014.02]，秦进才《肩水金关"赵国尉文"简探微》(《金塔居延遗址与丝绸之路历史文化研究》2014.12)，王天虎的《汉代河西"据两关"新探》(《金塔居延遗址与丝绸之路历史文化研究》2014.12)，认为"两关"当指"玉门关"和"肩水金关"。赵开山《从金塔"三城一关"遗址看河西汉塞长城》(《金塔居延遗址与丝绸之路历史文化研究》2014.12)，论述了河西各段汉长城的历史渊源及目前保存状况。此外还有郑威《简牍文献所见汉代的县级政区"邑"》(《简帛》第十一辑，2015.11)，石升烜《何处是居延？——汉代居延地名移动与行政区划变迁》(《出土文献与法律史研究》第四辑，2015.11)，黄浩波《〈肩水金关汉简 (伍)〉释地五则》(《简帛》第十五辑，2017.11) 和《肩水金关汉简地名简考 (八则)》[《简帛

_____

① 此文 2013 年 5 月 31 日发表于复旦大学出土文献与古文字研究中心网。

研究二〇一七》（秋冬卷）2018.01]等。

涉及地理研究的有两篇博士学位论文，有复旦大学马孟龙《西汉侯国地理》（博士学位论文，2011），清华大学郭伟涛《汉代张掖肩水塞研究》（博士学位论文，2017）。

外国学者也有相关研究。[日]佐原康夫著，王启发译《关于居延汉简所见肩水金关》（《简帛研究二〇〇一》2001.09）。

（二）历日历谱研究

对历日历谱进行研究的，简帛网也是其主要的阵地。主要有许名玱的几篇论文：《〈肩水金关汉简（壹）〉73EJT5：56 等历日简年代考释》（2014 - 07 - 16），《〈肩水金关汉简〉简 73EJT30：151 + T24：136 考释》（2014 - 08 - 21），《〈肩水金关汉简（叁）〉探方 T32 历日简牍年代考释三则》（2015 - 03 - 05），《〈肩水金关汉简（叁）〉73EJT30：187 历日简年代考释》（2015 - 03 - 10），《〈肩水金关汉简（肆）〉历日校补》（2016 - 01 - 18），《〈肩水金关汉简（肆）〉月朔简年代考释十八则》（2016 - 02 - 11）。此外还有魏德胜《〈肩水金关汉简（三）〉73EJT29：117A 简解读》（2014 - 06 - 26），魏文认为简 73EJT29：117A 是一年十二月的日历，程少轩《肩水金关汉简"元始六年（居摄元年）历日"复原》（2014 - 06 - 22）。这些论文是发表在简帛网上的专门针对《肩水金关汉简》的历日简进行研究校补的成果。

复旦大学出土文献与古文字研究中心网也有相关成果：程少轩《〈肩水金关汉简（壹）〉历谱简初探》（2011 - 09 - 01）、许名玱《〈肩水金关汉简（贰）〉简 73EJT24：253 考年》（2016 - 10 - 12），总体而言，数量不多。

发表在期刊上的相关成果不少，如：罗见今、关守义的系列文章《〈肩水金关汉简（壹）〉八枚历谱简年代考释》（《敦煌研究》2012.05）、《〈肩水金关汉简（壹）〉纪年简考释》（《敦煌研究》2013.05）、《〈肩水金关汉简（贰）〉历简年代考释》（《敦煌研究》2014.02）和《〈肩水金关汉简（叁）〉历简年代考释》（《敦煌研究》2015.04）；黄艳萍的系列文章《〈肩水金关汉简（壹）〉纪年简校考》（《敦煌研究》2014.02）、《〈肩水金关汉简（壹）〉纪年简校释》（《简牍学研究》第五辑，2014.08）、《〈肩水金关汉简（贰）〉纪年简校考》（《简帛研究二〇一三》2014.07）、

《〈肩水金关汉简（叁）〉纪年简校考》（《敦煌研究》2015.02）和《〈肩水金关汉简（肆）〉中的纪年问题》（《敦煌研究》2017.06）。程少轩《肩水金关汉简"元始六年（居摄元年）历日"复原》（《出土文献》第五辑，2014.10），胡永鹏《〈肩水金关汉简（贰）〉中与历表不合诸简考证》（《简帛》第九辑，2014.10），关守义、斯琴毕力格《由西北汉简看〈太初历〉特殊置闰》（《金塔居延遗址与丝绸之路历史文化研究》2014.12），肖从礼《金关汉简所见新旧年号并用现象举隅》[《鲁东大学学报》（哲学社会科学版）2012.05]，李洪财《读汉简札记——汉简缀合三则和一支纪年简讨论》（《金塔居延遗址与丝绸之路历史文化研究》2014.12），何茂活《肩水金关出土的环读式历谱》（《文史知识》2015.01）和《肩水金关出土〈汉居摄元年历谱〉缀合与考释》（《考古与文物》2015.02），许名玱《〈肩水金关汉简（肆）〉历日综考》（《简帛》第十四辑，2017.05）。

　　硕博学位论文也有这的方面研究，如，吉林大学胡永鹏《西北边塞汉简编年及相关问题研究》（博士学位论文，2016）。还有外国学者的一些研究成果，[日]工藤元男《具注历的渊源——"日书"·"视日"·"质日"》（《简帛》第九辑，2014.10）。

（三）车马相关的名物词语研究

　　李玥凝《汉简中的"方相车"补说》[《鲁东大学学报》（哲学社会科学版）2015.05]。何茂活《肩水金关汉简〈所寄张千人舍器物记〉名物词语考释——兼补胡永鹏〈读《肩水金关汉简（贰）》札记〉文意》[《鲁东大学学报》（哲学社会科学版）2014.11]，对其中出现的名物词语"复、参靳、宣带、厺间"作了解读。李均明《汉简所见车》（《简牍学研究》第一辑，1997.01），李润桃《〈史记〉车舆类名物词与秦汉车制》（《河南社会科学》2009.04）。简帛网也有关于《金关汉简》名物研究的成果。伊强《〈敦煌汉简〉札记一则》（简帛网，2014-10-02）和《〈肩水金关汉简〉名物词考释二则》（简帛网，2014-11-19），《〈敦煌汉简〉札记一则》看题目似对《敦煌汉简》的研究，实则里面涉及不少《肩水金关汉简》的词汇内容，《〈肩水金关汉简〉名物词考释二则》认为73EJT5：6中的"扡"应为"犉"，73EJT8：63中的"柳华牡马"应释读为"桃华牡马"。

（四）文书、书籍研究

黄浩波《肩水金关汉简所见典籍残简》（简帛网，2013－08－01）对《金关汉简》中残存的古籍作了梳理，如《孝经》《论语》《国语》等。肖从礼《河西边塞遗址典籍类汉简零拾》（《金塔居延遗址与丝绸之路历史文化研究》2014.12），张英梅《试探〈肩水金关汉简（叁）〉中所见典籍简及相关问题》（《敦煌研究》2015.04），马智全《肩水金关汉简〈论语〉及相关儒家简牍探论》（《金塔居延遗址与丝绸之路历史文化研究》2014.12），萧从礼、赵兰香《金关汉简"孔子知道之易"为〈齐论·知道〉佚文蠡测》（《简帛研究二〇一三》2014.07），陈伟《秦汉简牍〈叶书〉刍议》（《简帛》第十辑，2015.05），刘乐贤《也谈金关汉简中一种与〈孝经〉有关的文献》（"出土文献与中国古代文明"学术研讨会会议论文，2015.06）、《王莽"戒子孙"书考索——也谈金关汉简中一种与〈孝经〉有关的文献》（《出土文献》第九辑，2016.10），陈晨《肩水金关汉简所见〈诗〉类文献辑证》（简帛网，2017－10－20），张传官《〈肩水金关汉简（伍）〉所见〈急就篇〉残简辑校——出土散见〈急就篇〉资料辑录（续）》（古文字网站，2016－08－26）对《急就篇》散简加以辑录。王楚宁、张予正《肩水金关汉简〈齐论语〉整理》（古文字网站，2017－08－11），刘洪涛、张红《据居延汉简校读〈孙子〉一例》（《简帛》第十五辑，2017.11）。

对政令文书的研究。赵宠亮《〈甘露二年丞相御史书〉册考释补议》（《甘肃省第二届简牍学国际学术研讨会论文集》2012.12），侯旭东《西北所出汉代簿籍册书简的排列与复原——从东汉永元兵物簿说起》（《史学集刊》2014.01），刘倩倩《〈甘露二年丞相御史律令〉校注》（古文字网站，2015－01－12），刘乐贤《肩水金关汉简中的王莽登基诏书》（《文物》2015.03），姚磊《肩水金关汉简〈永始三年诏书〉校读》（《中国文字研究》第二十四辑，2016.12），对《永始三年诏书》的文字进行了改释、补正，并调整了简的顺序。还有裴永亮《肩水金关汉简中的汉文帝乐府诏书》（《音乐研究》2018.02）。

对官、私文书研究的。马怡《〈赵宪借襦书〉与〈赵君劳存物书〉——

金关汉简私文书释考二则》（《简牍学研究》第五辑，2014.08），田家溧《肩水金关汉简所见出入关文书运行复原研究》（《金塔居延遗址与丝绸之路历史文化研究》2014.12），尝试重现金关文书运行的历史概况。田家溧《汉简所见"致籍"与"出入名籍"考辨——以肩水金关简为中心》（《史学集刊》2014.06），认为"致籍"包含通知性文书以及出行人员名单两部分，多由发放机构提前转送至关口以核查持传、符者是否本人，"出入名籍"与"致籍"格式有所不同，在"出入名籍"上有明确的出入关记录。杨芬《西北汉简中所见的"记"》（《学习月刊》2008.17）。关于出入致籍的研究，杜鹏姣《试论汉简中的"致"和"致籍"》（《牡丹江大学学报》2013.09）。早期也有相关文章：李学勤《谈"张掖都尉棨荣信"》（《文物》1978.01），徐乐尧《汉简所见信符辨析》（《敦煌学辑刊》1984.02）。

对法律文书研究的。苏俊林《秦汉时期的"状"类司法文书》（《简帛》第九辑，2014.10①），伊强《肩水金关汉简中的"囚录"及相关问题》（《出土文献》第七辑，2015.10），于洪涛《试论敦煌悬泉汉简中的"厩令"——兼谈汉代"诏"、"令"、"律"》（《出土文献与法律史研究》第四辑，2015.11），南玉泉《两汉刑事诉讼的审级与权限》（《出土文献与法律史研究》第六辑，2017.11）。关于法律相关问题研究的，有张朝阳《由肩水金关汉简解读居延汉简一案例》（简帛网，2011-10-26）和《〈肩水金关汉简解读居延汉简一案例补考〉补考：兼回答商榷文》（简帛网，2011-11-18）解答了《简帛论坛》上稷下遗风的《关于对张朝阳文章的商榷》的疑问。还有外文专著研究成果，［日］大庭修著，徐世虹等译《秦汉法制史研究》（2017.10）。

研究"传"的论文：李烨《略述汉简所见之"传"及其与"过所"的关系》（《学行堂文史集刊》2012.01），郭琳琳、杜鹏姣《出土汉简中的"传"与出入名籍》（《克拉玛依学刊》2013.06），张英梅《试探肩水金关汉简中"传"的制度》（《敦煌研究》2014.02）。

有外国学者的研究成果，（首尔大学）宋眞《汉代的通行证制度与商

---

① 简帛网 2013 年 9 月 11 日已刊发了这篇文章。

人的移动》(简帛网,2009 – 06 – 20)、[日] 鹰取佑司《肩水金关遗址出土の通行证》(简帛网,2017 – 05 – 25)。

对签牌研究的。乐游《河西汉简所见候望签牌探研——兼论签牌的一种使用方式》(《简帛研究二〇一四》2014),认为有一种以"望"烽火为主的签牌是用来标识一种叫"望火头"的候望设置所对准的方向,暂定名"候望签牌"。李均明《简牍所见签名与画押》(《出土文献研究》第十三辑,2014),考察了定稿签名、合议签押、付受签押的实态。

硕博学位论文有涉及书信整理研究的,如:武汉大学杨芬《出土秦汉书信汇校集注》(博士学位论文,2010),吉林大学刘钊《汉简所见官文书研究》(博士学位论文,2015)。

外国学者也有一些研究成果:[日] 大庭修、姜镇庆《论肩水金关出主的〈永始三年诏书〉简册》(《敦煌学辑刊》1984.02),[日] 藤田胜久《金关汉简的传与汉代交通》(《简帛》第七辑,2012.10)和《肩水金关与汉代交通——传与符之用途》(《金塔居延遗址与丝绸之路历史文化研究》2014.12),剖析了传和符的功能,论证了汉代的河西交通体系。

(五) 经济词语及相关专题研究

对肩水金关汉简经济词语进行研究的有:桂发荣《肩水金关汉简中的经济贸易初探》(《居延遗址与丝绸之路历史文化国际学术研讨会论文集》2013.08),王子今《说肩水金关"清酒"简文》(《出土文献研究》第4辑,2013),黄浩波《〈肩水金关汉简(壹)〉所见卒阁钱簿》(简帛网,2012 – 03 – 13),谢坤《〈肩水金关汉简(肆)〉中的两条"贷钱"记录》(简帛网,2016 – 08 – 05),韩华《金关汉简中的几个农业问题考论》(《金塔居延遗址与丝绸之路历史文化研究》2014.12),马智全《汉简所见汉代肩水地区水利》(《中国社会经济史研究》2013.02),王海《汉代水资源开发利用新探》(《中国历史地理论丛》2015.01)。对西北汉简进行相关研究的有:相关研究还有贺旭英《秦汉"质钱"小考》,(《出土文献研究》第十四辑,2015.12),李周炫《汉朝河西四郡的戍卒和私有物品的买卖》(《金塔居延遗址与丝绸之路历史文化研究》2014.12),林甘泉《汉简所见西北边塞的商品交换和买卖契约》(《文物》1989.09),谢桂华《居延汉简所见邸与阁》(《出土文献研究》1998.01),李永平

《河西汉简中的库及其源流》(《敦煌研究》1998.01),邵正坤《汉代边郡军粮廪给问题探讨》[《南都学坛》(社会科学版)2005.05],禚振西、杜葆仁《论秦汉时期的仓》(《考古与文物》1982.06),朱奎泽《汉代河西屯戍系统的仓》(《中国农史》2006.02),赵岩《也论简牍所见汉代河西屯戍系统的仓》(《中国农史》2009.03),宋治民《居延汉简中所见西汉屯田二、三事》[《四川大学学报》(哲学社会科学版)1981.02],高荣《汉代河西粮食作物考》(《中国农史》2014.01),刑义田《一种汉晋河西和边塞使用的农具——"钁"或"欘"》(《简帛》第十一辑,2015.11),李均明《通道厩考——与敦煌悬泉厩的比较研究》(《出土文献》第二辑,2011.11),沈刚《西北地区出土的汉代竹简问题》(《金塔居延遗址与丝绸之路历史文化研究》2014.12),王凯博《"钱器"小考》(《简帛》第十一辑,2015.11),尉侯凯《居延汉简中的"芳"和"芳橐"》(《中国农史》2017.04),王子今《河西地区汉代文物资料中有关"竹"的信息》(《甘肃社会科学》2006.06),徐元邦《居延汉简中所见之蔬菜》(《古今农业》1988.01),安忠义、琼森斌《河西汉简中的谷物考》[《鲁东大学学报》(哲学社会科学版)2007.04]和《河西汉简中的蔬菜考释》[《鲁东大学学报》(哲学社会科学版)2008.06]研究了一些植物名,孙占鳌、刘生平《从出土简牍看汉代河西饮食》(《甘肃社会科学》2014.06),安忠义《从汉简等资料看汉代的食品加工技术》[《鲁东大学学报》(哲学社会科学版)2006.03)],庄小霞《西北汉简所见汉代居室什物考》(《金塔居延遗址与丝绸之路历史文化研究》2014.12),肖从礼《居延新简所见"反笥"略考》(《出土文献研究》第十五辑,2016.07)。早期的著作成果有:陈直《两汉经济史料论丛》(中华书局2008年版)。陈直《居延汉简研究》以历史为经,在研究历史的过程中阐述了不少名物词语。陈显泗《中原文物丛谈》、陈文华《农业考古》,两本书对农具的研究尤为精当。孙机《汉代物质文化资料图说》,图文并茂地介绍汉代文物。

也有相关硕士学位论文,如广州大学劳业茂《肩水金关汉简所记物价研究》(硕士学位论文,2016),西北师范大学朱奎泽《西汉西北戍边军粮问题研究》(硕士学位论文,2014)。

外国人也有一些研究成果，主要是日本学者的研究：［日］尾形勇著，吕宗力译《汉代屯田制的几个问题——以武帝、昭帝时期为中心》（《简牍研究译丛》第一辑，1983）。

三　其他专题研究

（一）历史文化研究

王子今《肩水金关简"马楳祝"祭品用"乳"考》（《金塔居延遗址与丝绸之路历史文化研究》2014.12），伊强《肩水金关汉简73EJT23：878与相关史事的考察》（简帛网，2015-03-05），刘乐贤《肩水金关汉简所见新莽汉代史料》（《居延遗址与丝绸之路历史文化国际学术研讨会论文集》2013）和《金关汉简中的翟义同党陈伯阳及相关问题》（《中国史研究》2014.01），吉仕梅《王莽改制在居延敦煌汉简词汇中的反映》（《学术交流》2008.04），李振宏《汉代屯戍生活中的古典人道精神》（《历史研究》2001.05），阎盛国《汉简所见少数民族进贡现象及其文化影响》（《金塔居延遗址与丝绸之路历史文化研究》2014.12），李开元《从居延汉简看汉代的社稷祭祀》（《金塔居延遗址与丝绸之路历史文化研究》2014.12）。报纸也有少量成果，程少轩《肩水金关汉简中的端午节》（《文汇报》2016-06-03/第W15版）。

（二）衣装研究

何茂活《"近衣"考论兼订相关诸简释文》（《简牍学研究》第六辑，2016.06）对书牍常见套语作了梳理解读，伊强《试论居延新简中的"县絮"》（《简帛研究二○一三》2014.07），马怡《汉代的麻布及相关问题探讨（修订稿）》（简帛网，2014-12-25），刘丽《浅谈上古服装的斜裁法》（《出土文献研究》第十四辑，2015.12），李家浩《毋尊、纵及其他》（《文物》1996.07），马怡《西郭宝墓衣物疏所见汉代织物考》（《简帛研究二○○四》2006），徐蕊《从汉墓出土"遣策"看西汉服饰》（《中原文物》2010.05）。硕士学位论文有西北师范大学赵兰香《汉代戍边士卒衣装试考》（硕士学位论文，2006）。

（三）文献研究

尚颖《〈肩水金关汉简（1-2）〉所见各类符号及其作用》（复旦大

学出土文献与古文字研究中心网站，2015 – 01 – 11），肖庆峰、张丽娜《居延汉简简号校订三种》（《简帛》第九辑，2014.10）。早期的有：陈梦家《汉简缀述》，罗振玉、王国维《流沙坠简》，最早按内容和性质对简牍进行分类，其中涉及名物词语的考证。王国维《简牍简署考》系统地介绍简牍形制板式，偶有涉及名物词语。张显成《简帛文献学通论》系统地对简牍文献进行分类介绍的同时，全面地对简牍形制、材料等名物词进行研究。李天虹《居延汉简簿籍分类研究》也是一部研究简帛文献的力作。

（四）其他研究

医疗问题研究。马明达《汉代居延边塞的医药制度——读居延汉简札记》[《西北师大学报》（社会科学版）1980.04]，李振宏《汉代居延吏卒的医疗卫生状况》（《中原文化》1999.04），冯骊《汉代军队医疗保障制度初探》[《河南大学学报》（社会科学版）2009.01]。桂霞《浅谈肩水金关汉简中的文化与医药》（《金塔居延遗址与丝绸之路历史文化研究》2014.12），汪桂海《符水疗疾——汉代医疗信仰的一个侧面》[《简帛研究二〇一七（秋冬卷）》2018.01]，马智全《汉代西北边塞的"市药"》（《简牍学研究》第七辑，2018.09）。

行政制度研究。韩华《由西北汉简看汉代基层官吏的激励和监督》（《出土文献研究》第十一辑，2012.12），高荣《论秦汉的传舍》（《金塔居延遗址与丝绸之路历史文化研究》2014.12），马增荣《汉代地方行政中的直符制度》（《简帛》第十六辑，2018.05）。还有著书研究的，鲁惟一《汉代行政记录》（广西师范大学出版社2005年版）。

人物研究。黄浩波《〈肩水金关汉简（肆）〉所见甘延寿相关简文考释》（《出土文献研究》第十六辑，2017）。其他研究，有陶玉乐《肩水金关的历史地位》（《陇右文博》2011.01），史兆利《金关遗址与金关汉简》（《丝绸之路》2011.10）。

术数研究。程少轩《〈肩水金关汉简（叁）〉数术类简牍初探》[《简帛研究二〇一五（秋冬卷）》2015.10]和《〈肩水金关汉简（伍）〉方术类零简辑校》（《出土文献与中国古典学》2018.03）。有对数学问题进行思考的，方勇《谈一道金关汉简所载的数学"衰分"题》，（简帛网，2016 –

02－02）。

综述类研究。魏振龙《近年来肩水金关汉简研究论著目录》（《简牍学研究》第六辑，2016.06），马智全《近年来肩水金关汉简研究综述》（《简牍学研究》第六辑，2016.06），韩华、薛洪波《肩水金关汉简研究综述》［《鲁东大学学报》（哲学社会科学版）2016.05］，鲁家亮《2013年秦汉魏晋简牍研究概述》（《简帛》第九辑，2014.10）、《2014年秦汉魏晋简牍研究概述》（《简帛》第十一辑，2015.11）、《2016年中国大陆秦汉魏晋简牍研究概述》（《简帛》第十五辑，2017.11），黄艳萍《西北汉简文字研究综述》（《简牍学研究》第六辑，2016.06）。

总体来看，针对《金关汉简》进行研究的成果还不多。发表的形式有网络和纸质期刊。网络刊发的阵地主要集中在武汉大学简帛研究中心主办的简帛网和复旦大学出土文献与古文字研究中心网，主要内容是断简缀合。纸质刊物发表的成果不多，就内容而言，主要成就在地名研究和历谱研究。关于《金关汉简》的其他研究成果不多，系统研究更不多见。与同质简相比，《金关汉简》的研究才刚刚起步，还有很大的空间等待有心人来开垦拓荒。

第二章 《金关汉简》戍卒与武备设施词语概貌及其特点

第一节 戍卒与武备设施词语的概貌及分类

我们穷尽地收录《金关汉简》中的戍卒与武备设施词语。把这些词语划分为戍卒称谓词语、屯戍设施词语、兵器词语和守御器词语。穷尽地收录这些词语，是为了便于掌握《金关汉简》中戍卒与武备设施词语的全貌。对这些词语进行分类是为了便于陈说，并不是严格意义的逻辑归类，因此，在具体归类的时候，会难以避免地出现交叉现象。不同的归类见仁见智，但这并不影响我们对该词语的收录。

另外，《居延汉简》、《居延新简》、《敦煌汉简》、《额济纳汉简》[①] 与《金关汉简》关系极为密切，其中出现的词语是对《金关汉简》的重要补充，我们也把相关的词语附在该类词语的后面。

一 戍卒名（30 个/17 个[②]）

戍卒名共 47 个，其中单音节 1 个，双音节 31 个，三音节 12 个，多

---

① 为了行文方便，《居延汉简》《居延新简》《敦煌汉简》《额济纳汉简》在下文径称为"同质简"。

② 前面数字是《金关汉简》收录的数据，后面数字是同质简的数据。

音节 3 个。

卒（73EJT32：68）、戍卒（73EJT21：99）、隧卒①（73EJT11：16）、马卒（73EJT10：320）、田卒（73EJT23：922）、田兵（73EJT23：53）、鄣卒（73EJT24：260）、亭卒（73EJT24：429）、部卒（72EJC：327）、候卒（73EJT29：110）、府卒（73EJT30：97）、省卒（73EJT37：1379）、罢卒（73EJT11：3）、罢戍卒（73EJT10：196）、车卒（73EJT21：324）、车父（73EJT23：673）、车工（73EJT1：19）、戍田卒（73EJT24：299）、治渠卒（73EJT3：50）、治沟卒（73EJF3：465）、锻工卒（73EJT2 3：980）、东部卒（73EJT21：206）、犁工关卒（73EJT9：266）、迎卒②（73EJD：38）、死卒（73EJD：38）、官卒（73EJH2：53）、仓卒（73EJT4：108）、游徼（73EJT14：16）、材官（73EJT5：66）、骑士（73EJF3：446）；

附：负卒（113.3）、门卒（337.9）、库卒（EPT50.237）、驿卒（EPT49.11B）、邸卒（EPT59.92）、从卒（121.16）、迹卒（2296）、徼迹卒（ESC13）、守阁卒（28.13）、逐亡卒（41.35）、适卒（1992）、当罢卒（EPT65.37）、缮治车卒（EPT58.45）、大司农茭卒（61.3，194.12）、马骑士（EPT56.13）、同心士（58）、车夫（580.5）。

二　屯戍设施词语（24 个/6 个）

屯戍设施词语，共出现 30 个。其中单音节 8 个，双音节 15 个，多音节 7 个。

河（73EJT24：148）、渠（73EJT21：142）、堠（73EJT23：447）、堞（73EJT11：19）、坞（73EJT23：949）、墼（73EJT21：187）、关楼内户（73EJT21：124）、坞前垣（73EJT21：177）、垣北（73EJT21：177）、落端（73EJT21：177）、天田（73EJT21：177）、兰楼（73EJT21：177）、坞上偃户（73EJT23：780）、户戊（73EJT31：67）、铁戊（73EJT37：1548）、戊蕭（73EJF3：289）、坞户上下（级）（73EJT37：1549）、坞户关（73EJT37：

---

① 收录名物词语的标准是"具有一定的概括性"，如不单独收录"右农田卒"，仅收录"田卒"。其他类的名物词语收录标准同。

② 甘肃省博物馆等《敦煌马圈湾汉代烽燧遗址发掘报告》："迎卒，当为专司接受各地转输粮食之戍卒。"载《敦煌汉简》下册，中华书局 1991 年版，第 89 页。

1557）、户关（73EJT31：67）、棲樑①（73EJT37：1556＋1558）［接樑（82.1）］、强落（72EJC：613）［僵落（73EJT37：1535）、强洛（73EJT30：18）］、落（73EJT24：297）、枱柱（73EJT30：214）、兰柱（73EJT26：43）；

附：汲落（506.1）、禄卢（82.1）、门关（82.1）、钥（506.1）、□户墼（506.1）、户上下合（506.1）。

三 兵器及兵器部件词语（69个）

共69个词语，其中单音节17个，双音节24个，三音节15个，多音节13个。

矛（73EJT24：246）、长矛（73EJT23：1040）、方銎矛（73EJT37：1151）、小锸（73EJT1：271）、有方（73EJT21：167）、剑（73EJT23：970）、刀（73EJT1：7）、大刀（73EJT23：774）、小白刀（73EJT23：715）、胡刀（73EJT30：6）、弓（73EJT23：971）、弩（73EJT21：16）、大黄弩（73EJT21：63B）、九石具弩（73EJT31：61）、八石具弩（73EJT23：399）、七石具弩（73EJT21：46）、六石具弩（73EJT22：112）、六石弩（73EJT24：208）、五石具弩（73EJT23：1024）、五石弩（73EJT21：382）、四石具弩（73EJT23：1062）、三石具弩（73EJT22：24）、三石承弩（73EJT22：112）、三石弩（73EJT22：33）、具弩（73EJT31：61B）、承弩（73EJT23：145）、矢（73EJT23：971）、弩矢（73EJT23：184）、稾矢（73EJT24：246）、蚕矢（73EJT21：46）、稾蚕矢（73EJT23：396A）、陷坚矢（73EJT21：46）、稾矢铜镞（73EJT23：768）、稾蚕矢铜镞（73EJT21：167）、箭（73EJT23：782B）、兰（73EJT21：77）、兰冠（73EJT22：112）、冠（73EJT1：99）、服（73EJT1：99）、犊丸（73EJT21：46）［樑丸（73EJT1：24）］、弓樑丸（73EJT1：25）、大丸（73EJT1：6）、幡（73EJT23：1040）［楯（73EJT24：857）］、弩幡（73EJT22：112）［弩楯（73EJT23：768）、弩循（73EJT23：768）］、箭镊（73EJT23：615）、枭长弦（73EJT21：107）、大黄承弦（73EJT21：46）、铁把弦（73EJT21：46）、承弦（73EJT21：107）、弩檠绳（73EJT6：

---

① 《居延新简释粹》释读为"楼樑"：烽干二，楼樑四。（74．E．J．T37：1537－1558）

62)、虎文矛柲（73EJD：11）、大黄弩辟橐衣紟（72EJC：119）、弩长臂（73EJT37：1557）、靳干（73EJT22：134）、蓬干（73EJT24：71）、幡（73EJT21：210）、靳幡（73EJT1：99）、靳干幡（73EJT22：112）、曲旃（73EJH1：18）、缇绀胡（73EJT22：134）、缇（73EJT21：66）、札（73EJT21：443）、用缇（73EJT21：326）、䌫（73EJT22：149）、缘靳（73EJT22：149）、椑（73EJT23：62）、官兵（73EJT24：114）、卒兵（73EJT24：114）、鞭（73EJT1：24）。

四 守御器词语（86个）

共86个词语，其中单音节19个，双音节45个，三音节16个，多音节6个。

斤（73EJF3：269＋73EJF3：597）、斧（73EJT22：34）、大斤（73EJT24：268）、小斤（73EJT1：142）、小斧（73EJT1：142）、长斧（73EJT4H：2＋73EJT4H：11）、椎（73EJT6：171）、木椎（73EJT37：1547）、连椎（73EJT21：182）、长椎（73EJT37：1554）、小椎（73EJT1：142A）、椌（73EJT12：182）、长椌（73EJT37：1553）、〔長椌〕（73EJT24：609A）、小桯（73EJT1：142）、羊头石（73EJT37：1557）、牛头石（73EJT21：182）、枪（73EJT37：1550）、连梃（73EJT37：1551＋1555）〔连廷（72EJC：119）〕、转射（73EJT37：1552）、薰火盥板（73EJT37：1544）〔烽火窅板（74EJT37：1537－1558）〕、盖冒（73EJT4H：2＋73EJT4H：11）、七尺板（73EJT21：182）、出火遂（73EJD：47）、烟造（73EJT37：1544）、沙灶（73EJT：67）、茹（73EJT37：1547）、芀（73EJD：370）、芮薪（73EJT：67）、芮纬（74EJT37：1537－1558）、布纬（73EJT37：1552）、大积薪（73EJT37：1539）、小积薪（73EJT37：1552）、木薪（73EJT37：1553）、小苣（73EJT37：1553）、程苣（73EJT37：1554）、桯苣火（74EJT37：1537－1558）、草烽（74EJT37：1537－1558）、布烽（73EJT37：1551＋1555）、表（73EJT：67）、布表（73EJT37：1545）、瓦箕（74EJT37：1537－1558）、瓦帚（74EJT37：1537－1558）、沙（73EJT：67）、鞮瞀（72EJC：119）、革鞮瞀（73EJT30：191）、铁鞮瞀（73EJT30：191）、革甲鞮瞀（73EJT21：11）、革铠鞮瞀（73EJT28：11）、甲鞮鞮瞀（73EJT37：777）、铠甲鞮瞀

（73EJT23：1040）、铁甲鞮瞀（73EJT21：40）、铁鞮铠（73EJT24：246）、铁甲（72EJC：615）、冠（72EJC：119）、鞈（72EJC：119）、木面衣（72EJC：119）、草辟（73EJT24：213）［草革（73EJT37：1542）]）、冒（73EJT24：213）、瞀［（73EJT24：246）]、皮瞀（72EJC：119）［皮冒（73EJT37：1542）]、盾（72EJC：554）、马矢（73EJT：67）、马矢橐（73EJT37：1545）、牛矢橐（73EJT4H：2＋73EJT4H：11）、芳橐（73EJT37：1549）［芳橐（74EJT37：1537－1558）]、橐（73EJT：67）、汲垂（73EJT23：305）、汲器（73EJT37：1541）、汲瓵（73EJF3：289）、汲罂（73EJT：67）、罂（73EJT23：820）、五石罂（73EJT23：355）、罂三石（73EJT23：820）、储水罂（73EJT37：1545）、鼓（73EJT37：1547）、破釜（73EJT37：1548）、辅罂（72EJC：119）、承累（74EJT37：1537－1558）［承垒（506.1）]、狗（73EJT37：1551＋1555）、狗笼（73EJT37：1550）、科（73EJT4：22）、小科（73EJT23：68）、木科（73EJT22：37）、瓦科（73EJT37：1542）、［瓦斗（73EJF3：289）]、长科（73EJT37：1550）、深目（73EJT：67）、檣（73EJT24：247）。

第二节　戍卒及武备设施词语的特点

《金关汉简》的内容，大部分是朝廷诏令、军队文书，少部分是私人信件，其讲究实用，口语性非常强，语言形式既具有鲜明的行业特点，又具有较明显的时代特征，虽然距今年代久远，但仍然是今天研究汉代军事、政治、经济的最佳材料之一。对于名物词语而言，其表现出以下特征。

一　词语极为丰富

《金关汉简》戍卒与武备设施词语数量庞大，种类丰富，记载完备而齐全。如戍卒名，就有卒、戍卒、隧卒、马卒、田卒、田兵、鄣卒、亭卒、部卒、候卒、府卒、官卒、仓卒、省卒、罢卒、罢戍卒、车卒、车父、车工、戍田卒、治渠卒、治沟卒、锻工卒、东部卒、犁工关卒、迎卒、死卒、游徼、材官、骑士称谓，总共有30个名物词语，每一类都值得深入地挖掘研究。

二 词语结构复杂

《金关汉简》戍卒与武备设施词语形式繁杂。从语法构成看，既有词，又有短语，有些甚至以小句形式出现，如：深目（73EJT：67）是一个词，大积薪（73EJT37：1539）是一个短语，大黄弩辟囊衣紟（72EJC：119）和坞户上下（级）（73EJT37：1549）就是小句了。对戍卒与武备设施词语的区别甚为具体，从而显得繁杂。如"弩"类词语，就有：弩、大黄弩、九石具弩、八石具弩、七石具弩、六石具弩、六石弩、五石具弩、五石弩、四石具弩、三石具弩、三石承弩、三石弩、承弩等。

这样繁杂的区别，对同一物品的称谓，往往有因详略、语境的不同而采用不同的称谓，导致同一对象出现多种词语表达形式。不过，正因为这个原因，《金关汉简》戍卒与武备设施词语大部分是偏正结构，是对中心语素的修饰、限定或描述。

从音节构成看，《金关汉简》的戍卒与武备设施词语包括单音节结构、双音节结构、多音节结构等，其中三音节的数量很多，我们特别把三音节从多音节中独立出来。各类音节数量如表1所示。

表1 各类戍卒武备词语的音节构成

词语类别	单音节	双音节	三音节	多音节	总计（个）
戍卒	1	22	6	1	30
屯戍设施	7	12	2	3	24
武器	17	23	15	13	68
守御器	14	43	13	1	71
总计	39	100	36	20	193

三 书写形式多样

《金关汉简》由书手抄写，其中的古今字、假借字、异体字都特别多，也偶见讹误字，这些第一手的文字材料，对研究文字、词汇都有重要意义。

文字是最直观的语言载体。语言学认为，语言的三要素语音、词汇、语法是第一位的，文字是第二位的。汉字，由于其图画文字的特点，字形具有很强的传承性，与印欧拼音文字以记音为主不同，汉字是一种音义兼表的文字，我们掌握古代的词汇、研究古代的文献、了解古代的社会，必须以文字为媒介，文字是我们研究工作的桥梁。鉴于此，我们简要谈谈《金关汉简》的用字情况。

（一）混用偏旁

1. 变换形符：

"禾""木""米"三个偏旁互换。"禾"和"木"，"禾"和"米"之间换用：

稗——稗；谷——穀；程——桯

"纟""礻""革""巾""弓"之间换用，以及"艹"与"衣"的换用：

襦——繻；袜——絑；袍——絇；襡——繝；弦——絃

幝——裈；韠——褐；缇——緹；莊——裝

"革""金""木"之间的换用以及"目""金"的换用：

鞮——鞮；铠——鞼；鑢——櫨；锥——椎；鍪——瞀

2. 变换声符：

襜——襌（襜褕——襌褕）；縢——幨——縢（行縢——行幨——行縢）

3. 改变部分结构、笔画：

皂——皁（皂复袍——皁复袍）；母——毋（母尊布——毋尊布）

鬑——鬓；廪（廪名）——粟（粟名藉）

（二）增减偏旁

1. 增加形符：

襦——爵；袅——前（□复袅袭——练复前袭）

2. 省写形符：

赞——簪；章——障；尚——常（尚韦——常韦）

聂——摄（聂带——摄带）；尊——縛（尊布——縛布）

是——鍉（革甲是督——铁铠鍉督）；者——绪

（三）俗体或通假、讹误

1. 俗体讹误：

疏——踈；廪（廪名）——瘭（瘭名）

2. 通假字：

菲——肥（枲菲——枲肥）；窦此——繍赀

3. 形近讹误字：

朴——朴；襜褕——儋偷；复——复（绐复襦——绐复襦）

4. 释读错误：

鞲——鞲；枛——皵；絓/络/堵絮——绪絮；蜀衰□衣——缊襗

四　词语极具系统性

《金关汉简》戍卒与武备设施词语数量多，包括的种类非常丰富，各类词语内部成员不是杂乱无章的混合体，而是结构井然具有明晰的层次性、系统性，直接体现在名物词语具有层级关系的"聚合"上。

《金关汉简》戍卒与武备设施词语之间的关系处于多种结构层次。有的一个整体被分割成几个小的关系密切的单位组合；有的由几个相互没有关系的单位，共同组合成一个大的上位语义聚合；有的紧紧挨连，排列成有序的词语序列；有的形成严格的层级递进关系。《金关汉简》戍卒与武备设施词语以不同的方式相互联系，共同构成一张词汇网，在这个网状结构中，总是能找到属于某一个词语的位置。

有的戍卒与武备设施词语，作为一个小的单位组合，与其他词语一起，共同构成一个完满的整体。这些小的单位组合，相互制约又相互依存。刘叔新在《汉语描写词汇学》中说："两个或多个词语单位，若个别的意义把一样事物整体的各个不同部分分别加以反映，相互之间就在意义范围上彼此制约着，或者更准确地说，其中每一个词语单位的意义范围都被其他相关词语的意义所限定，彼此互相对立又互为条件。这样一些词语单位，凭着相互在意义范围上的制约、对立关系，理所当然地作一种结构的聚合，形成一种结构组织。"①

《金关汉简》的戍卒词语就处于这样的组合关系中。戍卒在边塞成边，要在不同的工作场所完成不同的工作内容，拥有不同的身份，因此，不同的工作内容，不同的工作场所，对不同的身份进行划分，各自成为一

---

① 刘叔新：《汉语描写词汇学》，商务印书馆 2005 年版，第 356 页。

个整体在各自岗位上各司其职。它们互相影响，以各自的词义范围制约着其他词语的词义范围，它们各自意义范围的分界是清晰而明确的。

根据工作内容来划分，有：马卒，车卒，戍田卒，治渠卒，治沟卒，锻工卒，迎卒。

根据工作场所来划分，有：隧卒，田卒，田兵，鄣卒，亭卒，仓卒。

根据身份来看，有：部卒，候卒，府卒，省卒，罢卒，罢戍卒，东部卒，官卒，死卒。

根据不同的标准进行划分得到的这些称谓，共同构成了"戍卒"这个完整的形象，他们即是"戍卒"这个整体分割成的下位单位，各自在"戍卒"中都能找到自己的位置。

戍卒＝不同工作内容的戍边卒＋不同工作场所的戍边卒＋不同身份的戍边卒。其关系结构如图 1 所示。

图 1　戍卒构成

这种内部成员的汇集，刘叔新称其为"逻辑的义族"。"由于是依据逻辑上在同一属概念支配下的诸种概念的平行关系而建立这种类集的，所以它被看作'逻辑的义族'。"① 他说："有的逻辑义族，所包含的各个成员彼此在含义上区别较大、较明显，但是各自的意义是分别对一种具体事项不同的特定组成部分的反映，彼此之间存在着互相控制意义范围的制约

———————————

① 刘叔新：《汉语描写词汇学》，商务印书馆 2005 年版，第 296 页。

关系。"①

《金关汉简》中的部分戍卒与武备设施词语，由几个相互没有关系的小的单位共同组合成一个大的上位语义聚合，构成直观的逻辑关系。如《金关汉简》中的蔬菜类名物词语，各内部成员之间就属于这一类关系。《金关汉简》中出现的 9 个屯戍设施类的名物词语：河、渠、堠、堞、坞、墼、落端、天田、兰楼等。虽然它们共同构成了"屯戍设施"这一大类，具备共同的属概念，但这些内部成员之间并不具备语义上的联系，相互之间的关系是平行、平等的。这一类聚合关系，各个内部成员之间不能相互制约，是发散型关系，内部成员的增减对其他成员没有影响。

《金关汉简》中的名物词语，有的紧紧挨连，排列有序。如烽燧名称，除了有具体隧名的，还有采用序数指称的，《金关汉简》中就出现了很多，如下。

第一隧、第二隧、第四隧、第五隧、第六隧、第七隧、第八隧、第九隧、第十隧、第十隧、第十一隧、第十二隧、第十三隧、第十四隧、第十五隧、第十六隧、第十七隧、第十八隧、第十九隧、第二十隧、第廿一隧、第廿二隧、第廿三隧、第廿四隧、第廿五隧、第廿六隧、第廿七隧、第廿八隧、第二十九隧、第三十隧、第卅一隧、第三十二隧、第卅三隧、第卅四隧、第卅五隧、第卅六隧、第卅七隧、第卅八隧、【第】卅九隧

以上的烽燧名称，具有共同的意义范畴，在一个较大的属概念下，它们各自平行地存在着，从"一"到"卅九"的序列中，紧密相连而不杂乱。刘叔新称这种关系为"挨连组"，他说："有一定顺序的词语列，其中任何两个相邻接的单位之间都是互相限制、互为条件的，而所有单位就是以这种关系而有序地一一挨连贯接成整体。这样的词语系列，无疑形成词汇中一种结构组织。"② 又说："大多数情况下，这种排列顺序成了单一走向的圈状，少数情况下是首尾清楚而彼此不衔接相遇的线状，都有某种程度的线性因素。"③《金关汉简》中的这种组合，就是"首尾清楚而彼

---

① 刘叔新：《汉语描写词汇学》，商务印书馆 2005 年版，第 297 页。
② 刘叔新：《汉语描写词汇学》，商务印书馆 2005 年版，第 382 页。
③ 刘叔新：《汉语描写词汇学》，商务印书馆 2005 年版，第 383 页。

此不衔接"的类型。

《金关汉简》中还有一种等级关系，彼此之间有一种严格的层级递增关系，不容颠倒，上、下位单位之间互相依存，上位单位依存于下位单位，下位单位隶属于上位单位，层层递减，下位单位之外还有下位单位。上位单位所包含的成员与下位单位包含的成员互不重合而各自独立，如《金关汉简》的"候、部、隧""候、候长、隧长、隧卒"之间的关系，就属于这一类。这种关系属于刘叔新所说的"级次组"①。图示如下。

候──→候长──→隧长

《金关汉简》中的词语自成体系，与传统认识不尽相同。

"箙""箭""韇""帗"，都是用来装武器的。研究者对其功能的解释往往不甚明确。《周礼·夏官·司弓矢》："中春献弓弩，中秋献矢箙。"郑玄注："箙，盛矢器也，以兽皮为之。"② 孙诒让正义："此经之箙则弓弩矢所通用，散文不别也。"③ 据孙诒让所言，"箙"可以装"弓、弩、矢"。《说文·竹部》："箙，弩矢箙也。"④ 据《说文》，则"箙"可以装"弩、矢"。《史记·信陵君传》："赵王及平原君自迎公子于界，平原君负箭矢，为公子先引。"司马贞集解："吕忱曰：'箭盛弩矢。'""箭"可以盛"弩、矢"。⑤

在《金关汉简》中，"帗""韇丸""箭""箙"的功能是清楚的，与传世文献所言不同。装"弩"的是"帗"，装"弓"的是"韇丸"，"箭"用来装长杆的"稾矢"，"箙"用来装短杆的"茧矢"。

其关系图示如下。

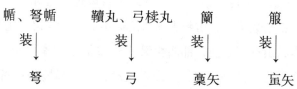

---

① 刘叔新：《汉语描写词汇学》，商务印书馆 2005 年版，第 385 页。

② （清）阮元校刻：《十三经注疏》，中华书局 1980 年版，第 855 页下。

③ （清）孙诒让撰，王文锦、陈玉霞点校：《周礼正义》，中华书局 1987 年版，第 2552 页。

④ （东汉）许慎：《说文解字》［影印（清）陈昌治刻本］，中华书局 1978 年版，第 98 页。

⑤ （西汉）司马迁撰，（南朝宋）裴骃集解，（唐）司马贞索隐，（唐）张守节正义：《史记》，中华书局 1959 年版，第 2381 页。

第三章 《金关汉简》戍卒称谓词语研究

汉代在西北边塞的军事活动比较频繁，汉工朝针对匈奴的军事设施部署比较严密周全。汉初，匈奴不断骚扰汉王朝的西北边塞，给边塞百姓生活的安定和朝廷政权的安稳带来了极大的威胁。为此，汉武帝花费了不少心力，在经过元光二年（前133年）、元朔二年（前127年）及元狩二年（前121年）三次针对匈奴的军事打击之后，才基本解决了匈奴对西北边境的骚扰和对朝廷稳定的威胁。因此，汉王朝非常看重西北边塞的防御工作，派遣了大量的人员戍守边疆。据研究，在边境戍守的将士中，戍卒人数非常多，远远超过其管理者。邢义田《治国安邦：法制、行政与军事》："戍卒的数量也不大。两汉边防一向以北方与西北方最吃紧，可是从居延和敦煌等边陲遗址以及文献上估计，部署在北方约三千五百公里防线上的戍守兵力不会超过一万人。"①

《汉书·赵充国传》载："窃见北边自敦煌至辽东万一千五百余里，乘塞列隧有吏卒数千人，虏数大众攻之而不能害。今留步士万人屯田，地势平易，多高山远望之便，部曲相保。"② 翦伯赞《秦汉史·序》："我们知道在两汉时代，自河西四郡，西至盐泽，皆有烽燧的设备。五里一燧，十里一墩，三十里一堡，百里一城塞。此等烽燧，分隶于四郡太守。太守之下，有都尉、候官、鄣尉、候长、燧长，以下则为戍卒。"③ 李正宇

---

① 邢义田：《治国安邦：法制、行政与军事》，中华书局2011年版，第663页。
② （东汉）班固撰，（唐）颜师古注：《汉书》，中华书局1964年版，第2989页。
③ 翦伯赞：《秦汉史》，北京大学出版社2001年版，第4页。

《敦煌郡的边塞长城及烽警系统》："（汉代西北边防）每个烽隧有隧长、属吏及燧卒约十人左右，小燧不少于四人，个别大燧多至十五人。平均以十人计，则120座烽燧仅守卫士卒已在一千二百人左右，加上都尉府及候官的长官、属吏及兵卒、后勤人员，估计亦不下一千二百人。由此推算，汉代敦煌郡内仅长城一线布署的兵力大约在二千四百人左右。在西汉时期，这是一支相当大的军事力量，又是一支相当大的屯垦力量，在敦煌开发史上作出过重要贡献。"① 臧知非《秦汉赋役与社会控制》："如果按照五里或十里一个烽燧计算，从西北敦煌到辽东一万一千五百余里的边防线，应当有一万一千五百或者二万三百多个烽燧，按照每烽五人计算，有戍卒六万或者一万两千左右，和赵充国说的汉宣帝时从敦煌到辽东有戍卒数千人大体相近。"② 李均明在《汉代甲渠候官规模考（上）》中认为："甲渠候官戍卒总数在240至300余人之间。"③ 杜葆仁等《论秦汉时期的仓》所说人数更加庞大："西汉军队的主体部分存在于边郡地区，有人估算，将戍卒、将屯兵、屯田卒、属国兵都包括在内，西汉边防军一般情况下为30万左右。由于临时增设，比如武帝时临时增驻了六十万屯田吏卒，那么边防兵力最高可以达到八十万至九十万左右。东汉时期，由于兵役制度较为复杂，有征有募，又夹杂了大量刑徒兵和夷兵，故很难推测其实有数量。"④

如此庞大的屯垦军队，在边塞主要负责的任务有哪些。弓建中《公元前2世纪前后秦汉西北边防及其效果》："汉代西北边防规模空前，长城、烽候、塞障罗列于边，而这漫长的边境线上，更有数以万计的边防人员。他们担当着戍守、候望、屯田、烽火、战斗、过所等一系列艰苦而危险的使命。其来源、构成是边防人事重要的内容。"⑤ 孙星衍《汉官六种》："边郡太守各将万骑，行障塞烽火追虏。"⑥ 关于前往边塞

---

① 李正宇：《敦煌郡的边塞长城及烽警系统》，《敦煌研究》1995年第2期。

② 臧知非：《秦汉赋役与社会控制》，三秦出版社2012年版，第174页。

③ 李均明：《汉代甲渠候官规模考（上）》，《文史》第34辑，中华书局1992年版，第29页。

④ 褚振西、杜葆仁：《论秦汉时期的仓》，《考古与文物》1982年第6期。

⑤ 弓建中：《公元前2世纪前后秦汉西北边防及其效果》，硕士学位论文，西北大学，2001年。

⑥ （清）孙星衍等辑，周天游点校：《汉官六种》，中华书局1990年版，第81页。

担任戍卒的研究，伊传宁在《汉代西北戍卒研究——以居延汉简为中心》中说："汉代的烽燧戍卒其身份主要有两种：一是普通百姓，一是刑徒和罪犯。"① 张朋军《汉代居延戍卒研究》也认为有两类人：一类是无罪之民，由农民、良家子和招募之卒，另一类是有罪之民，由刑徒和罪犯组成的"复作"和"刑徒"，还有谪民之卒。②《汉书·晁错传》："秦民见行，如往弃市，因以谪发之，名曰'谪戍'。"③ 据对《金关汉简》文例的穷尽考察，有罪的刑徒没有获得戍卒身份，也没有获得戍卒称谓，与普通戍卒是不同的，他们只能算作戍边人员，不是戍卒。

戍卒的地位已经非常低，我们要研究的对象就是这最基层的戍卒。据张朋军《汉代居延戍卒研究》画图所示，戍卒是"处于边塞候望系统中最为基础的地位"。④ 附图如图2所示。

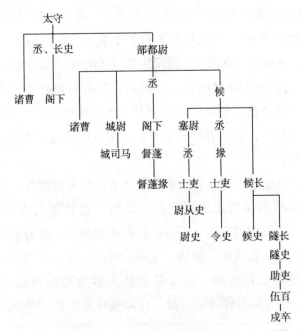

图2 军事系统从属关系结构

① 伊传宁：《汉代西北戍卒研究——以居延汉简为中心》，硕士学位论文，西北师范大学，2011 年。
② 张朋军：《汉代居延戍卒研究》，硕士学位论文，郑州大学，2012 年。
③ （东汉）班固撰，（唐）颜师古注：《汉书》，中华书局 1964 年版，第 2284 页。
④ 张朋军：《汉代居延戍卒研究》，硕士学位论文，郑州大学，2012 年。

关于戍卒的工作内容，陈梦家《汉简缀述》说："戍卒的职责有三：（1）谨候望，即窥伺塞外敌情动静；（2）通烽火，即举和烽火；（3）惊戒便兵，即对入寇及盗贼作防御和应付。"① 王子今在《关于居延"车父"简》中探讨"车父"身份时，说："看来，'卒'除'屯戍'之外，还要承担包括转输在内的'力役之事'。"②

根据工作内容的不同，对戍卒有不同的称呼，薛英群在《居延汉简通论》中说："边塞的戍卒来源比较复杂，除依律服役戍边者外，还有良家子、应募士以及徒、弛刑士、谪卒等，对他们统称为戍卒，然后按其服役的性质再分为燧卒、鄣卒、田卒、河渠卒、守谷卒、亭卒。"③ 陈直在《居延第一批汉简与汉史的关系》一文中说："居延屯戍，幅员辽阔，工作繁复，戍卒既到戍所之后，因事实之需要，名称亦随之而变更。如称戍卒则主管烽隧守望，田卒则主治屯田，河渠卒则主管屯田水利，鄣卒则主管守鄣塞，隧卒则主管亭燧。"④ 在《居延汉简研究》中陈直沿袭了这一观点。⑤ 陈直在《两汉经济史料论丛》中又说："戍卒，主要负责居延烽燧的候望。田卒，主要负责居延地区的屯田。河渠卒，主要负责居延地区水利建设。鄣卒，主要负责居延地区鄣塞。守谷卒，主要负责主管仓库。养卒⑥，主要负责居延士兵的炊食。望城卒，主要负责居延城垣守望。除道卒，主要负责居延边塞清洁。亭卒，主要负责居延地区的亭。省卒，从

① 陈梦家：《汉简缀述》（考古学专刊甲种第十五号），中国社会科学院考古研究所编辑，中华书局 1980 年版，第 176 页。

② 王子今：《关于居延"车父"简》，《简帛研究》（第二辑），法律出版社 1996 年版，第 286 页。

③ 薛英群：《居延汉简通论》，甘肃教育出版社 1991 年版，第 13 页。

④ 陈直：《居延第一批汉简与汉史的关系》，《西北大学学报》（哲学社会科学版）1979 年第 1 期。

⑤ 陈直：《居延汉简研究》，天津古籍出版社 1986 年版，第 16 页。

⑥ 高敏《秦汉史探讨》："（居延汉简中）有的简牍，还有关于燧卒之间的分工的情况，如几人养（管理房屋），几人望（担任守卫），几人治（作土坯），几人守园，几人积茭，几人定作及几人守邸，等等。"（69 页）认为"养"负责管理房屋。我们认为，"养"是戍卒临时分工担任做饭任务，不是一种专门的戍卒称谓。于豪亮《〈居延汉简甲编〉补释》认为："是知所谓养，就是从事炊事工作的人。"（452 页）孟建升《西北出土汉简中所见的"养"及其相关问题的研究》："其中养的身份主要是由吏、卒和骑士构成。"（21 页）又说："养都是临时征集的戍卒，他们在集体劳作完之后，便会从事其他或原来的工作，所以说以前的养在被调动为炊事卒之余既从事其他工作，同时也会是由不固定的人来充当。"中州古籍出版社 1998 年版，第 44 页。

居延烽燧中选出，集中劳动。"① 陈公柔、徐苹芳在《关于居延汉简的发现和研究》中说："戍卒是总称，按其职务不同，可以分为田卒、河渠卒、鄣卒、隧卒等。"② 高元武《汉朝西北边疆戍卒的基本情况及日常工作》："戍卒在到边陲戍所后，因为具体工作的原因，名称多有不同。如戍卒，则主管烽燧守望；田卒，则主管治田；河渠卒，主管屯田水利；鄣卒，主管鄣塞；除道卒，主管清扫道路；望城卒，主管守望城垣；省卒，主管检查工作；养卒，负责给养后勤。"③ 赵宠亮《行役戍备：河西汉塞吏卒的屯戍生活》："据河西屯戍汉简，屯戍机构中的军吏既有泛指的吏、部吏，也有士吏等具体职名的称谓；卒则有戍卒、田卒、燧卒、鄣卒、门卒、河渠卒等多种称谓。"④ 在《金关汉简》中，没有看见"除道卒"，也不见"养卒"，"养"倒是多见。这么庞大的队伍在边塞负责各种繁杂艰苦的工作，他们在《金关汉简》中必然有大量的记载。我们将对这些戍卒的主要职责、工作内容作进一步的分析。

《金关汉简》出现的戍卒称谓共 30 个。其中双音节 22 个，三音节 6 个，单音词和多音节词各 1 个。如下。

卒（73EJT32：68）、戍卒（73EJT21：99）、隧卒（73EJT11：16）、马卒（73EJT10：320）、田卒（73EJT23：922）⑤、田兵（73EJT23：53）、鄣卒（73EJT24：260）、亭卒（73EJT24：429）、部卒（72EJC：327）、候卒（73EJT29：110）、府卒（73EJT30：97）、省卒（73EJF3：565）、罢卒（73EJT11：3）、罢戍卒（73EJT10：196）、车卒（73EJT21：324）、车父（73EJT23：673）、车工（73EJT1：19）、戍田卒（73EJT24：299）、治渠卒（73EJT3：50）、治沟卒（73EJF3：465）、锻工卒（73EJT23：980）、东部卒（73EJT21：206）、犁工关卒（73EJT9：266）、迎卒（73EJD：

① 陈直：《两汉经济史料论丛》，陕西人民出版社 1980 年版，第 7 页。

② 陈公柔、徐苹芳：《关于居延汉简的发现和研究》，《考古》1960 年第 1 期。

③ 高元武：《汉朝西北边疆戍卒的基本情况及日常工作》，《重庆科技学院学报》（社会科学版）2010 年第 17 期。

④ 赵宠亮：《行役戍备：河西汉塞吏卒的屯戍生活》，科学出版社 2012 年版，第 6—7 页。

⑤ 我们收录名物词语的标准，要求具有一定的概括性，如"右农田卒""金关省卒""驿北亭卒""橐他鄣卒"不单独收录，将放在"田卒""省卒""亭卒""鄣卒"下进行说解。其他类的名物词语收录标准同。

38）、死卒（73EJD：38）、官卒（73EJH2：53）、仓卒（73EJT4：108）、骑士（73EJT21：418）、游徼（73EJT14：16）①、材官（73EJT5：66）。

这30个词语中，除了"游徼""材官"外，全部是偏正结构。主要根据工作内容或工作场所命名，基本的结构模式是"×卒"，也有"×兵""×父""×军""×工""×士"的。根据命名方式的不同，我们把这30个戍卒称谓分为四类：工作场所类、工作内容类、身份性质类以及统称类。

统称类有2个：卒（73EJR32：68）、戍卒（73EJT21：99）。

工作场所类有15个：隧卒（73EJT11：16）、田卒（73EJT23：922）、田兵（73EJT23：53）、鄣卒（73EJT24：260）、亭卒（73EJT24：429）、部卒（72EJC：327）、候卒（73EJT29：110）、府卒（73EJT30：97）、仓卒（73EJT4：108）、戍田卒（73EJT24：299）、治渠卒（73EJT3：50）、河渠卒（73EJT7：33）、治沟卒（73EJF3：465）、马卒（73EJT10：320）、东部卒（73EJT21：206）。

工作内容类有5个：车卒（73EJT21：324）、车父（73EJT23：673）、车工（73EJT1：19）、锻工卒（73EJT23：980）、犁工关卒（73EJT9：266）。

身份性质类有8个：省卒（73EJT21：281）、罢卒（73EJT11：3）、迎卒（73EJD：38）、死卒（73EJD：38）、官卒（73EJH2：53）、游徼（73EJT14：16）、骑士（73EJT21：418）、材官（73EJT5：66）。

统称的有2个词"卒""戍卒"。"戍卒"即"守边之卒"。《说文·戈部》："戍，守边也。"② 正如《居延新简释粹》所说："戍卒：屯戍边塞的士兵。"③ 汪受宽《肩水金关汉简"黑色"人群体研究》："戍卒，是征发至边塞戍守服役的正规边防兵。内地服役者，除在本郡为正卒一年之外，还需到京师或边境屯戍一年，称为'卫士'或'戍卒'，但边郡人的两年兵役皆是在本地完成。"④

---

① 《地湾汉简》还有"甲卒"（86EDT5H：3）。

② （东汉）许慎：《说文解字》［影印（清）陈昌治刻本］，中华书局1978年版，第266页。

③ 薛英群、何双全、李永良注，甘肃省文物考古研究所编：《居延新简释粹》，兰州大学出版社1988年版，第45页。

④ 汪受宽：《肩水金关汉简"黑色"人群体研究》，《中华文史论丛》2014年第3期。

戍卒的年龄差别比较大，高元武《汉朝西北边疆戍卒的基本情况及日常工作》："戍边的戍卒年龄应该在 16－63 岁之间。……戍卒年龄在 41—63 岁之间的人数当占到戍卒总数的 14.5%。"① 关于戍卒的年龄，《汉书》对服"徭役"的年龄有明确记载。《汉书·景帝纪》："令天下男子年二十始傅。"颜师古注："旧法二十三，今此二十，更为异制也。"② 服"徭役"的年龄发生变化，由二十三变更为二十。"傅"就是"服徭役"。《汉书·高祖纪上》："五月，汉王屯荥阳，萧何发关中老弱未傅者悉诣军。"颜师古注引："孟康曰：'古者二十而傅，三年耕有一年储，故二十三而后役之。'如淳曰：'律，年二十三傅之畴官，各从其父畴学之，高不满六尺二寸以下为罢癃。《汉仪注》云民年二十三为正，一岁为卫士，一岁为材官骑士，习射御、骑驰、战陈；又曰年五十六衰老，乃得免为庶民，就田里。今老弱未尝傅者皆发之。未二十三为弱，过五十六为老。"颜师古又注曰："傅，著也。言著名籍，给公家徭役也。"③

戍边将士不少都有爵位，汉王朝以军功爵用以鼓励士卒奋勇杀敌，戍守边疆。汪受宽《肩水金关汉简"黑色"人群体研究》："商鞅为秦制定的二十级爵，汉朝沿袭，只是将其彻侯改称列侯，以避武帝名讳，另设王爵，用以封刘氏。"④

汉王朝沿用秦制，封士卒以爵位。在《金关汉简》中出现了以下爵位：公士（73EJT2：14）、上造（73EJT21：121）、簪袅（73EJT1：73）、不更（73EJT3：96）、大夫（73EJT2：3）、官大夫（73EJT9：90）、公大夫（73EJT9：116）、公乘（73EJT14：8）、五大夫（73EJT37：805）、左庶长（73EJT26：32）、士伍（73EJT37：1495）［士五（73EJT21：37）］、附城（73EJF3：154）⑤。

---

① 高元武：《汉朝西北边疆戍卒的基本情况及日常工作》，《重庆科技学院学报》（社会科学版）2010 年第 17 期。

② （东汉）班固撰，（唐）颜师古注：《汉书》，中华书局 1964 年版，第 141 页。

③ （东汉）班固撰，（唐）颜师古注：《汉书》，中华书局 1964 年版，第 37—38 页。

④ 汪受宽：《肩水金关汉简"黑色"人群体研究》，《中华文史论丛》2014 年第 3 期。

⑤ 我们把"士伍""附城"视为一种爵位。

第一节 据工作场所命名的戍卒词语

《金关汉简》中据工作场所得名的戍卒词语共有 15 个：隧卒（73EJT11：16）、田卒（73EJT23：922）、田兵（73EJT23：53）、鄣卒（73EJT24：260）、亭卒（73EJT24：429）、部卒（72EJC：327）、候卒（73EJT29：110）、府卒（73EJT30：97）、仓卒（73EJT4：108）、戍田卒（73EJT24：299）、治渠卒（73EJT3：50）、河渠卒（73EJT7：33）、治沟卒（73EJF3：465）、马卒（73EJT10：320）、东部卒（73EJT21：206）。

在《居延新简》中还有一例"望城卒"（562.7），是对《金关汉简》戍卒类型的补充。

【隧卒】

"隧卒"在《金关汉简》中有 151 例，我们称这些简为"戍卒简"。"隧卒"的身份在"戍卒简"中是具体明确的，记录这 151 个隧卒时，在"隧卒"二字前几乎都有具体的某隧限制，这样倒是为我们掌握更具体的烽燧信息提供了便利。没有限定身份的"隧卒"仅见一例：

> 73EJT28：57：南书三封。一封☐府，一封居延千人诣张掖库，隧卒戍鸡前鸣时付沙头亭卒应。

按：《金关汉简》中，"隧卒"字又作"隊卒"，在《敦煌汉简》中有 4 例也作"燧卒"。

在《金关汉简》中的"隧卒"，我们全部搜罗如下：安竟隧卒（73EJT23：500）、安乐隧卒（74.E.J.T23：991）、安农隧卒（73EJT23：298）、北界隧卒（73EJT37：45）、并山隧卒（73EJT30：74）、博望隧卒（73EJT10：132）、斥胡隧卒（73EJT26：181）、（橐他）次稽隧卒（73EJT30：38）、当道隧卒（74.E.J.T23：991）、当井隧卒（73EJT24：24A）、当利隧卒（73EJT24：291）、当遂隧卒（73EJT25：51）、登山隧卒（73EJT28：

41）、东望隧卒（73EJT24：46）、服之隧卒（73EJT37：898）、高显隧卒（73EJF3：145）、故府隧卒（73EJT30：7＋19）、广地隧卒（73EJT24：870）、广谷隧卒（73EJT31：94）、（广地）累山隧卒（73EJT24：291）、广野隧卒（73EJT23：482）、广新隧卒（73EJF3：397＋73EJF3：403）、圹野隧卒（73EJT21：261）、寒虏隧卒（73EJF3：35）、骓喜隧卒（73EJT22：46）、获胡隧卒（73EJF3：84）、溪东隧卒（73EJT37：460）、积落隧卒（73EJT37：1329）、界亭隧卒（72EJC：422）、禁奸隧卒（73EJT21：14）、乐昌隧卒（73EJT24：52）、乐哉隧卒（73EJT24：549）、临道隧卒（73EJT24：698）、临莫隧卒（73EJT24：43）、临泽隧卒（73EJT37：117）、虏下隧卒（73EJT37：16）、（橐他）莫当隧卒（73EJT23：471）、美草隧卒（73EJT10：19）、灭虏隧卒（73EJT37：890）、逆寇隧卒（73EJT30：40）、平乐隧卒（73EJT24：46；）、破适隧卒（73EJT37：1082）、千秋隧卒（72EJC：434）、禽寇隧卒（73EJF3：83）、强汉隧卒（73EJD：218）、穷寇隧卒（73EJT23：125）、如意隧卒（73EJF3：318）、塞虏隧卒（73EJT23：497）、驷望隧卒（73EJT23：510）、胜之隧卒（73EJT37：62）、石北隧卒（72EJC：410）、石上隧卒（73EJT24：721）、始安隧卒（73EJT11：16）、守望隧卒（73EJT26：52）、收降隧卒（73EJT1：183）、受降隧卒（73EJT11：2）、水北隧卒（73EJT37：630）、水门隧卒（73EJT23：501）、通道隧卒（73EJT29：27）、万福隧卒（73EJF3：285）、望城隧卒（73EJT27：67）、望松隧卒（73EJT33：56A）、毋适隧卒（73EJT37：965）、先就隧卒（73EJT37：15）、乡利隧卒（73EJF3：444）、延新隧卒（73EJF3：377）、要害隧卒（73EJF3：88）、要虏隧卒（73EJT22：10）、依山隧卒（73EJT37：1087）、夷胡隧卒（73EJT23：666）、恵敢隧卒（73EJT24：710）、勇士隧卒（73EJF3：130）、增山隧卒（73EJT26：37）、止虏隧卒（73EJT21：12）、执适隧卒（73EJT21：149）、（禀）直隧卒（72EJC：280）、（受）延隧卒（73EJT37：1221）、第六隧卒（73EJT23：113）、剽□隧卒（73EJT1：264）、□寇隧卒（73EJT37：10）、□山隧卒（73EJT37：953）、□谷隧卒（73EJT26：4）、☑当隧卒（73EJT21：237）、□南隧卒（73EJT22：119）、甲渠□□隧卒（73EJT23：718）、□□隧卒（73EJT2：39）、肩水□□隧卒（73EJT1：55）、完军隧长（73EJT24：46）。

字作"隧卒"有 13 个燧，14 个文例：莫当隧卒（73EJT23：258；73EJD：231）、却适隧卒（73EJT24：432）、受降隧卒（73EJT8：34）、受延隧卒（73EJT8：69）、累下隧卒（72EJC：155A）、灭虏隧卒（73EJT8：93）、万年隧卒（72EJC：155A）、万福隧卒（73EJT4H：76）、逆寇隧卒（73EJF3：420）、禽寇隧卒（73EJF3：323）、通望隧卒（73EJT7：24）、破适隧卒（73EJT7：24）、先豆隧卒（73EJT8：72）。

在《敦煌汉简》中，"隧卒"也作"燧卒"，共有 3 隧 4 例：威胡燧卒（2290；2294）、止寇燧卒（2292）、破虏燧卒（2305）。为了行文方便，我们径称"隧卒""燧卒""隧卒"为"隧卒"。

"隧卒"，也称为"卒"，同样"亭卒"也可以简称为"卒"。如"莫当燧卒""驿北亭卒"可以径称为"莫当卒""驿北卒"：

> 73EJT23：258：☑□莫当隧卒𥔷传言乃，丁亥表二通。
>
> 73EJT14：31A：张掖广地候印，正月甲辰驿北亭卒汉□☑
>
> 73EJT21：29：丁卯南书八封……肩水塞尉其一封诣都尉府莫当卒柱以来。
>
> 73EJT21：363A：☑□餔时驿北卒□□□日入时付沙头……☑

"隧卒"，顾名思义，就是在烽燧工作的戍卒，负责烽燧的安全护卫工作，担负边郡国家的安全使命。承担如此重要职责，挑选隧卒需要什么条件，看看简文给我们提供的信息。

一　年龄构成

> 73EJF3：35：寒虏隧卒，河东闻惠邑楼里，乐欣，年三十三。
>
> 73EJF3：130：勇士隧卒，昭武长寿里大夫戻普，年二十八，普弟当年二十。
>
> 73EJT37：1082：破适隧卒𪏁得万年里公乘马□官年廿三，见责府同十二月乙卯出入。

在 151 例"隧卒"简中，仅 3 例明确提及"隧卒"年龄，两位二十多岁，一位四十多岁。汪受宽《肩水金关汉简"黑色"人群体研究》："或许可以推测西汉在籍民人的平均年龄 29 岁。"[①] 据《金关汉简》中仅见的 3 例隧卒简记录，隧卒平均年龄 31 岁，与汪受宽所记接近。但这 3 例所记的隧卒年龄差别比较大，估计"年龄"这一条件对于挑选隧卒来说不是很重要的因素，所以多不提及。也可能是西北屯边的戍卒需求量比较大，又由于边塞条件艰苦，工作强度大，人们多不愿意前往，故朝廷对戍边人员所设挑选条件比较宽松。

二　隧卒的籍贯

提及籍贯的隧卒简也不多。在 151 例简文中，仅有 9 例提及籍贯，隧卒来源于河东郡、东郡、济阴郡、赵国以及张掖郡的昭武、觻得。李天一《汉简所见张掖地区屯戍人口籍贯相关问题研究》："河东郡也是西汉王朝重要的兵源地。"[②] 据简文可见，隧卒主要来源于几个地区。可能也是隧卒需求量大，在全国各地广泛征员。

　　73EJF3：35：寒虏隧卒河东闻憙邑楼里，乐欣，年三十三。
　　73EJF3：130：勇士隧卒昭武长寿里大夫庆普，年二十八。
　　73EJT37：460：溪东隧卒东郡博平市南里☒
　　73EJT37：1082：破适隧卒觻得万年里公乘马□官年廿三。
　　73EJH1：18：登山隧卒济阴郡定陶中庄里担福。
　　73EJT10：132：博望隧卒赵国襄国曲里翟青。

不过，对隧卒籍贯的登记，有的包含郡国信息，有的径直写"里"。直接写具体"里"，例见下：

　　① 汪受宽：《肩水金关汉简"黑色"人群体研究》，《中华文史论丛》2014 年第 3 期。
　　② 李天一：《汉简所见张掖地区屯戍人口籍贯相关问题研究》，硕士学位论文，吉林大学，2018 年。

73EJT22：119：☑□南隧卒通里华汉☑

信息简省但不完整，为什么这样简省却不会导致信息混淆，如果仔细斟酌文例，就会发现"隧卒"前后都有地名，这样的文例表明"隧卒"的籍贯和出生地相同，即"隧卒"是本地人，在本地服役。这样的文例不局限于"隧卒"，其他身份的戍边人员人物简也有这样的文例。具体分析可以参看下文【骑士·骑士的籍贯】部分。

三 隧卒的爵位

在151例隧卒简中，我们只找到3例明确提及隧卒"爵位"的，分别是"大夫""公乘""士伍"，等级差别比较大，如下。

73EJF3：130：勇士隧卒昭武长寿里大夫戾普。

73EJT37：1082：破适隧卒䤷得万年里公乘马□官。

73EJT37：622：安竟隧卒䤷得步利里士伍孔益寿。

看来"爵位"这一条件对于挑选隧卒不是很重要的因素，所以差别很大的爵位出现在隧卒简中并不奇怪，大多数涉及隧卒的时候都忽略了"爵位"信息，多不提及。

四 隧卒的工作职责

（一）隧卒有发送、传递、接受文书的职责

《金关汉简》中以下简文都是传递文书简：73EJF3：143；73EJT23：764；73EJT23：666；73EJT23：824；73EJT23：933；73EJT23：938；73EJT28：57；73EJT37：1517。

73EJT23：666：登受夷胡隧卒同，昏时第六隧卒同付府门。

73EJT23：764：出万世隧函二，其一受入函，四月乙卯日东中时起万世隧，其日下餔五分时第六隧卒同付府门。

73EJT23：933：□亭卒受橐他莫当隧卒租，即行日食时付沙头亭

卒合。

73EJT23：938：□□卒高宗受橐他莫隧卒赵人①，即行日蚤食时付沙头亭卒充。

传递相同方向的文书，要求隧卒所走的路线一样。上面简 73EJT23：666 和 73EJT23：764 都有"第六隧卒同付府门"；简 73EJT23：933 和 73EJT23：938 都有"受橐他莫当隧卒……付沙头亭卒"，证明文书传递的路线基本固定，一般不会变化。

边塞隧卒传送的文书，多为紧急文书，对文书传递有严格的时程要求，能不能按时完成任务，是重要的考核指标。根据一定的路程，必须在相应的时间内完成，在规定时间完成的为合格，称为"程"或"中程"。没有按时送达的为不合格，叫作"不中程"。

73EJF3：143：北书一封张掖右大尉诣后大尉府，三月甲辰起三月辛亥日蚤食时，莫当卒受骑北卒。三月壬子日西中时，高显隧卒同付守林隧卒同。界中百三十里，书行十三时，中程。

73EJT23：764：出万世隧函二，其一受入函，四月乙卯日东中时起万世隧。其日下舖五分时，第六隧卒同付府门，界卅五里函行四时五分，中程。

据《居延新简》《居延汉简》看，文书传递不合格的，要遭受相应的惩处：

EPF22.150：时二分，不中程。谨已劾。

55.11，137.6，224.3：十一月邮书留迟不中程，各如牒。

隧卒传递文书是否合格，当有明确记录。对于不合格的文书传递，各部要有情况说明。传递路线经过本部的文书，一旦发生文书传递留迟，哪

---

① "莫隧"当是"莫当隧"的脱漏。

怕不是发生在本部范围内，候官都要向都尉府作情况说明。据此可知，文书传递不合格，候官负有管理责任：

　　EPF22.464：北隧长岑。餔时，勋付城北隧助吏王明。下餔八分，明付吞远隧助吏□□，皆中程。<u>留迟不在界中，敢言之。</u>
　　EPF22.649：☑□齿廿岁，自，左曷。<u>行书不中程，唯官谒言府。</u>

　　文书传递不合格的，要遭受惩处，具体的惩处规定在《居延新简》中有明确记录：

　　EPS4T2.8：官去府七十里，书一日一夜当行百六十里，书积二日少半日乃到。解何？书到，各推辟界中，必得事。案到如律令，言会月廿六日，会月廿四日。不中程百里，罚金半两；过百里至二百里，一两；过二百里，二两。不中程车一里，夺吏主者劳各一日；二里，夺令、相各一日。

　　文书传递的速度标准是什么，具体多少才达标，可以通过具体的文例来推算：

　　73EJF3：143＋211＋425：北书一封，张掖右大尉诣后大尉府三月甲辰起。三月辛亥日蚤食时莫当卒受驿北卒，三月壬子日西中时高显隧卒同付守林隧卒同。<u>界中百三十里书行十三时，中程。</u>
　　73EJF3：311：诣延亭大尹府三月庚子起。五月庚戌日餔时莫当卒受驿北卒，五月辛亥日入时显高卒付守林卒同。<u>界中百三十里书行十三时，中程。</u>

　　以上两简都有"界中百三十里书行十三时，中程"的记录，"界中百三十里"是总路程，"书行十三时"是文书传递所用的时间，"中程"是评价语。按照这个路程和时间看，"界中百三十里书行十三时"，可以推算出，"一时"文书传递"行10里"，这是达标的传递速度。在同质简中也有明确路程和时间的记录，符合"一时行 10 里"的标准，看看同质简的例子：

EPT50. 107：☑隧卒世。去临木隧十七里，当行一时七分，☑中程。

《居延新简》"去临木隧十七里，当行一时七分"，即"十七里行一时七分"，符合"一时行十里"的标准。

"一时行十里"的标准是不是完全固定的，我们再看《居延新简》中两个例子：

EPW1：书一封，居延都尉章，诣大守府。三月癸卯鸡鸣时，当曲卒便受收降卒文。甲辰下餔时，临木卒得付卅井城埶北卒参。界中九十八里，定行十时。中程。

EPC37：收降卒海。界中九十八里，定行十时，中程。

上面两枚简记录，"界中九十八里"，简文是"定行十时"，根据上面的标准"一时行十里"，"九十八里"应该需要行九时八分，但简文多了"两分"，是四舍五入，或者是"一时行十里"的标准文书传递速度可以稍微放缓。

（二）隧卒有戍边报警传递"表火"的工作职责

燧的主要职责，就是候望敌情，发现敌情后，以烽、表报警，朝廷将在最短时间知道军情警情。故候望报警是隧卒的重要工作。

73EJT23：991：□□□表二壹通。元始五年五月乙酉日西中五分，禁奸隧卒□□半分，当利隧卒兼付安乐隧卒冯，界中卅五，程。

73EJT23：258：☑□莫当队卒根传言乃，丁亥表二通。

隧卒传递"表火"也有要求，不合格的也要遭受处罚：

74. E. J. T22：11：鸿嘉元年六月庚午，东部候史长敢言之，推辟

验问□☑日出三分，兰入表一通，□时，椑付万福隧卒□☑

隧卒传递"表火"的速度，也是"一时行十里"，与文书传递时速要求一样。例子见下：

> 73EJT24：46：入亡人赤表一壹通南，正月癸巳日下餔八分时，万福隧卒同受平乐隧卒同，即日日入一分半分时，东望隧卒□☑完军隧长音。<u>界中卅五里，表行三分半分，中程。</u>

"界中卅五里，表行三分半分"，总路程是界中"卅五里"，表行时间"三分半分"是"中程"，相当于"一时行十里"。表火传递的速度与文书传递的速度要求一样，这样的文书也应该是紧急文书了。《通典·礼二三》引《汉官仪》："奉玺书使者乘驰传，其驿骑也，三骑行，昼夜千里为程。"军情传递要求极高，隧卒们当用日行千里的好马才能达到如此的神速，才能保证朝廷政令畅通，边疆长治久安。

（三）隧卒省作

> 73EJT23：298：安农隧卒王同，自言数省今归同隧部，为发亢健卒代。

边塞组织对隧卒的管理比较严格，每天的工作都有记录，生病请假也登记在册：

> 73EJT28：2：禁奸隧卒冯门，三，三，三，廿休，三，三，三，三。
> 73EJT26：4：□谷隧卒比毋故，病，养，养，□，养，☑

《汉书·匈奴传》："窃见匈奴斗入汉地，直张掖郡。汉三都尉居塞上，士卒数百人寒苦候望久劳。"[1] 由于隧卒条件艰苦，工作强度比较大，

---

① （东汉）班固撰，（唐）颜师古注：《汉书》，中华书局 1964 年版，第 3810 页。

还有省作的要求，故死于岗位上的大有人在，这样的事情发生了，需要登记在册并上报，我们找到了5例隧卒死亡登记：

73EJF3：317：要害隧卒庄歆，三月乙亥亡。

73EJF3：318：如意隧卒尹严，三月戊戌亡。

73EJF3：444：乡利隧卒孟利，三月丙寅亡。

73EJF3：323：禽寇隧卒庄宏，六月庚申亡。

73EJF3：145：高显隧卒杨相，亡。

一隧隧卒人数，为四五人，《金关汉简》仅一简文提及，《居延汉简》有一简印证：

73EJT26：37：■右增山隧卒四人。

99.1：甲渠武贤隧北到诚北隧四里，候史一人，隧长一人，卒四人。凡吏卒六人。

隧卒佩带的武器不多，常带的武器是"弩"，"四石""五石""六石"的都有。与"弩"搭配使用的"盂矢""藁矢"等守御器也比较常见。

73EJT4：153：☐要虏隧卒梁国载秋里李游子，六石具弩一完，藁矢铜镞五十。

我们看见几例很有规律的简文，都是记录隧卒拥有守御器的。简文如下：

73EJT21：11：止虏隧卒王不信革甲鞮瞀各一。

73EJT21：12：止虏隧卒孙赤革甲鞮瞀各一。

73EJT21：13：止虏隧卒石定革甲鞮瞀各一。

73EJT21：14：禁奸隧卒李绾革甲鞮瞀各一。

看来"革甲鞬瞀"是人手一副。隧卒在烽燧台上，以候望报警为主要工作。发现敌情后主要任务是传递烽火，故多有守御器而少见武器。

五 隧卒的收入

隧卒的收入主要就是官府发放的口粮。在简文中，发放口粮称为"廩/禀""食"，也称为"以廩""以食"，简文举例如下：

> 73EJT24：338：廩禁胡隧卒☑
> 73EJT29：58：禀登山隧卒董得□☑
> 73EJT23：500：以廩安竟隧卒□☑
> 73EJT30：74：食并山隧卒靳安世五月
> 73EJD：218：以食强汉隧卒赵方始六月☑

隧卒的口粮，有一月一发，也有三月一发的：

> 73EJT11：2：廩受降隧卒吕充四月食，又张异众四月食。
> 73EJF3：83：出麦九斛，禀禽寇隧卒庄武三月三月五月食。

特殊情况，某天工作强度增加，也可以单天有额外的补贴，称为"勮食"：

> 73EJT26：52：☑以食守望隧卒张乙三月十六日勮食。
> 73EJT37：16：☑食虏下隧卒赵建十二月五日勮食。
> 73EJT24：432：☑以食却适隊卒尚乃使正月七日勮食。

"勮食"当是工作劳动强度很高时，在平常口粮之外的额外补贴，《居延新简》有"加勮食"，见下：

> EPS4T1.23：☑□月□，加勮食☑

发放给隧卒的口粮，可以是盐、麦、粟、糜、钱，举例如下：

73EJT1：23：出盐一斗七升，四月丙令拓以廪止虏隧卒郃贤为张定刑留取三月四月食。

73EJF3：83：出麦九斛，廪禽寇隧卒庄武三月三月五月食。

73EJF3：88：出粟三斛三斗三升少，廪要害隧卒孟崇八月食。

73EJT30：40：出糜一石九斗三升少，以食逆寇隧卒王广国二月食。

73EJT24：291：出钱三百，赋当利隧卒张丰，故广地累山隧卒☑

隧卒的经济条件并不好，有"贳卖"的，也有"贳买"的。"贳卖"的有"官布、皂布、缥、布袜、布袭、布绔"等。简文如下：

73EJT33：56A：望松隧卒赵山自言贳卖官布☑

73EJT23：925：☑水门隧卒成弱郭徒毋何，贳买皂布一匹，直三百。

73EJT23：965：广野隧卒勒忘，贳卖缥一匹，隧长屋兰富昌里尹野所。

73EJT1：55：肩水□□隧卒陈□，贳卖布袭一领，布绔一两，并直八百。

73EJD：231：阳朔三年九月庚辰莫当隧卒张柱贳卖官☑

由于经济条件不好，也有"贳卖"后不能按时收到钱物而诉诸法律者：

73EJT23：295：布橐一直百八十，布袜一两直八十，始安隧卒韩诩自言：责故东部候长牟放□□钱四百，验问收责。持诣廷：放在城官界中，谒移城官治决害□日夜□

73EJT23：497：☑塞虏隧卒爱书，鲁自言：乃七月中贷故□☑

由此可知，隧卒是边塞防御系统中，最基层的护卫员。一隧有隧卒四五人，他们负责传递文书，负责边关报警，他们也有省作的责任。对隧卒的管理比较严格，隧卒生病了，或者省作不在岗都必须登记在册。隧卒的收入不高，他们的收入主要来源于官府发放的口粮，有盐、粟、麦、糜和钱。有按月发放的，还有三个月发放的，有参加高强度劳动的工作之后额外的补贴。隧卒的工作强度大，在工作岗位上去世的隧卒，简文记录的有好几例。在隧卒简中，没有发现隧卒的身高记录，对隧卒的籍贯、年龄、爵位记录也很少，可能是边关隧卒需求量大，工作强度大，对个人的基本情况可以忽略。

【田卒/戍田卒/田兵】

"田卒/戍田卒"在《金关汉简》中出现频率不低，共 113 例，我们把田卒出现的简称为"田卒简"，这些文例分别见于以下简文：73EJT1：5；73EJT1：13；73EJT1：32；73EJT1：73；73EJT1：118；73EJT1：134；73EJT1：136；73EJT2：3；73EJT2：14；73EJT2：59；73EJT2：86；73EJT3：96；73EJT3：97；73EJT4：24；73EJT5：54；73EJT8：81；73EJT10：122；73EJT8：89A；73EJT9：83；73EJT5：19；73EJT9：90；73EJT9：116；73EJT10：333；73EJT10：497；73EJT11：3；73EJT21：122；73EJT21：202；73EJT21：373；73EJT21：419；73EJT21：425；73EJT21：430；73EJT21：121；73EJT22：93；73EJT22：98；73EJT22：114；73EJT22：147；73EJT23：34；73EJT23：249；73EJT23：250；73EJT14：8；73EJT23：790；73EJT23：920；73EJT23：922；73EJT23：939；73EJT24：541；73EJT24：666；73EJT24：668；73EJT24：706；73EJT24：725；73EJT24：776；73EJT24：901；73EJT24：935；73EJT24：957；73EJT24：970；73EJT25：83；73EJT25：137；73EJT25：162；73EJT25：164；73EJT26：9；73EJT26：187；73EJT27：21；73EJT27：22；73EJT27：26；73EJT28：30；73EJT28：31；73EJT29：100；73EJT29：128；73EJT30：8；73EJT30：117；73EJT30：263；73EJT30：267；73EJT31：93；73EJT37：1；73EJT37：14；73EJT37：76；73EJT37：241；73EJT37：408；73EJT37：452；73EJT37：550；73EJT37：766；73EJT37：970；73EJT37：982；73EJT37：1205；73EJT37：1246；73EJT37：1258 + 1291 + 1392；73EJT37：1397；73EJT37：1415；73EJT37：1459；73EJH2：1；73EJH2：81；73EJF3：276；73EJF3：346；73EJF3：371；73EJT4H：48；73EJD：191；73EJD：212；72EJC：27；72EJC：40；

72EJC：117；72EJC：141；72EJC：160；72EJC：208；72EJC：238；72EJC：258；72EJC：276；72EJC：362；72EJC：363；72EJC：424；72EJC：427。

　　还有"戍田卒"见于以下四枚汉简：73ETJ10：227；73EJT24：229；73EJT37：1099；74EPT56：30。戍田卒简数量少，合并在田卒简中。

　　按：田卒，顾名思义，就是以屯田生产为主要工作的戍卒。陈公柔、徐苹芳在《大湾出土的西汉田卒簿籍》中说："根据贝格曼的报告书，大湾附近水土肥沃，渠道纵横；现在地面上仍然留有渠道的遗迹。从现况观察，此地是宜于引渠灌溉的。"① 田卒，即在此地从事农田生产的戍卒。《集成》第八册："田卒，即屯田卒。主要从事农耕的戍卒。"② 朱绍侯《两汉屯田制研究》说："屯田的劳动者，军屯中的正规称呼叫田卒，这在历史文献和汉简中都有明确记载。"③ 裘锡圭《从出土文字资料看秦和西汉时代官有农田的经营》说："田卒就是戍卒中主要从事屯田劳动的那一部分人。"④ 张俊民《汉代居延屯田小考——汉甲渠候官出土文书为中心》："在以军屯为主的居延地区，从事屯田的人员其身份是戍卒，即田卒。"⑤ 汪受宽《肩水金关汉简"黑色"人群体研究》："田卒即屯田兵，是'以兵营田'的武装力量。屯田吏卒在屯戍地且耕且守，既生产了粮食，又保卫了边境和交通要道的安全。"⑥ 李正宇《敦煌郡的边塞长城及烽警系统》："戍守部队的任务，除担任警戒、防守、抵御任务外，平时还担负着屯田及修缮塞障、天田及割草养马等任务，亦军亦农，农战合一。敦煌地区的农业开发，最早就是由这些戍卒进行的。"⑦ 康玉平《居延汉简中的戍边故事》："戍卒中有田卒，负责农作物种植。"⑧ 管东贵在

---

　　① 陈公柔、徐苹芳：《大湾出土的西汉田卒簿籍》，《考古》1963 年第 3 期。

　　② 初师宾主编：《中国简牍集成》第八册，中国简牍集成编辑委员会编，敦煌文艺出版社 2001 年版，第 115 页。

　　③ 朱绍侯：《两汉屯田制研究》，《史学月刊》2012 年第 10 期。

　　④ 裘锡圭：《从出土文字资料看秦和西汉时代官有农田的经营》，《裘锡圭学术文集》第 5 卷，复旦大学出版社 2012 年版。

　　⑤ 张俊民：《汉代居延屯田小考——汉甲渠候官出土文书为中心》，《西北史地》1996 年第 3 期。

　　⑥ 汪受宽：《肩水金关汉简"黑色"人群体研究》，《中华文史论丛》2014 年第 3 期。

　　⑦ 李正宇：《敦煌郡的边塞长城及烽警系统》，《敦煌研究》1995 年第 2 期。

　　⑧ 康玉平：《居延汉简中的戍边故事》，《档案与社会》2012 年第 5 期。

《汉代屯田的组织与功能》中分析了屯田人员的构成、征集方式。他认为："军屯的分工主要有两种，即田卒与河渠卒。田卒主耕作，河渠卒主灌溉。"① 苏秉琦《战国秦汉考古》："屡屡见诸简牍的'田卒'、'河渠卒'，无疑从事兴修水利与农业劳动。"②

在戍边任务中，"田卒"以屯田生产为主要工作，也被称为"戍田卒"，是我国古代耕战思想在汉代的体现。大量田卒的工作，用以解决西北边塞驻军粮食难题，据《汉书·西域传》记载："自敦煌西至盐泽，往往起亭，而轮台、渠犁皆有田卒数百人，置使者校尉领护。"③ 在《金关汉简》中可见有大量"田卒"，同时还有各级"仓"的存在。张朋军说："大多数戍卒实行的是集体劳动，所耕土地也是有定额的。居延地区有条记载：41.44 顷的土地上有 121 个戍卒在耕种，每人定额只有 34 亩。屯田的所得都将全部交到居延粮仓，居延汉简中有很多仓名，这些仓应分属府、县和都尉府所辖。"④ 又说："居延当地官府会提供给戍卒种子、农具、耕牛等耕种田地所需的工具和原料（给戍卒），田地收获（的）后居延官府会分配给耕作的戍卒以定量的粮食和生活用品。"⑤ 田卒的劳作减轻了朝廷的口粮短缺问题，但也没有完全能够自给自足，朝廷还需要运送粮食到边郡。《汉书·晁错传》记载："予冬夏衣，廪食，能自给而止。"⑥ 《汉书·食货志》也说："边兵二十余万人仰县官衣食，用度不足，数横赋敛。"⑦

《金关汉简》中有 3 例"戍田卒"（73EJT37：1099；73EJT10：227；73EJT24：299），《居延新简释粹》中也有一例（74EPT56：30）。这些田卒简，除了 6 例以外，其余 107 例都是人物简，是对田卒基本信息的记录。而"戍田卒"出现的简文，没有一例是人物简。据此，我们怀疑

---

① 管东贵：《汉代屯田的组织与功能》，《"中央研究院"历史语言研究所集刊》第四十八本第四分，台北："中央研究院"历史语言研究所 1977 年版，第 502 页。
② 苏秉琦：《战国秦汉考古》，上海古籍出版社 2014 年版，第 133 页。
③ （东汉）班固撰，（唐）颜师古注：《汉书》，中华书局 1964 年版，第 3837 页。
④ 张朋军：《汉代居延戍卒研究》，硕士学位论文，郑州大学，2012 年。
⑤ 张朋军：《汉代居延戍卒研究》，硕士学位论文，郑州大学，2012 年。
⑥ （东汉）班固撰，（唐）颜师古注：《汉书》，中华书局 1964 年版，第 2286 页。
⑦ （东汉）班固撰，（唐）颜师古注：《汉书》，中华书局 1964 年版，第 1133 页。

"田卒"和"戍田卒"使用的语境不同，正规场合用"田卒"，较随意的时候都称为"戍田卒"。"田卒"也称为"田兵"，在《金关汉简》中仅见一例。上面所说的田卒简，各举1例如下：

73EJT2：3：田卒魏郡犂阳南利里大夫丘汉年廿三，长七尺二寸，黑色。

73EJT37：1099A：五凤二年五月壬子朔辛巳，武安左尉德调为郡送戍田卒张披郡。

73EJT23：53：南阳阴乡啬夫曲阳里大夫冯均，年廿四，大奴、田兵二，轺车一，乘骖、骝马一匹。

一 田卒的年龄构成

我们来看看《金关汉简》中记录的田卒的年龄构成：在这113例简文中，明确记录田卒年龄的有58例，最小的廿三岁，最大的卌八岁，相差25岁。各年龄层次分布不均衡：廿三岁的有2例（73EJT2：3；73EJT5：54）、廿四岁的有4例（73EJT3：96；73EJT3：97；73EJT21：430；73EJD：212）、廿五岁的12例（73EJT9：83；73EJT21：202；73EJT21：425；73EJT21：121；73EJT23：920；73EJT23：922；73EJT24：970；73EJT27：21；73EJT27：26；73EJT28：30；73EJT30：267；73EJH2：1）、廿六岁的7例（73EJT1：13；73EJT1：73；73EJT2：14；73EJT9：90；73EJT26：9；73EJT30：267；72EJC：27）、廿七岁的6例（73EJT23：249；73EJT23：790；73EJT24：541；73EJT29：100；73EJT31：93；73EJT37：14）、廿八岁的有3例（73EJT21：373；73EJT25：162；72EJC：424）、廿九岁的有2例（73EJT9：116；73EJT37：452）、卅岁的有7例（73EJT10：122；73EJT23：250；73EJT28：31；73EJT37：982；73EJT37：1459；73EJF3：276；73EJF3：346）、卅二岁的1例（73EJT21：373）、卅四岁的有1例（73EJT37：1415）、卅五岁的有3例（73EJT8：81；73EJT37：408；73EJF3：371）、卅七岁有2例（73EJT22：93；73EJT37：76）、卅八岁有2例（73EJT30：8；73EJT30：263）、卅九岁有1例（73EJT37：970）、卌二岁1例（73EJT1：5）、卌三岁的2例（73EJT14：8；73EJT27：22）、卌五岁有1例（73EJT30：263）、卌八岁

有 1 例（73EJT30：117）。

根据田卒的年龄来看，共有三个年龄段。各年龄段所占的比重不同。从各年龄段的年龄出现连续性看，二十多岁的田卒，自二十三岁至二十九岁的都有；三十多岁年龄段，则缺少了"卅一"岁、"卅三"岁和"卅六"岁；四十多岁年龄段，仅见四个年龄，且人数都极少。从出现的频次看，二十多岁、三十多（包括卅）岁的各有 7 个年龄，四十多岁的仅有 4 个年龄。在这 18 例记载年龄的田卒简文中，二十多岁的就有 36 人，占了绝大多数，比例高达 62%。四十多岁的田卒仅记录 5 人，占比将近 9%。通过这些数据可以看出，田卒的年龄主要集中在二十多岁这个年龄段。陈公柔、徐苹芳《大湾出土的西汉田卒簿籍》统计了大湾出土汉简田卒的年龄，说："上述简中，记载田卒年令［龄］的共 23 根，年令［龄］最小的为二十二岁，最大的为三十九岁，而年（龄）在二十五岁以下的约占半数，以青年人居多。"① 这个观点也基本适用于《金关汉简》统计的田卒年龄。

我们统计了田卒各年龄段的总年龄，23—29 岁的 36 人总年龄 928 岁，30—39 岁的 17 人总年龄 570 岁，42—48 岁的 5 人总年龄 221 岁，三个年龄段 58 人加起来的总年龄是 1719 岁，平均年龄约是 29.63 岁。姚磊《〈肩水金关汉简〉所见田卒史料探析》："记载田卒年龄的共计 54 例，其中 30 岁以下 32 例，30—40 岁 17 例，40 岁以上 5 例。很明显，田卒以青壮年为主。最小年龄 23 岁，符合'民年二十三为正'的法令。"② 汪受宽《肩水金关汉简"黑色"人群体研究》："金关简'黑色'人群体有年龄资料的九十四人，总年龄为 2702 岁，平均年龄为 28.74 岁。"③ 汪受宽统计河西简牍有年龄记载的 514 人，总年龄 14968 岁，平均年龄 29.12 岁。据此推测："西汉在籍民人的平均年龄 29 岁。"④ 他统计的结果与我们统计的年龄情况大致一致。西北屯边戍卒平均年龄是 29 岁。

据上面的统计，制成田卒/戍田卒年龄构成表，见表 2。

---

① 陈公柔、徐苹芳：《大湾出土的西汉田卒簿籍》，《考古》1963 年第 3 期。
② 姚磊：《〈肩水金关汉简〉所见田卒史料探析》，《中国农史》2016 年第 4 期。
③ 汪受宽：《肩水金关汉简"黑色"人群体研究》，《中华文史论丛》2014 年第 3 期。
④ 汪受宽：《肩水金关汉简"黑色"人群体研究》，《中华文史论丛》2014 年第 3 期。

表 2 　　　　　　　　　　　　田卒/戍田卒年龄构成

年龄段	田卒年龄	各年龄频次	各年龄数/ 总年龄	年龄段 人数（人）	比例 （%）
廿三—廿九	廿三	2	7/928	36	62
	廿四	4			
	廿五	12			
	廿六	7			
	廿七	6			
	廿八	3			
	廿九	2			
卅岁—卅九	卅	7	7/570	17	29
	卅二	1			
	卅四	1			
	卅五	3			
	卅七	2			
	卅八	2			
	卅九	1			
卌二—卌八	卌二	1	4/221	5	9
	卌三	2			
	卌五	1			
	卌八	1			
合计			18/1719	58	

二 田卒的籍贯

《金关汉简》中"田卒"共出现 113 例，其中 99 例都有戍卒籍贯信息。田卒来源地比较清楚，陈公柔、徐苹芳根据大湾出土汉简提供的信息，说："根据上述各项名簿中田卒的籍贯，可以知道田卒多来自淮阳郡、昌邑国、汝南郡、大河郡等处。"[①] 杨芳认为："田卒大多来自淮阳郡、大河郡、济阴郡、昌邑国等农业经济发达的关东各郡国。"[②] 赵尔阳说："可以确定田

---

① 陈公柔、徐苹芳：《大湾出土的西汉田卒簿籍》，《考古》1963 年第 3 期。
② 杨芳：《汉简所见河西边塞军屯人口来源考》，《中国边疆史地研究》2009 年第 1 期。

卒都来自河南郡、魏郡、淮阳郡（国）、梁国等关东郡国。"①

姚磊《〈肩水金关汉简〉所见田卒史料探析》说："肩水金关汉简所见田卒来自 14 郡国 40 县 81 里。"② 我们根据简文把"贝丘"归在"魏郡"，姚磊把"贝丘"归在"清河郡"。姚磊《〈肩水金关汉简〉所见田卒史料探析》又说："综合比较田卒的籍贯信息，来源较多的是淮阳、梁国、河南郡，三地约占总数的一半，而张掖郡、陈留郡、清河郡、大河郡较少，区域分布很不均衡。"③ 据我们逐条搜检，"田卒"的籍贯见于下面简文。我们把统计的各郡田卒人数穷尽列出，凭此可以了解田卒的籍贯信息及每郡出现的数量。

河南郡：20 例 20 人。

73EJT8：89；73EJT14：8；73EJT37：76；73EJT37：14；73EJT37：241；73EJT37：408；73EJT37：766；73EJT37：1258 + 1291；73EJT37：1415；73EJT37：452；73EJT37：1459；73EJF3：276；73EJT37：982；72EJC：40；72EJC：117；72EJC：141；72EJC：238；72EJC：362；72EJC：258；73EJT10：333。

魏郡：16 例 16 人。

73EJT2：3；72EJC：276；72EJC：27；73EJT31：93；72EJC：424；73EJT8：81；73EJT10：122；73EJT30：117；3EJT29：100；73EJT5：54；73EJT23：249；73EJT23：250；73EJT23：790；72EJC：160；72EJC：208；73EJT29：128。

梁国：16 例 16 人。

73EJT23：939；73EJT27：21；73EJT21：373；73EJT21：419；73EJT21：430；73EJT37：550；73EJT1：134；73EJT24：541；73EJT24：666；73EJT24：970；73EJT24：706；73EJT24：776；73EJT24：935；73EJT24：901；72EJC：427；73EJT22：93。

淮阳郡（国）：13 例 13 人。

---

① 赵尔阳：《浅谈肩水金关汉简中涉及张掖郡籍"田卒"的几则简文》，简帛网，http://www.bsm.org.cn/show_article.php？id＝3212，2018－08－25，2018－08－25。

② 姚磊：《〈肩水金关汉简〉所见田卒史料探析》，《中国农史》2016 年第 4 期。

③ 姚磊：《〈肩水金关汉简〉所见田卒史料探析》，《中国农史》2016 年第 4 期。

73EJT21：121；73EJT9：83；73EJT21：425；73EJT22：98；73EJT26：187；3EJT26：9；73EJT28：30；73EJT30：8；73EJT30：263；73EJT30：267；73EJT4H：48；73EJD：212；73EJT27：26。

上党郡：7 例 7 人。

73EJT4：24；73EJT28：31；73EJT23：34；73EJT23：920；73EJH2：1；73EJT23：922；73EJH2：81。

济阴郡：6 例 6 人。

73EJT25：137；73EJT25：162；73EJT25：164；73EJT37：1246；73EJT37：970；73EJT25：83。

赵国：6 例 6 人。

73EJT1：32；73EJT1：118；73EJT1：136；73EJT2：59；73EJT27：22；73EJT2：86。

东郡：4 例 4 人。

73EJT5：19；73EJT9：90；73EJT9：116；73EJD：191。

平干国：4 例 4 人。

73EJT1：5；73EJT1：73；73EJT2：14；72EJC：363。

颍川郡：2 例 2 人。

73EJT3：96；73EJT3：97。

大河郡：2 例 2 人。

73EJT24：668；73EJT24：725。

陈留郡：1 例 1 人①。

73EJT21：202。

根据我们逐简搜罗所见，田卒主要来源于河南郡、魏郡、梁国、淮阳郡（国）等地方，上党郡、济阴郡、赵国、东郡、平干国也有几个。我们穷尽考察得出的结论与姚磊、赵尔阳的说法大致相同。陈直《居延汉简研究》考察《居延汉简》时说："戍卒籍贯，以汝南、淮阳二郡人民为

---

① 另外，据简文有"田卒"来源于"居延富里"（73EJF3：371）和"平明里"（73EJF3：346），赵尔阳认为是释读的错误，应该释读为"甲卒"。（《浅谈肩水金关汉简中涉及张掖郡籍"田卒"的几则简文》，简帛网，2018 – 08 – 25。）

最多。"① 与我们的结论不尽相同，钱文子《补汉兵志》认为西汉发兵的原则是"量地远近"。② 梁馨予《河西汉塞屯戍士卒籍贯管理研究》进一步说："（士卒）他们虽都来自内郡，但地区却相对集中，以中原地区、黄淮地区和华北地区为主。"③ 又分析：（1）汉代戍卒服役的主要交通方式是步行；（2）秦汉时期戍卒前往服役地的行走时限有规定。据张俊民推算"汉代长安至张掖的距离为2800汉里"。长安到边塞的距离如此遥远，到南方地区更远。④ 这是政府征调士卒不得不考虑的一个原因。关于田卒的征用原则，宋治民《居延汉简中所见西汉屯田二、三事》指出："田卒大都来自淮阳郡、汝南郡、魏郡、大河郡、东郡、昌邑国，这些郡国均处黄河下游，为汉代生产发达、经济繁荣的地区。从这一地区来的人作为田卒到边郡屯田，必然把中原地区的先进农业技术带到边郡来。"⑤ 米田贤次郎在《秦汉帝国的军事组织》一文中说："若调查一下居延田卒的原籍，会发现均为淮阳郡、昌邑国等华北的旱耕地带，这些都是精耕细作的地区。"⑥ 王耀辉《居延汉简所见戍、田卒服役制度研究》也说："在田卒的选择过程中，西汉政府也会将这一地区农业生产的发达程度作为选择的因素之一。"⑦ 这些信息，除了明确田卒的籍贯之外，还反映了汉王朝选择田卒的原则。

三 田卒的爵位

田卒，均来自不同的郡国，其中48个田卒明确记录了爵位。我们通过对田卒籍贯和爵位的对比发现，来自同一籍贯的田卒，他们的爵位基本相同，比如：来自"淮阳郡"的两位田卒都是"上造"；来自"魏

---

① 陈直：《居延汉简研究》，天津古籍出版社1986年版，第17页。

② （南宋）钱文子：《补汉兵志》，《二十五史补编》第1册，中华书局2005年版，第412页。

③ 梁馨予：《河西汉塞屯戍士卒籍贯管理研究》，硕士学位论文，西北师范大学，2018年。

④ 梁馨予：《河西汉塞屯戍士卒籍贯管理研究》，硕士学位论文，西北师范大学，2018年。

⑤ 宋治民：《居延汉简中所见西汉屯田二、三事》，《四川大学学报》（哲学社会科学版）1981年第2期。

⑥ ［日］米田贤次郎：《秦汉帝国的军事组织》，余太山译，见中国社会科学院历史研究所战国秦汉史研究室编《简牍研究译丛》（第二辑），中国社会科学出版社1987年版，第185页。

⑦ 王耀辉：《居延汉简所见戍、田卒服役制度研究》，硕士学位论文，西北师范大学，2016年。

郡"的三位田卒都是"大夫"；来自"上党郡"的三位田卒，2位是
"官大夫"，1位是"公大夫"；来自"平干国"的三位田卒，2位是
"簪裏"，1位是"公士"。何双全《汉代戍边士兵籍贯考述》认为戍卒
征发原则是："戍卒士兵绝大部分来自乡里农村，有一个村里出一人者，
也有出二人以上者，以一里一人为多。"姚磊《〈肩水金关汉简〉所见
戍卒史料考略》也认为戍卒征发原则"'一里征一人'无疑是主导"。①
"至于'一里出多人'，可能更多的是对'大里'的要求，因此并不普遍。
戍卒的征发原则可能还与'爵位'有关，某些地区征发戍卒时，更倾向
于那些拥有特定爵位的人，比如大夫、不更。"②姚磊在《〈肩水金关汉
简〉所见田卒史料探析》中说："爵位也是征发的重要指标，这在各地征
发'田卒'时表现得尤为明显。"③据简文可见，来自同一个地方的有勋
爵田卒，他们的爵位往往相近甚至相同。田卒爵位及籍贯对照，见表
3：田卒爵位及籍贯对照（1）。

表3   田卒爵位及籍贯对照（1）

简号	籍贯		爵位	年龄	姓名
73EJT21：121		成安里		廿五	陈外
73EJT9：83	固始	步昌里		廿五	朱宽
73EJT26：9	新平	景里	上造	廿六	高千秋
73EJT26：9	宁平	驷里		廿四	胡部（庸）
73EJD：212	阳夏	安成里		廿四	周不识
73EJT30：8	淮阳郡 长平	东阳里		卅八	郑则
73EJT28：30		南庄里		廿五	扈恶
73EJT30：263		北亲里	不更	卅五	费毕
		西阳里		卅八	庄登（庸）
73EJT30：267		高闾里		廿六	李范
		南垣		廿五	费充（庸）

---

① 姚磊：《〈肩水金关汉简〉所见戍卒史料考略》，《中国边疆史地研究》2018年第4期。
② 姚磊：《〈肩水金关汉简〉所见戍卒史料考略》，《中国边疆史地研究》2018年第4期。
③ 姚磊：《〈肩水金关汉简〉所见田卒史料探析》，《中国农史》2016年第4期。

续表

简号	籍贯			爵位	年龄	姓名
73EJT1：5	平干国	广平	张榆里	簪褭	卌二	吕儋
73EJT1：73			泽里		廿六	李田利里
73EJT2：14		南和	□里	公士	卌六	李未
73EJT21：202	陈留郡	济阳	临里	簪褭	廿五	戎延年
73EJT2：86	襄国		陈西里	簪⊠		
73EJT23：920	上党郡	涅	蒲里	不更	廿五	童豹
73EJH2：1			磨焦里		廿五	李过程
73EJT23：922		壶关	东阳里			庄耐
73EJH2：81		高都	水东里			甘□
73EJT28：31		屯留	新利里	士伍	卅	贾尊官
73EJT27：21	梁国	蒙	新岁里	不更	廿五	儿充
73EJT3：96	颍川郡	临颍邑	郑里	不更	廿四	范后
73EJT2：3	魏郡	犁阳	南利里	大夫		丘汉
72EJC：27			临里		廿六	阴福
73EJT8：81		武始	金年里		卅五	史福
73EJT10：122		廪丘	曲里		卅	朱充
73EJT31：93		繁阳	巨当里		廿七	石虞人
72EJC：424			昌平里		廿八	耿安世
73EJT30：117		贝丘	宜春里		卌八	赵建
73EJT29：100			庄里		廿七	成常幸
		（同县）	眉期里		卅	张收（庸）
73EJT25：137	济阴郡	定陶	宜庆里	大夫		陈⊠
73EJT25：162			西牢里		廿八	王广廿八
73EJT25：164			西洲里			陈⊠
73EJT37：76①			虞里		卅七	戴充
73EJT37：1246			前安里	不更		李千秋
73EJT37：970		冤句	昌成里	大夫	卅九	商广世

---

① 本简"济郡"，当是"济阴郡"的脱漏，查《肩水金关汉简（肆）》图版，第43页确实漏一字。

续表

简号	籍贯			爵位	年龄	姓名
73EJT14：8	河南郡		京从里		卅三	□青
73EJT37：766		密邑	宜利里			郑不侵
73EJT37：452		新郑	富里	公乘	廿九	孙章
73EJT37：1459			章阳里		卅	朱兄
73EJF3：276			东成里		卅	蔡已
73EJT37：982			武成里		卅	左奉
73EJT10：333	东郡		清大里	公乘	卅	
73EJT9：116		西邑	利里	公大夫	廿九	□□
73EJT5：19		东阿	增野里	官大夫		驺明
73EJT9：90			当夏里		廿六	丁庑

　　秦二十级军功爵位制度从低到高分别是：1 公士，2 上造，3 簪袅，4 不更，5 大夫，6 官大夫，7 公大夫，8 公乘，9 五大夫，10 左庶长，11 右庶长，12 左更，13 中更，14 右更，15 少上造，16 大上造，17 驷车庶长，18 大庶长，19 关内侯，20 彻侯。

　　重新列表把相同爵位列于一处，以更直观地观察爵位数量在整体爵位中的比重，见表4：田卒爵位及籍贯对照（2）。

表4　　　　　　　　　　　田卒爵位及籍贯对照（2）

简号	籍贯			爵位	年龄	姓名
73EJT14：8	河南郡		京从里		卅三	□青
73EJT37：766		密邑	宜利里			郑不侵
73EJT37：452		新郑	富里	公乘	廿九	孙章
73EJT37：1459			章阳里		卅	朱兄
73EJF3：276			东成里		卅	蔡已
73EJT37：982			武成里		卅	左奉
73EJT10：333	东郡		清大里		卅	
73EJT9：116		西邑	利里	公大夫	廿九	□□
73EJT5：19		东阿	增野里	官大夫		驺明
73EJT9：90			当夏里		廿六	丁庑

续表

简号	籍贯			爵位	年龄	姓名
73EJT2：3	魏郡	犂阳	南利里	大夫		丘汉
72EJC：27			临里		廿六	阴福
73EJT8：81		武始	金年里		卅五	史福
73EJT10：122		廪丘	曲里		卅	朱充
73EJT31：93		繁阳	巨当里		廿七	石虞人
72EJC：424			昌平里		廿八	耿安世
73EJT30：117		贝丘	宜春里		卅八	赵建
73EJT29：100			庄里		廿七	成常幸
		（同县）	厝期里		卅	张收（庸）
73EJT25：137	济阴郡	定陶	宜庆里			陈☒
73EJT25：162			西牢里		廿八	王广廿八
73EJT25：164			西洳里			陈☒
73EJT37：76			虞里		卅七	戴充
73EJT37：970		冤句	昌成里		卅九	商广世
73EJT30：8	淮阳郡	长平	东阳里	不更	卅八	郑则
73EJT28：30			南庄里		廿五	扈恶
73EJT30：263			北亲里		卅五	费毕
			西阳里		卅八	庄登（庸）
73EJT30：267			高闾里		廿六	李范
			南垣		廿五	费充（庸）
73EJT23：920	上党郡	涅	蒲里		廿五	童豹
73EJH2：1			磨焦里		廿五	李过程
73EJT23：922		壶关	东阳里			庄耐
73EJH2：81		高都	水东里			甘□
73EJT27：21	梁国	蒙	新岁里		廿五	儿充
73EJT3：96	颍川郡	临颍邑	郑里		廿四	范后
73EJT37：1246	济阳郡	定陶	前安里			李千秋
73EJT1：5	平干国		张榆里	簪褭	卅二	吕儋
73EJT1：73		广平	泽里		廿六	李田利里
73EJT21：202	陈留郡	济阳	临里		廿五	戎延年
73EJT2：86	襄国		陈西里			

续表

简号	籍贯			爵位	年龄	姓名
73EJT21：121	淮阳郡	固始	成安里	上造	廿五	陈外
73EJT9：83			步昌里		廿五	朱宽
73EJT26：9		新平	景里		廿六	高千秋
73EJT26：9		宁平	驷里		廿四	胡部（庸）
73EJD：212		阳夏	安成里		廿四	周不识
73EJT2：14	平干国	南和	□里	公士	卅六	李末
73EJT28：31	上党郡	屯留	新利里	士伍	卅	贾尊官

在 48 例明确记录爵位的简文中，它们各自出现次数不同：士伍 1 次、公士 1 次、上造 5 次、簪袅 4 次、不更 13 次、大夫 14 次、官大夫 2 次、公大夫 1 次、公乘 7 次。不更和大夫最多，田卒的爵位不算低，朝廷对田卒的支持力度不小。但陈公柔、徐苹芳在《大湾出土的西汉田卒簿籍》中统计了大湾出土汉简中田卒的身份时说："在上述 40 根田卒简中，记载田卒身份的共 24 根，其中称为'公士'的计 22 根，称'士五'的 2 根。其余各简则由于残断或字迹不清，已无法辨别。"① 大湾出土汉简记载的田卒爵位以"公士"为主，与《金关汉简》中田卒爵位以"不更""大夫"为主的情况不同，可能是由于简文残断所记信息不完整所致。

二十级军功爵的前八位，田卒都有，即：公士、上造、簪袅、不更、大夫、官大夫、公大夫、公乘，还有 1 例"士伍"。"士伍"因与士卒为伍而得名。《汉书·魏相丙吉传》："元帝时，长安士伍尊上书，言'臣少时为郡邸小吏'。"颜师古注："先尝有爵，经夺免之，而与士卒为伍，故称为士伍，其人名尊。"②《汉书·百官公卿表上》："爵，一级曰公士。"颜师古注："言有爵命，异于士卒，故称公士。"③

《后汉书·百官志》："关内侯，承秦赐爵十九等，为关内侯。"刘昭注："吏民爵不得过公乘者，得贳与子若同产。然则公乘者，军吏之爵最

---

① 陈公柔、徐苹芳：《大湾出土的西汉田卒簿籍》，《考古》1963 年第 3 期。
② （东汉）班固撰，（唐）颜师古注：《汉书》，中华书局 1964 年版，第 3148—3149 页。
③ （东汉）班固撰，（唐）颜师古注：《汉书》，中华书局 1964 年版，第 739 页。

高者也。"① 秦汉八级以下皆为民爵。汪受宽《肩水金关汉简"黑色"人群体研究》："民有爵者享有相应的荣誉，或者在服兵役时担任相应的更卒、车左、车右等，五级以上赏给少量田宅，八级公乘可以乘公家之车。汉代规定民爵还可以用以顶罪或者卖钱，成帝时爵一级价千钱。"②《汉书·百官公卿表上》："爵，一级曰公士。"颜师古注："言有爵命，异于士卒故称公士。"③《补注》云："钱大昭曰：自公士至公乘，民之爵也。"田卒的爵位都在八级及以下，属于民爵。

四 田卒的身高条件

在《金关汉简》中，有不少简文明确记录田卒的身高。113 例田卒简中，简文格式基本一致，甚至说比较规范，格式即"身份＋籍贯＋爵位＋姓名＋年龄＋身高＋肤色"，不过其中文例完整的并不多。在 113 个文例中，文意规范完整的有 8 例。这 8 例简文是：73EJT2：3；73EJT9：90；73EJT9：116；73EJT25：162；73EJT30：117；73EJT37：970；73EJT37：76；73EJT25：137。举例见下：

> 73EJT30：117：田卒魏郡贝丘宜春里大夫赵建，年卅八，长七尺二寸，黑色。
>
> 73EJT9：90：田卒东郡东阿当夏里官大夫丁虜，年廿六，长七尺二寸，黑色。

文意完整的 8 例简文，无一例外地都记录了田卒身高"长七尺二寸"，估计这是田卒的标准身高。另有 1 例（73EJD：191）仅见"长七尺☒"，后面文字脱漏残泐，可能是"长七尺二寸"的残泐。例子见下：

> 73EJD：191：田卒东郡畔昌里孟恶，年卅一，长七尺☒

---

① （南朝宋）范晔、（晋）司马彪撰，（唐）李贤、（南朝梁）刘昭等注：《后汉书》，中华书局 1965 年版，第 3631、3632 页。

② 汪受宽：《肩水金关汉简"黑色"人群体研究》，《中华文史论丛》2014 年第 3 期。

③ （东汉）班固撰，（唐）颜师古注：《汉书》，中华书局 1964 年版，第 739 页。

根据上面简文可知，身高"长七尺二寸"当是田卒的标准身高，也是选拔的基本条件。汪受宽《肩水金关汉简"黑色"人群体研究》根据汉简文例说："汉简中一般只有个子较高者才记其具体的身高资料。"① 又推测："似乎可以说，汉代成年男子的一般身高皆不足七尺（161.7 厘米）。"② 又根据记录黑色成年人的简文，认为，"其中一半以上为七尺二寸，约当166.3 厘米，这些资料与上列现代黑色人种的身高资料颇为接近。或许由此推测，金关'黑色'人群至少有部分系黑色种人"。③ 汪受宽认为"七尺二寸"的身高，对于汉代成年男子来说，有点高了，这些身高为"七尺二寸"的田卒，有黑色人种的可能性。这个观点有待进一步研究。

五 田卒的工作职责

《金关汉简》中田卒简虽多，明确田卒工作职责的却几乎没有。我们在同质简中找到零散的记录：

> 303.15，513.17：谨案：居延始元二年戍田卒千五百人为骊马田官穿泾渠，乃正月己酉，淮阳郡。

本简"田卒""穿泾渠"。"穿泾渠"就是挖渠工程，这次参与挖渠的人就达到一千五百人，可见田卒的需求量是比较大的。陈公柔、徐苹芳认为："大湾为肩水都尉治所，此地掌管农事的机构当为骊马田官。"④ 据此可知，骊马田官管辖区域不小、人数不少。《居延汉简》简 120.41 有"□田卒种八"，田卒从事屯田生产当是无误的。田卒除了从事屯田工作以外，还从事一些其他的生产劳作，比如加工粮食。见下简：

> 113.1：田卒魏郡黎阳朝阳里冯广，枪一，传靡广二□长。

---

① 汪受宽：《肩水金关汉简"黑色"人群体研究》，《中华文史论丛》2014 年第 3 期。
② 汪受宽：《肩水金关汉简"黑色"人群体研究》，《中华文史论丛》2014 年第 3 期。
③ 汪受宽：《肩水金关汉简"黑色"人群体研究》，《中华文史论丛》2014 年第 3 期。
④ 陈公柔、徐苹芳：《大湾出土的西汉田卒簿籍》，《考古》1963 年第 3 期。

简 113.1 的"传靡",陈直《居延汉简解要》:"传靡,传为转字假借,靡为䃺字省文,谓转磨也。"① 安忠义《从汉简等资料看汉代的食品加工技术》也说:"传靡即转磨。"② "传靡"即"转糜",《居延新简》中就有"转糜",见下:

EPT51.191:右农后长毋害官。当<u>转糜</u>麦八十石,输甲渠候郸,已<u>转糜</u>八十石,毕。

"转糜"就是"推磨"。磨,此时多称"䃺"。陈直说:"西汉时多称䃺,少称磨。"③ 字又作"靡、䃺",陈直说解简 68.105 的"□□□斗五,毋靡"时说:"靡为䃺字省文,䃺即磨字或体。"④ 宋代戴侗《六书故·石部》卷四"磨"下说:"磨,以石摩物也。古通作靡,亦作䃺。"⑤

简 139.4A "囗吏卒养,囗<u>载靡</u>,囗归车。省卒三人"中的"靡",《集成》第六册释读为"糜"⑥。陈直《居延汉简解要》释读为"靡",并说:"载靡犹言任磨也……靡为䃺字省文。"⑦ 安忠义进一步说:"载靡即推磨。"⑧ 图版不清,如果释读为"糜",就笔者目力所及,不见"糜"作"磨"讲,如果将"糜"理解为粮食作物,在汉简中,除此例外,皆为"出糜""入糜",不见"载糜"。因此,我们赞同陈直的观点,将其释读为"靡",理解为"磨"。简 EPT51.191 "转糜"就是"转磨"。《居延新简》EPC58 有"□木靡一"。此"靡"也作"磨"解。"磨"何以为

① 陈直:《居延汉简解要》,载《居延汉简研究》,天津古籍出版社 1986 年版。

② 安忠义:《从汉简等资料看汉代的食品加工技术》,《鲁东大学学报》(哲学社会科学版) 2006 年第 3 期。

③ 陈直:《居延汉简解要》,载《居延汉简研究》,天津古籍出版社 1986 年版,第 421 页。

④ 陈直:《居延汉简解要》,载《居延汉简研究》,天津古籍出版社 1986 年版,第 305 页。

⑤ (南宋)戴侗:《六书故》,上海社会科学院出版社 2006 年版,第 106 页上。

⑥ 初师宾主编:《中国简牍集成》第 6 册,中国简牍集成编辑委员会编,敦煌文艺出版社 2001 年版,第 85 页。

⑦ 陈直:《居延汉简解要》,载《居延汉简研究》,天津古籍出版社 1986 年版,第 326 页。

⑧ 安忠义:《从汉简等资料看汉代的食品加工技术》,《鲁东大学学报》(哲学社会科学版) 2006 年第 3 期。

"木"？释玄应《一切经音义》卷十四"春磨"下："《字林》作樏同。"①可能有用"木"做的。

西汉时期石磨的需求量比较大。孟建升《西北出土汉简中所见的"养"及其相关问题的研究》："学界普遍认为戍卒领到的口粮都是未经过磨碾的带皮的米，即粟，而戍卒要吃的粮食则是去皮之后的粮食，即米。所以他们就需要一个磨面去皮的工具和场所，而甲渠候官出土的石磨就证明了这一点。"② 据考古调查，居延城内随处可见残破石磨盘（见图3）。

图 3　居延城的石磨

六　田卒的收入

在《金关汉简》中可见田卒配给的口粮是"麦"，应该还有其他的配给，但目力所及不见。田卒每月的俸禄大概是"二斛二斗"，但各简所记不同，同质简也有用例，见下简：

73EJT21：122：出麦二斛二斗，以食右农田卒魏谒。正月廿七日□。

73EJT24：957：出麦六斗六升，以食墨田卒病留□☑

278.11：始元三年六月甲子朔以食戍田卒四人尽癸巳卅日积百廿人，人六升。

303.24：出麦五百八十石八斗八升，以食田卒剧作六十六人，五月尽八月。

① （唐）释玄应：《一切经音义》，王云五主编《丛书集成初编》本，商务印书馆1936年版。
② 孟建升：《西北出土汉简中所见的"养"及其相关问题的研究》，硕士学位论文，广西师范大学，2012年。

田卒有雇用的经济能力，可以雇用别人干活，在《金关汉简》中，共有雇用简44枚，举两例如下：

> 73EJT30：263：田卒淮阳郡长平北亲里不更费毕，年卅五。庸西阳里不更庄登，年卅八。

> 73EJT21：373：田卒梁国睢阳朝里寇遂，年卅二。庸同县丞全里张遂，年廿八。

这些雇用简有自己的标志，即："庸……"，简文格式基本一致，即"田卒+籍贯+（爵位）+姓名+年龄+庸+籍贯+（爵位）+姓名+年龄+身高+（肤色）"。①

薛英群等《居延新简释粹》："居延简中常见的雇佣劳动者曰客、曰佣、曰僦、曰保。该简苏政受雇于人，代人服役戍边，此即史书文献中所记的'过更'。"② 又说："就同僦，受雇于人曰僦。"③

雇用简有的直接标明是田卒简，有的简文残泐，不知道是不是关于田卒的简文。雇用简中受庸人与雇主大多是同县人，简文直接注明"庸同县"。此外还有其他的关系，他们与受雇用人的关系，凭借简文标明"庸同郡""庸同邑""庸同里""庸同县同里"可知，有的虽然没有注明是"同县、同郡、同邑、同里"关系，但在介绍所雇用的人时，省略掉县，直接注明"××里"，当是同县或同邑人，故无须特别注明。标注"庸同县"的简文比较多，共23例，举例如下：

> 73EJT21：373：田卒梁国睢阳朝里寇遂年卅二。庸同县丞全里张遂年廿八。

---

① 有2例格式与此不同，不是"庸……"，而是"取……为庸"，"为……庸贾"简文如下：73EJT26：9：田卒淮阳郡新平景里上造高千秋，年廿六。取宁平駉里上造胡部年廿四为庸。258.6：☑□二月中，为同郡□里男子夏奴庸贾。

② 薛英群、何双全、李永良注，甘肃省文物考古研究所编：《居延新简释粹》，兰州大学出版社1988年版，第97页。

③ 薛英群、何双全、李永良注，甘肃省文物考古研究所编：《居延新简释粹》，兰州大学出版社1988年版，第101页。

73EJT29：100：田卒贝丘庄里大夫成常幸年廿七。庸同县厝期里大夫张收年卅，长七尺☑

也有标明"庸同邑"（73EJT23：83），"庸同郡"（73EJT23：846），"庸同里"（73EJT24：711）的简文，由于简文残泐，不清楚戍卒的身份。《金关汉简》所见简文举例如下：

73EJT23：174：☑□六。庸同邑高里公乘胡骏年廿五。
73EJT23：846：☑里□孟竟□□。庸同郡□☑
73EJT37：985：济阴郡冤句谷里吕福，年廿六。庸同里大夫吕怒士，年廿八。

还有几例（73EJT24：796；72EJC：514）简文残泐，可见"庸同"字样。田卒是属于戍卒的一类，在戍卒简中，提及雇用的就不少。戍卒简也有标注"庸同县同里"的，《金关汉简》《敦煌汉简》各一例：

73EJT37：993：魏郡内黄北安乐里大夫程延年五十五。庸同县同里张后来，年卅二，长七尺二寸，黑色。
1068：上党郡五凤四年戍卒壶关修成里阎备。庸同县同里韩眉中。

在同质简中，戍卒简标注"庸同县"的11例，举2例如下：

2077：戍卒上党郡屯留踢石里公乘赵柱年廿四。庸同县阆里公乘路通年卅三。
EPT51.86：戍卒河东郡北屈务里公乘郭赏年廿六。庸同县横原里公乘彭祖年卅五。

有的虽然没有标注"同县同里"，但籍贯体现了"同郡同县"的关系：

1405：戍卒济阴郡定陶堂里张昌。庸定陶东阿里靳奉□☑

1406：戍卒<u>济阴郡定陶安便里</u>朱宽。庸定陶□□里☑

标注"庸同县""庸同邑""庸同郡""庸同里"的简文如此之多，特别是标注"庸同县"的简文在《金关汉简》里就有 23 例，同质简也有 11 例。从逻辑上分析，戍卒、亭卒在雇用劳动力的时候，不会考虑是不是同县同乡人，极有可能是他们在寻找雇用对象时，在本郡、本邑、同县甚至同里寻找人选。

戍卒雇用可能是得到官方认可的，雇用支付的费用，有"庸钱名籍"或"戍卒受庸钱名籍"，简文如下：

EPT59.573：万岁部，居摄元年九月，<u>戍卒受庸钱名籍</u>。
30.14：<u>庸钱名籍一编</u>，敢

雇用必须双方同意才能实施履行，在《居延汉简》中有一例，受庸者不愿意。

224.19：☑庸任作者移名，任作不欲为庸。

田卒也备有武器，在非常时期参加战斗：

82.9：田卒魏郡贝丘武昌里李年，稾矢五十。

田卒有严格的法律约束，对"田卒"的人数、工作都要进行统计。有专门的"田卒名籍"，"田卒"调动有专人护送，"田卒"死亡有专门的部门负责，"田卒"违法乱纪将受到惩处：

73EJT22：114：●檄谓骓马农令，田卒九人，行道物故，<u>爰书问同车邑子移爰书都</u>☑
293.7：张掖郡肩水庚候官本始三年狱计。田卒淮阳郡菜商里高奉亲，<u>坐从军假工官</u>。已移家在所。

田卒服役的时间可以长达五年，有"五年戍田卒"的用例：

73EJT10：227：☑□□□长乐调为郡送五年戍田卒，☑□□则皆毋官狱征事当为传谒移。

边塞军事组织对"田卒"的管理相当严格，"田卒"不得擅自离开工作岗位，否则就是"私去署隧"，将遭受处罚。薛英群等《居延新简释粹》："私去署隧：擅自离开工作岗位。"[1] 在同质简中可见，田卒的身份档案归右农部管理，右农部对病死卒有上报的职责，任务分工也属于右农部的职责范围：

293.5：田卒平干国襄垣石安里李强，年卅七，本始五年二月丁未，疾心腹丈满，死。右农前丞报□

EPT51.191：右农后长毋害官。当转糜麦八十石，输甲渠候鄣，已转糜八十石，毕。

【治渠卒/治沟卒】

"治渠卒"在《金关汉简》中出现频率不高，共 11 例，有：73EJD：233；73EJF3：251A＋73EJF3：636A＋73EJF3：445A＋73EJF3：562A＋73EJF3：234；72EJC：273；73EJT7：2；73EJT3：50；73EJT10：112；73EJT26：34；73EJT7：33；73EJT7：41；73EJT9：27；73EJT31：70[2]，举两例如下：

73EJT9：27：治渠卒河东狐讘山里董凡，年廿五，长七尺，黑色。
73EJT31：70：治渠卒南阳郡邓邑阳里公乘胡凡，年卅。

---

① 薛英群、何双全、李永良注，甘肃省文物考古研究所编：《居延新简释粹》，兰州大学出版社 1988 年版，第 55 页。
② 73EJT7：33；73EJT7：41，这两枚简原释文作"河渠卒"，据孙闻博《河西汉塞"河渠卒"为"治渠卒"辨》，马智全《居延汉简中的"河渠卒"应是"治渠卒"》，改为"治渠卒"。

"治渠卒"在《金关汉简》中出现频率不高,在同质简中数量也很少,仅见《居延新简》中出现 3 例:EPT7.47;EPT52.110;EPT65.450,在《居延汉简》出现 1 例。

140.15:治渠卒河东皮氏毋忧里公乘杜建,年廿五。

在《金关汉简》中,还有 1 例"治沟卒":

73EJF3:465:治沟卒斥丘中里上造靳胜,年三十。

按:"治渠卒",顾名思义,就是治理河渠的戍卒。李宝通、黄兆宏《简牍学教程》:"居延还有专职水利官吏。居延新简 EPT65:35:'将军仁恩忧劳百姓元元,遣守、千人,迎水部掾三人。'负责水利的戍卒则称'河渠卒'。"① 林甘泉在《中国经济通史:秦汉卷》中说:"修筑河渠的戍卒叫'河渠卒'。"② 马智全的《居延汉简中的"河渠卒"应是"治渠卒"》认为:"'河渠卒'就是主管屯田水利的戍卒。"③ 孙闻博在《河西汉塞"河渠卒"为"治渠卒"辨》中说:"'治渠卒'主要在河西屯田地区从事水渠修筑建设与水利工程维护。"④ 李均明在《秦汉简牍文书分类辑解》中说:"士卒名籍包括了边塞烽隧戍守之戍卒、专事水利兴修的河渠卒及侧重家业生产的田卒,皆为服徭役者。"⑤ 管东贵在《汉代屯田的组织与功能》中说:"军屯的分工主要有两种,即田卒与河渠卒。田卒主耕作,河渠卒主灌溉。"⑥ 高荣《汉代河西的水利建设与管理》,认为他们(治渠卒)"当与《沟洫志》所记'治河卒'一样,也是服修渠、治河之

① 李宝通、黄兆宏:《简牍学教程》,甘肃人民出版社 2011 年版,第 161 页。
② 林甘泉:《中国经济通史:秦汉卷》,中国社会科学出版社 2007 年版,第 488 页。
③ 马智全:《居延汉简中的"河渠卒"应是"治渠卒"》,《中国农史》2015 年第 4 期。
④ 孙闻博:《河西汉塞"河渠卒"为"治渠卒"辨》,《敦煌研究》2015 年第 5 期。
⑤ 李均明:《秦汉简牍文书分类辑解》,文物出版社 2009 年版,第 352 页。
⑥ 管东贵:《汉代屯田的组织与功能》,《"中央研究院"历史语言研究所集刊》第四十八本第四分,台北:"中央研究院"历史语言研究所 1977 年版。

役的更卒"。① 苏秉琦《战国秦汉考古》说："屡屡见诸简牍的'田卒'、'河渠卒',无疑从事兴修水利与农业劳动。"② 汪受宽认为"治渠卒"属于"田卒",在《肩水金关汉简"黑色"人群体研究》中,他说："治渠卒,顾名思义,是屯田卒中负责河渠治理士卒的专名。"③ 康玉平《居延汉简中的戍边故事》："河渠卒,负责水利工程的维修开掘。两汉时期,居延地区利用古弱水进行广泛的灌溉,大面积地进行种植,有比较复杂的水利工程系统,需要专门的部队负责此项工作。"④

"治渠卒"在河西屯军中的地位非常重要。李古寅《汉代河西军屯劳动者成份和生活状况》说："敦煌、居延所凿大井,与内地的井形式显然不同,流泉既多,溉亦广,故必须派人专门守护。"⑤ 汪家伦、张芳在《中国农田水利史》中说："《居延汉简》中还有'河渠卒'、'水门卒'以及某些渠道的名称,说明当时河西屯区灌溉渠系的开凿、水门的设置以及组织管理有一套严密的制度和方法。"⑥ 田尚《古代河西走廊的农田水利》也说："为了适应河西走廊农田水利兴起的需要,汉朝政府专门组织了引水治渠的'田卒'或'河渠卒'。"⑦

《金关汉简》所见的"治渠卒",除了简73EJT31:70 的"治渠卒"来自南阳郡外,其余全部来自"河东郡"。

治理河渠的戍卒为什么是来自"河东郡",这是不是有什么条件限制,是否"河东"地区熟悉水利? 李天一《汉简所见张掖地区屯戍人口籍贯相关问题研究》："河东郡是西汉王朝在黄河流域所设的重要郡置,是汉代'三河'之一。"⑧ 《水经注》记载了河东太守修水渠的事件。北魏郦道元《水经注·汾水》："汉河东太守潘系穿渠引汾水以溉皮氏县,

① 高荣:《汉代河西的水利建设与管理》,《敦煌学辑刊》2008 年第 2 期。
② 苏秉琦:《战国秦汉考古》,上海古籍出版社 2014 年版,第 133 页。
③ 汪受宽:《肩水金关汉简"黑色"人群体研究》,《中华文史论丛》2014 年第 3 期。
④ 康玉平:《居延汉简中的戍边故事》,《档案与社会》2012 年第 5 期。
⑤ 李古寅:《汉代河西军屯劳动者成份和生活状况》,《社会科学》1983 年第 4 期。
⑥ 汪家伦、张芳:《中国农田水利史》,农业出版社 1990 年版,第 103 页。
⑦ 田尚:《古代河西走廊的农田水利》,《中国农史》1986 年第 2 期。
⑧ 李天一:《汉简所见张掖地区屯戍人口籍贯相关问题研究》,硕士学位论文,吉林大学,2018 年。

故渠尚存，今无水也。"① 孙闻博在《河西汉塞"河渠卒"为"治渠卒"辨》中说："目前所见，他们的籍贯多集中出自河东郡。除郡治安邑外，'狐讘'、'皮氏'、'汾阴'、'解'在地理上由北向南依次排开，均位于河东郡西部临近黄河一线，部分亦近汾水。另有一例则来自南阳邓邑，而邓邑临近沔汉②。籍贯出自这些地区的兵卒较多从事'治渠'工作，或与他们原来所居临河，与水利接触机会略多，存在一定的关系。"③ 马智全在《居延汉简中的"河渠卒"应是"治渠卒》中说："这些'治渠卒'都来自河东郡，与汉武帝时河东渠的修治当有一定关系。"④ 又说："说明居延地区治渠卒的来源广泛，不仅有来自河东郡的治渠卒，还有来自南阳郡的治渠卒。"⑤ 治理河渠的戍卒多来自"河东郡"，"河东"为居住地临水的地区，戍卒熟悉水利。"治渠卒"的籍贯，可以见表5。

表5 "治渠卒"简况

戍卒种类	籍贯	姓名	住址	爵位	年龄	身高	简号
治渠卒	河东郡	孙顺	汾阴承反里	公乘	卅三		73EJT3：50
			临汾□□里	□□			72EJC：273
		赵喜	安邑陶就里	公乘	卅九		73EJD：233
		王☒	安邑贾里	公乘			73EJT7：33
		垣贺	安邑陵里	公乘	卅三		73EJT26：34
		李骊	解临里		卅五	长七尺三寸	73EJT10：112
		傅章	解临里⑥		廿六		73EJT7：41
		董凡	狐讘山里		廿五	长七尺	73EJT9：27
		□□□	皮氏还利里	公乘	卅	长七尺四寸	73EJT7：2
		杜建	皮氏毋忧里	公乘	廿五		140.15
	南阳郡	胡凡	邓邑阳里	公乘	卅		73EJT31：70
治沟卒	（魏郡）	靳陵	庈丘中里	上造	三十		73EJF3：465＋500

① （北魏）郦道元：《水经注》，时代文艺出版社2001年版，第49页。

② 谭其骧：《中国历史地图集：秦·西汉·东汉时期》第2册，中国地图出版社1982年版，第15—16页。

③ 孙闻博：《河西汉塞"河渠卒"为"治渠卒"辨》，《敦煌研究》2015年第5期。

④ 马智全：《居延汉简中的"河渠卒"应是"治渠卒"》，《中国农史》2015年第4期。

⑤ 马智全：《居延汉简中的"河渠卒"应是"治渠卒"》，《中国农史》2015年第4期。

⑥ "解临里"，原释文作"解监里"，图版作"此"，简73EJT10：112也作"解临里"，据此改。

根据表5可见，11枚简中，明确治渠卒年龄的有9例，他们年龄为25—40岁，总年龄286岁，平均年龄31.78岁。比"田卒"的平均年龄28.95岁略大。据此可知，担任治渠卒的基本标准是：年轻力壮，身高七尺以上的来自"河东郡"，爵位多是"公乘"。

《金关汉简》的11枚"治渠卒"简、1例"治沟卒"简以及同质简中所见的1例"治渠卒"简。这13枚简中，除了简73EJF3：251A+73EJF3：636A+73EJF3：445A+73EJF3：562A+73EJF3：234外，其余12例全部都是"治渠卒"的个人档案登记简，包括个人的详细信息，有姓名、籍贯、爵位、年龄、身高、肤色等。

"治渠卒"的出现，对研究中国古代水利具有极大的意义，期待新的研究成果早日问世。

【鄣卒】

"鄣卒"在《金关汉简》中出现频率不高，共15例，见于以下简文：73EJT1：15；73EJT1：105；73EJT1：106；73EJT24：257；73EJT24：373；72EJC：371；72EJC：420；73EJT21：42B；73EJT37：1432；73EJT24：260；73EJT29：84；73EJT29：54；73EJF3：36；73EJF3：375；73EJT1：179。我们称这些简为"鄣卒简"，略举两例如下：

> 73EJT37：1432：肩水鄣卒董习，行书囊他界中尽十二月。
> 73EJF3：36：☑鄣卒赵诩迎粟囊他，十二月丁□☑

按：鄣卒，即在鄣内服务的戍卒。鄣卒简在《金关汉简》中仅见15枚，且残损比较严重，数量少且残损，鉴于这样的原因，我们研究"鄣卒"就得参看同质简，这些简牍能传递更为丰富的信息。

一 鄣卒的工作职责

简73EJT21：42B和简73EJT37：1432明确鄣卒有传递文书的职责，简73EJT29：54、73EJF3：36和73EJF3：375说明鄣卒有迎送

粮食的职责，简 73EJT24：260 和 73EJT29：84 说明郭卒拥有武器配备。其余简文残断，信息不完整，仅存身份籍贯或姓名。必须参考同质简。

（一）郭卒有传递文书的职责

在《金关汉简》73EJT21：42、73EJT37：1432 中，记录郭卒负责传递文书，不过例证偏少了，倒是同质简中还有其他例证，可以证实传递文书是郭卒的工作职责之一：

> 73EJT37：1432：肩水郭卒董习，行书橐他界中尽十二月。
>
> 73EJT21：42：印曰候房印，正月戊寅郭卒福以来。
>
> EPT51.462：居延都尉章。四月壬戌郭卒郭同以来。
>
> 3.25：札五通，凡九通，以篋封。遣郭卒杜霸持诣□

郭卒传递文书，也要有出入关的符券。《居延新简释粹》在注解简（74EJT26：16）"元凤四年二月癸卯，居延县金关为出入六寸符券，齿百，从第一至千，左居官，右移金关。符合从事。齿九百五十九。"时说："该简是出入关的符券。《说文》云：'符，信也。'《汉书·高帝纪》：'甲申，始剖符封功臣曹参等为通侯。'师古注曰：'剖，破也，与其合符而分授之也。'"① 这样的符券在《金关汉简》中有：

> 73EJF1：31：元凤二年二月癸卯居延与金关为出入六寸符券。齿百，从第一至千。左居官，右移金关。符合以从事。第八百九十三。
>
> 73EJT26：16：元凤二年二月癸卯居延与金关为出入六寸符券。齿百，从第一至千。左居官，右移金关。符合以从事。第九百五十九。

---

① 薛英群、何双全、李永良注，甘肃省文物考古研究所编：《居延新简释粹》，兰州大学出版社 1988 年版，第 72 页。

这样的符券是有编号的，在《居延汉简》有用例，兹举两例如下：

274.10：☑闰月甲辰，居延与金关为出入六寸符券。齿百，从第一至千，左居官，右移金关。符合以从事。第七。

65.7：始元七年闰月甲辰，居延与金关为出入六寸符券。齿百，从第一至千，左居官，右移金关。符合以从事。第八。

传递文书过程中，可以住在驿馆里。《金关汉简》中的驿馆被称为"邮亭"。

73EJT10：202：肩水候官以邮亭，昼夜行。

《居延新简释粹》："邮亭：驿馆，递送文书者宿止之所。《汉书·薛宣传》：'宣从临淮迁至陈留，过其县，桥粱，邮亭不修。'注云：'邮亭，行书之舍，亦如今之驿及行道馆舍也。'"①不传递文书时居住的旅馆称为"传舍"，包括迎送戍卒的，也住"传舍"。

73EJT6：23：阳朔五年正月乙酉朔庚戌，犁阳丞临移过所遣厨佐间昌为郡送遣戍卒张掖居延，当舍传舍，从者如律令。

《居延新简释粹》："传舍：供人休止住宿的处所，即旅馆，招待所之属。《史记·郦生列传》：'沛公至高阳传舍，使人召郦生。'师古注曰：'传舍者，人所止息，前人已去，后人复来，转相传也。'"②从汉简提供的信息看，"邮亭"与"传舍"都可以用来给传递文书的人员居住，也可以给迎送戍卒的人员居住，二者的差别可能是所处位置不同，"传舍"在人员密集的城镇集市，"邮亭"在关山要塞处，传递紧急文书时可以稍作

---

① 薛英群、何双全、李永良注，甘肃省文物考古研究所编：《居延新简释粹》，兰州大学出版社 1988 年版，第 79 页。

② 薛英群、何双全、李永良注，甘肃省文物考古研究所编：《居延新简释粹》，兰州大学出版社 1988 年版，第 79 页。

休息，置换马匹等：

> 74EJT1：2：书言白报，以邮亭行，诣长安传舍。
> 73EJT7：23：阳朔五年三月甲申朔己亥，句阳长立移过所县邑，为国迎四年罢戍卒，当舍传舍、邮亭，从者☑

（二）郵卒的其他职责

郵卒担任的工作繁多，除了传递文书外，还负责其他戍边的日常工作：

> 267.17：八月丁丑，郵卒十人。其一人守阁，一人守邸，一人取狗湛，一人治计，二人马下，一人吏养，一人使，一人守园，一人助。
> 267.22：☑□□郵卒十人。一人守园，一人助园，一人治计，一人取狗湛，一人吏养，二人马下，一人削工。

以上简文记录的都是一部十个郵卒的工作内容，他们各有分工，具体有：守阁、守邸、守园、取狗湛、治计、马下、吏养、使、助（助园）、削工。这些工作，除了"马下"注明是"二人"外，其余都是"一人"，由一个人负责一项工作，任务繁重。张珂《汉代西北边塞戍卒境遇浅析》说："马下，即养马及清理马厩，因工作量较大，安排两人共同工作。取狗湛，即养狗及清理狗粪狗笼，似引申为剩余的清洁工作。"[1]

一郵的郵卒可以有不同的分工，也有同一郵郵卒共同完成同一项工作：

> 3.24：郵卒十九人。鸿嘉二年十月丙辰，守阁。

以上简文记载的是一郵之卒的职责，也有的简文记载一个郵卒一段时间的全部工作：

---

[1] 张珂：《汉代西北边塞戍卒境遇浅析》，硕士学位论文，山东大学，2017年。

1028：前都鄣卒郭纵。病、√荮、荮、荮、荮、荮、格、休、荮、荮、荮、荮、荮、荮、荮、病、荮、丁、休，诣昌安。

鄣卒有"守阁"的职责，有的戍卒直接被称为"守阁卒"，可能"守阁卒"就是鄣卒临时分工为专门"守阁"的戍卒：

28.13：入盬八斗七升给鉼庭部卒卅人闰月食。阳朔五年正月辛亥，第卅三卒夏奇、第卅四卒范客子受守阁卒音。

EPT51.409：凡吏九人，钱六千。建昭五年十月丙寅，甲渠尉史强付终古隧长昌，守阁卒建知付状。

鄣卒"守阁、守邸、守园"，所守的"阁、邸、园"分别是他们居住地附近的各种设施。薛英群《居延汉简通论》："所谓邸阁，是边塞地区贮藏军粮以及其他辎重物资的仓库。"[1] 又："在边塞遗址调查中，邸阁所建筑与其他住房已无法区分，甲渠候官遗址，坞内房屋很多，或有邸阁，但今天已难以找到依据加以区别。"[2] 张珂进一步细分，他在《汉代西北边塞戍卒境遇浅析》中说："守阁，即看守仓库。守邸，即看守邸舍，邸舍为西北边塞内部营建的接待过往军吏的住宿之所。守园，即看守菜园。"[3] "守阁、守邸、守园"的职责应该就是驻守在烽燧驻地，负责处理日常事务。

鄣卒配备有武器，同质简也有记录：

73EJT24：260：鄣卒张广德，承弩一，有方一。

EPT65.304：鄣卒高□，八月二十秦日，假五石弩一，赤枲弦、糸纬，稾矢箭五十。

---

① 薛英群：《居延汉简通论》，甘肃教育出版社 1991 年版，第 481 页。
② 薛英群：《居延汉简通论》，甘肃教育出版社 1991 年版，第 481 页。
③ 张珂：《汉代西北边塞戍卒境遇浅析》，硕士学位论文，山东大学，2017 年。

二 郭卒的管理

据同质简看，一郭的郭卒，以十人为常见，少的有五人，多的达到十九人：

> EPT59.346：● 右郭卒五人。
>
> 286.9：第九郭卒九人，用盐二斗七升，用粟卅石。
>
> 4.14：二月己卯，郭卒十人。
>
> 52.31：正月癸巳，郭卒十人。
>
> 267.17：八月丁丑郭卒十人。
>
> 267.22：☑□□郭卒十人。
>
> EPT65.296：三月丁卯，郭卒十人。
>
> EPT65.422：十月戊午郭卒十人，省卒六人。
>
> 3.24：郭卒十九人。鸿嘉二年十月丙辰，守阁。

边塞军事组织对郭卒的管理是比较严格的。每一郭的郭卒都要登记在册，有《郭卒名籍》可见：

> 143.1，206.30：●甲渠候官建始二年正月<u>郭卒名籍</u>。

郭卒可以休假，外出要请假，回来要有相应的销假程序：

> EPT43.103：郭卒王同，归取妇。
>
> EPT17.6：郭卒苏寄，九月三日封符休，居家十日，往来二日，会月十五日。

赵宠亮《西北汉简所见边塞戍所的请销假制度》："吏卒请假的原因大约有因病、因事两种。"[1] 简 EPT43.103 当是因私请假，简 EPT17.6 不

---

① 赵宠亮：《西北汉简所见边塞戍所的请销假制度》，《文博》2010 年第 1 期。

属于此类，当是属于公假。这样的例子还有：

> EPC61：☐十一日封符直休，居家廿日。往共☐

"封符"，即官方同意不在岗的状态。可以因休公假而"封符"，也有公干而"封符"的，[①] 如：

> EPT20.15：博诣官封符，持鱼廿头遣党，受博鱼。
>
> 210.3：第十隧候长赵彭诣官封符。
>
> 286.11：临之燧长威为部市药诣官封符，八月戊戌平旦入。
>
> EPT65.293：第三十隧燧长召戎诣官封符，载吏卒食。十月戊申下铺入。
>
> EPT40.15：第三隊长窦永病，张嘉为封符。

三 鄣卒的经济条件

（一）官府配给鄣卒的俸禄

官府配给鄣卒的俸禄，有粮食，也有盐和布帛，倒是没有看见发放钱币的用例。

1. 发放粮食

发放口粮要登记在册，同质简中有《鄣卒廪名籍》：

> 109.1：● 肩水候官元康元年五月鄣卒廪名籍。

鄣卒的口粮，有一月"三石三斗三升少"和"三石二斗二升"的：

> 26.21：鄣卒☐☐之粟三石三斗三升少，十月壬申自取。鄣卒赵忘生粟三石三斗三升少，十月癸酉自取。鄣卒马定粟三石三斗三升

---

① 陈直《居延汉简研究》："直符在《汉书·王尊传》称为直符史……在吏名称前为直符史，在叙事称为直符。"第519页。

少，十月癸酉自取。郭卒弋南粟三石三斗三升少，十月癸酉自取。郭卒孟延寿粟三石三斗三升少，十月癸酉自取。

EPF22.704：郭卒赵围，九月食三石二斗二升。九月壬寅☑

有对郭卒口粮发放总量的统计，如：

EPT59.794：右郭卒，用粟九十六石☑

2. 同时发放盐和粮食

203.14：郭卒张竟，盐三升。十二月食三石三斗三升少，十一月庚申，自取。

254.24：郭卒李就，盐三升。十二月食三石三斗三升少，十一月庚申，自取。

286.12：郭卒徐弘，盐三升。十二月食三石三斗三升少，十一月庚申，自取。

发放盐和粮食的简文比较规范，发放的数量也相同，应该是同一时期发放的。每人都是"盐三升"、粮食"三石三斗三升少"。我们还发现一例简文，是对某一郭九个郭卒发放总量的统计：

286.9：第九郭卒九人，用盐二斗七升，用粟卅石。

第九郭卒共9人，共享"盐二斗七升""用粟卅石"，平均下来，刚好每人是"盐三升"，用粟"三石三斗三升少"。

简EPT4.48记录"卅一"人用粟"百卅六石"，相当于每人"三石三斗三升"。发放粮食之外，另加"盐"：

EPT4.48A：始建国二年十月癸巳朔乙卯，城仓丞☐移甲沟候官令史，郭卒周仁等卅一人，省作府，以府记廪城仓，用粟百卅六石。

令史□□曰：卒冯喜等十四人廪五月尽八月，皆遣，不当□☑

3. 发放布帛

EPT65.63：郭卒张霸，受阁帛一匹。出帛二丈三尺☑

EPT65.130：郭卒田恽，受阁帛一匹。出帛一匹，从客民李春买□☑

把布帛作为俸禄发放给郭卒，郭卒也用这些布帛置换需要的物资。

EPT65.106：郭卒王□，出帛一丈，为母治襦。□□一领。□□□□□。今毋余帛。

EPT65.107：郭卒王□，出帛一丈，买韦绛一。出帛一丈，买瓬八斤。今毋余帛。

EPT43.283：郭卒张霸，出帛丈二尺，□□絮□□□两□□□两，今毋余帛。

另外，是否给郭卒发放钱币我们没有找到用例，仅找到一例郭卒和"钱币"有关的文例：

285.21：郭卒许镇，毕。钱千六百。五月丙寅自取。

"钱千六百"似乎不是郭卒许镇的俸钱，而是结算的工钱。"毕"有"完成，完结"义。《孟子·滕文公上》："公事毕，然后敢治私事。"① 在《居延汉简》中我们发现一个文例，与本简相似：

326.21：临桐卒王博士，毕。钱千。五月丙寅自取。

---

① （清）阮元校刻：《十三经注疏》，中华书局1980年版，第2703页上。

"钱千"应该也不是鄣卒临桐卒王博士的俸钱,而是结算的工钱。

4. 省外部时,口粮由外部发放

在《居延新简》中,我们发现鄣卒"省作府",他们的口粮从"府"发放。

> EPT4.48A:始建国二年十月癸巳朔乙卯,城仓丞□移甲沟候官令史,鄣卒周仁等卅一人,省作府,以府记廪城仓,用粟百卅六石。

还有一例,"鄣卒""省卒"共同分配工作,"鄣卒"的工作太过繁杂,于是安排"省卒"前来帮忙。

> EPT65.422:十月戊午鄣卒十人,省卒六人。其一人守邸。一人门。二人吏卒养。一人守阁。二人木工。一人春。一人马下。二人作席。五人受钱。

鄣卒戍边可以带家属,鄣卒家属也有官府发放的口粮。

> ESC66:鄣卒王别。妻大女乐君年廿八,子使男向年十二。子使男朝年七。
>
> ESC55:鄣卒史惕。弟大男□年十七,弟使男正年十四,姊大女正为年廿。用谷十石三斗三升少。

(二)鄣卒的经济生活

鄣卒的经济并不宽裕,有的需要靠借贷、赊买过活。

> 4.12:出糜子一斗,贷鄣卒张抹,十月二日。
>
> 262.29:七月十日,鄣卒张中功赊买皂布章单衣一领,直三百五十,三堠史张君长所,钱约至十二月尽毕已,旁人临桐史解子房知券□☑

《说文·贝部》："贷，施也。谓我施人曰贷也。"① 简 4.12 就是借贷"糜子一斗"给鄣卒张抹。有的会把自己的衣物卖掉。简 262.29 记录鄣卒贳买衣物。

26.1：建昭二年闰月丙戌，甲渠令史董子方买鄣卒□威裘一领，直七百五十。约至春钱毕已，旁人杜君隽。

49.10：第卅四卒吕护，买布复袍一领，直四百，又从鄣卒李忠买皁布☒

EPT51.231：建始三年三月十九日，士吏孙卿买鄣卒□□□□钱□□

简 26.1 记录鄣卒□威卖"裘"给董子方，简 49.10 记录鄣卒李忠买"皁布☒"给吕护，简 EPT51.231 记录鄣卒买不知何物给士吏孙卿。

由于边塞条件艰苦，贳卖衣物的钱有时候到期并不能按时收取。

190.13，190.14：鄣卒杜福，责故尉□四百，士吏谭主，收得，毕见。

EPT51.8：鄣卒尹赏自言：责第廿一隧徐胜之长襦钱，少二千。

【亭卒】

"亭卒"在《金关汉简》中出现频率不算低，共 42 例，见于以下简牍：

73EJT6：20；73EJT14：31；73EJT21：83；73EJT21：494；73EJT22：77；73EJT23：286；3EJT23：330；73EJT23：505；73EJT23：770；73EJT23：873；73EJT23：933；73EJT23：938；73EJT23：1021；73EJT24：26；73EJT24：429；73EJT24：780；73EJT24：822；73EJT24：960；73EJT25：122；73EJT25：135；73EJT26：98；73EJT27：44；73EJT28：57；73EJT28：62；73EJT28：82；

---

① （东汉）许慎：《说文解字》［影印（清）陈昌治刻本］，中华书局 1978 年版，第 130 页。

73EJT29：50；73EJT29：101；73EJT30：102；73EJT33：53A；73EJT34：17；73EJT37：1151；73EJF3：394；73EJF3：429＋73EJF3：434；73EJF3：460B；73EJF3：467；73EJD：61；72EJC：196；72EJC：293；72EJC：457。记录"亭卒"的简文为"亭卒简"，举例如下：

> 72EJC：457：肩水候八月戊戌驿北亭卒成以来。
> 73EJF3：467：肩水驿北亭卒䚦得新成里公士李谭，年三☐

按："亭卒"，顾名思义，就是亭中的差役。汉代应劭《风俗通义·怪神·世间多有精物妖怪百端》："亭卒上楼扫除，见死妇，大惊，走白亭长。"①《史记·高祖本纪》："高祖为亭长，乃以竹皮为冠，令求盗之薛治之。"裴骃集解引应劭曰："旧亭卒名'弩父'，陈楚谓之'亭父'，或云'亭部'，淮泗谓之'求盗'也。"②

《金关汉简》中对亭卒的籍贯、爵位记录得比较少，仅见一例：

> 73EJF3：467：肩水驿北亭卒䚦得新成里公士李谭年三☐

在所有的亭卒简中，明确指出亭卒身份、籍贯的仅3例，这与田卒简几乎都指明田卒籍贯的现象完全不同，是不是亭卒任用不论籍贯爵位？亭卒简见42枚，残损比较严重，鉴于这样的原因，我们研究"鄣卒"就得参看同质简，这些简牍可能传递更多的信息。

一 亭卒的工作职责

（一）亭卒有传递、收发邮书的职责

在《金关汉简》42例田卒简中，田卒邮书简就有16例：73EJT14：31A；73EJT21：83；73EJT23：770；73EJT23：873；73EJT23：933；73EJT23：

---

① （东汉）应劭撰，王利器校注：《风俗通义校注》，中华书局1981年版，第425、427页。
② （西汉）司马迁撰，（南朝宋）裴骃集解，（唐）司马贞索隐，（唐）张守节正义：《史记》，中华书局1959年版，第344页。

938；73EJT23：1021；73EJT24：26；73EJT26：98；73EJT28：57；73EJT28：62；73EJT28：82；73EJT34：17；73EJF3：460；72EJC：293；72EJC：457；引文如下：

73EJT23：1021：檄一封，居延仓长诣张掖大守府卒充，即行日蚤食时付<u>沙头亭卒</u>合。

73EJT34：17：☑二月庚寅食时九分，<u>驿北亭卒</u>世付禁隧长禹。

73EJT26：98：二月丁酉日出时，<u>驿北亭卒</u>顺受<u>沙头亭卒</u>勋。

在同质简中也有亭卒邮书简：

2444：西书一封。六月辛丑莫昏时，受<u>东亭卒</u>尊，付<u>西亭卒</u>万时。

主要由沙头亭卒、驿北亭卒负责邮书传递以及接收和发放，此外还有莫当隧卒。前面我们说过，邮亭主要地处关山要塞，供邮书传递人员暂时休息和置换马匹。"沙头亭和驿北亭"就是这样的邮亭。"莫当隧"在邮书传递中，其地理位置也是极为重要的。

邮书传递有严格的时间要求，传递过程要做好记录，随时准备接受监督检查，都尉府将以《邮书课》的形式对检查结果进行通报，合格的就是"中程"，不合格的就是"不中程"，在《居延新简》中有记录：

3EJF3：143：北书一封。张掖右大尉诣后大尉府，三月甲辰起，三月辛亥日蚤食时<u>莫当卒</u>受<u>驿北卒</u>，三月壬子日西中时高显隧卒同付守林隧卒同。<u>界中百三十里，书行十三时，中程</u>。

55.11，137.6，224.3：十一月邮书留迟<u>不中程</u>各如牒。晏等知邮书数留迟，为府职不身拘校而委。

（二）"亭卒"有日迹、候望的职责

简73EJT23：286、73EJT27：44是两枚"日迹椎"，四面均有亭卒日迹记录：

73EJT23：286A、B、C、D：驿北亭卒<u>日迹梼</u>。
73EJT27：44 A、B、C、D：驿北亭卒<u>日迹梼</u>。

亭卒有"候望"的职责。在《金关汉简》中仅见一例，在同质简中有记录：

73EJT25：122：☑戊子，驿北亭卒福表七通。辛卯▪▪▪☑
68.114：☑□来。敝曰：亭卒不<u>候</u>☑

《敦煌汉简》2017 简上报说亭卒人手少，任务重。同时也指明了"亭卒"有"候望徼迹"和"画治天田"的工作任务：

2017：□橄□曰：亭卒一人，候望徼迹，画治天田，人力不足。

"亭卒"可以配备武器：

73EJT6：20：驿北亭卒孟阳，五石具弩一。
14.2：驿北亭卒东郡博平□里皇归来。有方一，三石承弩一，弩一，靳干幡各一，革甲鞮瞀各一。
1042：威严亭卒陈功房，私刀、釰各一，钩一。

亭卒可以佩戴的武备有：有方、三石承弩、五石具弩、五石承弩、革甲、鞮瞀、私刀、剑等。亭卒当是日迹、候望工作的主力，故所佩武器较齐全。

亭卒简几乎明确亭卒所属的部门，42 枚亭卒简中，明确亭卒所属部门的就有 35 次，其中"驿北亭卒"出现 18 次，"沙头亭卒"出现 9 次。在这明确所属部门"驿北亭卒"和"沙头亭卒"的 27 次中，就有 12 例是传递邮书的，根据统计结果，我们有理由认为，亭卒最主要的工作是"传递邮书"。亭卒所属部门及从事的工作，见表6。

表 6   **明确所属部门的亭卒信息**

简号	所属部门	明确部门数量	工作	工作数量	姓名	籍贯
72EJC：457	驿北亭卒				成	
72EJC：293	驿北亭卒				同	
73EJT14：31	驿北亭卒				汉	
73EJT22：77	驿北亭卒				李甲	
73EJT33：53	驿北亭卒				李未央	
73EJT6：20	驿北亭卒				孟阳	
73EJT25：122	驿北亭卒		表火	1 次	福	
73EJT23：286	驿北亭卒		日迹	2 次		
73EJT27：44	驿北亭卒	16 次	日迹			
73EJT23：770	驿北亭卒		邮书			
73EJT23：873	驿北亭卒		邮书	5 次	贺	
73EJT25：135	驿北亭卒		邮书		少	
73EJT28：62	驿北亭卒		邮书		寿	
73EJT34：17	驿北亭卒		邮书		世	
73EJF3：467	肩水驿北亭卒				李谭	觻得新成里（公士）
73EJT30：102	驿北亭卒		贷		孟闾人	淮阳郡阳夏平里
73EJT26：98	驿北亭卒 沙头亭卒	2 次	邮书	2 次	顺勋	
73EJF3：460	驿北亭卒 沙头卒		邮书		贺□	
73EJT28：57	沙头亭卒		邮书		应	
73EJT28：82	沙头亭卒		邮书		应	
73EJT21：83	沙头亭卒		邮书	5 次	合	
73EJT23：933	沙头亭卒	7 次	邮书		合	
73EJT23：1021	沙头亭卒		邮书		合	
73EJT23：505	沙头亭卒				市	
73EJT23：938	沙头亭卒				充	
73EJT24：822	莎亭卒				牙□	
73EJT24：26	畀亭卒					
72EJC：196	曲河亭卒				□	

续表

简号	所属部门	明确部门数量	工作	工作数量	姓名	籍贯
73EJT29：101	稽落亭卒				乐安	
73EJD：61	木辟亭卒				吕未央	
73EJT29：50	累山亭卒				京安世	易阳南市里
73EJF3：429 + 73EJF3：434	累南亭卒		送财用札府		隋放	
73EJF3：394	石南亭卒		就食城官		朱护	
73EJT24：960	稽北亭卒				武宗	
73EJT24：780	□东亭卒				吕何齐	

亭卒是戍卒中较为重要的一类，在《金关汉简》中，"亭卒"多标明其具体所在的亭，以"××亭卒"身份出现。他们工作繁重，主要负责邮书传递工作，有时也负责日迹的工作。传递和收发邮书都要做好记录，随时接受都尉府的监督和检查。也负责画治天田、积茭等工作。他们可以携带武器装备。

二 亭卒的管理

亭卒要管理一亭的日常事务，不能随意离开工作岗位。日迹等因公、或者因私但已经获批准假不在亭隧的，也要做好相关登记；生病请假要及时递交病书。

19.5：乐昌隧次乡亭卒迹，不在遂上。

EPT59.2：☑日且入时，严归，以戊申到郭东田舍。严病伤汗，即日移病书，使弟赦付覆胡亭卒不审名字。

给都尉府送物资，也是亭卒的职责：

73EJF3：429 + 73EJF3：434：累南亭卒隋放，送财用札府。八月二日北。

此外，亭卒还有"积茭"的工作职责：

68.96：☑一人积茭亭北。君教使亭卒茭，毋☐。

亭卒的工作极为繁重，有的亭卒死在工作岗位上：

136.24：自言，亭卒李侵死亭，有物☑

三 亭卒的经济收入

亭卒的经济收入主要靠官府配给，简文残断，配给多少不得而知。

73EJT22：77：☑谷二斗，以廪驿北亭卒李甲十二月食☑

73EJT24：429：☑出糜七石，以食亭卒五人。十月壬寅☐☐☑

从《居延汉简》两枚简的记录看，亭卒的口粮应该是以二十九天为一个周期进行发放：

308.43：七月癸亥朔，以食亭卒五人。癸亥尽辛卯廿九日，积百卅五，人☑

11.3：以食亭卒四人。四月庚申尽戊子廿九☑

简308.43记录，发放5人29天口粮，共计145天。

由于发放口粮周期长，数量少，故"亭卒"有借贷的需求。在《居延汉简》中，我们还看见一例"亭卒不贳买名籍"，当是由于经济困窘所致。亭卒"贳买"太过泛滥，官府规定不得"贳买"，有的"亭卒"迫于生计，还是私下继续进行，不"贳买"的亭卒只是少数，故而将"不贳买"的名单公布出来，以示表扬：

564.25：元康二年三月，乘胡隧长张常业，亭卒不贳买名籍。

据上面文意，可以得到亭卒的相关信息，明白边塞军事组织对亭卒的管理相当严格。

1. 主要负责邮书传递以及日迹工作。邮书传递有严格的时间要求，传递过程要做好记录，随时接受监督检查，都尉府将以《邮书课》的形式对检查结果进行通报。

2. 不能随意离开工作岗位。日迹不在亭隧，也要做好相关登记；生病了要及时递交病书。

3. 不能随意贳买衣物。亭卒收入微薄，29 天为一个周期发放一次口粮，赊欠成为"亭卒"生活的常态，官府禁而不止。对没有贳买的亭卒登记在《亭卒不贳买名籍》进行表扬。

第二节 据身份性质命名的戍卒词语

这一类共有 8 个名物词语：车父（73EJT23：673）、车工（73EJT1：19）、车卒（73EJT21：324）、锻工卒（73EJT23：980）、省卒（73EJT23：200）、罢卒（73EJT11：3）、游徼（73EJT14：16）、骑士（73EJT21：418）、材官（73EJT5：66）。

【车父/车工/车卒】

"车父"在《金关汉简》中仅出现 3 例（73EJT23：673；73EJT37：670；73EJH1：30），同时还有"车工"1 例（73EJT1：19），"车卒"1 例（73EJT21：324），文例见下：

> 73EJH1：30：□八人其一人车父，□百卅一入其十六入输广地置，马七匹。
>
> 73EJT1：19：戍卒赵国邯郸上里皮议，车工。
>
> 73EJT21：324：第七车卒张觻☑

"车父"在《金关汉简》中仅见3例，但在同质简中出现频率比较高。在《居延汉简》中有13例，《居延新简》中有17例，《额济纳汉简》中有1例。同质简中也有"车夫""车卒"，还有"车子""车长""缮治车卒"各1例。王子今《关于居延"车父"简》："'车父'有时又写作'车子'。"①：

EPT58.45：☑□丑朔甲寅，居延库守丞庆敢言之。缮治车卒朝自言，贳卖衣财物客民、卒所，各如牒。

370：三月六日，第十三车子杨闳，取给橐佗一，牛一头。

311.13：馆陶邑第一车长觟毋伤☑

按：《居延新简释粹》："车父：御车者，负责赶车的人。或曰车夫。"②

关于"车父"，前贤有过讨论。有的学者认为"车父"就是赶车的人，如：陈直《居延汉简综论》："居延简称御车者为'车父'。"③ 有的学者认为"车父"不是一般赶车的人，他们有特定的身份——戍卒，"车父"就是赶车的戍卒。王子今《关于居延"车父"简》认为："'车父'同时又身为'卒'，当大致与主要以转输为职任的所谓'漕卒''委输棹卒''厮舆之卒'之'舆卒'身份相近。"④ "'车父'身份严格地说属于'卒'，然而又与一般的'卒'有所不同。"⑤ 又说："'车父'既为'御车者'，又是以私车服事军役的'卒'。"⑥ 沈颂金《二十世纪简帛学研究》："边郡地区从事运输的戍卒，称'车父'。"⑦ 陈槃《汉晋遗简识小七种》：

① 王子今：《关于居延"车父"简》，《简帛研究》（第二辑），法律出版社1996年版，第288页。

② 薛英群、何双全、李永良注，甘肃省文物考古研究所编：《居延新简释粹》，兰州大学出版社1988年版，第50页。

③ 陈直：《居延汉简综论》，载《居延汉简研究》，天津古籍出版社1986年版，第91页。

④ 王子今：《关于居延"车父"简》，《简帛研究》（第二辑），法律出版社1996年版，第286页。

⑤ 王子今：《关于居延"车父"简》，《简帛研究》（第二辑），法律出版社1996年版，第288页。

⑥ 王子今：《关于居延"车父"简》，《简帛研究》（第二辑），法律出版社1996年版，第296页。

⑦ 沈颂金：《二十世纪简帛学研究》，学苑出版社2003年版，第224页。

"父与卒已可互称，然则车父盖亦即车卒矣。"① 以"父"称"卒"，的确有先例，如"弩父"，也是卒名。《輶轩使者绝代语释别国方言·卷三》："楚东海之亭父谓之亭公，卒谓之弩父。"郭璞注："主担幔弩导幨，因名。"② 我们前文讨论过，"亭卒"也称为"弩父"。如此看来，"车卒"称为"车父"似乎是有道理的，我们在汉简中发现有一文例车父、车卒同时出现，均由一人担任：

83.5A：骊喜隧<u>车父</u>、<u>车卒</u>许勃所假具弩一，有幡，干羌为阁。

上面简文"车父、车卒"共现，"许勃"既是车父，也是车卒，说明二者的身份没有差别。"车父"就是"车卒"。

车父负责运输蔬菜：

EPT51.325A：卒宗取韭十六束，其三束为中舍，二束掾舍，十一束卒史。<u>车父</u>复来。

"车父"具有军事编制，也携带武器：

10.37：第廿五<u>车父</u>平陵里辛盈川。官具弩七，承弩二，有方三，稟矢三百五十，稟茧千五十，绀胡一，由庋一，靳干十，靳幡十，弩幡九，兰七，兰冠七，服七，承弦十四，私剑八。

303.6，303.1：戍卒梁国睢阳第四<u>车父</u>宫南里马广。锸二；囗锯二；承鉬二，破釜一，完。

车父有固定的编制，《居延汉简》有"车父名籍"，当是记录某地"车父"的名单，我们仅见封检：

---

① 陈槃：《汉晋遗简识小七种》（"中央研究院"历史语言研究所专刊之六十三），台北："中央研究院"历史语言研究所1975年版，第74页。

② （东汉）扬雄撰，（晋）郭璞注，（清）戴震疏证：《輶轩使者绝代语释别国方言》，《丛书集成初编》本，商务印书馆1985年版，第23页。

157.4：车父名籍。

"车父"隶属于某服务部门，各有编制，我们看见有"第一车父""第二车父""第三车父""第四车父""第七车父""第八车父""第十五车父""第廿三车父""第卅二车父"。

同时，我们发现还有"车"的单位编制。《金关汉简》中这样的编制还不少，是一个独立完整的系统，有：第一车（73EJT23：766）、第二车（73EJT24：393）、第三车（73EJT10：188）、第五车（73EJT37：1516）、第六车（73EJT5：2）、第七车（73EJT21：324）、第八车（73EJT21：130）①、第九车（73EJT37：435）、第十车（73EJT26：51）、第十一车（73EJT3：94）、十二车（73EJT6：68）、第十三车（73EJT37：954）、第十五车（73EJT28：24）、第十六车（73EJT23：608）、第廿六车（73EJT3：93）、第廿八车（73EJT28：25）、第卅车（73EJT21：468）、上党郡第卅二车（73EJT37：1110）、第卅五车（73EJT24：33）、第卅六车（73EJT37：299）、第五十二车（73EJT30：5）、第五十五车（73EJT6：84）。

同质简中还补充有：第四车（EPT8.9）、第十二车（EPT51.593）、第十七车（EPT51.251）、十九车（99ES17SH1：34B）、第廿三车（EPT51.315）、第卅四车（EPT53.213）、第卌四车（EPT52.139）。

"车父"当隶属于"车"这个独立系统，汉简中往往指明"车父"属于某一车。

EPT52.209：第三车车父与。

EPT51.315：第廿三车父范昌。

10.37：第廿五车父平陵里辛盈川。

67.2：第廿九车父白马亭里富武都。

"车"是军队中的辎重系统，负责物资运输。"车父"的编制，可

---

① "车"也有"卒"和"漕"：第七车卒（73EJT21：324）、第八车漕（73EJT21：130）。

能是一个独立的系统，统一编号。也可能是隶属某后勤部门，单独编制，各有编号。就我们发现的汉简而言，"车父"当是隶属于某部门，单独编制。

如"第一车"，就有几个，分别是"安邑第一车"（73EJT7：107）、"馆陶邑第一车"（311.13）、"新野第一车"（145.4）、"父城第一车"（EPT56.68）、"叶第一车"（EPT59.323）、"新阳第一车"（515.16），同是"第一车"，有的属于"新野"，有的属于"父城"或其他地方。"第四车"也有几个，分别是"贝丘第四车"（428.2）、"新野第四车"（EPT57.60）、"河东巂第四车"（EPT8.9）等。这是就我们目力所及的第一车、第四车分别属于不同地方，其他编号的也有，当是不同地方各自编号，相互独立。

我们也看见了不同地方的不同编号。如"贝丘"所见的"车"，汉简有"贝丘第三车"（EPT56.138）、"贝丘第四车"（428.2）、"贝丘第五车"（24.6）、"贝丘第九车"（490.3）、"贝丘第十五车"（24.6）；就"新野"而言，汉简就有"新野第一车"（145.4）、"新野第四车"（EPT57.60）；就"叶"而言，汉简也有"叶第一车"（EPT59.323）、"叶第十七车"（EPT51.251）。这里的"贝丘""新野""叶"，是辎重部队驻扎的县，这里的辎重部队"车"当是驻扎在这些县的地方军队，他们属于军队编制。王子今《关于居延"车父"简》："简文仅记录车序而不标识县名者，有可能县名在'第一车'简上著名，……也有可能整个简册登记的是来自同一县的车队。"① 又说："新阳、馆陶、叶、冠军、贝丘、元城等县分属于东海郡、魏郡、南阳郡、清河郡。"② "居延汉简所见'车父'，其出身，大致多来自关东诸郡国。"③ 这个说法和我们所见大致相同。

---

① 王子今：《关于居延"车父"简》，《简帛研究》（第二辑），法律出版社 1996 年版，第284 页。

② 王子今：《关于居延"车父"简》，《简帛研究》（第二辑），法律出版社 1996 年版，第284 页。

③ 王子今：《关于居延"车父"简》，《简帛研究》（第二辑），法律出版社 1996 年版，第296 页。

根据汉简显示，一车以十人为标准，我们穷尽收录《金关汉简》中明确人数的车简，共 14 枚简文明确了人数，其中 9 次记录人数为十，3 次记录人数为二十，有一枚简 A 面残泐，残存"廿☑"，B 面明确是二十，据汉简文例看，同一简的 AB 面内容往往相同，这枚简文的人数当也是"二十"，即记录人数为"二十"的有 4 枚。有 1 枚记录人数为"廿一"，这个应该是权宜的人数，为特殊情况。在同质简中，我们发现有明确人数的车简共 7 枚，记录的人数，全部都是一车 10 人。每车戍卒人数，可见表7。

表7　　　　　　　　《金关汉简》及同质简所见一车人数统计

简号	简文	人数	简号	简文	人数
73EJT37：1090	右第二车十人	十人	29.9	右第一车十人	十人
73EJT37：619	右第六车十人		515.16	右新阳第一车十人	
73EJT37：435	右第九车十人		276.3	右第三车十人	
73EJT26：51	右第十车十人		EPT53.43	右第三车十人	
73EJT26：185	右第十车十人		221.5	☑四车十人	
73EJT3：94	右第十一车十人		EPT53.45	右第十一车十人	
73EJT24：848	☑十一车十人		81.1	馆陶第卅车十人	
73EJT28：24	右第十五车十人				
73EJT30：5	右第五十二车十人				
73EJT7：107B	右第一车廿人	廿人	73EJT28：25	右第廿八车廿一人	廿一
73EJT7：107A	右安邑第一车廿☑				
73EJT33：43	右第卅五车廿人				
73EJT37：299	右第卅六车廿人				

"车"往往以序数命名，是一个相对独立的系统，分别隶属于不同的地方军队，在不同地方有独立的序数编号，以十人一车为常规编制。

据同质简可知，车父在各组车队中有独立的编号：

EPT52.331：☑车父守，第廿一。

EPT57.98：车父庄亭，七十二。孙平，二。

【省卒】

"省卒"在《金关汉简》中共出现 19 例，分别见于以下简：73EJT7：85；73EJT8：38；73EJT21：281；73EJT23：200；73EJT23：372；73EJT23：947；73EJT24：118；73EJT25：241；73EJT28：55；73EJT29：97；73EJT37：1379；73EJT37：1535；73EJH2：24；73EJH2：59；73EJF1：71；73EJF1：74；73EJF1：79；73EJF1：83；73EJF3：565；选几例如下：

> 73EJT23：372：居摄元年五月省卒廪名籍。
>
> 73EJT8：38：右广地省卒凡卅七人。
>
> 73EJT25：241：☐省卒九人，其一人养，一人病，定作七人。

按：于豪亮《居延汉简中的"省卒"》认为，"省卒"是从各候、隧抽调出来从事劳动的士卒。① 永田英正《试论居延汉简所见的候官——以破城子出土的"诣官"簿为中心》认为：所谓"省"好像是指离开本来的工作地点，暂时出差到别处。离开原工作地点的戍卒叫"省卒"，省卒到别处去工作叫"省作"。② 我们赞同这个观点。还有另一种观点，康玉平《居延汉简中的戍边故事》说："省卒，在官署担任勤务工作，相当于部队的勤务员。"③ 赵沛：《居延汉简所见〈兵簿〉〈被兵簿〉——兼论居延边塞兵器配给》则两个观点都有提及，他说："省卒一般被认为是指那些从正式戍卒名籍上减下来的卒，省者，减也，省卒主要从事日常杂物工作。如伐茭，修缮坞堡等，基本上不再担负'戍边'的军事任务和行动。也有认为，省卒即是那些被临时抽调从事一些需要大量劳动力的临时性工程及劳务的戍卒，工程或劳务结束后，仍归原戍所。"④

---

① 于豪亮：《居延汉简中的"省卒"》，《文物》1963 年第 11 期。

② ［日］永田英正：《试论居延汉简所见的候官——以破城子出土的"诣官"簿为中心》，孙言诚译，见中国社会科学院历史研究所战国秦汉史研究室编《简牍研究译丛》（第一辑），中国社会科学出版社 1983 年版，第 218 页。

③ 康玉平：《居延汉简中的戍边故事》，《档案与社会》2012 年第 5 期。

④ 赵沛：《居延汉简所见〈兵簿〉〈被兵簿〉——兼论居延边塞兵器配给》，《西北史地》1994 年第 4 期。

薛英群等《居延新简释粹》："省：即省卒。为官署做事的士兵。"① 王锦城《西北汉简所见"强落"考论》："'省作'是指戍卒用以集中从事某项专门工作的劳作。这部分临时抽调出来的戍卒，则称作'省卒'。"②

"省卒"也简称"省"：

> EPT59：6：甲渠次吞隧簿，次吞隧长长部，卒四人，一人省，一人车父，在官，已见。二人，见。

薛英群等《居延新简释粹》："省：即省卒。为官署做事的士兵。"③ 省卒在《金关汉简》中仅见 19 例，但在同质简中出现得不算少：《居延汉简》有 22 例，《居延新简》有 16 例，《额济纳汉简》有 4 例，《敦煌汉简》出现了 3 例。了解省卒的相关信息，同质简可以提供不少信息。

一　"省卒"的主要工作职责

省卒主要负责"伐茭"。汉简记录"伐茭"的文例不少，可能"伐茭"是边塞劳作工作量最大的工作，需要省卒辅助完成。戍卒省作"伐茭"称为"省茭"，省茭的文例不少，见于以下简文：73EJF1：71；3.30；55.14；61.3；194.12；78.46；127.27；133.11；190.22；203.23；等等。"省卒"也有伐"慈其"（133.15）、"芦苇"（73EJF3：565）的，戍卒有省作，候史也有省作的。在汉简中各见一例：

> 73EJF1：71：骊喜隧省卒当茭七百束，束大三韦。
> 73EJF3：565：☐十二月省卒芳苇☐
> 78.46：省茭，第廿三隧卒徐万。

① 薛英群、何双全、李永良注，甘肃省文物考古研究所编：《居延新简释粹》，兰州大学出版社 1988 年版，第 50 页。
② 王锦城：《西北汉简所见"强落"考论》，《中国文字研究》2017 年第 2 期。
③ 薛英群、何双全、李永良注，甘肃省文物考古研究所编：《居延新简释粹》，兰州大学出版社 1988 年版，第 50 页。

133.15：第十候史殷省伐慈其。

"省卒"多省作"大司农伐茭"，明确为大司农伐茭的就有 3.30；133.11；61.3，194.12；也有省作"府"，省作"官"的，以及省作某隧的，但未明言省作内容：

133.11：卒二人省伐大司农茭郭东部。

87.8：临道卒徐博士，省在府。

89.5：察微隧长昌将省卒诣官，十一月甲戌平旦入。

145.33：九月庚戌，卒董辅省作廿一隧，九月癸亥，卒孙安世省作廿一隧。

省卒负责各种杂事。省卒除了"伐茭""慈其""芦苇"外，还负责其他的一些日常杂事，如择韭、涂泥、注泥、注竹关、守卾、守阁、春米、作席等。

二 "省卒"的管理
（一）"省卒"的分派与返遣有人护送带队

"省卒"的分派与返遣，需要专人护送带队。常见的格式是"将省卒……"或"送省卒……"。送省卒前往的劳作部门，多见太守府和甲渠候官，格式是"将（送）省卒（诣府）……"（73EJT37：1379；51.16）和"将（送）省卒（诣官）……"（89.5；203.1；231.48；254.15），例见下：

73EJT37：1379：付□□将省卒四人诣府。檄到毋留止□

51.16：□送省卒□府，二月庚寅入。

89.5：察微隧长昌将省卒诣官，十一月甲戌平旦入。

254.15：第十七候长谭送省卒诣官，五月己丑蚤食入。

有一例简文残渢，不清楚前往劳作的部门，有一例送省卒到都尉府，但格式有变化：

73EJT23：200：建昭元年☑将省卒诣☑

59.32，59.33：三月壬申，官告第四候长成等：府记省卒卅二人，遣士吏就将领之适□

(二)"省卒"有临时编制

省卒的抽调，要下发文书作具体安排：

73EJF1：79：五月甲午东部候长充宗谓驩喜隧长，广汉写移书到。□省卒茭它如候官书律令。

抽调之后的省卒，他们在新部门有临时身份：

73EJT8：38：右广地省卒凡卅七人。

73EJT21：281：五凤二年三年广地省卒□☑

73EJT24：118：☑候长长生记到，遣金关省卒持强汉

EPS4T2.34：第四部省卒，隧一人，凡四人，省殄北。

"××省卒"，是"省卒"的编制属于"××"，如简 EPS4T2.34 的"第四部省卒"，"省卒"的编制就属于"第四部"，这些"省卒"一隧一人，省"殄北"。简 73EJT8：38 的"广地省卒"是属于"广地候部"的"省卒"，简 73EJT24：118"金关省卒"是属于"金关"的"省卒"。这些省卒来自同一个地方，去向同一个地方，他们临时编制记录于同一个集簿。

省卒的各事项有专门的名册。

73EJT23：372：居摄元年五月省卒廪名籍。

480.16：事第廿三部建平三年五月省卒名。

EPT65.402：建平四年六月河南省卒名籍。

于豪亮《居延汉简中的"省卒"》就明确说"省卒"有"名籍簿"，

有"省卒"数。^① 省卒的生产劳作也登记在册，他们的工作多为"伐茭"，登记的集簿就被称为"省卒伐茭簿"或"省卒伐茭积作簿"。一般是一天一记，登记每天完成工作的集簿被称为"省卒日作簿"，或明确劳作工作是"伐茭"的则被称为"省卒茭日作簿"，如果不是"伐茭"工作的登记簿，那就被称为"省卒作别簿"。籍簿往往明确记录具体的省作时间，有的登记簿还指明是哪批省卒劳作的。文例见下：

55.14：省卒伐茭簿。

EPT50.138：鸿嘉元年六月省卒伐茭积作簿。

EPT52.51： ●建始元年六月省卒茭日作簿。

73EJT29：97：肩水候官甘露二年十月，士吏昌所将省卒离茭日作簿。

214.75：☑正月庚午，省卒作别簿。

（三）不按规定管理省卒要被问责

不按照规定管理省卒，要负相应的责任：

EPT59.59：第十候长傅育。坐发省卒部五人，会月十三日，失期毋状。

61.3，194.12：万岁候长田宗，坐发省治大司农茭卒不以时遣吏将诣官，失期。

EPT59.82：☑鉼庭候长千□，多省卒，乏候望，甚☑

EPT59.357： ●诘尊：省卒作十日，辄休一日。于独不休，尊何解□☑

99ES16ST1：6：●察士吏候长候史多省卒给为它事者

根据 EPT59.59 简文可知，第十候长傅育因不按时派遣省卒，到约定的时间不能按时到达，被追究责任。简 61.3，194.12 同此。简 EPT59.82

---

① 于豪亮：《居延汉简中的"省卒"》，《文物》1963 年第 11 期。

"鉼庭候长千□手"下安排的省卒人数足够，候望工作不力，也被追责。简 EPT59.357 负责人"尊"被审问，省卒管理规定"作十日，辄休一日"，他没有按照省卒管理规章进行管理，任意取消休息日，也被追究责任。简 99ES16ST1：6"察士吏候长候史"没有按照专人专用的省卒管理规定，任意安排省卒去做其他事，也被追责。

对省卒和省卒管理者而言，省卒管理要求严苛。有隧长在送省卒的路上死亡，看来送省卒的路并不好走。

EPF22.492：月十三日，送省卒食道上。隧长周育子病死，取急归。卒冯同病。

因为省卒在外劳作，不易监管，且省作工作强度大，时有逃逸。

133.15：第十候史殷省伐慈其。第十三隧卒高凤未作，亡归中部田舍，斗伤男徐武，毋状，诣官自关。十一月辛巳食坐入。

（四）"省卒"的人数

73EJT8：38：■右广地省卒凡卅七人。
73EJT7：85：☑省卒百

在同质简中也有这样的简文。据简文可知，"省卒"的人数根据需要临时安排，最多的可以有上百人，最少的仅 3 人。抽调省卒也有定数，即一隧原则上一次只能抽调一个隧卒作省卒：

73EJH2：24：中部候长赦主隧七所，当省卒七。
73EJH2：59：北部隧七所，省卒五入诣金☑
EPS4T2.34：第四部省卒隧一人，凡四人，省殄北。

简 73EJH2：24 所记的"中部候长赦"主管七所隧，按规定七所隧可以抽调出七个戍卒为省卒。正如简 EPS4T2.34 所说"省卒隧一人"。当然,省卒也不是逢隧必抽的,简 73EJH2:59 所记共有隧七所,却只抽调五个省卒。可知并不是每所隧都必须抽调戍卒为省卒的。据此可知,省卒抽调的基本原则是"一隧一省卒",也可以不抽调。即一次"一隧一省卒"是抽调省卒的上限。

省卒当是根据需要临时委派新任务的戍卒,省卒来到新的劳作部门后,和原来的戍卒一起共同劳作:

234.9:●最:省卒十六人,见卒二人。

(五)"省卒"的口粮

省卒的口粮,涉及两个问题:(1)省卒口粮的发放量;(2)省卒口粮的发放部门。《金关汉简》有一例简文记录了省卒口粮发放:

73EJF1:83:其七十二石五斗六升大,食省卒卅五人八月十三☑十九日。积□八十一石……食省卒廿一人八月十三日、九月十九日、十月□日,积六十二日食。

本简残泐,部分文字难以复原,对于我们的疑问,在简文中找不到答案。在同质简中发现有明确的口粮发放量的记录,省卒的口粮发放量是"粟三石三斗三升少":

176.18,176.45:●右省卒四人。盐一斗二升,用粟□三石三斗三升少。

EPT52.4:士吏辛广宗,粟三石三斗三升少,始元六年二月省卒仰田殿取。

第二个问题,由哪个部门发放口粮?因省卒是省作在外部的,他们的口粮是由原来的部门发放,还是由临时工作的部门发放?在《金关汉简》中没有找到这样的文例,在《居延新简》中发现有一例简文明确说明,省卒在省作外部时，口粮由临时工作的新部门发放。如果回归原工作部门，临时劳作的部门不再发放口粮：

> EPT4.48A：始建国二年十月癸巳朔乙卯，城仓丞□移甲沟候官令史，鄣卒周仁等卅一人，省作府，以府记廪城仓，用粟百卅六石。令史□□曰：卒冯喜等十四人廪五月尽八月，皆遣，不当□☑

本简记录了鄣卒周仁等省作都尉府，由都尉府发放口粮到原工作部门。但其中的鄣卒冯喜等十四人从五月到八月已经回到原劳作部门，都尉府不该继续发放口粮。因此，这部分不该发放但已经发放的口粮将被追回。

发放口粮要登记在册。省卒可以带家属，所带家属也发放口粮：

> 58.16：☑省卒家属名籍。
> 133.8：●右省卒家属名籍用谷卅石

据此，我们知道省卒也称为"省"，是有某项事务需要办理而临时抽调出来的戍卒，多负责给大司农"伐葵"，也有省作都尉府、省作甲渠候官，以及省作某燧的。也有抽调来伐"慈其""芦苇"，在烽燧里负责各种杂务。省卒在前往劳作部门或回归原来的部门时，有专人护送。前往劳作部门后省卒有临时编制，各项工作都登记在册。边塞军事组织对省卒的管理有具体的规章制度，如"劳作十天休息一天"，要求严格执行，违反者必遭严惩。省卒的工作强度大，有人私自逃离。抽调省卒有一定的要求，即一所烽燧只能抽调一位。口粮往往是一月用粟三石三斗三升少，由省作部门负责把口粮发放到原编制单位，省卒可以带家属，家属也有口粮。遣返回原编制单位后，省作部门不再发放口粮。

【罢卒】

"罢卒"在《金关汉简》中出现频率不高，共11次，我们称这些简为罢卒简。罢卒简简号如下：73EJT3：91；73EJT10：251；73EJT10：406；73EJT11：3；73EJT21：305；73EJT22：111A；73EJT23：77A；73EJT23：635；73EJT30：87；73EJT37：1078；72EJC：268。举两例如下：

> 73EJT3：91：朱督亭罢卒簿，诣丞相史狄卿在所，当舍传舍，从者如律令。
>
> 73EJT11：3：☐亭长杨渠，为郡迎三年罢卒田卒张掖。

同质简也有罢卒简，共21枚。见于《居延新简》有12枚，《居延汉简》7枚，《敦煌汉简》有2枚。

按："罢卒"应当相当于我们今天所说的退伍军人。《礼记·少仪》："请见不请退。朝廷曰退，燕游曰归，师役曰罢。"郑玄注："罢之言罢劳也。"孔颖达疏："师役曰罢者，谓于师役之中欲散退之时称曰罢劳。"①"退、归、罢"是一组同义词，用于不同的语境，从朝廷退回称为退，燕游回乡称为归，师役曰罢。从部队返回称为"罢"。陈直《两汉经济史料论丛·西汉屯戍研究》："戍卒瓜代的记载，称为当代卒或罢卒。"② 赵沛《居延汉简所见〈兵簿〉〈被兵簿〉——兼论居延边塞兵器配给》先是推测："罢卒可能就是指省作结束罢归戍所的省卒。"③ 又说："从'罢卒'的字面意思来解释，可能指更多的复员戍卒。戍卒服完兵役则被遣回故籍，故曰'罢卒'。"④ 李天虹《居延汉简簿籍分类研究》："完成了戍边任务退役还乡的戍卒，简文称'罢卒'。"⑤ 王彦辉《论秦汉时期的正卒与材官骑士》："戍卒服役期满称'罢卒'。"⑥ 赵宠亮《居延汉

---

① （清）阮元校刻：《十三经注疏》，中华书局1980年版，第1512页中。

② 陈直：《两汉经济史料论丛·西汉屯戍研究》，陕西人民出版社1980年版，第27页。

③ 赵沛：《居延汉简所见〈兵簿〉〈被兵簿〉——兼论居延边塞兵器配给》，《西北史地》1994年第4期。

④ 赵沛：《居延汉简所见〈兵簿〉〈被兵簿〉——兼论居延边塞兵器配给》，《西北史地》1994年第4期。

⑤ 李天虹：《居延汉简簿籍分类研究》，科学出版社2003年版，第16页。

⑥ 王彦辉：《论秦汉时期的正卒与材官骑士》，《历史研究》2015年第4期。

简所见"罢卒"》："服役期满，开始复员返乡的戍卒，即为'罢卒'。"①

"罢卒"罢遣有明确的制度依据。《史记·汉兴以来将相名臣年表》明确记载："（高后五年）令戍卒岁更。"② 胡三省注《资治通鉴·汉纪五》"高后五年"条："秦虐用其民，南戍五岭，北筑长城，戍卒连年不归而死者多矣。至此，始令一岁一更。"③ 戍卒"一岁一更"成为制度。特殊情况延长戍边期限也有制度性的规定。《汉书·沟洫志》："其以五年为河平元年。卒治河者为著外繇六月。"颜师古注引："如淳曰：'律说：戍边一岁当罢，若有急，当留守六月。今以卒治河之故，复留六月。'"规定特殊情况戍边期限延长六个月。④

对"罢卒"的罢遣是一个庞大的系统工程。先由各地统计名册上报，并由专人根据名册送罢卒到都尉府。在《金关汉简》中就发现相应的退伍名册，叫"罢卒簿""罢卒籍"，也叫"罢卒名籍"：

73EJT30：87：罢卒名籍移，敢言之。

73EJT3：91：朱督亭罢卒簿，诣丞相史狄卿在所，当舍传舍，从者如律令。

"罢卒名籍"由令史书写，简 EPT52.219 有："令史音再拜言，令史厶写罢卒籍，三月庚辰☐。"据简 73EJT10：251 看，也可能由候长或令史个人出钱制作。在《居延新简》中也有相应的记录。

73EJT10：251：☐长赵彭祖九月奉六百，出十六□，出九☐，出八治罢卒簿，出☐，出廿七食计。出☐

EPT52.277：出钱二百买木一，长八尺五寸大四韦，以治罢卒

---

① 赵宠亮：《居延汉简所见"罢卒"》，《石家庄学院学报》2010 年第 5 期。

② （西汉）司马迁撰，（南朝宋）裴骃集解，（唐）司马贞索隐，（唐）张守节正义：《史记》，中华书局 1959 年版，第 1124 页。

③ （北宋）司马光编著，胡三省音注：《资治通鉴》，中华书局 1956 年第 1 版，1963 年版，第 13 页。

④ （东汉）班固撰，（唐）颜师古注：《汉书》，中华书局 1964 年版，第 1688—1689 页。

籍。令史护买。

关于"罢卒"罢遣，各地由专人送到都尉府①：

73EJT23：635：广地尉史汾庆，送<u>罢卒</u>府。

73EJT37：1078：候长<u>爨</u>得定国里公乘贪负宗，年卅二。五月戊寅入送<u>罢卒</u>府，六月庚戌。

EPT65.37：候长将<u>当罢</u>卒诣官。

简73EJT23：635由广地候尉史汾庆送罢卒到都尉府。简73EJT37：1078由候长贪负宗于五月送罢卒到都尉府。简EPT65.37有"候长将当罢卒诣官。"简EPT65.37中的"官"当是甲渠候官。据此，尉史、候长护送罢卒至都尉府，候长送罢卒也送至甲渠候官。据此可知，候长护送本部各烽燧的罢卒至候官，一候的罢卒到齐集中，再由候官统一安排本候罢卒的护送工作，可以由尉史护送，也可以由候长护送罢卒至都尉府。王彦辉《论秦汉时期的正卒与材官骑士》认为："首先由隧长护送至候部……候部所属各隧戍卒集中后，按制要由候长将护至候官所在地……但在具体运作中可由候长属吏候史、令史等代理。然后再从候官集中到部都尉，最后在郡府集结。"② 又总结说："边郡太守府是戍卒往返的集散地，即戍卒戍诣边境时也是从边郡太守府分配到部都尉的。"③

各地护送到都尉府的罢卒，由都尉府统一调配，安排人员护送回乡。下面简文很直观地说明了都尉府安排专人护送罢卒回乡的历史事实：

73EJT22：111A：日勒守尉道人将居延罢卒三百一十二人，屋兰右尉千秋将居延罢卒三百一十人，爨得守丞忠将居延罢卒三百一十二

---

① 在同质简中还见护送罢卒到"太守府"，是边塞"太守"和"都尉"合二为一的证据：
EPT53.46：初元三年六月甲申朔癸巳，尉史常敢言之。遣守士吏泠临送罢卒大守府，与从者居延富里徐宜马毋苟留止。如律令，敢言之。
② 王彦辉：《论秦汉时期的正卒与材官骑士》，《历史研究》2015年第4期。
③ 王彦辉：《论秦汉时期的正卒与材官骑士》，《历史研究》2015年第4期。

人，八月丁酉。昭武左尉广将居延罢卒二百八十七人，八月。删丹右尉长安将居延罢卒三百一十一人，删丹守尉贤将居延罢卒三百六十九人，八月庚。昭武守丞世安上居延罢卒三百一十人，八月庚☐。

简73EJT22：111A显示罢卒数量非常多，护送的共有七批罢卒，全部是居延罢卒，而护送人员分别是日勒守尉、删丹守尉、删丹右尉、屋兰右尉、昭武左尉、昭武守丞、觻得守丞。日勒、删丹、屋兰、昭武、觻得都是张掖郡下的县，居延也是张掖郡下的县，居延罢卒由张掖郡各县的官员主要是尉官护送，这样的护送人员当是由都尉府统筹安排，并非居延罢卒皆由居延县负责送遣。

七批人员中每一批送遣的罢卒，人数都相当多，罢卒分别是312人、310人、312人、287人、311人、369人、310人。最多的369人，最少的287人，剩下的5批人数都在311上下一人。可能以310人为每一个罢卒护送队伍的标准规模。这样的规模，不可能是居延一个县的罢卒，当是整个张掖郡的罢卒。整个张掖郡的罢卒为什么被称为"居延罢卒"呢？张掖郡的罢卒由各县护送到居延都尉府，张掖郡同一年所有的罢卒集中在居延，护送回乡也从居延出发，故张掖郡的罢卒都可以被称为"居延罢卒"。也正是这个原因，"居延罢卒"分别由张掖郡下的日勒、删丹、屋兰、昭武、觻得各县负责护送回乡。据简文可见，护送回乡是在一年的八月进行，往往由军队系统中的"尉官"负责具体事宜。

在同质简中，我们还发现《居延新简》一文例记载的内容反映，在朝廷统一安排下，遣返罢卒和迎接新到戍卒同步进行：

EPT51.15：制曰：下丞相御史。臣谨案：令曰，发卒戍田，县侯国财令吏将，二千石官令长吏并将，至戍田所。罢卒还，诸将罢卒不与起居，免削爵☒

本简涉及"发卒戍田"和"罢卒还"两件大事。"发卒戍田"由"县侯国财令吏"带领本县侯国的新发戍卒到郡，郡再派遣"二千石官令长吏"一同前往，带领新发戍卒到边塞。"县侯国财令吏"和"二千石官令长吏"到边塞之后，再把本郡完成戍边任务的"罢卒"带回故里。

在《敦煌悬泉汉简》中也有一文例所涉及的内容与简 EPT51.15 相似，而记载内容更加详细，不但由朝廷统一安排，还是由朝廷具体领导实施的：

四〇：神爵四年十一月癸未，丞相史李尊，送获（护）神爵六年戍卒河东、南阳、颍川、上党、东郡、济阴、魏郡、淮阳国诣敦煌郡、酒泉郡。因迎罢卒送致河东、南阳、颍川、东郡、魏郡、淮阳国并督死卒传（槽）。为驾一封轺传。御史大夫望之谓高陵，以次为驾，当舍传舍，如律令。（I0309③：237）

《敦煌悬泉汉简》对本简原注："本文书于神爵四年岁末下发，丞相史李尊要到河东、南阳、颍川、上党、东郡、济阴、魏郡、淮阳国等八郡国接收戍卒，再护送到敦煌、酒泉。……丞相史李尊不仅护送上述八郡、国戍卒前往戍边，而且还要迎接河东、南阳、颍川、东郡、魏郡、淮阳国等六郡、国的罢卒返回故里。"① 丞相史李尊带领八郡戍卒到边塞，再把边塞六郡、国罢卒带回故里。

《居延新简》和《敦煌悬泉汉简》所记内容表明，地方官员和朝廷官员带领新发戍卒到边塞，然后从边塞带领罢卒回归故里。《金关汉简》73EJT22：111 所记，边塞吏员也护送罢卒回乡。罢卒返乡，由地方官员和朝廷大员带领返回本郡，同时也安排边郡尉官一并护送到郡。

罢卒由都尉府从服役点护送到地方，地方上也有相应的人员亲自到都尉府迎接：

73EJT11：3：☑亭长杨渠，为郡迎三年罢卒田卒，张掖。

这样，对罢卒的各项工作有一个清晰的认识。五月，各地编制罢卒名册，并由专人负责护送罢卒到都尉府。张掖郡一年遣返的罢卒人数达到二

---

① 胡平生、张德芳、中国文物研究所、甘肃省文物考古研究所编撰：《敦煌悬泉汉简释粹》，上海古籍出版社 2001 年版，第45—46 页。

千人，由于人数众多，需要到各地抽调专人负责都尉府的罢卒事务。从六月开始对罢卒工作进行考课。到八月，由都尉府统筹调配，由尉官护送罢卒回乡，各地方也有人专门迎接回乡罢卒。

赵宠亮《居延汉简所见"罢卒"》："在太守府集中后，罢卒就正式返乡。不过和从戍所到太守府时一样，返乡时还是由官吏带领着。不同的是，这时带领人员一般是地方官吏，而非边塞军事人员。具体的人员则很可能是各郡国送戍卒到太守府的官吏，由他们带领各自郡国的罢卒返乡。"[1] 与我们的看法不尽一致。

"罢卒"上报名单后，所持有的兵器将被收回，在同质简中有专门记录回收罢卒兵器的集簿，被称为"留兵名籍"或"留兵簿"：

> EPT57.94：☑罢卒留兵名籍。
>
> EPT6.38：更始二年八月留兵簿。
>
> 1724：神爵元年，罢卒假、留署所蜚矢、承弦□，凌胡隧。
>
> 1658：元年十二月，戍卒留署所兵折伤敝绝簿。

前面我们说过，护送罢卒回乡在八月进行，简 EPT6.38 记载的留兵簿也是八月记录上报的，说明罢卒返乡和回收罢卒兵器同步进行，简1724 说明，在隧所就已经上交了兵器。简 1658 记载关于八月登记的罢卒留兵，在十二月对其进行整理，对毁坏的兵器登记上报。

"罢卒"被护送到都尉府后，由专人负责管理。同时也要考察各地遣返罢卒工作的进行及完成情况：

> EPT3.6：永始三年五月甲寅，尉史诣府治罢卒☑
>
> 73EJT37：1078：候长䮁得定国里公乘贪负宗，年卅二。五月戊寅入送罢卒府，六月庚戌。

简 73EJT37：1078 显示各地于五月护送罢卒到都尉府。罢卒集中在都

---

① 赵宠亮：《居延汉简所见"罢卒"》，《石家庄学院学报》2010 年第 5 期。

尉府，人数众多，需要从各候部抽调人员来负责具体的罢卒事务。这样的抽调工作也在五月进行。简 EPT3.6 显示，尉史于五月到都尉府治罢卒。罢卒复原工作是戍卒戍边工作中的一件大事，对具体负责罢卒复原工作的吏员的考核，要专门造册，工作完成的效度随时跟进，有专人负责考核。

EPT52.377：阳朔四年六月罢卒吏名及课。

遣返罢卒的工作于五月启动，六月就开始对罢卒工作进行考课并对考课内容进行记录。简 EPT52.377 就是这样的考课记录封检。

【游徼】

"游徼"在《金关汉简》中有 12 例，我们称这些出现"游徼"的简为"游徼简"，以下是具体简文：73EJT14：16；73EJT23：1049；73EJT24：365；73EJT9：1；73EJT9：7；73EJT30：6；73EJT30：170；73EJT37：34；73EJT37：161A；73EJT37：296；73EJT37：701＋36；73EJT37：1522。"游徼"在《居延汉简》中出现了 4 例：114.21；132.39；287.17；299.21。举两例如下：

73EJT14：16：☑县令、游徼、亭长、邮正、狱史☑

114.21：名捕平陵德明里李蓬，字游君，年卅二、三，坐贼杀平陵游徼周勒，攻□□市，贼杀游徼业谭等亡，为人短☑

"游徼"，字也作"游檄"，在《金关汉简》中出现 2 例：73EJT21：47；73EJT3：115。在《居延新简》中也作"游徼"，共出现 2 例：EPT48.75；EPS4T1.31。各举一例简文如下：

73EJT3：115：居延守左部游檄田房，年卅五岁。轺车，乘马二匹，驳□，齿五岁，高五尺三寸。

EPT48.75：☑言劝农、尉、游徼、部吏☑

按："游徼"，秦置，掌一乡的巡察缉捕。汉至南北朝多沿置，后废。《集成》第九册："游傲，即游徼。《汉书·百官公卿表》：'大率十里一亭，亭有长。十亭一乡，乡有三老、有秩、啬夫、游徼。三老掌教化。啬夫职听讼，收赋税。游徼徼循禁贼盗。'"①

有人认为"游徼"是"卒"。《史记·平准书》："新秦中或千里无亭徼。"裴骃集解引如淳曰："徼，亦卒求盗之属也。"② 《东观汉记·郑均传》："兄仲为县游徼，颇受礼遗，均数谏止。"也有人认为是掌一乡治安的乡官。清代恽敬《三代因革论七》："汉曰三老，曰啬夫，曰游徼，皆赐爵同于乡遂之官。"汪受宽《肩水金关汉简"黑色"人群体研究》："'游徼，徼循禁贼盗'，系汉代负责治安的乡官。"③

"徼"本身就有"巡察"的意思。《荀子·富国》："其候徼支缭，其竞关之政尽察，是乱国已。"杨倞注："徼，巡也。"④ 《汉书·彭祖传》："（彭祖）上书愿督国中盗贼，常夜从走卒行徼邯郸中。"颜师古注："徼谓巡察也。"⑤ "游"有"行走；不固定"之义，《淮南子·览冥训》："凤皇翔于庭，麒麟游于郊。"高诱注："游，行也。""游徼"就是"一定范围内游动巡察的人"。《后汉书·刘玄传》："弟为人所杀，圣公结客欲报之。客犯法，圣公避吏于平林。"唐代李贤注引《后汉书》曰："时圣公聚客，家有酒，请游徼饮，宾客醉歌，言'朝亨两都尉，游徼后来，用调羹味'。游徼大怒，缚捶数百。"⑥ 茗荪《地方自治博议》："又汉制：十里一亭，亭有长；十亭一乡，乡有三老，有啬夫，游徼。"宋代杨侃《皇畿赋》："城皇之外，游徼四布。"原注："京城四面，巡检各一人。"宋代秦观《盗贼策中》："自陛下即位以来……而郡县之闲枹鼓或惊，游

---

① 初师宾主编：《中国简牍集成》第九册，中国简牍集成编辑委员会编，敦煌文艺出版社2001年版，第302页。

② （西汉）司马迁撰，（南朝宋）裴骃集解，（唐）司马贞索隐，（唐）张守节正义：《史记》，中华书局1959年版，第1438页。

③ 汪受宽：《肩水金关汉简"黑色"人群体研究》，《中华文史论丛》2014年第3期。

④ （清）王先谦撰，沈啸寰、王星贤点校：《荀子集解》，中华书局1988年版，第192页。

⑤ （东汉）班固撰，（唐）颜师古注：《汉书》，中华书局1964年版，第2420页。

⑥ （南朝宋）范晔、（晋）司马彪撰，（唐）李贤、（南朝梁）刘昭等注：《后汉书》，中华书局1965年版，第467页。

徼旁午，未见休已者，何也?"

我们认为，"游徼"属于戍卒，但不是普通的戍卒。他们没有军权、政权，为了工作的便利他们拥有特殊身份。

汉简简文职位排列，不是随意书写，而是按照职位高低的顺序排列。以下简文文例可见一斑：

> 73EJT14：16：☑县令、游徼、亭长、邮正、狱史☑
>
> 73EJT9：7：☐行右尉事、守游徼武、亭长偃送致过所麟得☐☑
>
> EPT48.75：☑言劝农尉、游徼、部吏☑
>
> 132.39：☑殿，居延左尉义、游徼左襃、督薰☑仁☐●赏视事五月。

"游徼"的地位比"亭长""部吏""督薰掾"略高，在行政职位"县令"和军事系统的"右尉""左尉"之下。

"游徼"当有具体的部门所属，《金关汉简》就看见有"居延左部守游徼"的记录：

> 73EJT3：115：居延守左部游徼田房，年卅五岁。轺车乘马二匹，駮☐、齿五岁、高五尺三寸。
>
> 73EJT37：701+36：居延左部守游徼肩水里士伍张武，年五十六。十一月庚子，候史丹入轺车一乘，用马一匹，騩牝、齿七岁、高三尺八寸。

但我们也发现，有"右尉"担任"游徼"一职的：

> 73EJT9：1：居延守右尉游徼安故里公乘乐禹，年卅，长七尺五寸。同轺车一乘，用马一四☑

"游徼"的工作职责是维护社会治安，简文记录如下：

> 73EJT37：161：建平三年十一月戊申朔乙亥居延令强☐☑游徼徐

宣送乞鞫囚禄福狱当☑

73EJT21：47：牒书狱所沓一牒。本始二年七月甲申朔甲午，鱳得守狱丞却胡以私印行事，敢言之。肩水都尉府移庚候官，告尉谓游徼安息等，书道杂假捕此牒人，毋令漏泄，先闻知得定名县爵里年姓官秩它坐或。

73EJT24：365：坐游徼苏☑

73EJT30：170：□□□□□□□□□坐与游徼彭祖捕，□□□□

287.17：游徼焦宣、掾云皆为尹卿道，知昌晨迹，见迹以语□卿状，今执胡隧长☑吏卒不辱耐处昌，为昌匿也。昌日迹明白叩头叩头死罪死罪。昌曰☑事毋状，罪当死，叩头叩头，死罪死罪。

简73EJT37：161 是"游徼"徐宣押送罪犯回禄福狱的。"乞鞫"，就是请求复审。《周礼·秋官·朝士》："凡士之治有期日。国中一旬，郊二旬，野三旬，都三月，邦国期。期内之治听，期外不听。"郑玄注引郑司农云："若今时徒论决，满三月，不得乞鞫。"贾公彦疏："期内之治听，期外不听者，所以省烦息诉也。"[1]"坐"是"判罪"。《晏子春秋·杂下十》："王曰：'何坐？'曰：'坐盗。'"简73EJT21：47 是一枚抓捕牒书，由"庚候官"统筹安排"游徼"秘密抓人。"庚候官"当是张掖郡下辖由肩水都尉府直接负责的司法长官，在同质简中，我们还发现"庚候官"的工作文书，但简文残断，信息不全，这些与"庚"相关的文书，恐与"粮仓"无关，也属于司法文书：

14.21：☑凤六年正月乙亥朔庚辰，捕虏隧长豹受庚候令。

293.7：张掖郡肩水庚候官本始三年狱计。田卒淮阳郡菜商里高奉亲，坐从军假工官，已移家在所。

263.14C：橐他候官，仓石候官，肩水候官，庚候官。

336.23：□并到酒泉庚还诣府。

513.18：☑写移庚候☑

---

[1] （清）阮元校刻：《十三经注疏》，中华书局 1980 年版，第 878 页中。

516.37：☑肩水庚候守丞☑不缘谒移□☑

EPF22.338A：建武四年正月廿七日己酉白书，及案庚主者吏名月言簿。

"游徼"的工作，与罪犯、抓捕、争讼、判决等相关，因工作的关系，也会给自身招来灾难。

73EJT30：6：死罪屋兰游徼当禄里张彭祖，以胡刀自贼刺颈各一所以辜立死。元康二年三月甲午械毄，属国各在破胡受卢水男子翁□当告。

"游徼"由于工作性质，遭受特定人群的仇视，因"游徼"身份被杀的现象并不罕见：

114.21：名捕平陵德明里李蓬，字游君，年卅二、三。坐贼杀平陵游徼周勒，攻□□市，贼杀游徼业谭等亡，为人短☑

【骑士】

"骑士"在《金关汉简》中出现频率非常高，共114例，我们称这些出现骑士的简为"骑士简"，见于简73EJT1：10；73EJT1：33；73EJT1：44；73EJT1：62；73EJT1：78；73EJT1：240；73EJT1：258；73EJT1：301；73EJT2：13；73EJT3：7；73EJT3：98；73EJT4：9；73EJT4：45；73EJT8：101；73EJT9：216；73EJT10：109；73EJT10：352；73EJT10：437；73EJT14：39；73EJT21：21；73EJT21：418；73EJT22：129；73EJT23：50B；73EJT23：373；73EJT23：384；73EJT23：735；73EJT23：778；73EJT24：554；73EJT24：681A；73EJT24：999；73EJT27：5；73EJT27：83；73EJT27：102；73EJT28：43；73EJT28：50；73EJT29：31；73EJT34：38；73EJT37：286；73EJT37：984；73EJT37：1331；73EJT37：1362；73EJH2：21；73EJH2：39；73EJF2：42；73EJF3：3；73EJF3：4＋11；73EJF3：5；73EJF3：6；

73EJF3：7 + 73EJF3：360；73EJF3：8；73EJF3：9；73EJF3：273 + 73EJF3：10；73EJF3：12；73EJF3：13；73EJF3：14；73EJF3：15；73EJF3：16；73EJF3：17；73EJF3：19；73EJF3：20；73EJF3：281 + 73EJF3：18；73EJF3：30 + 73EJF3：21；73EJF3：23；73EJF3：24；73EJF3：25 + 543；73EJF3：26；73EJF3：27；73EJF3：28；73EJF3：29；73EJF3：31；73EJF3：32；73EJF3：33；73EJF3：34；73EJF3：47；73EJF3：96；73EJF3：97；73EJF3：98；73EJF3：99；73EJF3：100；73EJF3：148；73EJF3：151；73EJF3：184A；73EJF3：241；73EJF3：280；73EJF3：351；73EJF3：358；73EJF3：359；73EJF3：361；73EJF3：362；73EJF3：363；73EJF3：416 + 73EJF3：364；73EJF3：365；73EJF3：366；73EJF3：367；73EJF3：385；73EJF3：387；73EJF3：398；73EJF3：399；73EJF3：406；73EJF3：413；73EJF3：414；73EJF3：415；73EJF3：446；73EJF3：506；73EJF3：554；73EJF3：556；73EJF3：586；73EJT4H：19；73EJT4H：64；72EJC：11；72EJC：250；72EJC：357；72EJC：464；72ED1C：2。略举几例如下：

73EJT23：373：鑇得骑士千秋张辅，载茭百束。

73EJF3：359：右前骑士杂里孙长，左前骑士累山里樊戎，中营左骑士白石里侯博。

按：骑士，《汉语大词典》："骑士，骑兵。"骑士是边塞作战的主力，部队的作战能力强不强，就看骑士的作战能力。

《汉书·高祖纪》："五月，汉王屯荥阳，萧何发关中老弱未傅者悉诣军。"颜师古注引："《汉仪注》云民年二十三为正，一岁为卫士，一岁为材官骑士，习射御骑驰战陈。"[1] 《汉书·高祖纪》："诏王、相国择可立为淮南王者，群臣请立子长为王。上乃发上郡、北地、陇西车骑，巴蜀材官及中尉卒三万人。"颜师古注引："张晏曰：'材官、骑士习射御骑驰战陈。常以八月，太守、都尉、令、长、丞会都试，课殿最。水处则习船，

---

① （东汉）班固撰，（唐）颜师古注：《汉书》，中华书局 1964 年版，第 37—38 页。

边郡将万骑行障塞。光武时省。'"①

骑士是边塞作战的主力，骑马射箭战阵是他们的基本功，而其他戍卒，为骑士提供后勤保障服务，或者承担候望警戒为骑士提供最新消息的工作任务。康玉平《居延汉简中的戍边故事》说："张掖太守所辖的军队略分为两大类，一类属于烽燧系统，常驻示警、通讯、瞭望、候守部队，相当于我们今天的边境地区常驻部队。另一类，似属于野战机动部队，应付大规模的军事冲突。"② 这里所说的"骑士"当属于第二类。王彦辉《论秦汉时期的正卒与材官骑士》也说："汉代的边防根据其职能划分为两大系统：防御作战系统和候望系统。防御作战系统担任驻守作战任务，由选自北部边郡的骑士构成，按部、曲、队进行编制；候望系统担负警戒任务，由来自内郡国的戍卒构成，按候、部、隧进行编制。"③ 陈直《居延汉简研究》认为："骑士，虽为边郡之正卒或戍卒，但较戍田卒之身份为高。"④ 骑士的要求高，任务重，所以在八月，边塞长官太守、都尉、令、长等会对骑士的业务作必要的考课。《六韬》记载有选拔"骑士"的要求。《六韬·犬韬·武骑士》第五十七："武王问太公曰：选骑士奈何？太公曰：选骑士之法，取年四十以下，长七尺五寸以上，壮健捷疾，超绝伦等；能驰骑彀射，前后左右，周旋进退；越沟堑，登丘陵，冒险阻，绝大泽；驰强敌，乱大众者，名曰武骑之士，不可不厚也。"据《六韬》记载，骑士是年四十以下、身高七尺五寸以上的勇猛之士，擅长骑马射箭，进退自如，在各种恶劣地势下如履平地。马思敏《〈六韬〉军事用语研究》："骑兵在汉以后广泛应用于战场，但在战国时期已有骑兵出现。"⑤

《金关汉简》及同质简没有涉及骑士身高的简文，对年龄有记录，年龄全部如同《六韬》所言，是"四十以下"。

---

① （东汉）班固撰，（唐）颜师古注：《汉书》，中华书局 1964 年版，第 73—74 页。

② 康玉平：《居延汉简中的戍边故事》，《档案与社会》2012 年第 5 期。

③ 王彦辉：《论秦汉时期的正卒与材官骑士》，《历史研究》2015 年第 4 期。

④ 陈直：《居延汉简研究》，天津古籍出版社 1986 年版，第 19 页。

⑤ 马思敏：《〈六韬〉军事用语研究》，硕士学位论文，西北师范大学，2015 年。

一　骑士的年龄

《六韬·犬韬·武骑士》第五十七："武王问太公曰：选骑士奈何？太公曰：选骑士之法，取年四十以下。"《金关汉简》仅有7例记录了骑士的年龄：三十多岁的三位，二十多岁的四位。最大三十八岁，最小二十二岁。这大致就是服役骑士的年龄段。《金关汉简》中记录的骑士年龄符合《六韬》记录，骑士的年龄都在四十岁以下。

在《金关汉简》114枚骑士简中，仅有7枚有年龄记录，在其他的同质简中，有103枚骑士简，没有一例记录骑士的年龄。是不是骑士的服役年龄，虽有要求但没有严格执行，否则为什么留存的信息如此之少？我们把仅见的7例骑士年龄列表出来，见表8。

表8　　　　　　　　　　　　　骑士年龄统计

简号	身份	籍贯	姓名	年龄
73EJH2：39	骑士	定国里	胜禹	卅八
73EJT37：984	觻得骑士	千秋里	王护	卅五
73EJF3：446	张掖郡觻得骑士	定安里	李戎	三十五
72EJC：357	骑士	便里	冯发	廿五
73EJT23：384	觻得骑士	富贵里	高齐	廿五
73EJF3：446	张掖郡觻得骑士	富安里	黄立	二十二
73EJT4H：19	骑士	始安里	张时	廿□
				总年龄200/7人

《汉书·高祖纪上》："五月，汉王屯荥阳，萧何发关中老弱未傅者悉诣军。"颜师古注引："如淳曰：'《汉仪注》云民年二十三为正，一岁为卫士，一岁为材官骑士，习射御骑驰战陈；又曰年五十六衰老，乃得免为庶民，就田里。今老弱未尝傅者皆发之。未二十三为弱，过五十六为老。"[①] 二十三岁到五十六岁为正常年龄，但也说"今老弱未尝傅者皆发之"，在二十三岁至五十六岁范围之外，没有服役经历的，也要征兵入伍。在《金关汉简》中就有一例，记载的骑士只有二十二岁，

---

① （东汉）班固撰，（唐）颜师古注：《汉书》，中华书局1964年版，第37页。

是边塞骑士的年龄比正常年龄略有松动，并且对骑士的需求量大，故二十二岁也发为骑士。

在《金关汉简》中，骑士简大多是骑士的人物简，有明确的服役地，这为我们了解"骑士"带来了便利。在同质简中也有骑士简 103 枚，为我们了解"骑士"补充了丰富的信息。

二　骑士的编制

《汉书·高祖纪》："五月，汉王屯荥阳，萧何发关中老弱未傅者悉诣军。"颜师古注引："《汉仪注》云民年二十三为正，一岁为卫士，一岁为材官骑士，习射御骑驰战陈。"[1]

史书的记载，往往是宏观的、粗线条的，具体情况往往不得而知。而《金关汉简》则是具体而明确的，可以给我们带来大量的骑士信息。《金关汉简》中显示的骑士有两种，简文的文例格式完全不同，一种录有骑士籍贯，另一种没有录骑士籍贯。也许如同不少研究者所言，骑士服役一共两年，一年在自己的家乡服役，一年到边疆服役。这样的文例格式差别，正是骑士身份不同的体现。李均明《秦汉简牍文书分类辑解》："只言县名的这类名籍是骑士过境时留下的登记信息。"[2] 梁馨予在《河西汉塞屯戍士卒籍贯管理研究》中进一步说："录有骑士籍贯的名籍简应该是骑士征调以后未被编制之前的登记名籍，其作用当与同类卒名籍相同。"[3] 又说："第一种是以名籍为依据进行管理，第二种是从编制的部门进行管理。前者可能是征调的骑士在未被编录时的名籍，也可能是骑士出入关的记录。后者可能是编录之后的隶属服役机构的管理名籍。"[4] 与我们的观点不同。

骑士第一年在自己家乡服役，称为"郡国兵"，第二年是在京师或边塞服役，称为"卫士"。而《金关汉简》所显示的服役地点全部在边塞，故他们的区别仅在于服役的时间，是第一年还是第二年服役。服役时间不同的骑士，在《金关汉简》中差别是明显的，所记录的简文格式完全不

---

[1]　(东汉) 班固撰，(唐) 颜师古注：《汉书》，中华书局 1964 年版，第 37—38 页。

[2]　李均明：《秦汉简牍文书分类辑解》，文物出版社 2009 年版，第 354 页。

[3]　梁馨予：《河西汉塞屯戍士卒籍贯管理研究》，硕士学位论文，西北师范大学，2018 年。

[4]　梁馨予：《河西汉塞屯戍士卒籍贯管理研究》，硕士学位论文，西北师范大学，2018 年。

同，例子如下：

73EJT37：984：觻得骑士千秋里王护，年卅五。

73EJT24：554：觻得骑士长寿里黄冀兵。

73EJF3：3：右前骑士关都里任宪，左前骑士阳里张严，中营右骑士中宿里郑茂。

73EJF3：96：右前骑士中宿里刑戎，左前骑士诚敖里马护，中营左骑士富里宋多。

简 73EJT37：984、73EJT24：554 记录的骑士，在《金关汉简》中往往被称为"××（县）骑士"，本简就被称为"觻得骑士"，我们称这一类为"县骑士"。简 73EJF3：3、73EJF3：96 所记的骑士，《金关汉简》中分别称为"右前骑士""左前骑士""中营右骑士""中营左骑士"四营，我们称这一类为"四营骑士"。《居延新简释粹》也论及："按居延防御线上，张掖太守所辖之军队略分为两大类，一类属烽燧系统常驻示警、通讯、瞭望、候守部队；另一类似属野战机动部队，其编制分左、中、右三军建制，源于西周军制，故居延有左前、左后，右前、右后等骑士番号，显然，这类骑士属野战系统，非烽燧系列。该简属骑士名籍简。"①

根据研究者们的观点，骑士第一年在自己家乡服役，被称为"郡国兵"，《金关汉简》中的"县骑士"标志有具体的"县"，也有"郡、县"都明确的骑士：

73EJF3：446：张掖郡觻得骑士富安里黄立，年二十二，有方一。张掖郡觻得骑士定安里李戎，年三十五，六石具弩一。

我们认为这样格式的简文记录的骑士，即我们所说的"县骑士"，"县"甚至"郡"都有标志，与"郡国兵"一致。是服役第一年的骑士。

---

① 薛英群、何双全、李永良注，甘肃省文物考古研究所编：《居延新简释粹》，兰州大学出版社 1988 年版，第 95 页。

在《金关汉简》中，与"县骑士"对应的，是"四营骑士"。根据研究者们的观点，骑士第二年是在京师或边塞服役，称为"卫士"。简73EJF3：3、简73EJF3：96所记的是"右前骑士""左前骑士""中营右骑士""中营左骑士"，即我们所说的"四营骑士"，服役于边疆，没有标明郡县，接受边塞最高的军事指挥部都尉府的领导，是服役第二年的骑士。这样的简文在《金关汉简》中不少。这些简的记录很规范，排序严整。往往有两种情况：

1. 右前骑士××里××，左前骑士××里××，中营右骑士××里××。
2. 右前骑士××里××，左前骑士××里××，中营左骑士××里××。

受都尉府直接领导的服役第二年的骑士，总的有四支骑士军队编制，即"右前骑士""左前骑士""中营右骑士""中营左骑士"。据我们对《金关汉简》及同质简的穷尽搜索，没有更多的骑士编制了。

简文的排列如此整齐，排列的顺序定有其原因，我们认为这四支骑士队伍，应该是"右前骑士"最重要，所以在骑士简中一直排在第一位；"左前骑士"第二重要，所以在骑士简中一直排在第二位处于"右前骑士"的后面，而"中营右骑士"和"中营左骑士"地位相当，均排列在第三位。有"中营右骑士"就没有"中营左骑士"，有"中营左骑士"就没有"中营右骑士"。为了更直观地说明，我们把简文的完整版按照位置列表如下，见表9和表10。

表9　　　骑士简文例序列（1）：右前骑士＋左前骑士＋中营右骑士

简号	右前骑士	左前骑士	中营右骑士
73EJF3：3	关都里任宪	阳里张严	中宿里郑茂
73EJF3：4＋11	关都里赵严	通泽里李严	安乐里范良
73EJF3：273＋73EJF3：10	仁里杨意	广都里冯恭	遮房里戴林
73EJF3：361	全稽里郭隆	白石里郑立	龙起里孙房
73EJF3：416＋73EJF3：364	富里周并	累山里萧霸	安乐里房阳
73EJF3：366	长乐里庄成	阳里张崇	富里任并
73EJF3：281＋73EJF3：18	☑永	孤山里郭贺	安国里孙政
73EJF3：8		☑□宋章	富里李立
73EJF3：29		三泉里张建	☑
73EJF3：365		孤山里张护□	□□里朱嘉

表 10　　骑士简文例序列（2）：右前骑士 + 左前骑士 + 中营左骑士

简号	右前骑士	左前骑士	中营左骑士
73EJF3：362	全稽里成功恭	安国里孙赦	阳里□□☑
73EJF3：97	杂里刑禁	安国里朱辅	千秋里孙章
73EJF3：359	杂里孙长	累山里樊戎	白石里侯博
73EJF3：98	延年里杨放	累山里许良	金城里左阳
73EJF3：25 + 543	中宿里孙赏	累山里卞党	鸣沙里☑
73EJF3：7 + 73EJF3：360	中宿里华赏	当遂里萧仁卩	广郡里孙长
73EJF3：96	中宿里刑戎	诚敖里马护	富里宋多
73EJF3：28	富里周护	阳里颜立	累山里☑

　　这样完整的简文排列顺序是"右前骑士 + 左前骑士 + 中营右骑士"的有：73EJF3：3；73EJF3：4 + 11；73EJF3：273 + 73EJF3：10；73EJF3：361；73EJF3：416 + 73EJF3：364；73EJF3：366。

　　排列顺序是"右前骑士 + 左前骑士 + 中营左骑士"的有：73EJF3：362；73EJF3：97；73EJF3：359；73EJF3：98；73EJF3：25 + 543；73EJF3：7 + 73EJF3：360；73EJF3：96；73EJF3：28。

　　简文顺序很清楚，部分残断的简文可以据此补充其他信息，或者说知道其在简文中的位置，如：

　　　　73EJF3：365：☑左前骑士孤山里张护□，中营右骑士□□里朱嘉。
　　　　73EJF3：8：☑□宋章，中营右骑士富里李立。

　　根据简文的格式，可以补足其余信息为：

　　　＊73EJF3：365：右前骑士××里××，左前骑士孤山里张护□，中营右骑士□□里朱嘉。
　　　＊73EJF3：8：右前骑士××里××，左前骑士××里宋章，中营右骑士富里李立。

　　由于简文格式"右前骑士 + 左前骑士"后面的可以是"中营右骑

士",也可以是"中营左骑士",所以简文后面残断的,不知道后面跟的是"中营右骑士",还是"中营左骑士",如:

　　73EJF3：413：右前骑士中宿里苏永，左前骑士通泽里张宗。

　　*73EJF3：413：右前骑士中宿里苏永，左前骑士通泽里张宗，中营×骑士××里××。

　　简文后面残断,我们把不知后面紧跟的是"中营右骑士"还是"中营左骑士"的例子全部搜罗,列表展示如下,见表11。

表11　　　　　　　　　　　**《金关汉简》残渤四营骑士简**

简号	右前骑士	左前骑士	中营×骑士
73EJF3：414	中宿里徐严	富里韩庆	
73EJF3：413	中宿里苏永	通泽里张宗	
73EJF3：27	中宿里单崇	广☒	
73EJF3：24	万岁里衣戎	广都里任当	
73EJF3：415	关都里李谊	阳里张丰	
73EJF3：30＋73EJF3：21	累中宿北乡☐		
73EJF3：6	鸣沙里尚诩		
73EJF2：42	广都里阳城隆		
73EJF3：5	仁里李恭		
73EJF3：12	仁☒		
73EJF3：26	三十井里赵诩		
73EJF3：9	富里凤当		
73EJF3：554	富田里周并		
73EJF3：13	安国里☐☒		
73EJF3：20	安国里史永		
73EJF3：14	鸣☒		
73EJF3：241	中宿里单崇		
73EJF3：358	中宿里刑戎		
73EJF3：363	中宿里召永		

续表

简号	右前骑士	左前骑士	中营×骑士
73EJF3：399	中宿里郑彭		
73EJF3：406	中宿里韩褒		
73EJF3：99		阳里郑冯	
73EJF3：148		阳里张放	
73EJF3：385		阳里张丰	
73EJF3：280		累山里祝隆	
73EJF3：19		累山里苏庆	
73EJF3：367		孤山里郭贺	

"四营骑士"在同质简中也有几个例子，但数量很少，均残泐。我们也全部列出如下，见表12。

表12　　　　　　　　　同质简残泐四营骑士简

简号	右前骑士	左前骑士	中营右骑士	中营左骑士
178.22	鞮汗里儿买之			
EPT27.19	鞮汗里杨政			
EPT14.13	全稽里李□			
EPS4C43	严☑			
2000ES9SF4：31		肩水里盖写☑		
ESC75			安国里冯诩	
EPT59.237			三十井里阎赏	
EPF22.653				鉼庭里苏海

《汉书·百官公卿表上》："屯骑校尉掌骑士。步兵校尉掌上林苑门屯兵。越骑校尉掌越骑。长水校尉掌长水宣曲胡骑。又有胡骑校尉，掌池阳胡骑，不常置。"① 我们在《金关汉简》及同质简中均未发现"屯骑校尉"。在《敦煌汉简》中有"校尉"，其职位很高：

1300：尚书臣昧死以闻。制曰：可。购校尉钱，人五万。校尉

_____

① （东汉）班固撰，（唐）颜师古注：《汉书》，中华书局1964年版，第737—738页。

丞、司马、千人、候，人三万。校尉史，司马、侯丞，人二万。书佐、令史，人万。

981：官属数十人，持校尉印绶三十，驴五百匹，驱驴士五十人之蜀，名曰劳庸。

"四营骑士"包括：右前骑士、左前骑士、中营右骑士、中营左骑士。他们的长官可能是太尉。在《金关汉简》中就有"张掖右大尉"、"张掖后大尉"和"张掖延城大尉"以及"张掖车骑都尉"。这些职官当是掌骑士的：

73EJF3：154：始建国三年八月癸丑朔丙子，将屯裨将军张掖右大尉威，康里附城……

73EJT24：36：始建国三年秊月己丑朔乙未，将屯裨将军张掖后大尉元，丞音遣延水守丞。

73EJF3：115：始建国三年八月癸丑朔辛未，将屯裨将军张掖延城大尉元，丞音遣守史赵彭市。①

73EJF3：300：☑月乙丑朔壬申，延亭行连率事将屯裨将军车骑都尉元，以故张掖后大尉印☑

"张掖右大尉"应该是"右前骑士"的最高首长，"张掖后大尉"可能是"中营骑士"的最高首长。在简文的线性序列中，"右前骑士，左前骑士"居前，"中营骑士"不论是"中营左骑士"还是"中营右骑士"均居后，无一例外，故我们认为"张掖后大尉"可能是"中营骑士"的最高首长。"张掖车骑都尉"当是总掌四营骑士的最高长官，在"张掖车骑都尉"之下，还有居于"居延城"的"张掖延城大尉"，因张掖郡的都尉府就在居延城，故"张掖延城大尉"是总掌四营的长官，估计受"张掖车骑都尉"的领导。

上引简文中的大尉"元"，始建国三年为"张掖后大尉"，掌"四营

---

① 《居延新简》也有一例佐证："张掖延城大尉元、丞音，以诏书增钦劳□☑"（EPT59.339）。

骑士"中的"中营骑士",权力极大。于始建国三年,转"张掖延城大尉",为居延城的大尉,掌四营骑士,受"车骑都尉"领导。后又转"车骑都尉",成为掌领骑士的最高首领。

"县骑士"在《金关汉简》中的文例与"四营骑士"的不同,全部都有明确的县标志。所见的县举例如下:

73EJT37:984:觻得骑士千秋里王护年卅五。(觻得骑士共计23 例)

73EJT23:778:昭武骑士益广里王隆。(昭武骑士共计 4 例)

73EJT2:13:日勒骑士富昌里□贤。(日勒骑士共计 4 例)

73EJT4:9:☑屋兰骑士灭胡里苏乙☑(屋兰骑士共计 2 例)

73EJT4H:64:氐池骑士常乐里冯世。(氐池骑士共计 1 例)

《金关汉简》中,多见"四营骑士",少见"县骑士","县骑士"仅见五个县:觻得、昭武、日勒、屋兰、氐池。在同质简中,"四营骑士"反而少见,仅有五例,"县骑士"倒是常见,虽然也仅见于七个县,氐池、觻得、昭武、番和、日勒、肩水、居延,但出现的频率比较高:

560.15:氐池骑士安定里彭张成。(氐池骑士共计 20 例)

560.25B:觻得骑士常利里赵汤。(觻得骑士共计 13 例)

564.3:昭武骑士宜春里高明。(昭武骑士共计 6 例)

511.3:番和骑士便里李都。(番和骑士共计 3 例)

491.4:日勒骑士万岁里孙守。(日勒骑士共计 2 例)

77.42:肩水骑士□里大夫☑(肩水骑士共计 1 例)

88.5:居延骑士广都里李宗,坐杀客子杨充,元凤四年正月丁酉亡☑(居延骑士 1 例)

三 骑士的籍贯

在《金关汉简》中出现的县骑士人物简,对"县骑士"的介绍有一定的套式,往往是:××县+骑士+××里+姓名。如:

73EJT23：384：鱳得骑士<u>富贵里</u>高齐。

73EJT23：735：<u>昭武</u>骑士<u>富里</u>徐习。

73EJT1：78：<u>日勒</u>骑士<u>延寿里</u>张定。

　　县骑士人物简记录有两个地名，分别是"县名"和"里名"，中间被"骑士"二字隔开。这两个地名之间是什么关系？我们找一例各部分关系明晰的人物简来对比分析一下，也许可以得到答案：

　　73EJT22：135：并山隧戍卒<u>赵国襄国公社里</u>公乘韩未央。

　　这枚戍卒简简文中各部分之间的关系是明确的：话题指向的是人"公乘韩未央"，他的身份是"并山隧戍卒"，他的籍贯是"赵国襄国公社里"。对比这个戍卒简的例子，上文提及的骑士人物简关系应该就清晰起来了，以简73EJT22：135和73EJT23：778为例分析骑士简各部分的关系：

　　73EJT22：135：并山隧戍卒赵国襄国公社里公乘韩未央。

　　73EJT23：778：昭武骑士益广里王隆。

并山隧戍卒	赵国襄国公社里	公乘韩未央
昭武骑士	益广里	王隆
（身份）	（籍贯）	（姓名）

　　大多县骑士简都明确了身份和籍贯。我们也发现骑士简与其他的戍卒人物简之间是有差别的。骑士籍贯信息呈规范的省略格式，均为"××里"，没有明确来自×郡×县。其他兵种的人物简则往往有明确的郡、县、里信息，我们看"戍卒""田卒"人物简对相关戍卒的介绍，不但有详细籍贯的介绍，还有爵位、年龄的记录。这些简相当规范，简文的介绍顺序不会颠倒错乱，格式一般是：身份（戍卒、田卒、鄣卒等）＋籍贯（××县××里）＋爵位＋姓名＋年龄＋（身高）＋（肤色）。

戍卒：

　　73EJT14：1：戍卒轑得成汉里公乘聊广德，年卅六。
　　73EJT37：889：戍卒轑得富安里公乘庄武，年廿三。

田卒：

　　73EJT21：121：田卒淮阳郡固始成安里上造陈外，年廿五。
　　73EJT30：117：田卒魏郡贝丘宜春里大夫赵建，年卅八，长七尺
二寸，黑色。

　　陈直《居延汉简研究》也说："戍卒户籍之书法，首身份，次郡县里名，次爵名，次姓名，次年龄。而骑士名籍，不书郡名，只书县名，次身份，次里名，再次姓名，不书年龄。以骑士二字，安装于县名之下，里名之上。体例最为特殊。"[1] 骑士人物简的格式与其他戍卒人物简不同，"骑士"称谓置于"县""里"中间，其他戍卒简，"县""里"排列紧凑先后出现，如下：

骑士简：<u>×× 县</u> + 骑士 + <u>×× 里</u> + 姓名
　　　　　　身份籍贯

戍卒简：(燧) 戍卒 + <u>×× 县 ×× 里</u> + 爵位 + 姓名
　　　　　　　　　　身份籍贯

　　骑士简中"骑士"二字把"县""里"隔开，似乎"骑士"分别与"县"和"里"的关系都很紧密；戍卒简中"戍卒"置于"县""里"的前面，"县"与"里"关系密切，是一个不可切分的整体。如：

　　73EJF3：128：戍卒轑得寿贵里公乘徐放。
　　73EJT21：121：田卒淮阳郡固始成安里上造陈外。
　　73EJT23：384：轑得骑士富贵里高齐。

---

① 陈直：《居延汉简研究》，天津古籍出版社 1986 年版，第 19 页。

简 73EJF3：128 中介绍的主体是"徐放"，他的身份是"戍卒"，籍贯是"觻得寿贵里"，"觻得"与"寿贵里"是一个整体，由大地名冠小地名。同样，简 73EJT21：121 中介绍的主体是"陈外"，他的身份是"田卒"，籍贯是"淮阳郡固始成安里"，"淮阳郡"与"固始"以及"成安里"也是一个整体，是一个大地名冠小地名的词组。这样，"戍卒""田卒"的籍贯信息是完整具体的。

骑士简则不同。简 73EJT23：384 中介绍的主体是"高齐"，他的身份是"觻得骑士"，籍贯是"富贵里"。"骑士"的籍贯仅出现"里"，如果仅就此而言，汉简中同名里非常多，一个单独出现的里名不具备清楚地指明骑士籍贯的功能。这里为什么出现独立的里，而且在汉简中骑士简非常多，也都是这样的独立出现。

简文文例中骑士简的完整序列"觻得骑士富贵里高齐"，"觻得骑士"是身份，"觻得"是"骑士"的限定语，说明骑士有明确的编制，前面所说的"戍卒""田卒"都没有这样的限定，说明他们的编制较"骑士"而言要松一些。这样的边塞"县骑士"编制属于县，由县管理，边塞抵御外敌和发起进攻都由县一级施行，而"县"是属于行政系统的，边防重要的兵力"县骑士"却在行政单位"县"，这是边塞的军、政关系密切甚至不可切分的又一力证。

通过穷尽地搜罗观察，我们发现一个现象，骑士所在的县与籍贯显示的里，是大地名与小地名的包含关系，即骑士服役的县，就是骑士籍贯的县，骑士是在本地服役，如下例县骑士简：

73EJT23：384：觻得骑士富贵里高齐。

"觻得骑士"是身份，籍贯是"富贵里"，在《金关汉简》中就有地名"觻得富贵里"，例子见下：

73EJT23：1015：觻得富贵里赵婴齐。
73EJT27：56：觻得富贵里彭当时。

"富贵里"就属于"觻得"县，即"骑士"前后的地名具有包含的
关系，"骑士"后面的"里"属于前面的"县"，那就是骑士的籍贯与服
役县重合。由此可以推导出：觻得县富贵里的高齐就在觻得本县服役当骑
士。同样的县骑士简还有："觻得骑士千秋（里）张辅。"（73EJT23：
373）张辅的身份是觻得骑士，即在觻得服役当骑士，他的籍贯在千秋
里，觻得县就有千秋里，汉简就有地名"觻得千秋里"（73EJT23：924），
即张辅就在本县服役。汉简显示，骑士籍贯所指明的里正属于骑士服役所
属的县，这样的例子还有很多，如下例县骑士简：

73EJT1：33：觻得骑士道德里阮汉。

《金关汉简》就有地名"觻得道德里"（73EJT1：33）的文例，其他
县骑士简也有相应的地名文例佐证：

72ED1C：2：觻得骑士万年里齐博。
73EJT1：62：觻得骑士市阳里☑
73EJT10：352：觻得骑士始乐里下邑。
73EJT1：44：觻得骑士安定里☑
560.28：觻得骑士常利里乙昌。

这些骑士简显示的籍贯与身份信息，都有相关的地名佐证骑士籍贯就
属于身份显示的县。汉简中明确有这些地名：觻得万年里（73EJT23：
975）、觻得市阳里（72EJC：339）、觻得始乐里（73EJT37：745）、觻得
安定里（73EJT9：42）、觻得常利里（73EJT21：15）。

上面例子全部都是觻得县的，觻得县的骑士籍贯都属于本县，即觻
得县的骑士都是本土人。其他县的例证也可以证明骑士在本县服役，例
如："昭武骑士益广里王隆"（73EJT23：778），汉简中就有地名"昭武
益广里"（86EDT5H：74）；有"昭武骑士宜春里高明"（564.3），汉
简就有地名"昭武宜春里"（73EJT37：761）；有"日勒骑士万岁里孙
守"（491.4），就有地名"日勒万岁里"（73EJT37：1003）；有"氐池

骑士安定里彭张成"（560.15），就有地名"氐池安定里"（73EJT37：1447+922）；有"居延骑士广都里李宗"（88.5），就有地名"居延广都里"（73EJT22：120）。

根据上面的分析，可以明白县骑士就在本地服役，简文中介绍人物籍贯时，仅有"里"的信息，没有郡县的信息，因为骑士人物简中籍贯就在身份信息里指明了。戍卒人物简或田卒人物简，在介绍人物籍贯时，包含有郡、县、里信息，而县骑士在介绍骑士身份时，也交代了骑士的籍贯。梁馨予《河西汉塞屯戍士卒籍贯管理研究》："关于骑士的来源地，简中所列的觻得、昭武、氐池、番和、屋兰，均是当时张掖郡的属县。"[1] 他们的籍贯就在边塞，是在家乡第一年服役的"郡国兵"。劳干先生指出，居延汉简里所见的骑士皆为边郡人，而戍卒大都来自内地郡县，劳干《汉代兵制及汉简中的兵制》："骑士的籍贯都是边郡人，戍卒的籍贯除少数为边郡人，大都是内郡人。"[2] 我们查阅同质简及《金关汉简》，发现参与乘燧候望任务的骑士均为边郡骑士，不见有内郡骑士。

这样的文例，可以弥补汉简信息的不足，比如《金关汉简》有骑士人物简"觻得骑士道德里阮汉"（73EJT1：33），汉简里没有找到地名"觻得道德里"，有"日勒骑士延寿里张定"（73EJT1：78），我们也没有找到地名"日勒延寿里"，但我们猜测应该有这个地名，只是汉简没能显示全部地名的缘故。

根据这样的文例，我们还可以由"县骑士"简文推及其他身份的人物简：

73EJT23：973：居延令史富里公乘曹延年，年卅五，长七尺五寸，黑色。

73EJT37：1389：居延城仓令史阳里公乘徐占，年廿七，长七尺

---

① 梁馨予：《河西汉塞屯戍士卒籍贯管理研究》，硕士学位论文，西北师范大学，2018年。
② 劳干：《汉代兵制及汉简中的兵制》，《"中央研究院"历史语言研究所集刊》第10册，中华书局1987年版，第167页。

五寸，黑色。

73EJT23：1049：居延游徼千秋里公乘霸憙，年廿五，长七尺二寸，黑色。

73EJT37：701+36：居延左部守游徼肩水里士伍张武，年五十六。

简73EJT23：973有"居延令史富里公乘曹延年"，在《金关汉简》中就有地名"居延富里"（73EJF3：371）。简73EJT37：1389有"居延城仓令史阳里公乘徐占"，就有地名"居延阳里"（72EJC：236）。简73EJT23：1049有"居延游徼千秋里公乘霸憙"，就有地名"居延千秋里"（73EJT37：757）。简73EJT37：701+36有"居延左部守游徼肩水里士伍张武"，就有地名"居延肩水里"（73EJT9：228）。

这样的格式和这样的关系，除了县骑士简外，就只看见游徼简和令史简。可能"游徼"和边郡"令史"也多在边郡产生。这个话题以后讨论。

据此可以得出论断：在汉简中介绍人物时，身份前面有"县名"作限定语，紧接着身份后面的籍贯只显示"里名"的，往往身份后面的"里"就属于身份前面的"县"，是大地名套小地名的从属关系。这是比较固定的文书套用格式。

县骑士籍贯对郡县信息的省略，是因为县骑士的籍贯就是服役的郡县。上文所见的骑士服役地，有觻得县、昭武县、日勒县、氏池县、居延县，这些县全部属于张掖郡，我们穷尽地搜索了《金关汉简》及同质简，在同质简中还发现有"番和骑士""肩水骑士"，"番和""肩水"也是属于张掖郡的，[①] 我们是否可以推测，西北边塞的骑士全部在张掖郡产生，在张掖郡服役。县骑士由各县负责，四营骑士直接由居延都尉府负责管理。这样也就可以解释，为什么所有"罢卒"全部输送到居延都尉府，为什么所有的罢卒被称为"居延罢卒"了。

我们把《金关汉简》县骑士简中"骑士"前面的"县"和后面的"里"信息完整的简文全部统计出来，看看这些"里"是不是都属于前面的"县"，这些县是不是都属于张掖郡。见表13。

---

① 《金关汉简》有：张掖肩水东望燧（73EJT37：1458）。

表13 "骑士"前后"县""里"完整的简文统计

数量	县/身份	里	同里	姓名	年龄	简号
21	觻得骑士	万年里		齐博		72EJC：11
	觻得骑士	万年里	3	齐博		72ED1C：2
	觻得骑士	万年里		商博		72EJC：250
	觻得骑士	千秋		张辅		73EJT23：373
	觻得骑士	千秋里	3	李□		73EJT4：45
	觻得骑士	千秋里		王护	卅五	73EJT37：984
	觻得骑士	安定里				73EJT1：44
	觻得骑士	安乐里		苏广		73EJT27：102
	觻得骑士	长寿里		黄冀兵		73EJT24：554
	觻得骑士	成汉里		张安		73EJT37：1331
	觻得骑士	道德里		阮汉		73EJT1：33
	觻得骑士	富贵里		高齐	廿五	73EJT23：384
	觻得骑士	功岁里		孙青弓		73EJT27：5
21	觻得骑士	果成里	马延寿			73EJT28：50
	觻得骑士	利成里				73EJT21：21
	觻得骑士	市阳里				73EJT1：62
	觻得骑士	始乐里				73EJT10：352
	觻得骑士	相□里		□□时		73EJT27：83
	觻得骑士	孝成里		樊☑		73EJT37：286
	张掖郡觻得骑士	富安里		黄立	二十二	73EJF3：446
	张掖郡觻得骑士	定安里		李戎	三十五	73EJF3：446
3	昭武骑士	富里		徐习		73EJT23：735
	昭武骑士	富里	2	孙仁		73EJH2：21
	昭武骑士	益广里		王隆		73EJT23：778
4	日勒骑士	延寿里		张定		73EJT1：78
	日勒骑士	□德里		鲁客		73EJT1：240
	日勒骑士	便护里		王通贤		73EJT1：301
	日勒骑士	富昌里		□贤		73EJT2：13
1	屋兰骑士	灭胡里		苏乙		73EJT4：9
1	氏池骑士	常乐里		冯世		73EJT4H：64

共有 30 例县、里完整的骑士简，有骑士的县共 5 个，其中觻得县

最多，有 21 例，日勒县第二有 4 例，昭武县有 3 例，屋兰县和氏池县各有一例完整的。这个比例与同质简的差不多，也是觻得县的骑士简最多，觻得县是当时张掖郡驻扎军队最大的县。根据表 13 统计的结果进行分析。

（1）表格中这些"里"大部分都属于同简共现的县。由于汉简简文有限，不可能记载所有的里名，倒是可以根据这样的关系，补充汉简没有的记录，丰富了这些县已知的里名。

（2）表格中的"县"，全部属于张掖郡，即《金关汉简》显示的骑士全部在张掖郡服役。那么，县骑士简中"骑士"后面的"里"，属于"骑士"二字前面的"县"，这个"里"不但是县骑士的籍贯，也是县骑士具体的服役点。

（3）这些县骑士所在的县共有 5 个，全部属于张掖郡，《汉书·地理志下》："张掖郡……县十：觻得，……昭武……删丹……氏池……屋兰……日勒……骊靬……番和……居延，居延泽在东北，古文以为流沙。都尉治。莽曰居成。"①张掖郡当是当时驻扎军队最多的一个郡，张掖郡的都尉府在居延县，由居延都尉府统一管理。

这里有个疑问，既然这个"县"与"里"是包含关系，可以共同构成一个指代清楚的地点，为什么中间被"骑士"二字隔开。我们理解的是"××骑士"是骑士的身份，他们的编制就在"县"，这是必须严格划定的。"××里"则是骑士在本县的出生地，这个地点交代了骑士的选择条件。

骑士简：<u>××县</u>＋骑士＋<u>××里</u>＋姓名
　　　　　　身份籍贯

73EJT23：778：昭武骑士益广里王隆。
　　　　　　身份　　籍贯　姓名

因此，汉简中没有提及骑士的籍贯，只知道骑士的身份和出生地，这样的信息是非常有限的。如果与其他戍卒简对比，可以发现骑士与其他兵种的差别，我们找两例带有普遍性的简文看看：

---

① （东汉）班固撰，（唐）颜师古注：《汉书》，中华书局 1964 年版，第 1613 页。

73EJT1：78：日勒骑士延寿里张定。

73EJT30：117：田卒魏郡贝丘宜春里大夫赵建，年卅八，长七尺二寸，黑色。

上面一例是县骑士简，除了服役的信息外，其余信息全无。下面一例是田卒简，包含的信息就很多，有身份、籍贯、爵位、年龄、身高及肤色。对骑士的管理算得上机密级别了，骑士的个人信息几乎没有。

县骑士简对骑士的记录信息比较整齐统一，包括：骑士服役地＋骑士出生地＋姓名。

对骑士籍贯来说，没有"郡县"等较大的地名，而是直接记录"××里"，那是因为"县骑士"的籍贯有相应的明确的标志。另外，记录骑士籍贯的"××里"也很有规律，有的"里"出现频率很高，当是盛产骑士的摇篮。我们把来自相同"里"的骑士作了一个统计，见表14。

表14　　　　　　　　相同出生地的骑士简统计　　　　　单位：例

数量	服役地	身份	同一服役地	姓名	简号
13	中宿里	右前骑士	11	单崇	73EJF3：241
	中宿里	右前骑士		单崇	73EJF3：27
	中宿里	右前骑士		刑戎	73EJF3：358
	中宿里	右前骑士		刑戎	73EJF3：96
	中宿里	右前骑士		召永	73EJF3：363
	中宿里	右前骑士		郑彭	73EJF3：399
	中宿里	右前骑士		韩襄	73EJF3：406
	中宿里	右前骑士		苏永	73EJF3：413
	中宿里	右前骑士		徐严	73EJF3：414
	中宿里	右前骑士		华赏	73EJF3：7＋73EJF3：360
	中宿里	右前骑士		孙赏	73EJF3：25＋543
	中宿里	中营右骑士	2	郑茂	73EJF3：3
	中宿里	中营右骑士		郑戎	73EJF3：23

续表

数量	服役地	身份	同一服役地	姓名	简号
12	富里	左前骑士	1	韩庆	73EJF3：414
	富里	中营右骑士	6	任并	73EJF3：398
	富里	中营右骑士		任并	73EJF3：366
	富里	中营右骑士		李☐	73EJF3：506
	富里	中营右骑士		李立	73EJF3：8
	富里	中营右骑士		赵腾	73EJF3：151
	富里	中营左骑士		宋多	73EJF3：15
	富里	右前骑士	3	周并	73EJF3：416＋73EJF3：364
	富里	右前骑士		凤当	73EJF3：9
	富里	右前骑士		周护	73EJF3：28
	富里	昭武骑士	2	徐习	73EJT23：735
	富里	昭武骑士		孙仁	73EJH2：21
7	阳里	左前骑士	6	张丰	73EJF3：385
	阳里	左前骑士		张丰	73EJF3：415
	阳里	左前骑士		张崇	73EJF3：366
	阳里	左前骑士		郑冯	73EJF3：99
	阳里	左前骑士		张严	73EJF3：3
	阳里	左前骑士		张放	73EJF3：148
	阳里	中营左骑士	1	☐☐	73EJF3：362
6	累山里	左前骑士	5	祝隆	73EJF3：280
	累山里	左前骑士		樊戎	73EJF3：359
	累山里	左前骑士		萧霸	73EJF3：416＋73EJF3：364
	累山里	左前骑士		苏庆	73EJF3：19
	累山里	左前骑士		祝隆	73EJF3：280
	累山里	中营右骑士	1	亓褒	73EJT3：7
5	关都里	右前骑士	5		73EJT3：7
	关都里	右前骑士		王☐	73EJT3：7
	关都里	右前骑士		任宪	73EJF3：3
	关都里	右前骑士		赵严	73EJF3：4＋11
	关都里	右前骑士		李谊	73EJF3：415

续表

数量	服役地	身份	同一服役地	姓名	简号
5	安乐里	中营右骑士	3	□☑	73EJF3：16
	安乐里	中营右骑士		房阳	73EJF3：416 + 73EJF3：364
	安乐里	中营右骑士		范良	73EJF3：4 + 11
	安乐里	中营左骑士	1	李丰	73EJF3：33
	安乐里	觻得骑士	1	苏广	73EJT27：102
4	千秋里	中营右骑士	1	龙昌	73EJT3：7
	千秋里	觻得骑士	3	李□	73EJT4：45
	千秋里	觻得骑士		王护	73EJT37：984
	千秋	觻得骑士		张辅	73EJT23：373
4	安国里	右前骑士	2		73EJF3：13
	安国里	右前骑士		史永	73EJF3：20
	安国里	左前骑士	1	孙赦	73EJF3：362
	安国里	中营右骑士	1	孙政	73EJF3：281 + 73EJF3：18
4	白石里	右前骑士	1	孟贺	73EJT3：7
	白石里	左前骑士	1	郑立	73EJF3：361
	白石里	中营左骑士	2	侯博	73EJF3：359
	白石里	中营左骑士		侯博	73EJF3：100
3	孤山里	左前骑士	3	郭贺	73EJF3：367
	孤山里	左前骑士		张护□	73EJF3：365
	孤山里	左前骑士		郭贺	73EJF3：281 + 73EJF3：18
3	万年里	觻得骑士	3	齐博	72EJC：11
	万年里	觻得骑士		齐博	72ED1C：2
	万年里	觻得骑士		商博	72EJC：250
3	仁里	右前骑士	3	李恭	73EJF3：5
	仁里	右前骑士		杨意	73EJF3：273 + 73EJF3：10
	仁?	右前骑士			73EJF3：12
3	鸣沙里	右前骑士	2	尚诩	73EJF3：6
	鸣☑	右前骑士			73EJF3：14
	鸣沙里	中营左骑士	1	尚尊	73EJF3：586
2	全稽里	右前骑士	2	郭隆	73EJF3：361
	全稽里	右前骑士		成功恭	73EJF3：362

数量	服役地	身份	同一服役地	姓名	简号
2	杂里	右前骑士	2	孙长	73EJF3：359
	杂里	右前骑士		刑禁	73EJF3：97
2	通泽里	左前骑士	2	张宗	73EJF3：413
	通泽里	左前骑士		李严	73EJF3：4＋11
2	广都里	右前骑士	1	阳城隆	73EJF2：42
	广都里	左前骑士	1	冯恭	73EJF3：273＋73EJF3：10
2	成汉里	𬇙得骑士	1	张安	73EJT37：1331
	成汉里	骑士	1		73EJT37：1362
2	利成里	𬇙得骑士	1		73EJT21：21
	利成里	骑士	1	王定世	73EJT28：43
	常乐里	氏池骑士		冯世	73EJT4H：64
	长乐里	右前骑士		庄成	73EJF3：366
	安世里	☒骑士		窦常年	72EJC：464
	安定里	𬇙得骑士			73EJT1：44
	定安里	张掖郡𬇙得骑士		李戎	73EJF3：446
	便护里	日勒骑士		王通贤	73EJT1：301
	便里	骑士		冯发	72EJC：357
	长寿里	𬇙得骑士		黄冀兵	73EJT24：554
	驰宜里	骑士		李买奴	73EJT22：129
	道德里	𬇙得骑士		阮汉	73EJT1：33
	当遂里	左前骑士		萧仁	73EJF3：7＋73EJF3：360
	定国里	骑士		胜禹	73EJH2：39
	富安里	张掖郡𬇙得骑士		黄立	73EJF3：446
	富昌里	日勒骑士		☐贤	73EJT2：13
	富贵里	𬇙得骑士		高齐	73EJT23：384
	富田里	右前骑士		周并	73EJF3：554
	功岁里	𬇙得骑士		孙青弓	73EJT27：5
	果成里	𬇙得骑士		马延寿	73EJT28：50
	肩水里	☒前骑士		刑并	73EJF3：556
	金城里	中营左骑士		左阳	73EJF3：351
	龙起里	中营右骑士		孙房	73EJF3：361

续表

数量	服役地	身份	同一服役地	姓名	简号
	灭胡里	屋兰骑士		苏乙	73EJT4：9
	平明里	中营右骑士		张宗	73EJF3：17
	始安里	骑士		张时	73EJT4H：19
	始乐里	觻得骑士			73EJT10：352
	市阳里	觻得骑士			73EJT1：62
	三十井里	右前骑士		赵诩	73EJF3：26
	三泉里	☑前骑士		张建	73EJF3：387
	万岁里	右前骑士		衣戎	73EJF3：24
	相□里	觻得骑士		□□时	73EJT27：83
	孝成里	觻得骑士		樊☑	73EJT37：286
	延年里	右前骑士		杨放	73EJF3：98
	延寿里	日勒骑士		张定	73EJT1：78
	益昌里	骑士		王欧已	73EJT10：109
	益广里	昭武骑士		王隆	73EJT23：778
	遮虏里	中营右骑士		戴林	73EJF3：273 + 73EJF3：10
	□德里	日勒骑士		鲁客	73EJT1：240
	□喜里	□□骑士		□幼都	73EJT24：999
	□□里	中营右骑士		朱嘉	73EJF3：365

同质简中，来自同一个"里"的骑士简也很多，见表15。

表 15 　　　　　　　　　　同质简所见同里骑士

数量	出生地	服役地	同一服役地	姓名	简号
3	安定里	氐池骑士	2	彭张成	560.15
	安定里	氐池骑士		陈光赦之	560.20
	安定里	觻得骑士	1	杨山	560.12
2	常利里	觻得骑士	2	赵汤	560.25B
	常利里	觻得骑士		乙昌	560.28
2	敬老里	觻得骑士	2	张德	564.9
	敬老里	觻得骑士		成功彭祖	564.6

续表

数量	出生地	服役地	同一服役地	姓名	简号
2	富昌里	氏池骑士	2	司非子	564.2
	富昌里	氏池骑士		赵☑	565.19
2	千秋里	氏池骑士	2	王赦之	560.19
	千秋里	氏池骑士		孙广	560.22
2	鞮汗里	右前骑士	2	杨政	EPT27.19
	鞮汗里	右前骑士		儿买之	178.22
2	万岁里	番和骑士	1	孔□	516.28
	万岁里	日勒骑士	1	孙守	491.4
2	市阳里	昭武骑士	1	储寿	560.27
	市阳里	骑士	1	王莫当	560.3
2	富贵里	氏池骑士	1	郑已	562.22
	富贵里	骑士	1	臧□□	387.21
2	大昌里	氏池骑士	1	孙地	560.26
	屋兰大昌里	☑骑士	1	夏侯凤	2112
	安陵高里	骑士		孙非子	395.1
	安国里	中营右骑士		冯诩	ESC75
	安汉里	番和骑士		□□	517.9
	便里	番和骑士		李都	511.3
	鉼庭里	中营左骑士		苏海	EPF22.653
	并延里	昭武骑士		苏宪	562.23，564.14
	昌乐里	氏池骑士		丁竟	560.14
	常乐里	氏池骑士		孟儴	560.23
	承明里	氏池骑士		鉏昌	560.21
	池□	觻得骑士			116.19
	定安里	觻得骑士		杨霸	560.8
	都里	觻得骑士			522.43
	广都里	居延骑士		李宗	88.5
	居延广利里	故骑士			227.8
	肩水里	左前骑士		☑写	2000ES9SF4：31
	乐成里	昭武骑士		羊田	560.6

数量	出生地	服役地	同一服役地	姓名	简号
	利处里	觻得骑士		田婴	149. 17，511. 31
	利上里	中营左骑士		马奉亲	EPT51. 12
	临地里	觻得骑士		狄望之	560. 29
	平里	右前骑士		张戎	EPW43
	平乐里	氐池骑士		宋庆	146. 38，407. 5
	千乘里	骑士		王狗	15. 24
	全稽里	右前骑士		李□	EPT14. 13
	寿光里	骑士		李充	15. 4
	三十井里	中营右骑士		阎赏	EPT59. 237
	橐贵里	□□骑士		王德成	508. 3
	万年里	觻得骑士			77. 39
	武安里	觻得骑士		王赏	562. 25
	先定里	氐池骑士		杜延年	562. 26
	新归里	氐池骑士		马☒	511. 11
	宜春里	昭武骑士		高明	564. 3
	宜众里	昭武骑士		孙偃	387. 14
	益广里	昭武骑士		王强	560. 13

对"骑士"的服役地点与"骑士"的籍贯可能有某种规定，同一服役地点的"骑士"，有不少都来自同一个地方。我们把来自同一地方的"骑士"作了一个统计，来自"中宿里"的"骑士"最多，有13个，这13个骑士就有11个是"右前骑士"。来自"富里"的"骑士"位居第二，有12个，这12个来自"富里"的骑士有6个是"中营右骑士"，有3个是"右前骑士"。来自"阳里"的"骑士"也不少，有7个，这7个来自"阳里"的骑士，有6个是"左前骑士"。此外，来自"累山里"的"骑士"有6个，这6个骑士中，有5个是"左前骑士"。可能在某一批次选拔骑士的时候有所侧重，故同一批往往在一处服役，收编在同一部队。

四 骑士的工作职责

在《金关汉简》中，对"骑士"的工作内容记录得也不多。倒是在同质简中，对"县骑士"工作内容记录较详细。

可以据此探讨一下"骑士"的工作职责。

(一)"骑士"乘燧

乘，登高而守。带有"防守，防御"的意思。《汉书·高帝纪上》："宛郡县连城数十，其吏民自以为降必死，故皆坚守乘城。"颜师古注："乘，登也，谓上城而守也。"① 宋代王安石《与王子醇书》之三："诚能使属羌为我用，则非特无内患，亦宜赖其力以乘外寇矣。"乘，也有"治"的意思。《诗经·豳风·七月》："亟其乘屋，其始播百谷。"毛传："乘，升也。"郑笺："乘，治也。"孔颖达疏："以民治屋，不应直言升上而已，故易《传》以乘为治。"② 《汉书·魏相丙吉传》："明王谨于尊天，慎于养人，故立羲和之官以乘四时，节授民事。"颜师古注："乘，治也。"③

我们在同质简中，发现了"乘隧骑士"简，"乘隧骑士"的工作，可以请人代劳：

> EPF22.473A：五月壬寅，府告甲渠鄣候，遣乘隧骑士王晏、王阳、王敞、赵康、王望。
>
> EPF22.526：☑验问。永辞：今月十日壬寅，代骑士王敞乘隧。

这里的"乘"到底是什么意思，是"防守，防御"还是"治"？在《金关汉简》中，有"乘山队""乘胡隧"：

> 73EJF3：165：胡亭长诩记曰：女子闻永夌月十二日夜亡衣物，疑乘山队长张彭、□竟队长李乐、金城队☑

---

① （东汉）班固撰，（唐）颜师古注：《汉书》，中华书局 1964 年版，第 19、21 页。
② （清）阮元校刻：《十三经注疏》，中华书局 1980 年版，第 391 页下—392 页上。
③ （东汉）班固撰，（唐）颜师古注：《汉书》，中华书局 1964 年版，第 3139、3141 页。

73EJT25：23：☑受仓南表六通，付右前<u>乘胡隧</u>候长☑

从客观实际出发，"乘山""乘胡"的"乘"只能理解为"防守，防御"才能说得通。那骑士"乘隧"的工作，应该就是在燧上的防御工作。《居延新简》有"乘隧、候望"连用的文例，候望就是观察敌情，"乘隧"与"候望"意思应该相当。这样看来，"乘隧"就是"防守、防御"烽燧。《居延新简释粹》："乘隧：上隧值勤。"① 这样的"执勤"当为"防御"的工作。《金关汉简》72EJC：613 就是戍卒"乘隧"时，发现"强落"上有某些不明痕迹，这样的检查、巡逻、防御就是"乘隧"的工作职责之一：

72EJC：613：☑□五月壬辰，乘隧戍卒许朔，望见隧北强落上有不知何

EPF22.534：骑士徐戎谷四石五斗，代戎乘第二隧候望。其九日壬申时，受府遣，私留十一日。

（二）骑士负责运输粮草

73EJT21：21：河南匽师西信里苏解怒，车一两，为鱳得骑士利成里留安国邸，载肩水仓麦小石卅五石，输居延。

73EJT27：5：☑牛车一两，为鱳得骑士功岁里孙青弓，就载肩水谷小石卅五石，输居延。

73EJT4：45：☑□，为鱳得骑士千秋里李□□水仓谷小石卅五石，输居延。

73EJT24：999：☑□□骑士□喜里□幼都□，麦小石卅五石，输居延。

73EJT23：373：鱳得骑士千秋张辅，载茭百束。

---

① 薛英群、何双全、李永良注，甘肃省文物考古研究所编：《居延新简释粹》，兰州大学出版社 1988 年版，第 93 页。

前面三简是觻得骑士雇人输送"麦、谷"到居延。简 73EJT24：999 简文残泐，前面部分不清楚，后面部分内容与前面三简内容相同，实际上这四枚简性质相同，内容相关。不论是"麦"还是"谷"，输送的量都是"小石卅五石"，这个数量应该是输送的常规数量。简 73EJT23：373 觻得骑士载茭百束，简 EPT20.13"骑士""载茭"。输送粮食或载茭的，凡明确身份的都是"觻得骑士"，可能运输工作均由"觻得骑士"负责。

（三）"骑士作墼"

> 2159：己酉，骑士十人，其一人候，人作百五十墼，其一人为养，八人作墼，凡墼千二百。

> 2160：丁巳，骑士十人，九人作墼，一人养，人作百五十。凡墼千三百五十。

> 2155：癸酉，骑士十人，九人负墼。其一人养。人致二百卅☑

以上均是"骑士作墼"简，简文明确说明骑士作墼的人数和这些人完成墼的数量。"骑士"十人一组，其中一人为"养"（做饭）。剩下九人，有的是一人"候"，八人作"墼"，有的是九个人都作"墼"。"骑士"八人每天共计完成"一千二百"个"墼"，九人共计每天完成"一千三百五十"个"墼"。据此推算，"骑士"每人每天完成"墼"一百五十个。

"骑士"也"负墼"。"骑士"作出来的"墼"，要自行背到适宜的地方堆砌，"作墼"和"负墼"分开完成。上面简文就是"骑士"完成"作墼"工作后，再完成"负墼"的工作记载。具体可以参见下文【墼】部分。

王彦辉《论秦汉时期的正卒与材官骑士》："从居延、肩水两地汉简来说，在张掖居延都尉、肩水都尉辖区服役的骑士均为张掖本地籍贯，故这些'乘隊（燧）骑士'亦当为张掖本地人。"[1] 骑士是边郡防御的中坚力量，前面所言，"骑士"要完成的工作有：乘燧、作墼、运粮。这些都应该是服役第一年的"骑士"才会做的工作。即完成这些工作的应该是

---

① 王彦辉：《论秦汉时期的正卒与材官骑士》，《历史研究》2015 年第 4 期。

"县骑士"而不可能是"四营骑士"。

（四）骑士配备的武器

73EJF3：446：张掖郡䪊得骑士富安里黄立，年二十二，有方一。张掖郡䪊得骑士定安里李戎，年三十五，六石具弩一。张掖郡……具弩一。

73EJT21：21：河南匽师西信里苏解怒，车一两为䪊得骑士利成里留安国邮载肩水仓麦小石卅五石输居延。弓一，矢□二枚，剑一。

73EJH2：39：骑士定国里胜禹年卅八。弩弓，弓。

陈直《居延汉简研究》认为："《史记·孙武传》，记孙膑马陵之战万弩齐发。《汉书·高祖纪》记楼烦人善射，又记弩伤吾指，《晁错传》谓游弩往来，皆其明证。盖其物较弓为轻，携带便利，射击力较弓为强，动辄百步。"[①] 在《金关汉简》中，我们看见"弓、弩"并用，并非重在弩。

五 骑士的经济状况

《金关汉简》能反映骑士经济状况的，就是骑士的口粮。

73EJT21：418：出荄万二千四百五十束，以食骑士、力牛六□

303.23：出谷卅七石七斗。其卅七石七斗麦，十石粟，以食肩水斥候骑士十九人、马十六匹、牛二九月十五日食。

303.31：肩水斥候骑士十人，正月用食十七石四斗□升少。

骑士的口粮，一月一发，不会拖欠。这样的口粮，是官府发放的月俸，骑士不靠这个过活。有简文显示，骑士支持寒吏：

EPT65.53A：今骑士皆出谷三石食寒吏，寒吏不得。

---

① 陈直：《居延汉简研究》，天津古籍出版社 1986 年版，第 **19** 页。

骑士简在《金关汉简》和同质简中出现频率非常高，可见骑士是汉代西北屯边重要的防御进攻部队。其他的戍卒比如鄣卒、田卒等为骑士作战提供必要的后勤保障和必要的信息。

骑士拥有马匹、力牛的简文如下：

73EJT21：418：出茭万二千四百五十束，以食骑士，力牛六☒

EPT51.12：中营左骑士，利上里马奉亲，马一匹，骝牡，左剽，齿四岁，高五尺八寸。

骑士选拔时，除了能力上的胜任外，经济上也要有能力购买一匹自带马。有的骑士没钱购买马，向他人借钱购买：

35.4：第廿三候长赵倗责居延骑士常池马钱九千五百。移居延，收责，重。●一事一封。十一月壬申，令史同奏封。

【材官】

"材官"在《金关汉简》中仅见1例。在同质简中1例也没有发现。《金关汉简》例见下：

73EJT5：66：右扶风虢材官临曲里王弘□□□十□□

按：高村武幸著、杨振红译《关于汉代材官、骑士的身份》认为："材官、骑士在身份上也属于'半官半民'，在财产方面可能要经过一定的选拔，他们和普通的兵士不同，比起普通庶民他们被任用为正规官吏的机会更多。"① 王彦辉《论秦汉时期的正卒与材官骑士》："材官骑士和平年代一生服二年兵役，遇到战事发生，不仅材官骑士需要随时发遣，丁男

---

① ［日］高村武幸：《关于汉代材官、骑士的身份》，杨振红译，载卜宪群、杨振红主编《简帛研究二〇〇四》，广西师范大学出版社2006年版，第462页。

也要被征发从军。"①

"材官"，是秦汉始置的一种地方兵种。《史记·韩长孺列传》："当是时，汉伏兵车骑材官三十余万，匿马邑旁谷中。"②《汉书·刑法志》："天下既定，踵秦而置材官于郡国，京师有南北军之屯。"③《后汉书·光武帝纪下》："三月丁酉，诏曰：'今国有众军，并多精勇，宜且罢轻车、骑士、材官、楼船士及军假吏，令还复民伍。'"李贤注引《汉官仪》："高祖命天下郡国选能引关蹶张，材力武猛者，以为轻车、骑士、材官、楼船，常以立秋后讲肄课试，各有员数。平地用车骑，山阻用材官，水泉用楼船。"④ 郭沫若《中国史稿》："西汉初年，地方有经常训练的预备兵。山地或少马的地方多步兵，叫做'材官'；平地或多马的地方多骑兵，叫做'车骑'。"王彦辉《论秦汉时期的正卒与材官骑士》："'步兵'即材官。"⑤

"材官"，武卒或供差遣的低级武职。《史记·张丞相列传》："申屠丞相嘉者，梁人，以材官蹶张从高帝击项籍，迁为队率。"裴骃集解："徐广曰：'勇健有材力开张。'骃按：如淳曰：'材官之多力，能脚蹋强弩张之，故曰蹶张，律有蹶张士。'"司马贞索隐曰："孟康云：'主张强弩。'又如淳曰：'材官之多力，能蹋强弩张之，故曰蹶张。'蹶音其月反。《汉令》有蹶张士百人是也。"⑥ 《汉书·晁错传》："材官驺发，矢道同的，则匈奴之革笥木荐弗能支也。"颜师古注："材官，有材力者。"⑦ 《汉书·高祖纪》："诏王、相国择可立为淮南王者，群臣请立子长为王。上乃发上郡、北地、陇西车骑，巴蜀材官及中尉卒三万人。"颜师古注：

---

① 王彦辉：《论秦汉时期的正卒与材官骑士》，《历史研究》2015 年第 4 期。

② （西汉）司马迁撰，（南朝宋）裴骃集解，（唐）司马贞索隐，（唐）张守节正义：《史记》，中华书局 1959 年版，第 2862 页。

③ （东汉）班固撰，（唐）颜师古注：《汉书》，中华书局 1964 年版，第 1090 页。

④ （南朝宋）范晔、（晋）司马彪撰，（唐）李贤、（南朝梁）刘昭等注：《后汉书》，中华书局 1965 年版，第 51—52 页。

⑤ 王彦辉：《论秦汉时期的正卒与材官骑士》，《历史研究》2015 年第 4 期。

⑥ （西汉）司马迁撰，（南朝宋）裴骃集解，（唐）司马贞索隐，（唐）张守节正义：《史记》，中华书局 1959 年版，第 2683 页。

⑦ （东汉）班固撰，（唐）颜师古注：《汉书》，中华书局 1964 年版，第 2281、2282 页。

"应劭曰：'材官，有材力者。'张晏曰：'材官、骑士习射御骑驰战陈。"①《汉书·高祖纪上》："五月，汉王屯荥阳，萧何发关中老弱未傅者悉诣军。"颜师古注引："孟康曰：'古者二十而傅，三年耕有一年储，故二十三而后役之。'如淳曰：'律，年二十三傅之畴官，各从其父畴学之，高不满六尺二寸以下为罢癃。《汉仪注》云民年二十三为正，一岁为卫士，一岁为材官骑士，习射御、骑驰、战陈；又曰年五十六衰老，乃得免为庶民，就田里。今老弱未尝傅者皆发之。未二十三为弱，过五十六为老。"②

中原地区，"材官"人数比较多，大概与中原地区地势较为平坦有关。而《金关汉简》中，骑士很多，材官仅见一例。由此可以推测，"材官"在西北地区所占比重比较小，御敌主要靠骑士。王彦辉《论秦汉时期的正卒与材官骑士》："见不到内地材官骑士戍边一岁的记载，这不能不令人猜想材官的'一岁屯戍'是戍卫京师为卫士，而不是戍边为戍卒。"③我们认为，"材官"在西北边塞作战不具备优势，即便是"材官"屯戍，也是发往别处而不是派往西北边塞。正如王彦辉所说："若从地域上划分，其地西不入关，南不越江淮。江淮以南自秦以后主要是发卒戍岭南与西南地。"④

根据戍卒词语出现的频率看，出现频率越高的戍卒，其数量越大。我们把《金关汉简》中所有的"戍卒"及其出现的频率统计出来，见表16。

表16　　　　　　《金关汉简》中戍卒出现频率统计　　　　单位：次

卒名	频率	卒名	频率	卒名	频率
戍卒	282	省卒	19	车父、车卒、车工	5
隧卒	151	郭卒	15	锻工卒	1
田卒、戍田卒、田兵	118	游徼	12	东部卒	1
骑士	114	治渠卒、治沟卒	12	材官	1
亭卒	39	罢卒	11		

①　（东汉）班固撰，（唐）颜师古注：《汉书》，中华书局1964年版，第73—74页。
②　（东汉）班固撰，（唐）颜师古注：《汉书》，中华书局1964年版，第37—38页。
③　王彦辉：《论秦汉时期的正卒与材官骑士》，《历史研究》2015年第4期。
④　王彦辉：《论秦汉时期的正卒与材官骑士》，《历史研究》2015年第4期。

戍边的戍卒，人数最多的是隧卒，其次是骑士，再次是田卒，如果田卒包括戍田卒和田兵的话，田卒人数第二多。边郡的粮食供给，除了由内郡运输之外，屯田是最直接便捷的一种，我们也看见边塞的"仓"数量不少，这是朝廷的边塞经济措施，故田卒人数如此之多。

戍卒的年龄构成。明确记录年龄的有：隧卒 3 人，田卒 58 人，骑士 7 人，治渠卒 9 人。大多数为 25—40 岁。最年轻的是一位 22 岁的骑士，最大的是一位 48 岁的田卒。隧卒 3 人平均年龄 31.3 岁，田卒 58 人平均年龄 29 岁，骑士 7 人平均年龄 28.5 岁，治渠卒 9 人平均年龄 31.78 岁。年龄构成最年轻的是骑士。《金关汉简》记录有更年轻的戍边人员，如：

73EJH1：23：觻得定安里大夫杜平年十六岁长七尺二寸黑色

简文中的杜平，是否为戍卒，不能肯定，我们没有计算在内。

汪受宽《肩水金关汉简"黑色"人群体研究》："或许可以推测西汉在籍民人的平均年龄 29 岁。"① 这个平均年龄与戍卒的平均年龄接近。

151 个隧卒中明确籍贯的仅有 9 人，主要来自河东郡、东郡、济阴郡、赵国，以及张掖郡的昭武县、觻得县。田卒主要来源于河南郡、魏郡、梁国、淮阳郡等地方，上党郡、济阴郡、赵国、东郡、平干国也有几个。治渠卒主要来自河东郡。"骑士"全部来自张掖郡，主要是五个县：觻得、昭武、日勒、氐池和屋兰，来自番和、肩水、居延的骑士也有一些。

第三节　戍卒的爵位

秦代为了鼓励将士奋力守卫边关，为国所用，设立了二十等军功爵，汉袭用秦制，也封给戍边将士不同等级的军功爵，以资鼓励。在《汉书》中有明确记录。《汉书·百官公卿表》："爵：一级曰公士，二上造，三簪

---

① 汪受宽：《肩水金关汉简"黑色"人群体研究》，《中华文史论丛》2014 年第 3 期。

褭，四不更，五大夫，六官大夫，七公大夫，八公乘，九五大夫，十左庶长，十一右庶长，十二左更，十三中更，十四右更，十五少上造，十六大上造，十七驷车庶长，十八大庶长，十九关内侯，二十彻侯。皆秦制。"①颜师古对《汉书·百官公卿表》列出的二十等军功爵作了一一的分析批注："（一公士）言有爵命，异于士卒，故称公士也。……（二上造）造，成也，言有成命于上也。……（三簪褭）以组带马曰褭。簪褭者，言饰此马也。……（四不更）言不豫更卒之事也。更，音工衡反。……（五大夫）列位从大夫。……（六官大夫，七公大夫）加官、公者，示稍尊也。……（八公乘）言其得乘公家之车也。……（九五大夫）大夫之尊也。……（十左庶长，十一右庶长）庶长，言为众列之长也。……（十二左更，十三中更，十四右更，十五少上造，十六大上造）言皆主上造之士也。……（十七驷车庶长）言乘驷马之车而为众长也。……（十八大庶长）又更尊也。……（十九关内侯）言有侯号而居京畿，无国邑。……（二十彻侯）言其爵位上通于天子。"②

《汉书·百官公卿表上》："爵，一级曰公士。"颜师古注："言有爵命，异于士卒故称公士。"③"爵位"有"民爵"和"官爵"，"民爵"最高级为"公乘"。《后汉书·百官志》二八："赐爵十九等为关内侯。"刘昭注："吏民爵不得过公乘者，得贳与子若同产。然则公乘者，军吏之爵最高者也。"④秦汉八级以下皆为民爵。汪受宽《肩水金关汉简"黑色"人群体研究》："民有爵者享有相应的荣誉，或者在服兵役时担任相应的更卒、车左、车右等，五级以上赏给少量田宅，八级公乘可以乘公家之车。汉代规定民爵还可以用以顶罪或者卖钱，成帝时爵一级价千钱。"⑤《居延新简释粹》："爵，指军功爵。秦定军功爵二十级（见《汉书·百官表》），西汉于高帝五年诏书中予以肯定。惠帝时再颁赐爵诏，取消了以

---

① （东汉）班固撰，（唐）颜师古注：《汉书》，中华书局1964年版，第739—740页。

② （东汉）班固撰，（唐）颜师古注：《汉书》，中华书局1964年版，第739—740页。

③ （东汉）班固撰，（唐）颜师古注：《汉书》，中华书局1964年版，第739—740页。

④ （南朝宋）范晔撰，（晋）司马彪撰，（唐）李贤、（南朝梁）刘昭等注：《后汉书》，中华书局1965年版，第3631、3632页。

⑤ 汪受宽：《肩水金关汉简"黑色"人群体研究》，《中华文史论丛》2014年第3期。

军功为前提的赐爵办法，分为'民爵'与'吏爵'，同时规定不再因爵赐田宅。"① 汪受宽《肩水金关汉简"黑色"人群体研究》："商鞅为秦制定的二十级爵，汉朝沿袭，只是将其彻侯改称列侯，以避武帝名讳，另设王爵，用以封刘氏。"②

在《金关汉简》中有两例"子大夫"，是《汉书》中不见的：

73EJT37：1427：子大夫永年廿七车二两用马三匹。

73EJT3：101：子大夫可年十四长六尺黑色

汪受宽对这两枚简中的"子大夫"作了解释。《肩水金关汉简"黑色"人群体研究》："'子大夫'不见爵位表，在史书中是作为对官员或士人的敬称，第3简之'子大夫'是一位十四岁的儿童，或此儿童的爵位是大夫，人们敬称其为子大夫，可归入第五级大夫爵统计。"③

爵位源自朝廷，授爵或夺爵都取决于朝廷。为了实现某种主观意图，在特定时期可以迅速地授爵或提升爵位等级，也可以极快地下降或者夺爵。于振波《简牍与秦汉社会》："卿的后子只能为公乘，公乘的后子为官大夫，官大夫的后子为不更，这样，经过三四代后，卿的嫡系后人便逐渐下降为士伍，'它子'下降得更快。"④

据《汉书》记载，在汉高祖五年，为了笼络人心，汉高祖颁发了大快人心的诏书，这本诏书，史称《罢兵赐复诏》。《汉书·高帝纪下》："（诏曰）军吏卒会赦，其亡罪而亡爵及不满大夫者，皆赐爵为大夫。"颜师古注："如淳曰：'军吏卒会赦，得免罪，及本无罪而亡爵级者，皆赐爵为大夫。'"⑤《汉书·高帝纪下》："其七大夫以上，皆令食邑。"颜师古注："臣瓒曰：'秦制，列侯乃得食邑，今七大夫以上皆食邑，所以宠之也。'"⑥

① 薛英群、何双全、李永良注，甘肃省文物考古研究所编：《居延新简释粹》，兰州大学出版社1988年版，第97页。

② 汪受宽：《肩水金关汉简"黑色"人群体研究》，《中华文史论丛》2014年第3期。

③ 汪受宽：《肩水金关汉简"黑色"人群体研究》，《中华文史论丛》2014年第3期。

④ 汪受宽：《肩水金关汉简"黑色"人群体研究》，《中华文史论丛》2014年第3期。

⑤ （东汉）班固撰，（唐）颜师古注：《汉书》，中华书局1964年版，第54—55页。

⑥ （东汉）班固撰，（唐）颜师古注：《汉书》，中华书局1964年版，第54—55页

为了鼓励老百姓支持边疆、入粟边塞，采取了一系列加封"爵位"的措施，如据入粟的数量来确定爵位的高低。《汉书·食货志上》："夫得高爵与免罪，人之所甚欲也。使天下人入粟于边，以受爵免罪，不过三岁，塞下之粟必多矣。"[1] 吏民入粟即可得封爵，具体要求规定如下。

《汉书·食货志上》："粟者，王者大用，政之本务。令民入粟受爵至五大夫以上，乃复一人耳。"[2] 即通过入粟获得爵位至五大夫，那就可以免除一个人的徭役。"复"，即免除徭役。《汉书·刑法志》："中试则复其户，利其田宅。"颜师古注："中试，试之而中科条也。复谓免其赋税也。"[3] 《荀子·议兵》："中试，则复其户，利其田宅。"王先谦引杨倞注："复其户，不徭役也。"[4] 《汉书·食货志上》："于是文帝从错之言，令民入粟边，六百石爵上造，稍增至四千石为五大夫，万二千石为大庶长，各以多少级数为差。"[5]

汪受宽《肩水金关汉简"黑色"人群体研究》："文帝时，晁错上《守边备塞劝农力本当世急务二事疏》，建议募民实边，给予爵位，言：'先为室屋，具田器，乃募罪人及免徒复作令居之；不足，募以丁奴婢赎罪及输奴婢欲以拜爵者；不足，乃募民之欲往者。皆赐高爵，复其家。予冬夏衣，廪食，能自给而止。郡县之民得买其爵，以自增至卿。'"[6] 李亮良《西北屯戍汉简中常见的吏卒爵位与西汉民爵制初探》："自战国以来实行的军功爵制，为社会大众通过军功晋升开了门路，只要有战功，便可以获得相应的功爵赏赐。经过战国、秦朝军功爵制的发展，社会中重视爵位的风气形成。"[7] 正如《汉书·食货志上》所言："爵者，上之所擅，出于口而亡穷；粟者，民之所种，生于地而不乏。"[8] 这个措施极大地激

---

① （东汉）班固撰，（唐）颜师古注：《汉书》，中华书局1964年版，第1134页。

② （东汉）班固撰，（唐）颜师古注：《汉书》，中华书局1964年版，第1134页。

③ （东汉）班固撰，（唐）颜师古注：《汉书》，中华书局1964年版，第1086、1088页。

④ （清）王先谦撰，沈啸寰、王星贤点校：《荀子集解》，中华书局1988年版，第272—273页。

⑤ （东汉）班固撰，（唐）颜师古注：《汉书》，中华书局1964年版，第1133—1134页。

⑥ 汪受宽：《肩水金关汉简"黑色"人群体研究》，《中华文史论丛》2014年第3期。

⑦ 李亮良：《西北屯戍汉简中常见的吏卒爵位与西汉民爵制初探》，硕士学位论文，西南大学，2012年。

⑧ （东汉）班固撰，（唐）颜师古注：《汉书》，中华书局1964年版，第1134页。

发了广大百姓的积极性。

爵位与朝廷的措施密切相关，二十等军功爵在《金关汉简》中出现了以下爵位：公士（73EJT2：14）、上造（73EJT21：121）、簪褭（73EJT1：73）、不更（73EJT3：96）、大夫（73EJT2：3）、官大夫（73EJT9：90）、公大夫（73EJT9：116）、公乘（73EJT14：8）、五大夫（73EJT37：805）、左庶长（73EJT26：32）、士伍/士五（73EJT37：1495；73EJT21：37）、附城（73EJF3：154）①。

这些爵位各举一例如下：

73EJF3：467：肩水驿北亭卒觻得新成里公士李谭，年三☑

73EJT21：121：田卒淮阳郡固始成安里上造陈外，年廿五。

73EJT21：202：田卒陈留郡济阳临里簪褭戎延年，年廿五。

73EJT21：95：戍卒魏郡魏利阳里不更孙乐成，年廿八。

73EJT23：163：戍卒上党郡襄垣石成里大夫辅功，年廿四，长七尺二寸，黑色。

73EJT30：185：安世从者始至里公大夫张延年，年十五，长六尺☑

73EJT37：1002：千秋葆京兆新丰西宫里官大夫被长寿，年廿一，长七尺三寸，黑色。六月乙亥出。

73EJT25：11：从者济阴都关乐里公乘行博德，年卌，长七尺三寸，黑色。

73EJT37：805：肩水候茂陵息众里五大夫□□□

还有三个爵位"左庶长、士伍、附城"，均不是出现在人物简中：

73EJT26：32：爵左庶长中都官及宦者吏千石以下至六百石。②

73EJT37：991：河南荥阳吉阳里士伍郭禄，年廿五，长七尺四

---

① 我们把"士伍""附城"视为一种爵位。"士伍"是因罪夺爵者。《史记·秦本纪》："五十年十月，武安君白起有罪，为士伍，迁阴密。"裴骃集解引如淳曰："尝有爵而以罪夺爵，皆称士伍。"

② 《金关汉简》也有一例"左庶长"，但不是出现在人物简中。

寸，黑色。

72EBC－7：4：其所共捕得。若断斩有三百骑以上者，皆锡爵。其高功一人<u>附城</u>食邑户。

以上简文，公乘及以下的爵位，明确是戍卒的人物简，公乘以上的简文文例均不是戍卒的人物简。明确《金关汉简》及同质简中戍卒拥有公乘及以下的爵位，戍卒的爵位最高是公乘。我们列出秦汉时期的二十等爵位，把《金关汉简》中戍卒的爵位与之对比，可见戍卒爵位在汉代爵位的总体情况。见表17。

表17　　　　《金关汉简》所见戍卒爵位与汉代爵位对比统计　　　单位：例

爵位	频率	爵位	频率	爵位	频率	爵位	频率
1 公士	25	7 公大夫	10	12 左更	0	17 驷车庶长	0
2 上造	44	8 公乘	383	13 中更	0	18 大庶长	0
3 簪袅	16	9 五大夫	5	14 右更	0	19 关内侯	0
4 不更	91	10 左庶长	1	15 少上造	0	20 彻侯	0
5 大夫	139	11 右庶长	0	16 大上造	0	增：士伍	24
6 官大夫	9					增：附城	2

根据我们对《金关汉简》的穷尽统计，可见《金关汉简》中汉代戍卒的爵位全貌，五大夫以上的简文不是戍卒简，不统计在内。李亮良《西北屯戍汉简中常见的吏卒爵位与西汉民爵制初探》："结合汉简来看，汉代西北地区的戍卒大多都有爵位，一般官吏也多为有爵者担任。"[1] 这是符合汉简实际的，戍卒爵位以公乘为主体，其次是大夫、不更、上造、公士、官大夫。我们穷尽统计了《金关汉简》中戍卒的各种爵位及其出现频率，把戍卒爵位按出现频率由高至低的顺序排列，以此来看看戍卒爵位的概貌，了解每一种出现的爵位在戍卒爵位中的占比，由此可知某种爵位在戍卒爵位中的情况。戍卒爵位及其占比见表18。

---

① 李亮良：《西北屯戍汉简中常见的吏卒爵位与西汉民爵制初探》，硕士学位论文，西南大学，2012 年。

表18			《金关汉简》所见戍卒爵位统计及其占比		单位：例，%
爵位	频率	比例	爵位	频率	比例
公乘	383	51.5	士伍	24	3.2
大夫	139	18.7	簪褭	16	2.2
不更	91	12.2	公大夫	10	1.3
上造	44	5.9	官大夫	9	1.2
公士	25	3.4	附城	2	0.3
总计	743				

根据我们对《金关汉简》中爵位简的穷尽统计，得记载爵位的简共743条，其中"公乘"最多，其次是"大夫、不更、上造"，这四个爵位，占了总数的88.3%，可见在拥有爵位的戍边人员中，以这四种爵位为主。而其中数量最多的就是"公乘"，共383例，占了总数的51.5%，戍边的士兵多半是公乘，颜师古注"（公乘）言其得乘公家之车也"，"公乘"是二十等爵位中的第八等，我们可以推知，汉王朝对戍边战士封爵是相当慷慨的，这无疑也极大地鼓舞了将士们的斗志。

为了便于大家查阅，我们把《金关汉简》中出现的爵位作了穷尽的收录，并引录于此。《金关汉简》所见爵位及其所在的简号：

公士，有25例，见于以下简文：73EJT2：14；73EJT3：39；73EJT8：10；73EJT9：66；73EJT10：108；73EJT23：660；73EJT24：39；73EJT24：331；73EJT24：861；73EJT24：871；73EJT25：9；73EJT37：154；73EJT37：856；73EJT37：856＋927；73EJT37：968A；73EJT37：1049；73EJT37：1205；73EJT37：1451A；73EJT37：1585A；73EJH1：52；73EJF3：511＋（306）＋73EJF3：291；73EJF3：467；73EJD：7；72EJC：135；72EJC：440。

上造，有44例，见于以下简文：73EJT4：194；73EJT5：36；73EJT6：85；73EJT6：135B；73EJT7：87；73EJT7：87＋54；73EJT9：39；73EJT9：83；73EJT9：246；73EJT11：4；73EJT21：60A；73EJT21：105；73EJT21：121；73EJT21：468；73EJT23：20；73EJT23：168；73EJT24：21；73EJT24：121；73EJT24：180；73EJT24：256；73EJT24：262；73EJT24：418；73EJT24：649；73EJT25：7A；73EJT25：92；73EJT26：9；73EJT26：92；73EJT26：184；73EJT26：216；73EJT29：22；73EJT37：784A；73EJT37：1153；73EJT37：

1217；73EJT37：1491；73EJF2：3；73EJF3：135；73EJF3：137；73EJF3：215；73EJF3：255；73EJF3：465；73EJD：212；72EJC：438；72EJC：439；72EJC：588。

簪褭，有16例，见于以下简文：73EJT1：5；73EJT1：20；73EJT1：73；73EJT2：5；73EJT4：88；73EJT6：167；73EJT21：202；73EJT21：351；73EJT23：147；73EJT24：147；3EJT24：877；73EJT24：892；73EJT27：11；73EJT37：51；73EJT37：118；73EJD：60。

不更，有91例，见于以下简文：73EJT1：81；73EJT1：114；73EJT1：137；73EJT1：149；73EJT1：150；73EJT1：155；73EJT1：175；73EJT1：182；73EJT1：234；73EJT1：312；73EJT2：43；73EJT2：82B；73EJT2：99；73EJT2：103；73EJT3：96；73EJT5：15；73EJT5：47；73EJT6：50；73EJT9：6；73EJT9：41；73EJT9：45；73EJT9：117；73EJT9：126；73EJT10：294；73EJT10：302；73EJT21：95；73EJT21：113A；73EJT21：323；73EJT21：351；73EJT22：120；73EJT23：28；73EJT23：920；73EJT23：922；73EJT24：282；73EJT24：563A；73EJT24：724；73EJT24：750；73EJT24：752；73EJT24：826；73EJT24：827；73EJT24：837；73EJT24：879；73EJT24：885；73EJT24：971；73EJT24：990；73EJT25：91；73EJT25：242；73EJT27：21；73EJT27：30；73EJT28：30；73EJT29：5；73EJT29：96；73EJT30：3；73EJT30：8；73EJT30：12；73EJT30：13；73EJT30：14；73EJT30：15；73EJT30：25；73EJT30：118；73EJT30：135；73EJT30：262；73EJT30：263；73EJT30：267；73EJT31：6；73EJT31：27；73EJT31：236；73EJT37：279A＋287A；73EJT37：394；73EJT37：470；73EJT37：833A；73EJT37：847；73EJT37：912；73EJT37：983；73EJT37：992；73EJT37：1006；73EJT37：1036；73EJT37：1220；73EJT37：1224＋108；73EJT37：1246；73EJT37：1330；73EJT37：1445；73EJT37：1458A；73EJT37：1476；73EJT37：1581；73EJH2：1；73EJH2：64；73EJH2：81；72EJC：322；72EJC：413；72EJC：626。

大夫，有139例，见于以下简文：73EJT2：3；73EJT2：77；73EJT3：101；73EJT4：40；73EJT4：57；73EJT5：27；73EJT5：35；73EJT5：39；73EJT5：86；73EJT5：106；73EJT6：31；73EJT6：40；73EJT6：100；73EJT6：103；73EJT6：151；73EJT7：9；73EJT7：12；73EJT8：81；

73EJT8：95；73EJT9：28；73EJT9：93；73EJT9：149；73EJT10：46；73EJT10：122；73EJT10：130；73EJT10：245；73EJT10：288；73EJT11：25A；73EJT21：53；73EJT21：90；73EJT21：195；73EJT21：295；73EJT21：438；73EJT22：56；73EJT23：13；73EJT23：53；73EJT23：92；73EJT23：163；73EJT23：675；73EJT23：982；73EJT23：1061B；73EJT24：35；73EJT24：48；73EJT24：50；73EJT24：249；73EJT24：279；73EJT24：339；73EJT24：385；73EJT24：954；73EJT25：5；73EJT25：89；73EJT25：116；73EJT25：137；73EJT25：145；73EJT25：162；73EJT25：164；73EJT25：205；73EJT26：87；73EJT26：118；73EJT26：120；73EJT27：14；73EJT27：19；73EJT29：76；73EJT29：100；73EJT30：68；73EJT30：117；73EJT30：140；73EJT30：210；73EJT30：219；73EJT31：38；73EJT31：93；73EJT31：159；73EJT31：228；73EJT32：2；73EJT32：43；73EJT33：71；73EJT35：5；73EJT37：17＋384；73EJT37：64；73EJT37：76；73EJT37：105；73EJT37：132；73EJT37：160A＋642；73EJT37：253；73EJT37：306＋267；73EJT37：345；73EJT37：352；73EJT37：548；73EJT37：580；73EJT37：656＋1376；73EJT37：679；73EJT37：699；73EJT37：713；73EJT37：750；73EJT37：827；73EJT37：833；73EJT37：849；73EJT37：891；73EJT37：920；73EJT37：970；73EJT37：985；73EJT37：986；73EJT37：987；73EJT37：993；73EJT37：994；73EJT37：995；73EJT37：1000；73EJT37：1001；73EJT37：1005；73EJT37：1084；73EJT37：1111；73EJT37：1113；73EJT37：1209；73EJT37：1309；73ET37：1319；73EJT37：1320；73EJT37：1325；73EJT37：1326；73EJT37：1356；73EJT37：1359；73EJT37：1414＋1044；73EJT37：1427；73EJT37：1497；73EJT37：1582；73EJH1：23；73EJH1：39；73EJH1：50；73EJH2：17；73EJH2：60；73EJF1：117；73EJF3：130；73EJF3：344；72EJC：27；72EJC：51；72EJC：157；72EJC：391；72EJC：424；72EJC：575。

官大夫，有9例，见于以下简文：73EJT25：204；73EJT37：393；73EJT37：1002；73EJF2：8；73EJD：207；72EJC：414；73EJT24：41；73EJT5：19；73EJT9：90。

公大夫，有10例，见于以下简文：73EJT25：55；73EJT30：89；

73EJT30：168；73EJT30：185；73EJT37：28；73EJT37：745；73EJT37：1328；73EJT9：98；73EJT9：116；73EJT10：401。

公乘，有383例，见于以下简文：73EJT11：1；73EJT11：8；73EJT14：1；73EJT14：5；73EJT14：6；73EJT14：8；73EJT14：17；73EJT14：40；73EJT15：4；73EJT15：10；73EJT21：62；73EJT21：221；73EJT21：255；73EJT21：343；73EJT22：1；73EJT22：41；73EJT22：127；73EJT22：135；73EJT23：16；73EJT23：111；73EJT23：174；73EJT23：297；73EJT23：329；73EJT23：337；73EJT23：354；73EJT23：400；73EJT23：467；73EJT23：659；73EJT23：690；73EJT23：768；73EJT23：775；73EJT23：923；73EJT23：942；73EJT23：973；73EJT23：1023；73EJT23：1049；73EJT23：1053；73EJT24：51；73EJT24：117；73EJT24：132；73EJT24：156；73EJT24：157；73EJT24：239；73EJT24：309；73EJT24：374；73EJT24：405；73EJT24：515；73EJT24：532；73EJT24：578；73EJT24：746；73EJT23：91 + 73EJT23：418 + 73EJT23：821 + 73EJT23：429；73EJT24：860；73EJT25：11；73EJT25：20；73EJT25：39；73EJT25：49；73EJT25：113；73EJT25：119；73EJT25：121；73EJT25：134；73EJT25：152；73EJT25：227；73EJT25：231；73EJT26：34；73EJT26：46；73EJT26：75；73EJT26：88；73EJT26：133；73EJT27：9；73EJT27：20；73EJT27：36；73EJT27：112；73EJT27：118；73EJT27：139；73EJT28：63；73EJT29：66；73EJT30：20；73EJT30：65；73EJT30：184；73EJT30：189；73EJT30：195；73EJT30：224；73EJT30：266；73EJT31：26；73EJT31：28；73EJT31：70；73EJT31：85；73EJT31：91；73EJT31：134；73EJT31：143；73EJT31：145；73EJT31：153；73EJT32：29；73EJT32：54；73EJT32：74；73EJT33：31；73EJT33：40；73EJT33：41；73EJT33：52；73EJT33：63；73EJT33：76；73EJT33：83；73EJT33：84；73EJT33：87；73EJT33：91；73EJT34：7；73EJT34：8；73EJT34：16；73EJT35：4；73EJT37：25；73EJT37：66；73EJT37：69；73EJT37：70；73EJT37：77；73EJT37：78；73EJT37：79；73EJT37：83；73EJT37：99；73EJT37：103；73EJT37：107；73EJT37：116；73EJT37：224；73EJT37：247；73EJT37：265；73EJT37：291；73EJT37：304；73EJT37：339；73EJT37：368；73EJT37：389；73EJT37：

431；73EJT37：452；73EJT37：454；73EJT37：458；73EJT37：465；
73EJT37：476；73EJT37：525；73EJT37：536；73EJT37：546；73EJT37：
562；73EJT37：564；73EJT37：621；73EJT37：628＋658；73EJT37：
631；73EJT37：641；73EJT37：662；73EJT37：663；73EJT37：670；
73EJT37：692；73EJT37：693；73EJT37：694；73EJT37：695；73EJT37：
703；73EJT37：742；73EJT37：759；73EJT37：764；73EJT37：766；
73EJT37：802；73EJT37：822；73EJT37：829；73EJT37：830；73EJT37：
840；73EJT37：844；73EJT37：859；73EJT37：862；73EJT37：867；
73EJT37：1206＋872；73EJT37：888；73EJT37：889；73EJT37：899；
73EJT37：900；73EJT37：1447＋922；73EJT37：933；73EJT37：966；
73EJT37：971；73EJT37：982；73EJT37：989；73EJT37：996；73EJT37：
1004；73EJT37：1057；73EJT37：1077；73EJT37：1078；73EJT37：1079；
73EJT37：1080；73EJT37：1082；73EJT37：1094；73EJT37：1105＋1315；
73EJT37：1109；73EJT37：1114；73EJT37：1130；73EJT37：389＋1137；
73EJT37：1141；73EJT37：1154；73EJT37：1160；73EJT37：1163；73EJT37：
1109＋1179；73EJT37：1195；73EJT37：656＋1376；73EJT37：1399；
73EJT37：1431；73EJT37：1444；73EJT37：1446；73EJT37：1447；73EJT37：
1459；73EJT37：1464；73EJT37：1465；73EJT37：1470；73EJT37：1492；
73EJT37：1511；73EJT37：1583；73EJT37：1585；73EJT37：1586；73EJT37：
1587；73EJT37：1589；73EJH1：12；73EJH1：38；73EJH2：2；73EJH2：
15；73EJH2：40；73EJH2：50；73EJH2：51；73EJH2：70；73EJF1：
117；73EJF3：49＋73EJF3：581；73EJF3：95；73EJF3：128；73EJF3：
132；73EJF3：133；73EJF3：135；73EJF3：240；73EJF3：272；73EJF3：
276；73EJF3：511＋（306）＋73EJF3：291；73EJF3：321；73EJF3：
326；73EJF3：335；73EJF3：369；73EJF3：393；73EJF3：423；73EJF3：
431；73EJF3：462；73EJF3：466；73EJF3：484；73EJF3：538；73EJF3：
544；73EJF3：583；73EJT4H：15；73EJT4H：80；73EJD：1；73EJD：
17；73EJD：27；73EJD：37；73EJD：48；73EJD：58；73EJD：62；
73EJD：100；73EJD：233；72EJC：20；72EJC：32；72EJC：33；72EJC：
41；72EJC：120；72EJC：128；72EJC：136；72EJC：236；72EJC：270；

72EJC：294；72EJC：336；72EJC：339；72EJC：340；72EJC：352；
72EJC：368；72EJC：485；72EJC：530；72EJC：541；72EJC：565；
72EJC：610；72EJC：639；72EJC：642；72EJC：643；72EJC：662；
72EJC：663；73EJT1：80；73EJT2：10；73EJT2：36；73EJT2：61；
73EJT2：68；73EJT3：49；73EJT3：50；73EJT3：51；73EJT3：83；
73EJT3：95；73EJT4：38；73EJT4：59；73EJT4：109；73EJT4：183；
73EJT5：55；73EJT6：15；73EJT6：28；73EJT6：38；73EJT6：48；
73EJT6：52；73EJT6：93；73EJT6：94；73EJT6：101；73EJT6：138；
73EJT6：142；73EJT6：146；73EJT6：150；73EJT6：184；73EJT7：2；
73EJT7：6；73EJT7：33；73EJT7：38；73EJT7：57；73EJT7：86；
73EJT7：99；73EJT7：134；73EJT7：151；73EJT8：4；73EJT8：7；
73EJT8：32；73EJT8：40；73EJT8：57；73EJT8：61；73EJT8：73；
73EJT8：104；73EJT9：1；73EJT9：16；73EJT9：18；73EJT9：20；
73EJT9：24；73EJT9：31；73EJT9：40；73EJT9：67；73EJT9：81；
73EJT9：82；73EJT9：86；73EJT9：120；73EJT9：123；73EJT9：128；
73EJT9：143；73EJT9：182；73EJT9：196；73EJT9：197；73EJT9：224；
73EJT9：225；73EJT9：228；73EJT9：238；73EJT9：241；73EJT9：244；
73EJT9：256；73EJT9：258；73EJT9：339；73EJT10：14；73EJT10：
103；73EJT10：104；73EJT10：105；73EJT10：118；73EJT10：121；
73EJT10：129；73EJT10：148；73EJT10：153；73EJT10：155；73EJT10：
159；73EJT10：176；73EJT10：181；73EJT10：183；73EJT10：190；
73EJT10：191；73EJT10：194；73EJT10：198；73EJT10：264；73EJT10：
270；73EJT10：281；73EJT10：290；73EJT10：292；73EJT10：326；
73EJT10：333；73EJT10：335；73EJT10：427；73EJT10：490①。

五大夫，有 5 例，见于以下简文：73EJT22：109；73EJT26：32；
73EJT37：805；73EJH1：24；72EJC：652。

左庶长，有 1 例，见于简文：73EJT26：32。

---

① 有一例"公乘大夫"，没有计算在内："☑□阳被里公乘大夫庄广年卅四"（73EJT22：
127），文意待考。

士伍/士五，共 24 例，见于以下简文：（士伍）13 例：73EJT7：42；73EJT23：32；73EJT28：31；73EJT37：231；73EJT37：309；73EJT37：401B + 857；73EJT37：622；73EJT37：701 + 36；73EJT37：988；73EJT37：991；73EJT37：1103；73EJT37：1152；73EJT37：1495；（士五）11 例：73EJT5：14；73EJT5：18；73EJT5：39；73EJT9：121；73EJT21：37；73EJT24：760；73EJT24：796；73EJT24：966；73EJT37：411；73EJT37：1394；72EJC：658①。

附城，共 2 例，见于以下简文：73EJF3：154；72EBC - 7：4。

---

① 同质简还有"五士"，见于以下简文：EPT27.8；1854；八八 DYTGC。

第四章 《金关汉简》武备设施词语研究

汉王朝非常看重西北边塞的防御工作，派遣大量将士戍守边疆，并修筑了大段防御工事，以防御匈奴的骚扰。翦伯赞《秦汉史·序》："又如从罗布泊沙漠中成列的古垒之发现，即指明汉代自敦煌以西，直达楼兰，沿途都筑有堡垒，以防止匈奴人的侵袭。"① 高元武《汉朝西北边疆戍卒的基本情况及日常工作》："（汉王朝）为了巩固新拓展的疆土、边塞，加强边境地区的防御力量，不仅修建了从令居到敦煌的长达1000余里的长城要塞，而且还派遣大量的戍卒守卫。"②

这样大规模的抵御匈奴的措施，在《金关汉简》中形成了大量的武备设施词语，根据功能把这些武备设施词语分为三类：屯戍设施词语、兵器词语和守御器词语。屯戍设施词语主要指屯戍边塞的硬件设施，是将士戍边的客观物质条件和设施设备，是戍卒完成戍边工作的最基础的场所及其附属设施。

在《金关汉简》及同质简中，有各种不同的器物簿，这些器物簿明确了所记载器物不同的性质。关于武器和守御器，我们常常把两者混为一谈。而在《金关汉简》中，兵器和守御器是作为两种不同类别的武备分别记载的，有"兵簿"，也有"守御器簿"③。二者划分明确，关于"攻守"的不同，在传世文献中已有记录。《六韬·军用》："守攻之具，各有

---

① 翦伯赞：《秦汉史》，北京大学出版社2001年版，第2—3页。
② 高元武：《汉朝西北边疆戍卒的基本情况及日常工作》，《重庆科技学院学报》（社会科学版）2010年第17期。
③ "簿"字也作"薄"，有"守御器簿"（73EJT30：34A），也有"守御器薄"（73EJD：17）。

科品。"① 《农器》："战攻之具，可无修乎；守御之备，可无设乎。"② 明确了兵器与守御器是具有不同功能的武备。赵沛《居延汉简所见〈兵簿〉〈被兵簿〉——兼论居延边塞兵器配给》："汉简中兵器，守御器各建有专门的装备档案，前者称为《兵簿》、《被兵簿》，后者则称《守御器簿》，二者一般都分簿造册，看来有各自的管理制度。"③ 《金关汉简》及同质简中，记载兵器和守御器的集簿类别不少，各有多种。记录这些兵器与守御器的籍簿如下。

《金关汉简》中记录兵器的集簿有 9 个：兵簿（73EJT35：14），治兵簿（73EJT21：431），万福隧兵簿（73EJT24：797），肩水候官广□隧居摄二年兵簿（73EJT23：884），被兵簿（73EJT25：87），卒被兵簿（73EJT32：47），吏卒被兵簿（73EJT37：1339），肩水候官建昭三年史卒被兵簿（73EJT33：51＋55），完兵四时出入簿（73EJT25：100）。

《金关汉简》中记录守御器的守御器集簿有 6 个：守御器簿（73EJT30：34；73EJD：17），守御器具簿（73EJT22：37），橐他莫当隧始建国二年五月守御器簿④（73EJT37：1538；73EJT37：1546），□御器具□（73EJT27：105）。

鉴于此，我们把《金关汉简》中的武备，分为"兵器"和"守御器"两大类。简文明确标注为"守御器"或"守御器簿"，或者带有防御性质的装备，我们归在"守御器"中，把它们和"兵器"分别开来。

《金关汉简》中明确记录"守御器"的简文共 5 例，我们称之为"守御器简"，其明确了哪些武备属于"守御器"，举例如下：

74EJT37：1537－1558：始建国二年五月丙寅朔丙寅，橐他守候义敢言之，谨移箕当隧守御器簿一编，敢言之。令史恭。橐他箕当隧始建国二年五月守御器簿。惊米一石，深目六，大积薪三，芮纬三，

---

① 《中国军事史》编写组：《武经七书译注》，解放军出版社 1986 年版，第 353 页。
② 《中国军事史》编写组：《武经七书译注》，解放军出版社 1986 年版，第 349 页。
③ 赵沛：《居延汉简所见〈兵簿〉〈被兵簿〉——兼论居延边塞兵器配给》，《西北史地》1994 年第 4 期。
④ 原释读为"守衙器簿"。

备九升，转射十一，小积薪三。惊备三石，草烽一，汲器二。马矢橐
一，布表一，储水罂二，芳橐一，布烽三，坞户上，下级各一，弩长
臂二。羊头石五百，坞户关二，狗二。长枌二，枪卅，狗笼二，连梃
四，芮薪二石☒，长棓四，木薪二石，小苣一百。长椎四、马矢二
百，桯苣火☒。长斧四，沙二石，瓦帚二。茹十斤，鼓一，木椎二。
烽火窅板一，烟造一，壶一。木面衣二，破釜一，铁戊二。皮窅、草
莫各一，瓦枌二。承累四，瓦箕二，烽干二，楼楪四。□二具□•橐
他箕当隧始建国二年五月守御器簿。

73EJT22：37：•守御器具簿。□□，连椎四，木枓二，七尺板
二，□□□弦二，日□三，□□三，□□三，栌□十，牛头石廿，羊
头石廿。

还有一例虽然没有明确是"守御器"，从内容看明确是一枚守御器审
核简，是对守御器不同程度的毁坏作出评价考核。其所记录的物件，也是
守御器：

72EJC：119：坞南面庠呼五尺以上二所负五算，坞南面庠呼五尺
负二算，连廷一右随枝负一算，幡二紟皆短七寸负二算，靳干二负
索非物负二算，大黄弩辟衣紟非物负一算，大黄弩辟橐衣紟非物负
一算，皮窅不事用负一算，鞮瞀紟短各三寸负二算，木面衣庠呼一
尺负一算，鞮一卷绝负一算，服扁白负一算，芳、马矢橐币负二
算，冠二紟非物不事用负一算，辅婴破负五算，毋连表负一算，•
凡负卅算。

除了《金关汉简》外，在同质简中发现还有以下兵簿和守御器簿：
折伤兵簿（179.6）、兵折伤敝绝簿（1658）、完兵簿（EPT48.141）、
吏被兵簿（403.2）、亭隧被兵簿（329.1）、戍卒被簿（82.39）、临木部
卒被兵簿（EPT56.91）、卒居署贳卖官物簿（271.15）、卒假兵姑臧名籍
（EPT52.399）、见铁器簿（EPT52.488）、兵弩簿（EPT65.126）、官兵物
月言簿（128.1）、官兵釜砪月言簿（128.1）、守御簿（ESC22）。

在同质简中，有守御器簿和兵器簿单行本和合册，简文如下：

EPT52.453：甲渠候官建昭元年八月折伤兵器簿。

2147：●平望青堆隧，兵、守御器簿。

据这些简文可明确汉代戍边的"守御器"。简2147是封检，里面的具体武备不明。把"兵器"和"守御器"合简记录，可知汉代戍边的兵器和守御器可以同简牍记录，有可能是两者界限不甚分明的缘故，也可能是因为两者的性质比较接近。如：

1036：兵、守御器，弩折伤，承弦、糒少，甲、鞮瞀毋里，皆不应簿。记到，以所举见吏备偿，从可。

本简把"兵器"和"守御器"合简记录，两者的性质比较接近的可能性较大，我们在《敦煌汉简》中也发现有两枚简（793；794）把兵器、守御器和戍卒合简记录，显然是它们之间的关系非常密切的缘故。

上文提及的简牍，要么"守御器"与"兵器"合简记录，要么没有明确记录"守御器"，要么简文残断文意不明，到底哪些器物是"守御器"，我们还是不得而知。不过，《敦煌汉简》所见的简691、1806明确是"守御器"，其所记录肯定是"守御器"无疑，只是这两枚简所记"守御器"有限。而《居延汉简》中691、1806、506.1的记录则十分丰富。引录如下：

691：守御器：长斧四；长椎四；木固衣一；出火具各一；蓬十二；烟□□。

1806：守御器簿。长斧三。长椎三。蓬呈三。梧三。□

506.1：守御器簿。长斧三，皆缺散。长椎三，一。长梧三，一。长枓二。一。木面衣三。一。弩长臂三。一。芳、马矢橐各一，毋。茹十斤。一。出火遂二具。皮冒、革草各一，毋冒。承至三，一。破釜一，一。芮薪、木薪各二石。瓦箕、枓各二斗少一。沙、马矢各二石一。羊头石五百一。枪三。小苣三百。程苣九。□射□。深目三。布篷三，不具。布表一。鼓一。狗笼二。狗二。户关二。棱楪三。木椎二。户戊二。钥一。□户墼三百。户上下合各一。储水婴二。汲落二。大积薪三。药盛橐举。

《居延汉简》也有一例"守御器"审核简，对"守御器"不同程度的毁坏作出评价。所以其所记录的对象，也是"守御器"，简文如下：

82.1：第七隧长尊。檗绳，廿四不事用。毋斧。韦少一，利。门屏风少一。深目一，不事用。禄卢一，不调利。守御器，不□。弩一，弦急。箭编，不事用。剑削币。尊火尊一，不事用。表二不事用。坞上深目一，不事用，少六。图毋橐。大、小积薪薄随。承苣少卅七。门关接楪不事用。

根据同质简对《金关汉简》所记的守御器作出补充，以下这些器物都属于"守御器"：

出火具（691），出火遂（506.1），尊火尊（82.1），出火具（691），革革（506.1），檗绳（7.24），门屏风（82.1）。

这样，可以把武备设施词语分为三大类：屯戍设施词语、兵器及兵器部件词语、守御器词语。

武备设施词语在《金关汉简》中共出现179个。其中单音节43个，双音节81个，多音节55个。

第一类：屯戍设施词语

屯戍设施词语在《金关汉简》中共出现24个。其中双音节词语占大多数，单音节7个，双音节12个，多音节5个。

河（73EJT24：148）、渠（73EJT21：142）、堠（73EJT23：447）、堞（73EJT11：19）、坞（73EJT23：949）、墼（73EJT21：187）、关楼内户（73EJT21：124）、坞前垣（73EJT21：177）、垣北（73EJT21：177）、落端（73EJT21：177）、天田（73EJT21：177）、兰楼（73EJT21：177）、坞上偃户（73EJT23：780）、户戊（73EJT：67）、铁戊（73EJT37：1548）、戊蕳

（73EJF3：289）、坞户上下（级）（73EJT37：1549）、坞户关（73EJT37：1557）、户关（73EJT：67）、楼樶①（73EJT37：1556+1558）［接樶（82.1）］、强落（72EJC：613）［僵落（73EJT37：1535）、强洛（73EJT30：18）］、落（73EJT24：297）、枰柱（73EJT30：214）、兰柱（73EJT26：43）。

第二类：兵器及兵器部件词语

《金关汉简》出现的兵器及部件词语共 69 个，其中单音节 17 个，双音节 24 个，三音节 15 个，多音节 13 个。

1. 长兵器（5 个）：矛（73EJT24：246）、长矛（73EJT23：1040）、方錞矛（73EJT37：1151）、小铘（73EJT1：271）、有方（73EJT21：167）；

2. 短兵器（5 个）：剑（73EJT23：970）、刀（73EJT1：7）、大刀（73EJT23：774）、小白刀（73EJT23：715）、胡刀（73EJT30：6）。

3. 远射武器（25 个）

（1）弓弩类（16 个）

弓（73EJT23：971）、弩（73EJT21：16）、大黄弩（73EJT21：63B）、九石具弩（73EJT31：61A）、八石具弩（73EJT23：399）、七石具弩（73EJT21：46）、六石具弩（73EJT22：112）、六石弩（73EJT24：208）、五石具弩（73EJT23：1024）、五石弩（73EJT21：382）、四石具弩（73EJT23：1062）、三石具弩（73EJT22：24）、三石承弩（73EJT22：112）、三石弩（73EJT22：33）、具弩（73EJT31：61B）、承弩（73EJT23：145）。

（2）矢镞类（9 个）

矢（73EJT23：971）、弩矢（73EJT23：184）、稾矢（73EJT24：246）、茧矢（73EJT21：46）、稾茧矢（73EJT23：396A）、陷坚矢（73EJT21：46）、稾矢铜镞（73EJT23：768）、稾茧矢铜镞（73EJT21：167）、箭（73EJT23：782B）。

4. 兵器配件部件（18 个）：兰（73EJT21：77）、兰冠（73EJT22：112）、冠（73EJT1：99）、服（73EJT1：99）、犊丸（73EJT21：46）［楗丸（73EJT1：24）］、弓楗丸（73EJT1：25）、大丸（73EJT1：6）、幡（73EJT23：1040）［循（73EJT24：857）］、弩幡（73EJT22：112）［弩循

---

① 《居延新简释粹》释读为"楼樶"：烽干二，楼樶四。（74. E. J. T37：1537－1558）

（73EJT23：768）、弩循（73EJT23：768）]、箭镞（73EJT23：615）、枭长弦（73EJT21：107）、大黄承弦（73EJT21：46）、铁扣弦（73EJT21：46）、承弦（73EJT21：107）、弩檠绳（73EJT6：62）、虎文矛柲（73EJD：11）、大黄弩辟橐衣紟（72EJC：119）、弩长臂（73EJT37：1557）。

5. 其他（16个）：靳干（73EJT22：134）、蓬干（73EJT24：71）、幡（73EJT21：210）、靳幡（73EJT1：99）、靳干幡（73EJT22：112）、曲旃（73EJH1：18）、缇绀胡（73EJT22：134）、缇（73EJT21：66）、札（73EJT21：443）、用缇（73EJT21：326）、䌰（73EJT22：149）、缘靳（73EJT22：149）、桿（73EJT23：62）、官兵（73EJT24：114）、卒兵（73EJT24：114）、鞭（73EJT1：24）。

第三类：守御器词语

《金关汉简》中出现的"守御器"词语有86个。其中单音节19个，双音节45个，三音节有16个，多音节6个。这一类的名物词语太多。

斤（73EJF3：269＋73EJF3：597）、斧（73EJT22：34）、大斤（73EJT24：268）、小斤（73EJT1：142）、小斧（73EJT1：142）、长斧（73EJT4H：2＋73EJT4H：11）、锥（73EJT6：171）、木椎（73EJT37：1547）、连椎（73EJT21：182）、长椎（73EJT37：1554）、小椎（73EJT1：142A）、棓（73EJT21：182）、长棓（73EJT37：1553）[长棓]（73EJT24：609A）、小椎（73EJT1：142A）、羊头石（73EJT37：1557）、牛头石（73EJT21：182）、枪（73EJT37：1550）、连梃（73EJT37：1551＋1555）[连廷（72EJC：119）]、转射（73EJT37：1552）、薰火盟板（73EJT37：1544）[烽火胥板（74EJT37：1537－1558）]、盖冒（73EJT4H：2＋73EJT4H：11）、七尺板（73EJT21：182）、出火遂（73EJD：47）、烟造（73EJT37：1544）、沙灶（73EJT：67）、茹（73EJT37：1547）、芳（73EJD：370）、芮薪（73EJT：67）、芮纬（74EJT37：1537－1558）、布纬（73EJT37：1552）、大积薪（73EJT37：1539）、小积薪（73EJT37：1552）、木薪（73EJT37：1553）、小苣（73EJT37：1553）、程苣（73EJT37：1554）、程苣火（74.E.J.T37：1537－1558）、草烽（74EJT37：1537－1558）、布烽（73EJT37：1551＋1555）[布薰（73EJT37：1549）]、表（73EJT：67）、

布表（73EJT37：1545）、瓦箕（74EJT37：1537－1558）、瓦帚（74EJT37：1537－1558）、沙（73EJT：67）、鞮督（72EJC：119）、革鞮督（73EJT30：191）、铁鞮督（73EJT30：191）、革甲鞮督（73EJT21：11）、革铠鞮督（73EJT28：11）、甲鞮鞮督（73EJT37：777）、铠甲鞮督（73EJT23：1040）、铁甲鞮督（73EJT21：40）、铁鞮铠（73EJT24：246）、铁甲（72EJC：615）、冠（72EJC：119）、鞮（72EJC：119）、木面衣（72EJC：119）、草辟（73EJT24：213）［草革（73EJT37：1542）］、冒（73EJT24：213）［督（73EJT24：246）］、皮宵（72EJC：119）［皮冒（73EJT37：1542）］、盾（72EJC：554）、马矢（73EJT：67）、马矢橐（73EJT37：1545）、牛矢橐（73EJT4H：2＋73EJT4H：11）、芳橐（73EJT37：1549）［芳橐（74．E．J．T37：1537－1558）］、橐（73EJT：67）、汲垂（73EJT23：305）、汲器（73EJT37：1541）、汲瓶（73EJF3：289）、汲婴（73EJT：67）、婴（73EJT23：820）、五石婴（73EJT23：355）、婴三石（73EJT23：820）、储水罂（73EJT37：1545）、鼓（73EJT37：1547）、破釜（73EJT37：1548）、辅婴（72EJC：119）、承累（74．E．J．T37：1537－1558）［承垒（506.1）］、狗（73EJT37：1551＋1555）、狗笼（73EJT37：1550）、科（73EJT4：22）、小科（73EJT23：68A）、木科（73EJT22：37）、瓦科（73EJT37：1542）［瓦斗（73EJF3：289）］、长科①（73EJT37：1550）、深目（73EJT：67）、檣（73EJT24：247）。

第一节 屯戍设施词语

翦伯赞《秦汉史·序》："从汉简的记录中，我们知道在两汉时代，自河西四郡，西至盐泽，皆有烽燧的设备。五里一燧，十里一敦，三十里一堡，百里一城塞。"②

屯戍设施词语在《金关汉简》中共出现 24 个。其中双音节词语占大

---

① 《居延新简释粹》释读为"长枡""瓦枡"（74．E．J．T37：1537－1558）。
② 翦伯赞：《秦汉史》，北京大学出版社 2001 年版，第 4 页。

多数，单音节词有 7 个，双音节 12 个，多音节 5 个。

渠（73EJT21：142）、河（73EJT24：148）、堠（73EJT23：447）、堞（73EJT11：19）、坞（73EJT23：949）、墼（73EJT21：187）、关楼内户（73EJT21：124）、坞前垣（73EJT21：177）、垣北（73EJT21：177）、落端（73EJT21：177）、天田（73EJT21：177）、兰楼（73EJT21：177）、坞上偃户（73EJT23：780）、户戊（73EJT31：67）、铁戊（73EJT37：1548）、戊蕃（73EJF3：289）、坞户上下（级）（73EJT37：1549）、坞户关（73EJT37：1557）、户关（73EJT31：67）、椄楪①（73EJT37：1556 + 1558）[接楪（82.1）]、强落（72EJC：613）[僵落（73EJT37：1535）强洛（73EJT30：18）]、落（73EJT24：297）、枪柱（73EJT30：214）、兰柱（73EJT26：43）。

【渠】

"渠" 在《金关汉简》中文意明确的仅见 2 例。另外，有 "治渠卒" 11 例（73EJT26：34；73EJT：70；73EJD：233；72EJC：273；73EJT3：50；73EJT7：2；73EJT9：27；73EJT10：112；73EJF3：251A + 73EJF3：636A +73EJF3：445A +73EJF3：562A +73EJF3：234；73EJT7：33；73EJT7：41）。还有与 "渠" 有关的职官 "临渠令史"（73EJT37：1397）、"临渠队长"（73EJF3：108）和与 "渠" 有关的地名 "临渠里"（73EJT24：35）、"渠里"（73EJT22：24）。例见下：

73EJT21：142：积百二十人，侣渠往来百二十里。率人侣一里。

73EJT23：979：二月乙未卒。十九人，其二人养，一人守苇，定作十六人。就车二两载新苇百六十束，率人十束。起酒泉五渠☒

73EJT7：41：治渠卒河东解临里傅章，年廿六。

按："渠"，是人工开凿的水道，濠沟。《说文·水部》："渠，水所居

---

① 《居延新简释粹》释读为 "楼楪"：烽干二，楼楪四。（74. E. J. T37：1537 – 1558）

也。从水，榘省声。"① 王筠句读："河者，天生之。渠者，人凿之。"

"渠"是人工开凿的水道，其形截面方正，中规中矩。正如《说文·工部》："榘，巨或从木、矢。矢者，其中正也。"② 段玉裁注"巨"字下："矩谓刻识之也，凡识其广长曰矩，故凡有所刻识皆谓之矩。"③《诗经·小雅·大东》："周道如砥，其直如矢。"朱熹《集传》："矢，言直也。"孔颖达疏："周之赏罚之制，其直如箭矢然，是所行之政皆平而不曲也。"④《国语·晋语》："景霍以为城，而汾、河、涑、浍以为渠。"韦昭注："渠，池也。""池"就是人工水道。《礼记·月令》："（仲春之月）是月也，毋竭川泽，毋漉陂池，毋焚山林。"郑玄注："畜水曰陂，穿地通水曰池。"北魏郦道元《水经注·汾水》："汉河东太守潘系穿渠引汾水以溉皮氏县，故渠尚存，今无水也。"⑤

《中华字海·木部》："榘，同矩。"⑥《集韵·鱼韵》："榘，同矩。""榘"字也作"巨"。"巨"是一个象形字，字形作"**巨**"。《说文·工部》："巨，规巨也。从工，象手持之。榘，巨或从木、矢。矢者，其中正也。"⑦ 段玉裁注："《矢部》曰：'有所长短，以矢为正。'按：今字作'矩'，省木。"⑧《六书正讹》："巨从工，中象方形，亦会意。"

"渠"是人工开凿的水道，故在西北边塞修治水渠，需要有戍卒完成这项工作，在《金关汉简》中有 11 例"治渠卒"，这些"治渠卒"就是专门负责治理水渠的戍卒。

与"渠"有关的职官，有"临渠令史"（73EJT37：1397）和"临渠隧长"（73EJF3：108），当是"临渠隧"的相关职官。有烽燧名"临渠隧"，也有地名"临渠里"（73EJT24：35），最为明显的是大量出

---

① （东汉）许慎：《说文解字》[影印（清）陈昌治刻本]，中华书局 1978 年版，第 100 页。

② （东汉）许慎：《说文解字》[影印（清）陈昌治刻本]，中华书局 1978 年版，第 232 页。

③ （清）段玉裁注，许惟贤整理：《说文解字注》，凤凰出版传媒集团、凤凰出版社 2007 年版，第 357 页上。

④ （清）阮元校刻：《十三经注疏》，中华书局 1980 年版，第 460 页中。

⑤ （北魏）郦道元：《水经注》，时代文艺出版社 2001 年版，第 49 页。

⑥ 冷玉龙等撰：《中华字海》，中华书局、中国友谊出版公司 1994 年版，第 764 页。

⑦ （东汉）许慎：《说文解字》[影印（清）陈昌治刻本]，中华书局 1978 年版，第 100 页。

⑧ （清）段玉裁注，许惟贤整理：《说文解字注》，凤凰出版传媒集团、凤凰出版社 2007 年版，第 357 页上。

现的"甲渠候官""甲渠塞"。这些名称的出现，当与"渠"有关，可能就是在"渠"的附近或辖区有"渠"。正如郝二旭《肩水"小考"》所言："居延汉简中所记载的'甲渠塞''甲渠候官'是以水渠来命名的。"①

《金关汉简》发掘出土的西北方位，在古代属于张掖郡，古籍记载有"渠"于此流过。《汉书·地理志下》："张掖郡……县十：觻得，千金渠西至乐涫入泽中。羌谷水出羌中，东北至居延海，过郡二，行二千一百里。莽曰官式。"颜师古注引应劭注："觻得渠西入泽羌谷。"②《汉书·沟洫志》："数为败，乃酾二渠以引其河。"颜师古注引孟康曰："酾，分也。分其流，泄其怒也。二渠，其一出贝丘西南南折者也，其一则漯川也。河自王莽时遂空，唯用漯耳。"③

《金关汉简》提及之"渠"，与《汉书》所记之"渠"极有可能相关。

【河】

"河"在《金关汉简》中明确提及的有"肩水河"（73EJT21：56），也有仅说"河"的（73EJT21：245；73EJT24：148；73EJT21：177；73EJT37：1070；73EJF3：160；72EJC：369；72ECC：7；73EJT24：243），"河水"两例（73EJT23：732；73EJT23：225）。

略举例如下：

73EJT21：56：定昌衣用。乃九月中渡肩水河，车反，亡所取觻得丞传。

72EJC：369：中渡河溺亡。所持符☒居延左尉印☒

73EJT23：732：去河水一里二百一十步。

此外还有与"河"有关的"亭""隧""里"，如"橐他曲河亭"

---

① 郝二旭：《"肩水"小考》，《中国历史地理论丛》2010 年第 1 期。
② （东汉）班固撰，（唐）颜师古注：《汉书》，中华书局 1964 年版，第 1613 页。
③ （东汉）班固撰，（唐）颜师古注：《汉书》，中华书局 1964 年版，第 1675—1676 页。

（73EJT37：870）、"临河隧"（73EJT23：1051）、"临河里"（73EJT24：171），
以及与"河"名称有关的"亭卒""亭长"，如"曲河亭卒"（72EJC：196）、
"曲河亭长"（73EJT37：1464；73EJT37：761）。

按：《说文·水部》："河，水出敦煌塞外昆仑山，发源注海。"① 《说
文》的说解，是具体的"河"，是"黄河"的专称。《金关汉简》中这么
多涉及"河"的文例，在西北边塞有"河水"的称谓，还有地名以"临
河"命名，特别是有"肩水河"这一具体的专名指称，据此可知，在西
北边塞的"河"不是黄河。在汉代，"河"的词义已经扩大，不再是"黄
河"的专称了，其他的水道也可以被称为"河"。

马智全没有注意到这一点，他运用《尚书》《水经注》《史记》《汉
书》《后汉书》对"河"的理解，来解读西北边塞使用的"河"的词义，
在《居延汉简中的"河渠卒"应是"治渠卒"》中，他说："特别是《史
记》中的《河渠书》，主要叙述汉武帝治理黄河瓠子决口的事件，'河'
自然是特指黄河，'渠'则言其他水道。……至于用'河渠'泛称河流渠
道，如《旧唐书·职官二》：'以导达沟洫，堰决河渠。'……则是后来的
事了。居延汉简作为汉代文书的实录，如果真有'河渠卒'的说法，
'河'也当指黄河而言，'河渠卒'应指治理黄河渠道的戍卒，这就与居延地
区的水利建设无关了。而'治渠卒'一词则指治理水道沟渠的戍卒，更适合
于居延地区的水利情况。"② 马智全用《金关汉简》及同质简之外的文献
作参照，来证明《金关汉简》及同质简的词义，而忽视了西北汉简的
文献本身，这个立足点存在问题，得出的结论就难免有遗漏失误了。

"河"之得名，《释名》认为是水势向下。《释名·释水》："河，下
也。随地下处而通流也。"③ 我们根据其读音，可以找到其得名之源。
"河""从水，可声"，从"可"得声的字，都有一个共同的义素，即
"大""厚"义。下面这一组"可"声字"诃、呵、何、蚵、珂、苛、

① （东汉）许慎：《说文解字》［影印（清）陈昌治刻本］，中华书局1978年版，第224页。
② 马智全：《居延汉简中的"河渠卒"应是"治渠卒"》，《中国农史》2015年第4期。
③ （东汉）刘熙：《释名》，王云五主编：《丛书集成初编》，商务印书馆1936年版，第13页。

阿、哥”即可说明问题。

　　珂，贝中的大者。《尔雅翼·释鱼》："贝，大者为珂。"《玉篇·齿部》："蚵，大蠇也。"① 诃，大怒。《说文·言部》："诃，大言而怒也。"②呵，责怒也。《汉书·食货志下》："（吏）纵而弗呵虖，则市肆异用，钱文大乱。"颜师古注："呵，责怒也。"③ 何，责问，气势足。《汉书·贾谊传》："故其在大谴大何之域者，闻谴何则白冠牦缨，盘水加剑，造请室而请罪耳。"颜师古注："谴，责也。何，问也。"蚵，具有体型较大特征的动物。《汉语大字典·虫部》："张玺《牡蛎·引言》：'牡蛎在广东称蠔，福建名蚵。'"④《王力古汉语字典》："唐·刘恂《岭表录异》下：'蠔，即牡蛎也。其初生海岛边，如拳石，四面渐长，有高一二丈者，巉岩如山。'"舸，大船。《辎轩使者绝代语释别国方言·卷九》："南楚江湘凡船大者谓之舸。"⑤ 轲，大车。《说文·车部》："轲，接轴车也。"⑥ 轴，用两木接续的车，体型大。苛，小草。生命力旺盛，数量繁多。《说文·艹部》："苛，小艹也。从艹，可声。"⑦ 苛，也有"怒"义，口气强硬。辎轩使者绝代语释别国方言·卷二》："苛，怒也。"⑧ 哥，同"歌"，声音高，气流足。《说文·可部》："哥，声也，从二可。古文以为歌字。"徐锴系传："可，亦气通也，故二可为声，哥犹歌也，或借此为歌字。"⑨阿，大山。《说文·𨸏部》："阿，大陵也。一曰曲𨸏也。从𨸏可声。"⑩《尔雅·释地》："大陵曰阿。"⑪ 閜，大杯子。《辎轩使者绝代语释别国方

---

　　① （南朝梁）顾野王：《宋本玉篇》（影印本），中国书店 1983 年版，第 109 页。
　　② （东汉）许慎：《说文解字》［影印（清）陈昌治刻本］，中华书局 1978 年版，第 56 页。
　　③ （东汉）班固撰，（唐）颜师古注：《汉书》，中华书局 1964 年版，第 1154—1155 页。
　　④ 徐中舒主编：《汉语大字典》，崇文书局、四川辞书出版社、四川出版集团、湖北长江出版集团 2010 年版，第 2842 页。
　　⑤ （西汉）扬雄撰，（晋）郭璞注，（清）戴震疏证：《辎轩使者绝代语释别国方言》，《丛书集成初编》本，商务印书馆 1985 年版，第 84 页。
　　⑥ （东汉）许慎：《说文解字》［影印（清）陈昌治刻本］，中华书局 1978 年版，第 303 页。
　　⑦ （东汉）许慎：《说文解字》［影印（清）陈昌治刻本］，中华书局 1978 年版，第 23 页。
　　⑧ （西汉）扬雄撰，（晋）郭璞注，（清）戴震疏证：《辎轩使者绝代语释别国方言》，《丛书集成初编》本，商务印书馆 1985 年版，第 19 页。
　　⑨ （南唐）徐锴：《说文解字系传》，中华书局 1987 年版，第 91 页。
　　⑩ （东汉）许慎：《说文解字》［影印（清）陈昌治刻本］，中华书局 1978 年版，第 304 页。
　　⑪ （晋）郭璞注，管锡华译注：《尔雅》，中华书局 2014 年版，第 425 页。

言·卷五》："閈，栖也……其大者谓之閈。"①

据此，我们认为"河"也具有"大"的义素，其得名也当以"水量大""气势足"为特点。"河"原来专指的"黄河"就汹涌澎湃、气势宏大。

流经西北的水道是不是也堪称"河"。《汉书·地理志》："道弱水，至于合藜，余波入至流沙。"颜师古注："合藜山在酒泉，流沙在敦煌西。"② 在西北边塞的河道，汉代有"弱水"。其符合"水量大""气势足"的特点。《史记·司马相如列传》："经营炎火而浮弱水兮，杭绝浮渚而涉流沙。"张守节正义："引《括地志》云：'弱水有二原，俱出女国北阿傉达山，南流会于国北，又南历国北，东去一里，深丈余，阔六十步，非乘舟不可济，流入海。阿傉达山一名昆仑山，其山为天柱，在雍州西南一万五千三百七十里。'又云：'弱水在甘州张掖县南山下也。'"③ 可知"弱水"的水量相当大。

另外，据郝二旭考证，"弱水"就是"肩水"。他的《肩水"小考"》说："'肩水'其实就是弱水，它是汉代当地人对弱水的称呼。"④

汉代流经西北的"肩水河"，其水量大，命名为"河"名副其实。

【堠】

"堠"，字也作"墝"。⑤"堠"，在《金关汉简》中仅见6例，其中有三例简文残断、文意不明：（73EJT26：123；73EJT30：261；73EJT：61A），可以明确文意的仅见3例（73EJT10：127；73EJT23：447；73EJT24：71）。

文例见下：

73EJT23：447：☐日未中时，堠上一通。日失夕时，堠上一通。

① （西汉）扬雄撰，（晋）郭璞注，（清）戴震疏证：《轺轩使者绝代语释别国方言》，《丛书集成初编》本，商务印书馆1985年版，第44页。

② （东汉）班固撰，（唐）颜师古注：《汉书》，中华书局1964年版，第1534页。

③ （西汉）司马迁撰，（南朝宋）裴骃集解，（唐）司马贞索隐，（唐）张守节正义：《史记》，中华书局1959年版，第3060—3061页。

④ 郝二旭：《"肩水"小考》，《中国历史地理论丛》2010年第1期。

⑤ "堠""墝"为异体字关系，"堠"作为通行的文字，下文我们径用"堠"。

73EJT10：127：左后部初元四年四月己卯尽癸未，堠上表出入界课☑
73EJT24：71：堠上蓬干。

　　按："堠"当即"候楼"。《居延新简释粹》："候楼：建筑在堠上用以瞭望的哨楼。《通典·兵·守拒法》：'却敌上建堠楼，以版跳出为橹，与四外烽戍昼夜瞻视。'"①　又："堠：土筑小城，《正韵》曰：'土堡也。'"②"堠，《三国志·孙韶传》：'常以警疆场远斥堠为务。'指观察、瞭望敌情的土堡。边塞堠望相连，其间有定程，故王逢《梧溪集》六《乙丑秋书》诗云：'静知天运密，老与堠程疏。'"③　《说文·人部》："俟，伺望也。从人矣声。"④关于"堠"的形制，《居延新简》有一枚简文记录，兹引用如下：

　　EPT52.27：堠高四丈，上堞高五尺，为四陬。埤堄堞埤堄丈门☑

　　《金关汉简》中"堠"的文例太少，仅知其上有"表""蓬干"，当与候望有关，更多的细节难以知晓。搜索同质简，"堠"的文例不少，可以凭此为重要材料完成对"堠"的了解。

　　"堠"在《居延汉简》《居延新简》《额济纳汉简》中都有使用，用例不少：《居延新简》有27例：EPT6.18；EPT7.33；EPT27.28；EPT44.33A；EPT43.96；EPT52.27；EPT59.6；EPT65.268；EPT68.84；EPT68.91；EPT68.96；EPT68.102；EPF8.6；EPF16.1；EPF16.2；EPF16.3；EPF16.4；EPF16.5；EPF16.8；EPF16.57；EPF22.478；EPF22.529；EPF25.24；EPT56.107；EPT59.6；EPT59.661；EPS4T2.56。《居延汉简》有10例：52.17，82.15；89.21；127.27；146.20；214.5；264.32；332.13；428.6；

---

　　① 薛英群、何双全、李永良注，甘肃省文物考古研究所编：《居延新简释粹》，兰州大学出版社1988年版，第49页。
　　② 薛英群、何双全、李永良注，甘肃省文物考古研究所编：《居延新简释粹》，兰州大学出版社1988年版，第49页。
　　③ 薛英群、何双全、李永良注，甘肃省文物考古研究所编：《居延新简释粹》，兰州大学出版社1988年版，第111页。
　　④ （东汉）许慎：《说文解字》［影印（清）陈昌治刻本］，中华书局1978年版，第165页。

482.7；486.49。《额济纳汉简》有2例：2000ES7S：20；2000ES9S：24。

"堠"的功能较强大。"堠"上有"烟窦""转射""望火头"。在"堠"上可以举"苣火""烟""烽"。在"堠"上举的"苣火"种类繁多，包括"离合苣火、苣火二通、苣火一通"。"离合苣火"有1例（EPF16.1①）、"苣火二通"有4例（EPF16.3；EPF16.2；486.49；2000ES7S：20）、"苣火一通"10例（332.13；428.6；EPF16.4；EPF16.57；EPF16.5；EPT43.96；EPT68.91；EPT68.102；EPF8.6；EPF22.478）；所举的"烟"有1例（EPF16.5）；所举的"烽"，有"烽、一烽、二烽、直上烽"，"烽"1例（EPT44.33A）、"一烽"2例（EPF22.529；EPT27.28）、"二烽"2例（EPT68.96；EPT6.18）、"直上烽"1例（EPF16.8）。其中"堠上苣火一通"共10例，是出现次数最多的，极有可能"苣火一通"是边塞"堠"上使用频率最高的一种信号。

"土筑小城"之所以叫"堠"，得名之源是"堠"的发音。"堠"是一个形声字，形符为"土"，声符为"侯"，从"侯"得声的字，多有"候望""伺望"义，比如"候、喉、猴、帿、鍭"都有此义素。

候，伺望。《说文·人部》："候，伺望也。从人，疾声。"② 段玉裁注："凡觇伺皆曰候。"③ 喉，即咽喉，纳气进食的关键。猴，习性善候望。《康熙字典·犬字部》："《埤雅》'猴善候，其字从侯。'《白虎通》曰：'侯，候也。楚人谓之沐猴。旧说此兽无脾，以行消食。'" 鍭，鍭矢。《后汉书·南蛮西南夷列传》："其民户出幏布八丈二尺，鸡羽三十鍭。"李贤注引："《仪礼》：'矢鍭一乘。'郑玄曰：'鍭犹候也，候物而射之也。'"④ 字也作"帿"。《仪礼·既夕礼》："帿矢一乘，骨镞短卫。"郑玄注："帿，犹候也。候物而射之矢也。"⑤ 胡培翚正义："《周礼》作

---

① 482.7：北尺竟隧举堠上离合☒，简文残断，"离合☒"，应该是"离合苣火"的残文。加上简482.7，"离合苣火"共有2例。

② （东汉）许慎：《说文解字》[影印（清）陈昌治刻本]，中华书局1978年版，第165页。

③ （清）段玉裁注，许惟贤整理：《说文解字注》，凤凰出版传媒集团、凤凰出版社2007年版，第657页上。

④ （南朝宋）范晔、（晋）司马彪撰，（唐）李贤、（南朝梁）刘昭等注：《后汉书》，中华书局1965年版，第2841页。

⑤ （清）阮元校刻：《十三经注疏》，中华书局1980年版，第1164页下。

镞者，猴、镞古字通。"① 《六书故·人部》："候，望也。"② 帿，迎候箭矢的箭靶。《汉语大词典·巾部》："帿，箭靶。"从"侯"得声的字，多有"候望""伺望"义。

故此，"堠"不是一般的"土筑小城"，而是承担着"候望"功能的小城。"堠"是伺望的所在，故"堠"上随时有人把守视察，一旦有紧急情况，发送紧急信号也在"堠"上进行。故常见在"堠"上举"苣火"、举"蓬"、举"烟"。因"堠"对于戍守边塞的重要性，有戍卒负责涂治、清扫。

127.27：建昭二年十二月戊子朔戊子，吞远候长汤敢言之。主吏七人、卒十八人，其十一人省作茭更相伐不离署，堠上不乏人，敢言之。

EPT65.268：正月十一日辛巳，卒十三人。其一人养，四人治堠涂，四人诣官廪，四人运水。定作十三人。

264.32：堠上不骚除，不马矢涂。

"堠"可以组成双音节词"堠楼"（字也作"候楼"）、"堠户"，与"坞"连用组成"堠坞"的形式更常见。"堠"与"坞"经常连用，因为"坞"也有"小城"的意思。《后汉书·皇甫规传》："后先零诸种陆梁，覆没营坞。"李贤注："《说文》曰：'坞，小障也，一曰庳城也。'"③

EPT59.6：次吞隧长长舒，卒四人：堠户厌破，不事用，负二算。堠坞不涂墍，负十六算。

EPT59.661：侯上候楼一□☑

"堠楼"是供瞭望用的小楼。关于"候楼"的形制，孙诒让、岑仲

---

① （清）胡培翚撰，刘峻、汪家鐾校：《仪礼正义》（28—31 卷），《皇清经解续编本》，上海书店 1988 年影印，第 32 页。

② （南宋）戴侗：《六书故》，上海社会科学院出版社 2006 年版，第 194 页上。

③ （南朝宋）范晔、（晋）司马彪撰，（唐）李贤、（梁）刘昭等注：《后汉书》，中华书局 1965 年版，第 2232—2233 页。

勉在说解《墨子》时有介绍。《墨子·备城门》："三十步置坐候楼。楼出于堞四尺，广三尺，广四尺，板周三面，密傅之，夏盖其上。"孙诒让间诂："毕云：'《通典·守拒法》有云："却敌上建堞楼，以版跳出为橹，与四外烽成昼夜瞻视"。'……毕云：'《说文》云：堞，城上女垣也。'……俞云：两言'广'，义不可通，下'广'字疑当作'长'，盖言为坐候楼之法，广三尺长四尺也。下文言陛之制，曰'广长各三尺'。彼广长同制，故合言之。此广长异制，故别言之也。"① 岑仲勉《墨子城守各篇简注》："堞，城上女墙。出于堞四尺，孙解为飘出城外四尺，《通典》：'建堞楼，以版跳出为橹，与四外烽成昼夜瞻视。'广三尺就上层言之，'广四尺'当云'下广四尺'，楼形向上渐狭，大约利于御风。楼后面可不遮掩，故只三面有板，傅即涂泥，所以防火，夏盖其上，所以避日。"②

在考古发现中，也有"候楼"被发掘。在《疏勒河流域汉代边塞遗址概述》中提及记录发掘 T.6.c 烽燧说："烽台顶部有一间小屋，面积2.3 米×2.3 米，或为汉简中屡次提到的'候楼'。"③

据此可知，"候楼"是具有"伺望"功能的小城，可以简称为"候"。《汉语大词典》给"候"的"古代瞭望敌情的土堡"义项所举的例子，最早是唐代姚合的诗歌《送少府田中丞入西蕃》。例子的时间还可以提前。

【坞】

"坞"在《金关汉简》中用例比较多，共23例，见于以下简文：73EJT4：2；73EJT9：2；74EJT10：127；73EJT21：177；73EJT23：780；73EJT23：949；73EJT23：1036；73EJT24：779；73EJT26：107；73EJT26：161；73EJT28：120；73EJT30：260；73EJT37：618；73EJT37：840；73EJT37：1069；73EJT37：

---

① （清）孙诒让撰，孙以楷点校：《墨子间诂》，《新编诸子集成》（第一辑），中华书局2001 年版，第516 页。

② （清）岑仲勉：《墨子城守各篇简注·（子）备城门》，《新编诸子集成》，中华书局1958 年版，第12 页。

③ 林梅村、李均明编：《疏勒河流域汉代边塞遗址概述》，载《疏勒河流域出土汉简》，文物出版社1984 年版，第13 页。

1083；73EJT37：1549；73EJT37：1558；73EJF3：81＋73EJF3：80；72EJC：119；72EJC：486；73EJD：194；72EBC－9：2。

在同质简中，"坞"的用例更多，达到72例，是我们研究"坞"的形制、功能的重要的补充材料。

73EJT23：949：八月丙子蚤食七分时，当坞上一通付并☑

73EJT23：1036：☑坞下一苣火一通，南通都尉府☑

73EJT26：107A：执适，枭承弦三挈□四尺负十算，坞中不扫除负三算，坞上不涂墍负三算。

按："坞"，是小型城堡。《文选·马融〈长笛赋〉序》："（融）独卧郿平阳邬中。"李善注："平阳邬，聚邑之名也……《说文》曰：邬，小障也，一曰庰城，在《阜部》。服虔《通俗文》曰：'营居曰邬。'"①《后汉书·皇甫规传》："后先零诸种陆梁，覆没营坞。"李贤注："《说文》曰：'坞，小障也，一曰庰城也。'"②《后汉书·董卓传》："（董卓）又筑坞于郿，高厚七丈，号曰'万岁坞'。"李贤注："坞旧基高一丈，周回一里一百步。"③《居延新简释粹》："坞：小障或小城曰坞，见《字林》，坞即营居，见《通俗文》。《后汉书·樊准传》：'修理坞壁，威名大行。'"④伊传宁《汉代西北戍卒研究——以居延汉简为中心》认为："坞即为戍卒居住之所。坞分内坞、外坞，内坞置居室。有时在坞墙之外，另建厕所、畜圈、水井以及杂务用房等。"⑤戍卒在边关守卫家园，其居住之地与内地自然不同，"坞"既是戍卒生活的地方，也是戍卒工作的地点。

---

① （南朝梁）萧统编，（唐）李善注：《文选》，上海古籍出版社1986年版，第807—808页。
② （南朝宋）范晔、（晋）司马彪撰，（唐）李贤、（南朝梁）刘昭等注：《后汉书》，中华书局1965年版，第2232—2233页。
③ （南朝宋）范晔、（晋）司马彪撰，（唐）李贤、（南朝梁）刘昭等注：《后汉书》，中华书局1965年版，第2329—2330页。
④ 薛英群、何双全、李永良注，甘肃省文物考古研究所编：《居延新简释粹》，兰州大学出版社1988年版，第94页。
⑤ 伊传宁：《汉代西北戍卒研究——以居延汉简为中心》，硕士学位论文，西北师范大学，2011年。

"坞"是戍边的重要关卡，负责边关安全警备，有外敌入侵，用"火""表"等警报，有在"堠"上进行的，也有在"坞"上进行的，有"坞上火"（74EJT10：127），"坞上表"（74EJT10：127），"坞下一苣火"（73EJT23：1036），"坞上连表"（73EJT28：120），等等：

> 74EJT10：127：右后部初元四年四月己卯尽戊申，坞上表出入界课。
>
> 73EJT9：2：望坞上火。

"坞"地处边关，经常遭受外族骚扰，在《居延新简》《敦煌汉简》《额济纳汉简》中见"坞"遭受袭击，有：

> 2274：☑射入坞中，吏☐☑
>
> 2000ES9S：10：●匈奴人即至坞下用缚☑

"坞"是边关哨所的基层组织，任命"坞长"对其进行管理：

> 73EJT37：1083：居延临湖坞长尹音，年五十六。
>
> 72EJC：486：居延第三坞长杜常。

"坞"由"隧"管辖：

1. 在同质简中有"某隧坞上……"的用例：

> 2000ES9S：1：鄣候察便御隧坞上苣火见火。
>
> 288.10：望禁奸隧坞上蓬火。
>
> 142.30：察微隧坞上深目少八。

2. "坞"的问题，可以责问"隧长"：

> 104.42：☑积薪东顷——十四隧长房井坞上北面新伤不补。
>
> 68.63：临木隧长王横，天田☐毋☐，外坞户下随，内坞户毋一☐。

1553：服胡隧不囗符坞户上。

3. 在匈奴人攻打"隧"的时候，由隧长组织人员在"坞"上举烽火：

EPT68.96：隧塞天田，攻术中隧。隧长陈阳，为举堠上二烽、坞上。

126.40，536.4：临莫隧长留人，戊申日西中时受止虏。坞上表再通、坞上苣火三通☑

4. "候史""隧长"可以随意到"坞"上住宿：

EPT51.74：掾庭谨责问第四候史敞、第八隧长宗，乃癸未私归坞壁田舍，

"坞"是小型城堡，"坞"的墙壁要定期涂治，有关部门将定期检查。简 73EJT21：177、73EJT26：107 就明确记录了"坞前垣不涂治""垣北不除""坞上不涂墼""坞中不扫除"的检查结果，这样的结果是不合格的，将被惩处。简 72EJC：119 明确规定了哪些情况将被惩处，惩处的力度也各不一样：

72EJC：119：坞南面庌呼五尺以上二所负五算，坞南面庌呼五尺负二算。

"坞南面庌呼"，当是《敦煌汉简》（1552）记录的"坞陛坏败"和《居延新简》（EPF22.269）记录的"坞南面坏"这样类似的问题：

1552：坞陛坏败，不作治。户关戌不调利。鼓一，毋。天田不耕画，不鉏治。

EPF22.269：第三十隧坞南面坏，候长何自不言。

据"坞南面庠呼""坞陛坏败""坞南面坏"可见"坞"的墙壁败坏是经常的事。《金关汉简》中，对"坞"的墙壁检查情况有明确记录，文例见下：

73EJT21：177：☑……舍户☑，坞前垣不涂治，垣北不除，☑……坏，落端不离，河中毋天田，□□□庠呼二所，河上舍□☑，兰楼币……☑

《说文·土部》："垣，墙也。"① 段玉裁注："此云'垣者，墙也'，浑言之。墙下曰'垣蔽也'，析言之。垣蔽者，墙又为垣之蔽也。垣自其大言之，墙自其高言之。"② 《释名·释宫室》："垣，援也。人所依阻，以为援卫也。"③ 《墨子·备城门》："百步一亭，高垣丈四尺，厚四尺。"《尚书·梓材》："若作室家，既勤垣墉，惟其涂墍茨。"陆德明释文："马云：卑曰垣，高曰墉。"④ "坞前垣不涂治"当是"坞"前的墙没有涂治。《居延新简释粹》注："涂亭趣具，《穀梁传·襄廿四年》：'台榭不涂'，注：'涂，涂饰。'这里指修葺。"⑤

"垣北不除。"除，就是"治"。《周易·萃卦》："君子以除戎器，戒不虞。"孔颖达疏："除者，治也。"⑥ "垣北不除"当是"坞壁靠近北边的墙壁没有除治"。《居延新简释粹》注"垣北不除"（73EJT21：177）时说："除：修治，管理。《左传·昭公十三年》：'将为子除馆于西河，其若之何？'"⑦

---

① （东汉）许慎：《说文解字》［影印（清）陈昌治刻本］，中华书局1978年版，第287页。

② （清）段玉裁注，许惟贤整理：《说文解字注》，凤凰出版传媒集团、凤凰出版社2007年版，第1189—1190页。

③ （东汉）刘熙：《释名》，王云五主编：《丛书集成初编》，商务印书馆1936年版，第87页。

④ （唐）陆德明：《经典释文》，中华书局1983年版，第47页。

⑤ 薛英群、何双全、李永良注，甘肃省文物考古研究所编：《居延新简释粹》，兰州大学出版社1988年版，第125页。

⑥ （清）阮元校刻：《十三经注疏》，中华书局1980年版，第58页上。

⑦ 薛英群、何双全、李永良注，甘肃省文物考古研究所编：《居延新简释粹》，兰州大学出版社1988年版，第98页。

"坞"是下面有墙的小型城堡,有人就因"坠坞"致伤:

6.8:五凤二年八月辛巳朔乙酉,甲渠万岁隧长成敢言之。乃七月戊寅夜,随坞陲伤要,有廖。即日视事,敢言之。

"坞"及"坞壁"内外,戍卒有涂治清扫的基本职责。在《敦煌汉简》中有一简明确了用"马矢"来涂治"坞":

73EJT26:107:执适。枭承弦三觺□四尺,负十算;坞中不扫除,负三算;坞上不涂墀,负三算;鼓一,毋柜,负五算;布蓬一,作治未成,负三算。

1760:三人,马矢涂坞上内地,广七尺,长十丈四,积七百廿八尺,率人二百卅尺□□

"坞"及"坞"上的设施,根据《金关汉简》的记录可知,有坞户、坞户上下级、坞户关、偃户、□鹿卢。据同质简看,"坞"上还有"坞门户""深目""积薪""射埻""沙灶""桥""大表""旁蓬""苣火"。《额济纳汉简》可见有"火""表"。

在《金关汉简》中有"坞户"相关文例:

73EJT30:260:坞户上给皆□,□蓬毋纽□白,□布蓬少二□。

73EJT37:1558:橐他箕当隧始建国二年五月守御器簿……羊头石五百,坞户关二,狗二。

73EJT23:780:坞上偃户不利。

《说文·户部》:"户,护也。半门曰户。"[1] "户"就是单扇的门。"坞户"就是"坞上单扇的门"。《居延新简释粹》:"偃户:指坞上隐蔽的小门。《庄子·庚桑楚》:'又适其偃焉。'注:'偃,谓屏厕。'指偏旁

___

[1] (东汉)许慎:《说文解字》[影印(清)陈昌治刻本],中华书局1978年版,第247页。

隐蔽的地方。"①

"坞户关"，就是"坞上单扇门的门栓"。《居延新简释粹》："户关，户级：擒挡门户的木栓。"② 《说文·门部》："关，以木横持门户也。"③ 《左传·襄公二十三年》："臧纥斩鹿门之关以出奔邾。"④ 杨伯峻注："关为横木，故可枕，今谓之门栓。""坞户关"，当是"坞上的门栓"。《居延新简释粹》所说："户戍：即户枢。"⑤ "门关戍"当同此类。

"坞户"由专门的戍卒负责：

> 1740：卒王成，主坞户。

【桱楪/桱阓】

在《金关汉简》中有"桱楪""桱阓"各一例，还有一个释读不完整的"□楪"。例见下：

> 73EJT37：1556＋1558：□二具，蕉干二，桱楪四。
>
> 73EJF1：55：桱阓三。
>
> 73EJT：67：☑芮薪二石，沙灶一，破蓬一，橐□□，马矢二石，沙二石，枪卅，深目九，傅□面一，表二，户戍二，□□墼三百，户关二，□楪□，□□□，汲婴二。

由于文例过少，其中简 73EJT：67 还不完整，提供的信息相当有限。释读为"□楪"的简文，我们查对原简，本字在原简残破处，确实无法释读。这个"□楪"出现在守御器简中，比照《居延汉简》的守御器简

---

① 薛英群、何双全、李永良注，甘肃省文物考古研究所编：《居延新简释粹》，兰州大学出版社 1988 年版，第 94 页。

② 薛英群、何双全、李永良注，甘肃省文物考古研究所编：《居延新简释粹》，兰州大学出版社 1988 年版，第 75 页。

③ （东汉）许慎：《说文解字》[影印（清）陈昌治刻本]，中华书局 1978 年版，第 249 页。

④ （清）阮元校刻：《十三经注疏》，中华书局 1980 年版，第 1978 页上。

⑤ 薛英群、何双全、李永良注，甘肃省文物考古研究所编：《居延新简释粹》，兰州大学出版社 1988 年版，第 85 页。

506.1 中"棱楪"在简文所处的位置，可以得到一些信息：

> 506.1：小苣三百，程苣九，□射□，深目三，布篷三，不具。
> 布表一。鼓一。狗笼二。狗二。户关二。棱楪三。木椎二。户戍二。
> 钥一。□户墼三百。户上下合各一。储水婴二。汲落二。大积薪三。
> 药盛橐半。

"棱楪"在简文所处的位置，也都与"户关"连言，故认为"□楪"也可能释读为"棱楪"。同质简有几例与"棱楪"相关的词语：户关椎楪（46.29）、关椎（46.29）、门关接楪（82.1）、门关楪辟（136.23）、棱楪（506.1）、椎楪（257.14）、户关椎接棻（194.1）、楪（2096）、戍□楪椎（2000ES9S：18）。

棱楪，以往多误释为"楼楪"，①裘锡圭之后才正释为"棱楪"，认为"棱楪"是打入门户、关牡之间的木楔，可以使门户关得更紧闭。李天虹《居延汉简簿籍分类研究》也认为："是置于门户、关牡之间的木楔。"②初师宾先生也释读为"棱楪"，认为"棱楪"是门户两侧的附件，用来交接加固门户，属于木梁柱一类的器具。两位先生的观点不一致。张颖慧《敦煌、居延简中的"关、戍、棱楪"》又认为："现在农村里木制大门都是上下两个，长度在一尺左右，两扇门关严后，即可把'棱楪'分别插入门扇后的两个卯眼中，使门固定。"③张丽萍《释西北屯戍汉简中的"棱楪"——兼论"椎"的所指和作用》："'接楪'为偏正式复合词，指'接合之小木'。'接合之小木'用在刑具上，便是起连接作用的小梁、小楔；用在门户上，便是贯通连接两扇门的小关。"④研究者对"棱楪"的说解各不相同，导致对其认识还是模糊的。

---

① 《居延新简释粹》就释读为"楼楪"（简 74. E. J. T37：1537 – 1558），第 74 页。
② 李天虹：《居延汉简簿籍分类研究》，科学出版社 2003 年版，第 115 页。
③ 张颖慧：《敦煌、居延简中的"关、戍、棱楪"》，《阿坝师范高等专科学校学报》2011年第 4 期。
④ 张丽萍：《释西北屯戍汉简中的"棱楪"——兼论"椎"的所指和作用》，《贵州工程应用技术学院学报》2019 年第 1 期。

"棱楪"也可以省作"楪"。《集韵·帖韵》:"陜楪,小楔。或作楪。"① 在《敦煌汉简》中有单独出现的"楪",未见单独使用的"棱"。例句如下:

2096A:☑一石。马矢二石。革甲是瞀☑。☐一。楪三。椎一。

"楪"多与"门""户""关"等连言,《墨子·备城门》:"二关一楪。"孙诒让间诂:"未详。"② 在《居延汉简》中有"户关椎楪""门关接楪""门关楪辟""关椎""户关椎接葉"等结构,《额济纳汉简》还有"戊☐楪椎",例句如下:

82.1:第七隧长尊。……大、小积薪薄随。承苴少卅七。门关接楪不事用。

136.23:☑门关楪辟,皆以蒲☑

46.29:户关椎楪皆故,有新未?非子曰:故隧长有新关椎材在三塢隧,未作。

194.1:户关椎接葉各二不事用。

2000ES9S:18:☑卒闭户重关,下戊☐楪椎☐☑

68.109:门关戊随,塢户穿。

1552:塢陛坏败,不作治。户关戊不调利。

从以上简文可见"楪"与"门""户""关"关系密切。裘锡圭认为"棱楪"是打入门户、关牡之间的木楔,初师宾先生认为"棱楪"是门户两侧用来交接加固门户的附件,都与"门户"有关。陈直《居延汉简研究》解释简 136.23"门关楪辟皆以簿",说:"楪为堞字之假借。《说文》:'堞上女墙也',辟为壁字之省文。"③

---

① (北宋)丁度等编:《集韵》,上海古籍出版社 1985 年版,第 1619 页。

② (清)孙诒让撰,孙以楷点校:《墨子间诂》,《新编诸子集成》(第一辑),中华书局 2001 年版,第 528 页。

③ 陈直:《居延汉简研究》,天津古籍出版社 1986 年版,第 418 页。

　　"桄楪",字也作"接楪"。《说文·木部》:"桄,续木也。"① 段玉裁注:"今栽华植果者,以彼枝移桄此树,而华果同彼树矣。桄之言接也,今接行而桄废。"② "桄""接"是一对古今字。故《居延汉简》中"桄"字有作"接":"门关接楪"(82.1)、"户关椎接葉"(194.1)。

　　"桄楪",字也作"牒楪""牒牒"。从"木"从"片"的汉字相类,如"版""牌""牍"这些字都与"木"相关。《说文·片部》:"片,判木也。"③ 《广韵·叶韵》:"牒,牒牒,小契。"④ 《玉篇·片部》:"牒,牒牒,小契。"⑤ 《集韵·帖韵》:"牒楪,小楔。或作楪。"⑥ "小契"就是"小楔","契"通"楔"。楔,楔子。北魏贾思勰《齐民要术·种葱》:"两耧重耩,窍瓠下之,以批契系腰曳之。"石声汉注:"批契:批是从中劈破,契是一头大一头小的木楔子。"

　　据《玉篇》《集韵》看,"桄楪"是"小楔"。据石声汉的观点,"契是一头大一头小的木楔子",如果这个观点是对的,"桄楪"是"小楔",那就是一头大一头小的小木楔子。形状当如图4所示。

图4　小楔

　　① (东汉)许慎:《说文解字》[影印(清)陈昌治刻本],中华书局1978年版,第123页。
　　② (清)段玉裁注,许惟贤整理:《说文解字注》,凤凰出版传媒集团、凤凰出版社2007年版,第454页上。
　　③ (东汉)许慎:《说文解字》[影印(清)陈昌治刻本],中华书局1978年版,第143页。
　　④ (北宋)陈彭年:《宋本广韵》(钜宋本),凤凰出版传媒集团2005年版,第158页下。
　　⑤ (南朝梁)顾野王:《宋本玉篇》(影印本),北京市中国书店1983年版,第518页。
　　⑥ (北宋)丁度等编:《集韵》,上海古籍出版社1985年版,第1619页。

"桯楪"，字也作"桯榙""桯熠"，《庄子·在宥》："吾未知圣知之不为桁杨桯榙也，仁义之不为桎梏凿枘也。"王先谦集解："司马云：'桯榙，械楔。'成云：'凿，孔也。以物内孔中曰枘。'桁杨以桯榙为管，桎梏以凿枘为用。"郭庆藩集释："司马云：桯榙，械楔。音息节反。崔本作熠，云：读为楪，或作謵字。桯榙，桎梏梁也。《淮南》曰：大者为柱梁，小者为桯榙也。"①《文选·何晏〈景福殿赋〉》："楯类腾蛇，榙似琼英。"李善注："司马彪《庄子》注曰：'榙，械楔也。'……然凡楔皆谓之榙。"②

从"习"得声的字和从"枼"得声的字关系密切。如《集韵·盍韵》："碟（榙），或从习。"③《集韵》同一个韵里，从"枼"得声的字和从"习"得声的字多同时出现。"瞎折慑"④"朡鲽"⑤都出现在"叶韵"，"慴慄"⑥"褶蹋熠榙褋堞渫"⑦共同出现在《集韵·帖韵》，"猰碟鲽""鳎葛猲阖蹋塌"同在《集韵·盍韵》。甚至共属一个小韵，"熠劁"在同一个小韵，"謵偞煠箑"也在同一个小韵⑧。有的从"枼"从"昜"得声的字是异体字关系，如《集韵·帖韵》："鲽，或作鳎。"⑨《广韵·帖韵》："揲，摺揲。""蹀，蹀蹀。"⑩可见从"枼"从"习"得声的字可以相通，"桯楪"字作"桯榙""桯熠"并非偶然。

《金关汉简》中就有"桯阖"一例，见下：

73EJF1：55：桯阖三。

由此观之，"桯楪"字也作"接楪""胲牒""桯熠""桯榙""桯

---

① （清）郭庆藩：《庄子集释》，《新编诸子集成》，中华书局1961年第1版，2004年版，第377页。

② （南朝梁）萧统编，（唐）李善注：《文选》，上海古籍出版社1986年版，第532页。

③ （北宋）丁度等编：《集韵》，上海古籍出版社1985年版，第1601页。

④ （北宋）丁度等编：《集韵》，上海古籍出版社1985年版，第1608页。

⑤ （北宋）丁度等编：《集韵》，上海古籍出版社1985年版，第1609页。

⑥ （北宋）丁度等编：《集韵》，上海古籍出版社1985年版，第1614页。

⑦ （北宋）丁度等编：《集韵》，上海古籍出版社1985年版，第1615页。

⑧ （北宋）丁度等编：《集韵》，上海古籍出版社1985年版，第1610页。

⑨ （北宋）丁度等编：《集韵》，上海古籍出版社1985年版，第1615页。

⑩ （北宋）陈彭年：《宋本广韵》（钜宋本），凤凰出版传媒集团2005年版，第158页上。

闉"。其所指究竟是什么？"楻楪"由"楻"和"楪"构成，探寻出
"楻"和"楪"的意思，再根据简文的语境、文义，"楻楪"的意思应该
就清楚了。

从"枼"得声的字，有"薄、小"的义素。"枼"本身就有"薄"
的意思。《说文·木部》："枼，楄也。薄也。"① 徐锴系传："枼之言葉
也，如木葉之薄也。"段玉裁注："凡本片之薄者，谓之枼。故葉、楪、
鲽、箂、偞等字，皆用以會意。《广韵》：'偞，轻薄美好貌。'"② "葉"，
植物的叶片，以轻薄为特征，故轻而薄的物体也可以被称为"葉"。
"箂"，后来写作"頁"。《说文·竹部》："箂，钥也。"③ 段玉裁注："小
儿所书写每一笸谓之一箂，今书一纸谓之一页，或作葉。其实当作此
箂。"④ "碟"，就是"碟子"，用来盛调味品或蔬菜的浅而小的器皿。《汉
语大词典·石部》："碟子，一种盛食品或调味品的小而浅的器皿。"《现
代汉语词典》："碟子盛菜蔬或调味品的器皿，比盘子小，底平而浅。"
"蝶"，即"蝴蝶"，轻盈灵动娇小是其特点。"屟"，鞋垫，《说文·尸
部》："屟，履中荐也。"⑤ "鲽"，比目鱼，体型扁平椭圆，两眼都在右
侧，左侧向下卧在沙底。《说文·鱼部》："鲽，比目鱼也。"⑥《尔雅·释
地》："东方有比目鱼焉，不比不行，其名谓之鲽。"⑦ 清代方文《品鱼·
下品·鲽》："鲽，即比目鱼，一云鞋底鱼。鲽犹屟也，故名。""楪"，是
用来书写的薄薄的书版，《说文·片部》："楪，札也。从片，枼声。"⑧
《广韵·叶韵》："枼，薄也。""偞，偞偞，轻薄美好貌。"⑨《墨子·备蛾
傅》："答楼不会者以楪塞。"孙诒让间诂："《广雅·释器》云：'楪，版

---

① （东汉）许慎：《说文解字》［影印（清）陈昌治刻本］，中华书局1978年版，第125页。
② （清）段玉裁注，许惟贤整理：《说文解字注》，凤凰出版传媒集团、凤凰出版社2007年
版，第473页。
③ （东汉）许慎：《说文解字》［影印（清）陈昌治刻本］，中华书局1978年版，第95页。
④ （清）段玉裁注，许惟贤整理：《说文解字注》，凤凰出版传媒集团、凤凰出版社2007年
版，第339页。
⑤ （东汉）许慎：《说文解字》［影印（清）陈昌治刻本］，中华书局1978年版，第174页。
⑥ （东汉）许慎：《说文解字》［影印（清）陈昌治刻本］，中华书局1978年版，第245页。
⑦ （晋）郭璞注，管锡华译注：《尔雅》，中华书局2014年版，第429页。
⑧ （东汉）许慎：《说文解字》［影印（清）陈昌治刻本］，中华书局1978年版，第143页。
⑨ （北宋）陈彭年：《宋本广韵》（鉅宋本），凤凰出版传媒集团2005年版，第157页下。

也。'谓以版塞壁隙。"① 《汉书·路温舒传》:"温舒取泽中蒲,截以为牒。"颜师古注:"小简曰牒。"② "牒",床垫子,《广韵·帖韵》:"牒,床版。"③《集韵·帖韵》:"牒,床簀也。""襟",单衣,《輶轩使者绝代语释别国方言·卷四》:"禅衣,江淮南楚之间谓之襟。"④

从"枼"得声的字,由"薄"的意思引申出"小"义。"脿",细切的肉。《说文·肉部》:"脿,薄切肉也。从肉枼声。"⑤《广韵·叶韵》:"脿,细切肉也。"⑥"堞",女墙,矮墙。《文选·左思〈魏都赋〉》:"于是崇墉濬洫,婴堞带涘。"李善注:"堞,城上女墙也。"⑦《六书故·土部》:"堞,女垣也。"⑧"艓",小船。杜甫《最能行》:"富豪有钱驾大舸,贫穷取给行艓子。"《隋书·来护儿传》:"素令护儿率领数百轻艓径登江岸,直掩其营,破之。""喋"言语烦琐,话多而没有价值。

从"枼"得声的字,有"薄""小"义,"楪"从"枼"得声,也应该具有"薄""小"的特征。

《金关汉简》中"楪"的出现语境,仅见与"椄"构成词语"椄楪"。我们来看看从"妾"得声的"椄"。

从"妾"得声的字,有"承接""接续""后继"的意思。"椄",《说文·木部》:"椄,续木也。"⑨《广韵·叶韵》:"椄,续木。"⑩"妾",《周易·鼎卦》:"得妾以其子,无咎。"孔颖达疏:"妾者侧媵,非正室也。施之于人,正室虽亡,妾犹不得为室主……妾若有贤子,则母以子贵,以之继室。"⑪"妾"是以夫妻关系为媒介而对正室的接续。《说文·

① (清)孙诒让撰,孙以楷点校:《墨子间诂》,《新编诸子集成》(第一辑),中华书局2001年版,第568—569页。

② (东汉)班固撰,(唐)颜师古注:《汉书》,中华书局1964年版,第2367—2368页。

③ (北宋)陈彭年:《宋本广韵》(钜宋本),凤凰出版传媒集团2005年版,第158页上。

④ (西汉)扬雄撰,(晋)郭璞注,(清)戴震疏证:《輶轩使者绝代语释别国方言》,《丛书集成初编》本,商务印书馆1985年版,第35页。

⑤ (东汉)许慎:《说文解字》[影印(清)陈昌治刻本],中华书局1978年版,第70页。

⑥ (北宋)陈彭年:《宋本广韵》(钜宋本),凤凰出版传媒集团2005年版,第157页下。

⑦ (南朝梁)萧统编,(唐)李善注:《文选》,上海古籍出版社1986年版,第274页。

⑧ (南宋)戴侗:《六书故》,上海社会科学院出版社2006年版,第87页上。

⑨ (东汉)许慎:《说文解字》[影印(清)陈昌治刻本],中华书局1978年版,第123页。

⑩ (北宋)陈彭年:《宋本广韵》(钜宋本),凤凰出版传媒集团2005年版,第157页下。

⑪ (清)阮元校刻:《十三经注疏》,中华书局1980年版,第61页中。

手部》："接，交也。从手妾声。"①"接"是对象或权利的传递，是后来者
对前任的接续。从"妾"得声的字，也有"小""轻"的意思。《广韵·叶
韵》："霎，小雨。""妾，不聘。"②《广韵·狎韵》："帴，面衣。"③

在"桵楪"一词中，"桵楪"的"桵"也应该具有"接续"的义项
特征。

我们回头看看"桵楪"出现的语境。"楪"可以单独使用。"楪"相当
于"桵楪"。"桵"也作"接"，与"楪"连用构成词语"接楪""桵楪"。
这些词又与"门、户、关、椎"等多有连用，构成"门关接楪""门关楪
辟""户关椎楪""户关椎接枼""戍□楪椎"等结构。很明显，"楪"、"桵
楪"或"接楪"与门、户的关系非同一般，是门上的某个部件。

我们也可以根据"桵楪"等共现的词语，明确"桵楪"不是什么。
据简73EJT：67"桵楪"与"户戍、户关"共现，我们可以明确知道
"桵楪"不是"户关"；在同质简中，"桵楪"多次与"户戍、（木）椎"
共现。据此可知，"桵楪"不是"户戍、户关、（木）椎"。

"户戍"，《居延新简释粹》："户戍：即户枢。"④"户关"就是"门
关"，也就是"门闩""门杠"。《左传·襄公二十三年》："臧孙斩鹿门之
关以出奔邾。"杨伯峻注："关为横木，故可枕，今谓之门栓。"《墨子·
非儒下》："季孙与邑人争门关。"孙诒让间诂："《说文·门部》云：
'关，以木横持门户也。'"⑤《宋书·徐羡之传》："帝突走出昌门，追者
以门关击之倒地，然后加害。"

"桵楪"是固定门闩的重要装置，也是门扇开合的关卡。《淮南子·
主术训》："是故贤主之用人也，犹巧工之制木也，大者以为舟航柱梁，
小者以为楫楔，修者以为桐榱，短者以为朱儒枅栌。"清代王念孙《读书
杂志·淮南内篇九·揖楔》："《淮南》曰：'大者为柱梁，小者为桵榰

---

① （东汉）许慎：《说文解字》［影印（清）陈昌治刻本］，中华书局1978年版，第253页。

② （北宋）陈彭年：《宋本广韵》（钜宋本），凤凰出版传媒集团2005年版，第158页上。

③ （北宋）陈彭年：《宋本广韵》（钜宋本），凤凰出版传媒集团2005年版，第159页上。

④ 薛英群、何双全、李永良注，甘肃省文物考古研究所编：《居延新简释粹》，兰州大学出
版社1988年版，第85页。

⑤ （清）孙诒让撰，孙以楷点校：《墨子间诂》，《新编诸子集成》（第一辑），中华书局
2001年版，第302—303页。

也。’案：小梁谓之椄槢，故桯楮之梁，亦谓之椄槢。”①《集韵·帖韵》：“椄槢，梁也。”② 梁，就是桥梁。《诗经·大雅·大明》：“造舟为梁，不显其光。”孔颖达疏：“造其舟以为桥梁。”③“椄楪”，外形看就是一个小型的桥梁，呈半幅椭圆形，中间空，两头着地。所以，《淮南子》有“大者为柱梁，小者为椄槢”的说法。

“椄楪”必须有两个以上配套才能使用，分别固定在门上和门框上，中间门闩横贯。门闩连通两处“椄楪”时是为关门，门闩取下就是开门。“椄楪”外形，见图5。

图5 椄楪

“椄楪”得名，取其两个特征：一是小，二是接续。与门的各个部件比较看，“椄楪”外形很小；“椄楪”必须要有至少两个配套才能使用，单个的“椄楪”是不具备开关门功能的。

其实，构成“椄楪”“椄槢”的“椄”“楪”“槢”读音关系也很密切，从“妾”“枼”“习”得声的字多在帖韵、叶韵、盍韵，且不少可以换用，如：《集韵·叶韵》：“鯜，或作鰈。”④《史记·魏豹列传》：“太史公曰：魏豹、彭越虽故贱，然已席卷千里，南面称孤，喋血乘胜。”裴骃集解：“徐广曰：喋，一作‘唼’。”⑤“鰈”“喋”为帖韵，“鯜”“唼”为叶韵，帖、

① （清）王念孙：《读书杂志》（下），北京市中国书店1985年版，第65页。

② （北宋）丁度等编：《集韵》，上海古籍出版社1985年版，第1619页。

③ （清）阮元校刻：《十三经注疏》，中华书局1980年版，第507页中。

④ （北宋）丁度等编：《集韵》，上海古籍出版社1985年版，第1605页。

⑤ （西汉）司马迁撰，（南朝宋）裴骃集解，（唐）司马贞索隐，（唐）张守节正义：《史记》，中华书局1959年版，第2595页。

叶二韵可以相通。椄，从母叶部；槢，邪母缉部。彭晓燕《〈说文通训定声〉“别义”研究》：“古音叶部、缉部旁转，‘椄槢’为迭韵词，两个字作为一个词表示‘械楔’之义。”① “椄楪”是一个叠韵联绵词。张丽萍《释西北屯戍汉简中的“椄楪”——兼论“椎”的所指和作用》说：“‘接楪’为偏正式复合词，指‘接合之小木’。”② 与我们的观点不一致。

前文我们说“椄楪”字，也作“接楪”“艓楪”“艓牒”“椄槢”“椄槢”“椄阘”，还有“摺揲”。《广韵·帖韵》：“揲，摺揲。”③ “艓，艓牒。”④ “躞，躞蹀。”⑤ “蹀，躞蹀。”⑥ 文献中还有“唼喋”“踥蹀”，它们都有“数量多而分量轻”的义项，应该是一组联绵词。“唼喋”有“鱼禽吃食”义，《隋书·卢思道传》：“唼喋秕粺，鸡鹜为伍。”“唼喋”与“口”相关，故形符为“口”。“踥蹀”有“奔走”义，《楚辞·九章·哀郢》：“众踥蹀而日进兮。”洪兴祖注：“踥蹀，行貌。”形符又为“足”，意思与“足”相关。

以上似乎是形符的表意功能决定了字形的变化，其实不然，也有跨越偏旁表意的层面，如“唼喋”有与“踥蹀”相同的用法。明代归有光《再与余太史》：“所谓成就之者，非敢求上进，以与唼喋者争时取妍也。”这里的“唼喋”，意思是“奔走钻营”。“唼喋”“踥蹀”的“鱼禽吃食”以及“奔走钻营”，都带有“数量多”的共同义项，同时也有“分量轻”的义项。这些词语都有一个共同的含义：反复去做，而分量轻或收效小。

其实，帖韵、叶韵、盍韵的字多有通用，从“妾”“枼”“聂”“习”“燮”“疌”“夹”“耴”“臿”得声的字关系密切，可以换用。且多有“小”“轻”“短”的义素。《广韵·叶韵》：“碟，小煠。”⑦ 《广韵·帖

① 彭晓艳：《〈说文通训定声〉“别义”研究》，《社会科学论坛》2012年第9期。

② 张丽萍：《释西北屯戍汉简中的“椄楪”——兼论“椎”的所指和作用》，《贵州工程应用技术学院学报》2019年第1期。

③ （北宋）陈彭年：《宋本广韵》（鉅宋本），凤凰出版传媒集团2005年版，第158页上。

④ （北宋）陈彭年：《宋本广韵》（鉅宋本），凤凰出版传媒集团2005年版，第158页下。

⑤ （北宋）陈彭年：《宋本广韵》（鉅宋本），凤凰出版传媒集团2005年版，第158页下。

⑥ （北宋）陈彭年：《宋本广韵》（鉅宋本），凤凰出版传媒集团2005年版，第158页上。

⑦ （北宋）陈彭年：《宋本广韵》（鉅宋本），凤凰出版传媒集团2005年版，第158页上。

韵》：“碟，小舐曰碟。”①

《史记·孝文本纪》：“今已诛诸吕，新啑血京师。”司马贞索隐：“《汉书》‘啑’作‘喋’。”②《集韵·帖韵》：“蜨，或作蝶。”③《楚辞·涉江》：“众蹀蹀而日进兮。”洪兴祖注：“蹀蹀，行貌。亦作踕。”《礼记·曾子问》：“曾子问曰：‘当祭而日食，大庙火，其祭也如之何？’孔子曰：‘接祭而已矣。’”孔颖达疏：“接，捷也。”《左传·庄公十二年》：“秋，八月，甲午，宋万弑其君捷。”④ 关于此事《公羊传》也有记录，《公羊传·庄公十二年》：“秋，八月，甲午，宋万弑其君接。”⑤ “捷”作“接”。《荀子·大略》：“先事虑事谓之接，接则事优成。”杨倞注：“接，读为捷，速也。”⑥ 《集韵·帖韵》：“捷踕，或作唼。”《集韵·帖韵》：“挟，或作接。”⑦ 《集韵·帖韵》：“蜨（蠟），或从蓥。”⑧ 《集韵·叶韵》：“緤，或作褋、緤。”⑨ 《集韵·帖韵》：“躞（躢），行皃，或从习。”⑩《集韵·帖韵》：“鲽，或作鰈。”⑪ 《集韵·帖韵》：“朕，音嗫。切也。”⑫ 《礼记·少仪》：“牛与羊鱼之腥，聂而切之为脍。”郑玄注：“聂之言牒也。”孔颖达疏：“谓先牒为大脔，而后报切之为脍也。”⑬ 陆德明注：“聂而为脍，言牒。”⑭

“唼喋”字也作“啑喋”，汉代司马相如《上林赋》：“唼喋菁藻。”宋代沈辽《德相送荆公三诗用元韵戏为之》：“所居养鹅雁，菰蒲观唼

① （北宋）陈彭年：《宋本广韵》（钜宋本），凤凰出版传媒集团2005年版，第158页上。
② （西汉）司马迁撰，（南朝宋）裴骃集解，（唐）司马贞索隐，（唐）张守节正义：《史记》，中华书局1959年版，第413—414页。
③ （北宋）丁度等编：《集韵》，上海古籍出版社1985年版，第1615页。
④ （清）阮元校刻：《十三经注疏》，中华书局1980年版，第1770页中。
⑤ （清）阮元校刻：《十三经注疏》，中华书局1980年版，第2232页下。
⑥ （清）王先谦撰，沈啸寰、王星贤点校：《荀子集解》，中华书局1988年版，第492页。
⑦ （北宋）丁度等编：《集韵》，上海古籍出版社1985年版，第1617页。
⑧ （北宋）丁度等编：《集韵》，上海古籍出版社1985年版，第1619页。
⑨ （北宋）丁度等编：《集韵》，上海古籍出版社1985年版，第1605页。
⑩ （北宋）丁度等编：《集韵》，上海古籍出版社1985年版，第1619页。
⑪ （北宋）丁度等编：《集韵》，上海古籍出版社1985年版，第1615页。
⑫ （北宋）丁度等编：《集韵》，上海古籍出版社1985年版，第1615页。
⑬ （清）阮元校刻：《十三经注疏》，中华书局1980年版，第1515页下。
⑭ （唐）陆德明：《经典释文》，中华书局1983年版，第194页。

喋。”《广韵·狎韵》：“啑，啑喋。”[①] 字也作“喋嗫”。汉代焦赣《易林·明夷之豫》：“喋嗫处曜，昧冥相传。”这些词语也具有共同的义素，即：反复去做，但分量轻或收效小。

“踥蹀”也作“躞蹀”“蹀躞”“躡蹀”“喋嗫”“啑喋”“迊逓”，注家解释是“小步行走”。其实，其蕴含的意思就是：反复走，但步幅小，进度慢。“迊逓”，《集韵·帖韵》：“迊逓，走皃。”[②]《玉篇·足部》：“蹀，蹀躞。”[③]《玉篇·足部》：“躞，蹀躞。”[④]“蹀躞”，行进艰难貌，小步行走。鲍照《拟行路难》之六：“丈夫生世会几时？安能蹀躞垂羽翼？”“躡蹀”，《文选·张衡〈南都赋〉》：“修袖缭绕而满庭，罗袜躡蹀而容与。”李善注：“躡蹀，小步貌。”[⑤] 这一组词语，用音近义通的两个字构成。还有由同一字重叠而成的变异体：踥踥、喋喋、渫渫、谍谍。

《广韵·叶韵》：“踥踥，往来貌。”[⑥]《博雅·叶韵》：“踥踥，行也。”《集韵·叶韵》：“渫渫，波连貌。”谍谍、喋喋，《史记·张释之传》：“此两人言事曾不能出口，岂敩此啬夫谍谍利口捷给哉！”司马贞索隐：“《汉书》作‘喋喋’，口多言。”[⑦]

不管是“踥踥”的“往来貌”，还是“渫渫”的“波连貌”，抑或“谍谍”“喋喋”的“多言貌”，无不与上文提及的“分量轻”“反复作”相契合。

据此，《金关汉简》中的叠韵联绵词“椄楪”的意思进一步明朗：“椄楪”，字也作“接楪”“牒楪”“牒牒”“椄椙”“椄槢”“椄闒”，是两个同时使用的形似桥梁的小配件，分别安装在门或门框上，通过门闩的滑动来开门、关门。

---

① （北宋）陈彭年：《宋本广韵》（鉅宋本），凤凰出版传媒集团2005年版，第159页上。

② （北宋）丁度等编：《集韵》，上海古籍出版社1985年版，第1614页。

③ （南朝梁）顾野王：《宋本玉篇》（影印本），北京市中国书店1983年版，第133页。

④ （南朝梁）顾野王：《宋本玉篇》（影印本），北京市中国书店1983年版，第133页。

⑤ （南朝梁）萧统编，（唐）李善注：《文选》，上海古籍出版社1986年版，第157页。

⑥ （北宋）陈彭年：《宋本广韵》（鉅宋本），凤凰出版传媒集团2005年版，第158页上。

⑦ （西汉）司马迁撰，（南朝宋）裴骃集解，（唐）司马贞索隐，（唐）张守节正义：《史记》，中华书局1959年版，第2752页。

【堞】

"堞"在《金关汉简》中仅见一例：

73EJT11：19：☑□□□高若干丈尺，堞高若干丈尺，厚若干尺，并高若干丈尺。

在同质简中，"堞"的例子共2例：

EPF22.490：北俚塞北，攻第十七隧，穿坞西垣，坏上堞，入坞侯，关破。

EPT52.27：堠高四丈上堞高五尺，为四陬。埤垸堞埤垸丈（障）门☑

还有一例字作"楪"，见下：

168.10：三楪□长三丈三尺，以直钱三百五十☑

按："堞"，城墙。《淮南子·兵略训》："晚世之兵，君虽无道，莫不设渠堑，傅堞而守，攻者非以禁暴除害也，欲以侵地广壤也。"《广韵·帖韵》："堞，城上垣。"①

"堞"不是一般的"城墙"，而是矮墙，也称女墙。《居延新简释粹》："堞，城墙顶端如齿状的矮墙。"② 前文讨论过，从"枼"得声的字，多有"小""轻"的义项，"堞"从"枼"得声，因其矮小而得名。《左传·襄公六年》："甲寅，堙之环城，傅于堞。"杜预注："堞，女墙也。"③《战国策·齐策五》："令于境内，尽堞中为战具。竟为守备，为

---

① （北宋）陈彭年：《宋本广韵》（鉅宋本），凤凰出版传媒集团2005年版，第158页上。

② 薛英群、何双全、李永良注，甘肃省文物考古研究所编：《居延新简释粹》，兰州大学出版社1988年版，第49页。

③ （清）阮元校刻：《十三经注疏》，中华书局1980年版，第1937页中、下。

死士置将。"鲍彪注:"堞,城上女墙。"《墨子·备城门》:"三十步置坐候楼。楼出于堞四尺。"岑仲勉《墨子城守各篇简注》:"堞,城上女墙。"①《文选·左思〈魏都赋〉》:"于是崇墉濬洫,婴堞带涘。"李善注:"堞,城上女墙也。"② 初仕宾、任步云在《居延汉代遗址的发掘和新出土的简册文物》中说:"虎落上部堆积中,出土Ⅱ形木器多件,据出土现象和特征分析,或许是简文里常见的'转射'或'深目',是嵌在坞顶女墙(或堞雉)上的一种射击、观察装置。"③

据此看,"堞"是城上女墙,就是城上的矮墙。

据《居延新简》EPT52.27 简文看,"堠楼"在"堞"上:"堠高四丈上堞高五尺,为四陬。"《墨子·备城门》也有相关记录:"三十步置坐候楼,楼出于堞四尺。"

"堞"也叫"埤堄"。在同质简中有"埤堄",是"堞"的别称。文例如下:

    EPS4T2.56:堠上烟窦,突出埤堄二尺,要中央三尺,丈(障)门上广三尺,突出三寸为,矩形进一☒

《说文·广部》:"庳,楼墙也。"④ 江沅释例:"于高墙之上建埤堄,遇兵乱时人守之。"《集韵·霁韵》:"埤堄,女墙也。"《居延新简释粹》:"埤堄:《广雅·释宫》亦作俾倪,睥倪,俗作埤堄,叠韵。女墙也、其上作孔穴,可窥其外。所以当埤堄也。《墨子·号令》:'其两旁高丈为埤堄'。"⑤

"埤堄",也作"俾倪""僻倪""俾儿""睥倪""睥睨""睥睨",也有单音节的"俾、睥、壁"。《左传·宣公十二年》:"国人大临,守陴者皆哭。"杜预注:"陴,城上俾倪。"孔颖达疏:"陴,城上小墙;俾倪

① (清)岑仲勉:《墨子城守各篇简注·(子)备城门》,《新编诸子集成》,中华书局1958 年版,第 12 页。

② (南朝梁)萧统编,(唐)李善注:《文选》,上海古籍出版社 1986 年版,第 274 页。

③ 初仕宾、任步云:《居延汉代遗址的发掘和新出土的简册文物》,《文物》1978 年第 1 期。

④ (东汉)许慎:《说文解字》[影印(清)陈昌治刻本],中华书局 1978 年版,第 192 页。

⑤ 薛英群、何双全、李永良注,甘肃省文物考古研究所编:《居延新简释粹》,兰州大学出版社 1988 年版,第 49 页。

者，看视之名。《襄·六年》'晏弱围莱埋之环城傅于堞'，注云：'堞，女墙也。'又《二十五年》'吴子门于巢，巢牛臣隐于短墙以射之。'《二十七年》'……'注云：'堞，短垣也。'陴、堞、俾倪、短墙、短垣、女墙，皆一物也。"① 杨伯峻注："陴，城上女墙也。亦曰陴倪。"《墨子·备城门》："俾倪广三尺，高二尺五寸。"《集韵·霁韵》："埤堄，女墙也。与陴壀俾同。"

《释名·释宫室》："城上垣曰睥睨，言于其孔中睥睨非常也。亦曰陴。陴，裨也，言裨助城之高也。亦曰女墙，言其卑小，比之于城，若女子之于丈夫也。"② 《康熙字典·土部》引《正韵》曰："埤堄，女墙也。开箭眼以窥望城下，因名。亦作僻倪，或作睥睨。"字也作"睥睨"，杨伦《杜诗镜铨》引《古今注》："女墙，城上小墙也，亦名'睥睨'，言于城上睥睨人也。"

"埤堄""俾倪""僻倪""俾儿""陴倪""睥倪""睥睨"，当是联绵词的不同书写形式，联绵词无定字，或者字也作"俾、陴、壀"。急言为"俾、陴、壀"，缓言为"埤堄""俾倪""僻倪""俾儿""陴倪""睥倪""睥睨"。

根据上面所引文例可知，"堞"与"埤堄"等名称，是同物异名的关系，所指相同。但在《孙膑兵法》中有一文例"堞"与"埤堄"于同一语境出现，例见下：

《孙膑兵法·陈忌问垒》295－296：疾（蒺）利（藜）者，所以当（沟）池也。车者，所以当垒【也】。【□□者】，所以当堞也。发（礟）者，所以当俾（埤）堄也。③

根据"堞"与"埤堄"于同一文例中的共现，张震泽说："然本篇简

---

① （清）阮元校刻：《十三经注疏》，中华书局1980年版，第1878页上、中。

② （东汉）刘熙：《释名》，王云五主编：《丛书集成初编》，商务印书馆1936年版，第85页。

③ 张震泽：《孙膑兵法校理》，《新编诸子集成》，中华书局1984年第1版，2014年版，第48页。

文上言堞，下言俾倪，二者仍当有别，简文所以当堞者，其字适缺，不知为何物，亦不知是否有有孔无孔之别。今存古代城墙宫墙，其女墙即有有孔无孔两种。今通言城垛，垛堞二字，一声之转。"① 马克冬认为："城上之墙'睥睨'可'于其孔中睥睨非常'，即能从'睥睨'的孔中侦察敌情。至于其他三者（'陴'、'女墙'、'堞'）则皆无此义。"② 又说："综上，我们认为，'睥睨'、'俾倪'、'埤堄'、'俾（埤）堄'等指城上呈锯齿形而有孔（用于侦察敌情）的矮墙。而'堞'、'葉（堞）'、'陴'、'女墙'等指城上呈锯齿形的矮墙，不一定有孔。"③

我们认为，"女墙""堞""埤堄"都是同实异名，所指相同。如果真要细分，那"女墙"就是统名，"堞"与"埤堄"从不同角度来命名。"堞"言其矮小，"埤堄"明其不但矮小，也可以用来观察。《释名·释宫室》："城上垣曰睥睨，言于其孔中睥睨非常也。"④ 杨伦《杜诗镜铨》引《古今注》也说："女墙，城上小墙也，亦名'睥睨'，言于城上睥睨人也。""堞"与"埤堄"是浑言不别，析言有别。

在《居延汉简》中，有"埤堄"与"堞"合称为"埤堄堞"的现象：

EPT52.27：墉高四丈上堞高五尺，为四阤。<u>埤堄堞埤堄</u>丈（障）门☒

在《银雀山汉简》的《守法守令》中也有"葉埤堄"合称的现象：

《守法守令》796－797：外葉（堞）高七尺，内葉高四尺，外<u>葉埤堄</u>☒

《左传·宣公十二年》："国人大临，守陴者皆哭，楚子退师。"孔颖达疏："陴，城上小墙。俾倪者，看视之名……<u>陴堞</u>、俾倪、短墙、短

① 张震泽：《孙膑兵法校理》，《新编诸子集成》，中华书局1984年第1版，2014年版，第48页。

② 马克冬：《简帛兵书军事用语研究》，博士学位论文，西南大学，2014年。

③ 马克冬：《简帛兵书军事用语研究》，博士学位论文，西南大学，2014年。

④ （东汉）刘熙：《释名》，王云五主编：《丛书集成初编》，商务印书馆1936年版，第85页。

垣、女墙，皆一物也。"① 杨伯峻注："陴，城上女墙也。亦曰陴倪。"孔颖达注《左传》时，有"陴堞"一词，与《居延新简》的"埤垸堞"的构词有共同之处。

据此可知，"堞""埤垸"，二者浑言不别，都是矮小的城墙。析言有别，"堞"言其矮小，是矮小的城墙；"埤垸"是有窥探的小孔，不但矮小，也可以用来观察敌情的城墙。取义为"矮小而有可以窥望的小孔"。《居延新简释粹》："堞，城墙顶端如齿状的矮墙。"② 这个"如齿状"不知研究者是如何考虑的。

可以归纳得出结论：城上矮墙，浑言为"女墙"，也可以"堞""埤"不分。析言之"堞""埤"有别。"堞"是矮小的具有窥探防御功能的城墙，字也作"楪"。也称为"俾、陴、壁"，也有双音节的"埤垸"，字也作"僻倪、俾倪、俾儿、陴倪、睥睨"，此外还有"堞""埤"合用的"陴堞"和"埤垸堞"。

【墼】

"墼"在《金关汉简》中出现 6 次：73EJT21：150；73EJT21：187；73EJT26：123；73EJT：67；73EJT4H：41；73EJD：192；举例如下：

73EJT21：150：☑墼千六百卅，率人百卅八奇☑
73EJT21：187：丁丑日，卒二人作墼百卅。

按："墼"是未烧制的土砖。《说文·土部》："墼，瓬适也。一曰：未烧也。"③ 段玉裁注："《韵会》作'未烧砖也'。烧谓入于匋。匋，瓦器灶也。上文一义谓已烧之专曰墼。此一义谓和水土入模范中而成者曰墼，别于由而未经匋灶也。《丧服》'柱楣'注：'屋下累墼为之。'此必

---

① （清）阮元校刻：《十三经注疏》，中华书局 1980 年版，第 1878 页上、中。
② 薛英群、何双全、李永良注，甘肃省文物考古研究所编：《居延新简释粹》，兰州大学出版社 1988 年版，第 49 页。
③ （东汉）许慎：《说文解字》[影印（清）陈昌治刻本]，中华书局 1978 年版，第 287 页。

未烧者也。'枕由'，则未墼者也。《厽部》垒下曰：'墼也。'盖亦谓未烧者。今俗语谓未烧者曰土墼。"① 是"墼"有别于"由"和"陶"。"由"是"块"的异体字，未经人力加工的土块是"由"，兑水搅拌后放入模范并压紧做成的土坯为"墼"，"墼"经火烧过则为"陶"。今天还有很多烧砖厂，在砖烧好之前都有很多待烧的"墼"，见图6。

图 6　墼

《急就篇》卷三："墼垒廥厩库东厢。"颜师古注："墼者，抑泥土为之，令其坚激也。"《居延汉简》有明确的"墼"的形制和制作材料及用量。见下简：

> 187.6，187.25：墼广八寸，厚六寸，长尺八寸。一枚用土八斗，水二斗二升。

一块"墼"的形制，"宽八寸，厚六寸，长一尺八寸"。汉尺一寸相当于今天的2.31厘米，宽八寸就相当于今天的18.48厘米，厚六寸相当于今天的13.86厘米，长一尺八寸就是今天的48.58厘米。一块"墼"长48.58厘米，宽18.48厘米，厚13.86厘米。这是当时"墼"的规格定制。

"墼"由戍卒制作，是定量的劳作，每天必须完成制订的工作量。戍卒制"墼"的要求分两个级别：有的一天要求完成65—80个"墼"，有的一天要求完成130—150个"墼"。一种是对没有明确身份的戍卒的要求，每人每天大概做65—75个"墼"。这些戍卒不是专业作"墼"的，

① （清）段玉裁注，许惟贤整理：《说文解字注》，凤凰出版传媒集团、凤凰出版社2007年版，第1193页。

因"塈"的需求量大，稍有空闲的戍卒临时在某天作"塈"，所以要求不是很高，简1731明确是"初作"，对新手的要求也不能太高。第二种是对骑士的要求，每天完成150个"塈"。对骑士的要求很高。"塈"主要由"骑士"制作，这是他们的分内工作。骑士是戍卒中业务最精当的，在防御体系中，骑士起着举足轻重的作用。制作"塈"要求由"县骑士"完成，是"塈"在防御系统中非常重要的原因之一。

73EJT21：187：丁丑日，卒二人作塈百卅。

1731：丁未，六人作塈四百廿，率人七十。初作。

1732：壬戌，四人作塈二百六十，率人六十五。

如何制作"塈"，对骑士有明确的要求。"骑士"是团队合作，以10人为一个组，其中1人为"养"（做饭的），剩下的9人全部"作塈"（2149；2160；2166；2158）。有的一边治塈，一边候望，安排一人"候"（候望），剩下的八人全部"作塈"（2157；2159）。

2157：丁未，骑士十人，其一人候，其一人为养，其八人作塈。人作百五十，凡塈千二百。

2160：丁巳，骑士十人。九人作塈，一人养，人作百五十。凡塈千三百五十。

"塈"由骑士和其他临时安排的戍卒制作，也由他们运输放置：

812：甲戌。卒八人。其二人锯门板。一人受塈亭下。一人发塈亭上。二人运塈。

2155：癸酉骑士十人，九人负塈，其一人养。人致二百卅☒

简812记录了戍卒运送"塈"并放置好的过程。一个人在亭上发"塈"，一个人在亭下受"塈"，两个人负责运送"塈"。这是运送"塈"的流水线。简2155记载十个骑士，一人做饭，余者背"塈"，也是运送"墼"。

"墼"的制作过程，包括：除土、累土、作墼、案墼、积墼、涂墼、治墼。

> 203.8：案墼，案墼，案墼，治簿，病，案墼，治簿，除土，案墼，涂，涂，累，除土。
>
> 1627：二人，积墼五千五百六十，率人积二千七百八十墼。
>
> 306.21：辛亥，卒卅七人，其二病，三人养，定作卅二人。十四人作墼，九人画沙，九人累土。

"除土"是把土挖松，为制作"墼"作基础准备。"累土"是把挖松的土集中在某一地方，准备作"墼"。"作墼"是把墼泥装进"墼模子"制作成"墼"。"案墼"是把刚制作成形的"墼"放置一旁待干。"积墼"是把已经半干的"墼"叠放起来晾干，"涂墼"是为叠放好的"墼"作保护措施，防晒防雨。应该是如同汉简记载的"积薪"一样，涂上"墍"，或者盖上芦苇柴草等。"治墼"是用"墼"修治汉塞的防御工事或治关楼。

"治墼"需要有专门的技术，不是每一个戍卒都会。《居延汉简》明确"治墼"全部由"隧卒"完成。"隧卒"是以个人为单位劳作，每人的一个劳作记录周期是九天，其中前三天"治墼"，后面六天"除土"。非常有规律，无一例外（27.8；27.12；61.7，286.29；89.22）。

对隧卒的要求，每天的工作量是完成定额"治墼"80个。这应该是繁重的劳作，工作三天必须调整工作内容。"治墼"工作由"隧卒"完成，这是他们的分内工作，可见"隧卒"的工作十分繁重。

> 61.7，286.29：第廿四隧卒孙长，治墼八十，治墼八十，治墼八十，除土，除土，除土，除土，除土。
>
> 89.22：第卅四隧卒富承。治墼八十，治墼八十，治墼八十，除土，除土，除土，除土，除土，除土。

"墼"是未烧制的土砖,为什么有大量的戍卒特别是骑士制作"墼"。"墼"是修筑烽燧台、关楼的基础材料,有"关门墼""□户墼"等,用量都不小。

　　73EJT4H:41:关门墼三千。
　　506.1:□户墼三百。

"墼"还是修筑城墙的原材料。

　　EPT59.83A:丈五尺,厚四尺,用墼三千三百□☑

这段墙长"丈五尺","厚四尺",汉尺1尺相当于今天的23.1厘米,这段墙有3.465米高,0.924米厚。"用墼三千三百",据用"墼"的总量,再根据"墼"的标准规格,可以得出这段墙的总体量,凭此可以算出这段墙的长度。《居延汉简》"墼广八寸,厚六寸,长尺八寸"(187.6,187.25)是"墼"的标准规格,凭借这个信息,得出这段墙长11.0484米。

"墼"用来修筑烽燧台、关楼,用来修筑墙垣,用来修筑防御外敌的边防设施。《居延新简》一例简文很清楚,"墼"是修治防御设施的重要材料。简文如下:

　　EPT57.77:●右堠南隧南到常固隧廿里百六十四步。其百一十五步,沙不可作橿格、墼。十三里百六十步,可作橿格,用积徒万一千五百七十人,去薪塞外三里。六里百八十九步可作墼,用积徒三千七十五人。堠南隧,千秋隧,河上隧。故北隧,益北隧,胜胡隧。故南隧,益地隧。

这枚简文信息很丰富,为我们了解"墼"的用途提供了直接的信息。这段防线是"从堠南隧南到常固隧",总长度是"廿里百六十四步"。汉代一里是三百步,一步有六尺,一尺相当于今天的23.1厘米,"廿里百六十四步"相当于今天的8543.30米。这段总长度8500多米的边防线分为三段：

1. 一段有"百一十五步"，即 159.39 米，这段防线是"沙不可作橿格、壄"。

2. 一段有"十三里百六十步"，即 5627.16 米，这段防线可作橿格。

3. 一段有"六里百八十九步"，即 2756.75 米，可作壄。

"其百一十五步，沙不可作橿格、壄。"这段长"百一十五步"的边防线相当于今天的 159.39 米，地质条件是沙地，既不能做"强落"也不能用"壄"。由于不能做"强落"，不能用"壄"，所以没有提及人力的耗费。

"六里百八十九步可作壄，用积徒三千七十五人。"这段长六里百八十九步相当于今天的 2756.75 米的边防线可作"壄"，是"壄"用于边防线的有力证据。这一段作"壄""用积徒三千七十五人"，用人力 3715 人次，这个工作量是相当大的。前文论及"用壄三千三百"才能修筑长 11 米的城墙，这 2756.75 米的边防线需要的"壄"就是天文数字。这就可以解释为什么对"壄"的需求量这么大了。《金关汉简》和同质简中的文例中"壄"的需求量都很大，数量都是数以千计：

73EJT21：150：☑壄千六百卅率人百卌八奇☑

2158：☑□养。九人作壄，人作百五十，凡壄千三百五十。

1627：二人积壄五千五百六十，率人积二千七百八十壄。

【强落】

在《金关汉简》中有"强落"，字也作"橿格""强洛"，或省称为"落"。"强落"在《金关汉简》中有 5 例：73EJT24：369；73EJT25：118；73EJT：128；72EJC：613；73EJT7：80A。有 1 例作"橿格"：73EJT37：1535；有 1 例作"强洛"：73EJT30：18；也有 1 例仅作"落"：73EJT24：297。各引用简文 1 例如下：

72EJC：613：☑□五月壬辰，乘隧戍卒许朔望见隧北强落上有不

知何☑

73EJT37：1535：五凤三年四月甲戌，橐他候博移肩水候官遣隧
长胜☑馆、里、冀、巷等四人诣<u>僵落</u>作所，因迎罢省卒四人。檄到往
来，愿令史☑

73EJT30：18：右前候长□□都隧七所，其三所有<u>强洛</u>，四所毋
<u>强洛</u>。

73EJT24：297：取薪增<u>落</u>，广六尺。

在同质简中也有"强落""僵落"，还有《金关汉简》没有的"橿
格"。"强落"有 1 例（239.22），"僵落"有 1 例（99ES17SH1：7），
"橿格"有 2 例（EPT57.77；EPT58.36），兹引一例如下：

EPT58.36：二里五十步，可作<u>橿格</u>。下广丈二尺，上广八尺，高丈二
尺，积卅六万八千尺。人功百五十六尺，用积徒三千人，人受袤尺三寸。

按：强落，古代用以遮护城邑或营寨的装置，可以用作边塞分界的标
志。汉简记载的强落横截面呈梯形，是用薪柴修筑的一种汉塞形式。马智
全《说"僵落"》认为，强落底部宽近 3 米，顶部宽近 2 米，高度近 3
米，长度可达数千米。[①] 强落修治过程比较繁杂，要经过伐取材薪、运输
材薪、树立强落、蒙涂保护等一系列过程。修治强落是繁重的省作活动，
需要大量的人力。

"僵落"一词最早出现在《汉书·匈奴传》中，汉元帝竟宁元年（前
33 年），匈奴呼韩邪单于向元帝上书，愿意保塞上谷以西至敦煌，请求罢
边塞吏卒，以休天子人民。郎中侯应以为不可许，上书十事，说明塞不可
罢的道理。其中第九事，说："起塞以来，百有余年，非皆以土垣也。或
因山岩石，木柴僵落，溪谷水门，稍稍平之，卒徒筑治，功费久远，不可
胜计。臣恐议者不深虑其终始，欲以壹切省繇戍，十年之外，百岁之内，

---

① 马智全：《说"僵落"》，《敦煌研究》2018 年第 1 期。

卒有它变，障塞破坏，亭隧灭绝，当更发屯缮治，累世之功不可卒复。"①
在侯应的这段著名论谏中，出现了"僵落"一词，说明"僵落"是汉塞
修筑的一种形式。

有学者认为，强落也叫虎落，或篱落、罗落、椤落、藩杝。薛英群等
在《居延新简释粹》中说："强落：即虎落。"② 又引诸家观点说："强
落：即虎落。《汉书·晁错传》：'要害之处，通川之道，调立城邑，毋下
千家，为中周虎落。'注：'郑氏曰：虎落者，外蕃也，若今时竹虎也。'
师古曰：'虎落者，以竹篾相连遮落之也。'王先谦补注引沈钦韩曰：《六
韬·军用篇》：'山林野居，结虎落柴营，环利铁锁，长二丈以上，千二
百枚。'其护城篦篱，亦谓之虎落。《旧五代史》：'慕容彦超设虎落以护
城。'先谦曰：'于内城小城之中间以虎落周绕之，故曰中周虎落'。《汉
书·杨雄传》亦有注释。"③《文选·扬雄〈羽猎赋〉》："尔乃虎路三嵏以
为司马，围经百里而为殿门。外则正南极海，邪界虞渊。"李善注引：
"晋灼曰：'路，音落。'"④ 刘良注："虎落，以竹为藩落也。"劳干《居
延汉简——考释之部》也说："（虎落）或用竹，或用木。"⑤ 又说："木
栅：又称作虎落或僵落"。⑥ 侯丕勋《"天田"义源及具体制度——简牍
研究的一点初步想法》说："文献中的'虎落'、'虎路'与简牍中的
'强落'，确系名异实同，且与'天田'分设，也不与'天田'等同。同
时，'虎落'、'虎路'与'强落'并无固定模式，实际上竹木尖桩、柳
枝篱笆或竹木栅栏等皆可称之为'虎落'、'虎路'与'强落'。"⑦ 又说

① （东汉）班固撰，（唐）颜师古注：《汉书》，中华书局1964年版，第3804页。
② 薛英群、何双全、李永良注，甘肃省文物考古研究所编：《居延新简释粹》，兰州大学出
版社1988年版，第82页。
③ 薛英群、何双全、李永良注，甘肃省文物考古研究所编：《居延新简释粹》，兰州大学出
版社1988年版，第93—94页。"杨雄"当为"扬雄"之误。
④ （南朝梁）萧统编，（唐）李善注：《文选》，上海古籍出版社1986年版，第391页。
⑤ 劳干：《居延汉简——考释之部》（"中央研究院"历史语言研究所专刊之四十），台北：
"中央研究院"历史语言研究所1960年版，第512页。
⑥ 劳干：《居延汉简——考释之部》，台北："中央研究院"历史语言研究所1960年版，第
512页。
⑦ 侯丕勋：《"天田"义源及具体制度——简牍研究的一点初步想法》，《西北师大学报》
（社会科学版）1996年第1期。

"'虎落'是古代修建在险关、要塞、营寨周围、长城外侧的竹木栅栏，其势威武，犹如虎踞，坚不可摧。"① 王锦城《西北汉简所见"强落"考论》："我们认为强落、虎落不当为篱笆墙或木栅栏，其显然指烽燧、城鄣周围成排的尖木桩，是一种军事防御设施。"② 张珂《汉代西北边塞戍卒境遇浅析》也说："疆落即强落、虎落，为整齐而错落排布木桩的沙地，似乎起到障碍作用，用以防卫敌人的直线冲击。"③

现代研究者根据实地考察，认为发掘所见是"虎落"，也就是"强落"。初仕宾、任步云《居延汉代遗址的发掘和新出土的简册文物》："坞四周3米以内的地面，埋设四排尖木桩，完整者高33、间距70厘米左右，三角形排列，此即史书和汉简所谓的'虎落'、'强落'。"④ 吴礽骧与甘肃省文物考古研究所《河西汉塞调查与研究》："悬泉汉简中有'鹿角候长'之名。所谓'鹿角'，应即'虎落'或郎中侯应所说的'木柴强落'，其实物在肩水金关和地湾遗址发掘中均有出土，是竖埋于土中的尖木桩或多枝权的树枝，然后以绳索连接构成栅栏，以防敌人跨越。"⑤ 初师宾《汉边塞守御器备考略》："我们前曾认为，居延遗址建筑四周发现的尖木刺应是虎落。从上述记载来看，显然是搞错了……虎落实例，即金关遗址坞堞西北、北侧的柳枝编篱笆墙。先于地面挖出窄沟槽，内植两排较粗的柳棒，再用细柳枝横向加以编纂。遗存现露出地面10厘米不等，外表原可能涂泥。以防火焚。"⑥ 安忠义《汉简〈守御器簿〉词汇释例五则》也有同样的论述。认为所见是"强落"，但没说"强落"就是"虎落"。⑦ 薛英群《居延汉简通论》："实际上，经在居延地区考查，所谓虎落，就是削尖了的以竹、木尖桩，有规则的埋于塞墙之外，尤其烽台

　① 侯丕勋：《"天田"义源及具体制度——简牍研究的一点初步想法》，《西北师大学报》（社会科学版）1996年第1期。

　② 王锦城：《西北汉简所见"强落"考论》，《中国文字研究》2017年第2期。

　③ 张珂：《汉代西北边塞戍卒境遇浅析》，硕士学位论文，山东大学，2017年。

　④ 初仕宾、任步云：《居延汉代遗址的发掘和新出土的简册文物》，《文物》1978年第1期。

　⑤ 吴礽骧、甘肃省文物考古研究所：《河西汉塞调查与研究》，文物出版社2005年版，第186页。

　⑥ 初师宾：《汉边塞守御器备考略》，载甘肃省文物工作队编《汉简研究文集》，甘肃人民出版社1984年版，第198页。

　⑦ 安忠义：《汉简〈守御器簿〉词汇释例五则》，《南京师范大学文学院学报》2005年第2期。

四周更是遍布虎落。这种竹、木尖桩的作用是显而易见的。"① 王鸿国《汉代居延的边防设施》："城障烽隧外围的'虎落'，居延汉简中亦称'绳落'。② 在城障四周一般都埋设数排尖木桩，木桩高35厘米左右，间距70厘米左右，三角形排列。这是汉代居延针对匈奴骑兵入侵的特点发明的一种防御设施。"③ 据王鸿国所说，"虎落"当如下。见图7。

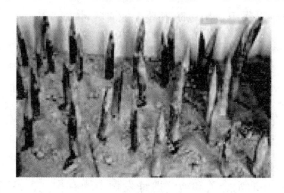

图7　虎落

"强落"是不是"虎落"？上面提及的"虎落"特点是明显的：（1）是设置在建筑物周围的"保护带"；（2）用削尖的竹、木竖埋于土中，用柳枝或其他竹木缠绕做成的栅栏。

我们来看看汉简记录的"强落"是什么样的？

1."强落"是一种防御设施：

72EJC：613：☑□五月壬辰，乘隧戍卒许朔望见隧北**强落**上有不知何。

239.22：☑来南渡临莫隧**强落**天田☑

2.并不是每一个烽燧都有"强落"，"强落"当设在烽燧处：

<hr>

① 薛英群：《居延汉简通论》，甘肃教育出版社1991年版，第480页。
② 据我们对《居延汉简》穷尽的搜索，没有发现"绳落"的说法。
③ 王鸿国：《汉代居延的边防设施》，《阳关》2006年第4期。

73EJT30：18：右前候长□□都隧七所，其三所有**强洛**，四所毋
强洛。见慈其千束，其五百束已□。率亭作四百五十丈。

3. "强落"需要省作完成，即需要大量的人员集中完成：

73EJT25：118：省作**强落**□☑

73EJT37：1535：馆、里、冀、巷等四人诣**僵落**作所，因迎罢省
卒四人。

4. "强落"的修治：

73EJT24：369：☑助治天田**强落**，名县爵里年☑

99ES17SH1：7：列隧□□及承隧五十八所，所三人，今省所一
人，为五十八人，齐衣装作，旦诣殄北发鄣，除**僵落**沙。会八月旦。

戍卒既要日迹"强落"，也有修治强落的"要求"。"强落"需要定
期修治，定期清除沙粒。张珂《汉代西北边塞戍卒境遇浅析》对"除沙"
作了推测，说："除沙，似应视为对特定区域积沙的清理，且顺便收集起
来，置备戍守御用的沙袋。"[①]，"助治"就是"锄治"，王锦城《西北汉
简所见"强落"考论》："汉简始作天田或称'锄治'……锄治的不仅有
天田，还有强落，但强落的锄治当为树立木薪和清除沙石。"[②]

以上信息仅仅勾勒出"强落"的大致轮廓。作"强落"也是戍卒们
的工作职责之一。侯丕勋《"天田"义源及具体制度——简牍研究的一点
初步想法》："'强落'建置于各隧管辖区域之内，有的还在'隧北'；
'强落'以'薪'建成，并属吏卒'日迹'的对象。"[③]

我们来发现"强落"更详细的信息：

---

① 张珂：《汉代西北边塞戍卒境遇浅析》，硕士学位论文，山东大学，2017 年。

② 王锦城：《西北汉简所见"强落"考论》，《中国文字研究》2017 年第 2 期。

③ 侯丕勋：《"天田"义源及具体制度——简牍研究的一点初步想法》，《西北师大学报》
（社会科学版）1996 年第 1 期。

73EJT24：297：十一月辛巳。肩水卒卌七人，橐他卒六十五人，凡卒百一十二人。其十人养，五人病，一人作长，一人木工，定作九十五。取薪增<u>落</u>，广六尺，榑两行马善并高四尺五寸，袤廿丈，率人二尺一寸有奇。六十九人取薪二百七石，率人三石，薪去□□□往来卌八里。

这枚简记录了"强落"的修治情形和"强落"的形制。"十一月辛巳"是修治"强落"的时间，"肩水卒卌七人，橐他卒六十五人"，肩水卒有四十七人，橐他卒有六十五人，共一百一十二人，说明修治"强落"不是由某隧单独完成，而是可以由几个隧共同完成。共一百一十二人，耗费的人力不少。这一百一十二人在修治"强落"时，除了有十人做饭、有五个人病了、一人作长、一人木工外，专门修治"强落"的实际人数是九十五人，这是强落的人力耗费。

下面是"强落"的形制和修治情况。"取薪增落"就是"运输柴薪来增补强落"，这是戍卒们具体做的工作，也由此说明"强落"是用柴薪做成的。"广六尺""高四尺五寸""袤廿丈"是"强落"的宽、高、长，可知这段"强落"的宽是汉尺六尺，汉尺一尺相当于今天的23.1厘米，"汉尺六尺"相当于1.386米；"强落"高四尺五寸，即高为1.0395米；"袤廿丈"，长有46.20米。"率人二尺一寸有奇"为每人每天治作长度，"二尺一寸"相当于48.51厘米，即每日每人仅完成0.4851米。想来"强落"的制作颇费功力，进展缓慢。"六十九人取薪二百七石，率人三石，薪去□□□往来卌八里"，"强落"的原材料"薪"，离"强落"有一段距离，"往来卌八里"，单边距离二十四里，这么长的距离也影响了完成的进度。"六十九人取薪二百七石，率人三石"，每人取薪三石。

"强落"宽有1.386米，可以在上面活动，简文表明在"强落"上有不明痕迹，想来是有什么人在"强落"上留下印迹，简文如下：

72EJC：613：☑□五月壬辰，乘隧戍卒许朔望见隧北强落上有不知何。

在《居延新简》中也有一条比较完整的文例，可以丰富"强落"的

信息:

EPT57.77：●右堠南隧南到常固隧廿里百六十四步。其百一十五步，沙不可作橿格、墼。十三里百六十步，可作橿格，用积徒万一千五百七十人，去薪塞外三里。六里百八十九步可作墼，用积徒三千七十五人。堠南隧，千秋隧，河上隧。故北隧，益北隧，胜胡隧。故南隧，益地隧。

这枚简文文例完整，信息丰富，为我们研究"强落"提供了大量可靠的信息，十分难得。"从堠南隧南到常固隧廿里百六十四步"这是空间范围，也是总的长度。汉代一里为三百步，一步为六尺，一尺相当于今天的23.1厘米，"廿里百六十四步"相当于8543.304米。这个总长度8500多米的距离分为三段：（1）"其百一十五步，沙不可作橿格、墼"；（2）"十三里百六十步，可作橿格"；（3）"六里百八十九步可作墼"。

"其百一十五步，沙不可作橿格、墼。"其中有一段长百一十五步，相当于今天的159.39米是沙地，不能做"强落"，也不能做"墼"。可见不是每一个烽燧都有"强落"，沙地地界就没有"强落"。

"十三里百六十步，可作橿格，用积徒万一千五百七十人。"这一段长十三里百六十步，相当于今天的5627.16米，可以做"强落"，总耗费人力11570人次。在介绍这一段时，提及一个附加条件"去薪塞外三里"，"薪"就是"柴薪"，在这里提及"薪"，说明做"强落"离不开"柴薪"，实际上"柴薪"就是做"强落"的原材料，二者关系非常密切。"去薪塞外三里"，"三里"相当于今天的1247.4米，这段可以做"强落"的塞墙距离采"薪"的地方有1200多米远。由于采薪工作辛苦，距离也远，工作量很大，所以戍卒们的劳作进度也比较慢。5627.16米总的耗费人力11570人次，平均每人每天完成"强落"仅0.4864米，还不到1米，这个进度的确慢，说明工作强度比较大，难度比较高。前面提及的简73EJT24：297每人每日完成0.4851米，跟本简所记的进度差不多。

"六里百八十九步可作墼。"这一段长六里百八十九步，可以作"墼"。"长六里百八十九步"，相当于今天的2756.754米。这一段总的耗费人力3075人次。每人每天完成"墼"0.8965米，虽然也不快，但差不多是完成"强落"的两倍了。

另外，从消耗人力看，制作"强落"5627多米，消耗人力11570人次，制作"墼"，消耗人力3075人次，说明塞墙外的防御工事的修筑规模宏大，进展缓慢，耗费人力颇多。

在《居延新简》中，我们发现两例比较具体地记录"强落"的文例：

> EPT58.36：二里五十步，可作橿格。下广丈二尺，上广八尺，高丈二尺，积廿廿六万八千尺。人功百五十六尺，用积徒三千人，人受亥尺三寸。

> EPT58.37：☒四尺，下广丈二尺，深四尺，积卅二万一千☐八尺。秩程土并出人功四百☐一尺六寸，用积徒七百廿七人，人受

"强落"到底是什么样？简EPT58.36记录的"下广丈二尺，上广八尺，高丈二尺，积廿廿六万八千尺"和简EPT58.37记录的"☒四尺，下广丈二尺，深四尺，积卅二万一千☐八尺"是给我们最具体的答案。

特别是简EPT58.36，内容丰富完整，是我们研究"强落"非常宝贵的资料。"二里五十步，可作橿格。下广丈二尺，上广八尺，高丈二尺，积廿廿六万八千尺"是"强落"的形制，从这句话看，这段"强落"有"二里五十步"，合900米。"强落"横截面为梯形：下面宽一丈二尺，合2.772米，上面宽八尺，合1.848米，高一丈二尺，合2.772米。这段"强落"的总体量达到468000立方尺，合5768.751立方米。"用积徒三千人"，总的用人力3000人次，"人功百五十六尺"，每人每日完成156立方尺，"人受亥尺三寸"，每人每天完成"强落"0.3003米。

简EPT58.37虽然不是很完整，但也保留了一些信息："☒四尺，下广丈二尺，深四尺"是这段"强落"的形制，记录"强落"截面的长、宽、高，"下广丈二尺"，合2.772米，与简EPT58.36记录的"强落"下面的宽一样。"深四尺"记录的是"强落"的高，有0.924米，"☒四尺"是"强落"的上宽，简文残渺，不知是"四尺"，还是"XX丈四尺"。"强落"的截面是梯形，下宽上窄，下宽有"丈二尺"，故上宽不可能是"丈

四尺"或更宽,只能是"四尺",原文补充完整极有可能是"上广四尺",合0.924米。"积卅二万一千□八尺"是这段"强落"的总体量,有321048立方尺。"秩程土并出人功四百□一尺六寸"是每人的完成量,每人每天完成441.6立方尺,我们用总体量除以总人次,折算出每人每天的完成量是441.6066立方尺,与简文记载是吻合的。本简记录的每人每天的完成量是441.6立方尺,大大超过了简EPT58.36记录的156立方尺。与简EPT58.36记录的这段"强落"相比,本简记录的"强落"要矮得多,简EPT58.36记录的"强落"高2.772米,本简记录的"强落"仅0.924米,"强落"越高完成难度越大,可能是高度影响了简EPT58.36记录的这段"强落"的完成速度。"用积徒七百廿七人",是总消耗的人力,总消耗人力727人次。"人受□"没有记录完整的部分,是每人每天完成的长度。

《居延新简》EPT57.73也是一枚残渧地记录"强落"制作的简文:

EPT57.73:☑四百尺,人功百五十六尺,用积徒千九百卅九人,人受袤三尺九寸。

简EPT57.73记录了三个信息:每人每天完成的总体量和每人每天完成的长度,以及完成这段"强落"需要的总人次。"人功百五十六尺",即每人每天完成156立方尺,"人受袤三尺九寸"是每人每天完成"强落"长"三尺九寸",合0.9009米,"用积徒千九百卅九人",总耗费人力1939人次。根据总人次和每人每天的完成量,可以推导出这段"强落"的总体量,根据总人次和每人每天完成的长度,可以推导出这段"强落"的总长度。"人受袤三尺九寸""用积徒千九百卅九人",这段"强落"的总长度是7562.1尺,合1746.8451米。"人功百五十六尺""用积徒千九百卅九人",这段"强落"的总体量是302484立方尺。本简记录的这段"强落"比简EPT58.36记录的那段"强落"要长,高度有差距,总体量不及那段"强落"。

"强落"用柴薪做成,耗费的人力巨大。简EPT59.15就很能说明完成"强落"步骤繁多:

EPT59.15：四百廿人代运薪，上转薪，立强落，上蒙涂，辒车。袤二百六十一丈，率人日涂六尺二寸，奇六尺。

完成"强落"需要这些步骤："运薪，上转薪，立强落，上蒙涂。""运薪"由于柴薪并不在塞墙附近，故需要戍卒从有柴薪的地方运送过来，根据简文可知，这样的距离往往有几里路远。"上转薪"，把柴薪运送到塞墙附近，要把柴薪堆砌到一定的位置，方便制作"强落"，如同今天修建住房时，建筑工人也需要把砖块运送到宅基地内部，修筑较高的部分，还得架起支架，便于站在上面砌砖，砖头也是预先就放在高高的支架上。"立强落"，就是把柴薪做成"强落"的具体过程，因为"强落"是用柴薪竖直插放，所以说"立"。"上蒙涂"是在架好的柴薪上涂上石灰或沙一类的东西，防止柴薪被晒坏，也可以侦察敌人的踪迹。

由于"强落"广袤绵延，制作"强落"人力耗费巨大，进展缓慢，《居延新简》中还有一些文例，可以丰富和佐证"强落"的信息：

EPT58.39：☐用积徒千一十三人少半人，率亭廿六人大半人。

EPT58.40：☐徒万七千一百八十八大半人，率亭一百五十二人少半人。

简 EPT58.39 提及的"☐用积徒千一十三人少半人"，简 EPT58.40 提及的"☐徒万七千一百八十八大半人"，从这些人力的资料看，做"强落"耗费的人力很多，少则七八百人，多则七八千人。

据此，我们可以得出结论："强落"是烽燧外的用柴薪做成的横截面呈梯形的防御线，高约 1 米到 3 米，上面撒有灰，可以通过"强落"侦察敌情以及不明痕迹。"强落"不是"虎落"。并不是每一个烽燧都有"强落"。由于"强落"的修筑工作量很大，需要省作完成，"强落"修筑之后，也不是一劳永逸的，还需要不时地去修治。

73EJT21：177：☐……舍户☐卩，坞前垣不涂治卩，垣北不除卩，☐……坏卩。落端不离卩，河中毋天田卩，☐☐☐庠呼二所卩。

河上舍□☑，兰楼币……☑

本简是对某烽燧检查的记录，其中"落端不离"就是存在的一个问题。"落端"是什么？"落"当为"强落"，"端"，是顶端，《礼记·檀弓上》："柏椁以端长六尺。"郑玄注："端，题头也。……题，头也。"孔颖达疏："端，犹头也。积柏材作椁，并茸材头，故云以端。"① 据简EPT59.15的"立强落"，可知"强落"用材薪立成，材薪顶端码平整处，即为"落端"。据文意来看，"落端不离"不符合边防线的安全防护标准。"离"当为"落端"的正常状态，"不离"就是不达标的状态。这里的"离"当用为"篱"，是"篱笆"的意思。《楚辞·招魂》："兰薄户树，琼木篱些。"王逸注："柴落为篱。"本简"落端不离"是说"强落顶端"的材薪已经散落毁坏，没有得到及时的整理修葺。

"强落"是具有防御功能的设施，敌人爬过"强落"要费一番功夫，有一定的抵御作用。"天田"是侦察敌人踪迹的设施，可以查看敌人行踪，却不能抵御敌人的入侵。所以我们认为，"天田""强落"多连用，因二者各有所长，"强落"在烽燧外侧，"天田"在内侧，一旦敌人翻过"强落"，能在"天田"上发现他们的踪迹。如果"天田"在外侧，敌人可以随时践踏，上面的痕迹难以说明问题。如果某地段不能建"强落"，如沙地，这样的情况就只能用"天田"来作防御设施了。

【天田】

"天田"在《金关汉简》中仅见8例，有：73EJT24：369；73EJT21：177；73EJT21：245；73EJT23：916；73EJT24：140；73EJF3：160；73EJT4H：71；73EJT26：196，举例如下：

> 73EJT24：369：☑助治天田强落名县爵里年☑
>
> 73EJT21：177：……河中毋天田……

---

① （清）阮元校刻：《十三经注疏》，中华书局1980年版，第1293页下。

73EJT23：916：闻塞外有橐佗恐其来入天田也。

73EJT24：140：皆验证。案：谭取牛，兰越塞天田出，遣丹罚。

按：天田，也叫塞天田，是一种候望设施，西北边塞用作侦察敌人出入踪迹的沙田。《居延新简释粹》："天田：边塞地带侦察敌人踪迹的沙田。《汉书·晁错传》注引苏林曰：'作虎落于要塞下，以沙布其表，且视其迹，以知匈奴来入，一名天田。'简文中常见士卒布沙修整天田的记录。又简文中天田和塞往往并提，称外逃越境曰：'兰越塞天田出入迹'。根据实地考察，在塞墙（或曰长城）的外侧，有一道沿塞墙走向伸延，宽3—5米的平坦地带，用细沙填充，即为天田，途经河流时也有天田，简文称曰'河中天田'，但具体形制不明。"① 在解释"天田不画"时再次引录《汉书·晁错传》苏林注："以沙布其表，但视其迹，知匈奴来入。"② 魏燕利的《汉"塞天田"新探》根据"塞天田"是以长城为主体的防御体系中的一部分，不能排除其与长城相伴或稍晚而产生的可能，故推测"塞天田"很有可能在战国时已经出现。③ 王锦城《西北汉简所见"强落"考论》："天田是西北边塞沿塞墙铺设的一条沙土带，用以查看人马经过的痕迹。需每日由戍卒巡视。"④ 康玉平《居延汉简中的戍边故事》："天田，就是把边界沿线的土翻松，上面撒上细沙子，有人偷越时，会留有痕迹。"⑤ 羽田明、秦仙梅《"天田"辨疑》："就是类似于在敦煌古长城遗址基部外侧处，用横生的芦苇或白杨、罗望子树（一种灌木）的枝条为材料制作成一种与之相连接在一起的幅度大概由7.5尺到8尺的建筑物。这恐怕就是留存下来的'天田'之现状吧。"⑥

"天田"有三个意思：（1）帝王的籍田；（2）古代天文学中的星官

---

① 薛英群、何双全、李永良注，甘肃省文物考古研究所编：《居延新简释粹》，兰州大学出版社1988年版，第50页。

② 薛英群、何双全、李永良注，甘肃省文物考古研究所编：《居延新简释粹》，兰州大学出版社1988年版，第126页。

③ 魏燕利：《汉"塞天田"新探》，《池州师专学报》2003年第6期。

④ 王锦城：《西北汉简所见"强落"考论》，《中国文字研究》2017年第2期。

⑤ 康玉平：《居延汉简中的戍边故事》，《档案与社会》2012年第5期。

⑥ ［日］羽田明、秦仙梅：《"天田"辨疑》，《文博》2000年第5期。

名称；（3）边塞防御设施，用来侦察敌人出入踪迹的沙田。前（1）（2）所指与我们无涉，《金关汉简》中出现的"天田"当指（3）无疑，是用来侦察敌情的防御设施。关于这个名称，侯丕勋先生认为是来源于星官名称。在他的《"天田"义源及具体制度——简牍研究的一点初步想法》中，他说："古代边境地区，经'鉏治'、'耕画'而形成田块状，并用于侦迹的军事设施，它虽位于地上，但因同作为星官的'天田'一样，也是不种庄稼的，故喻称为'天田'。"① 对"天田"的研究，诸家说法中，观点不一，众说纷纭。我们通察汉简，分别细说如下。

一 "天田"的形制

天田在塞墙外侧沿塞墙走向延伸，呈长条形延展开。在汉简中也有这样的论述，我们举几例简文来看：

1674：卅二人，画天田卅二里，率人日画三步②。

99ES17SH1：12：☑葆塞天田延袤三里七十□☑

2000ES9SF4：47：□北去第八隧北界　●南去其隧一里百五十步　●南去其隧一里百五十步　●北去第九隧一里百五十步　●葆天田四里百五十步。

上面简文在论及"天田"时，用的单位词是"里""步"，修饰词用的是"延袤"。单位词是长度单位，而不是面积单位，修饰词"延袤"也是指长度，指绵延伸展的状态。《史记·蒙恬列传》："筑长城，因地形，用制险塞，起临洮，至辽东，延袤万余里。"③ 简1674说明某隧负责的天田长在卅二里以上。

———————————

① 侯丕勋：《"天田"义源及具体制度——简牍研究的一点初步想法》，《西北师大学报》（社会科学版）1996年第1期。

② 《敦煌汉简》释读为"三步"，此处当是"三百步"。32人画32里，一人一里，一里有三百步，所以每人完成三百步。

③ （西汉）司马迁撰，（南朝宋）裴骃集解，（唐）司马贞索隐，（唐）张守节正义：《史记》，中华书局1959年版，第2565—2566页。

侯丕勋《"天田"义源及具体制度——简牍研究的一点初步想法》："'天田'的形状，一般呈长条形，其中长城墙垣外侧'天田'很长。"①吴超在《天田与土河》中说："'迹'从一个燧到另一个燧，说明燧和燧之间有天田相连。否则'迹'怎能从一个燧到另一个燧呢？"② 又说："正是因为燧和燧之间有天田相连，天田才会有很长的距离。"③ "天田"是在塞墙外侧防御敌人入侵的设施，伴随塞墙延展开来，所以"天田"很长。不少烽燧是建在塞墙上的防御设施，"'迹'从一个燧到另一个燧"，是燧的上一层防御组织"部"负责"天田""日迹"任务的一段。吴超《天田与土河》对天田与虎落在边塞的位置作了一幅图，见图8。

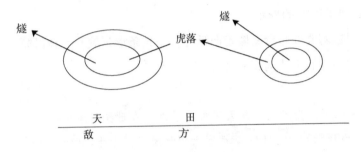

图8 天田位置

"天田"有多长？"天田"是设置在长城外侧用来监测、观察有无非常人出入的重要防御装置，伴随长城的延伸而延伸，后来的"土河"可能就是对"天田"继承和发展演变而来的，二者有很多相似之处，根据"土河"这个名称就可以知道"天田"有多长了。在后来的《敦煌文书》和《通典》中有"土河"的记录：

> 敦煌文书（S2593）："一所土河：右周回州境，东至碛口亭，去州五百一十一里/百步，西至白云峰，去州卅里，南至沙山七里，/北去（至）神威峰，去州卅十七里。汉武帝元鼎六年立，/以为匈奴禁

① 侯丕勋：《"天田"义源及具体制度——简牍研究的一点初步想法》，《西北师大学报》（社会科学版）1996 年第 1 期。
② 吴超：《天田与土河》，《敦煌研究》2004 年第 5 期。
③ 吴超：《天田与土河》，《敦煌研究》2004 年第 5 期。

限，西凉王李嵩建初十一年/又修立/以防奸寇，至随（隋）开皇十六年废。/"

杜佑《通典》："土河，于山口贼路，横断通凿，阔三丈，深二尺，以细沙散土填平，每日检行，扫令净平，人马入境即知多少。"①

后世的"土河"是对"天田"的演变发展。唐代杜佑《通典》所记，"土河"则凿于山口贼路，横断通凿，是用来抵御国内的土匪贼盗。《金关汉简》所记的"天田"在塞墙外侧伴随塞墙而延伸，用来防外敌。"土河"的变化，是"天田"功能的合理发展。因"天田"是附着在塞墙外侧的重要防御设施，故也被称为"塞天田"：

73EJT29：107：乃壬辰夜不知何二步入，迹兰越肩水金关隧塞天田入。五凤三年五月丙子朔癸巳，肩水候长则□

"天田"有"坿"：

EPT59.6：次吞隧长长舒。卒四人。……直上蓬干柱柜木一解随，负三算。天田坿八十步，不涂不，负一。县索缓一里。负三算。●凡负卅四算。二人见。

"坿"，是矮小的围墙或土坎。《说文·土部》："坿，卑垣也。"② 《尔雅·释丘》："水潦所还，坿丘。"郭璞注："谓丘边有界坿，水环绕之。"③
据汉简可知，天田并非仅建于陆地，先看例子：

73EJT26：196：☑迹迹长可尺一寸，兰渡天田□☑
73EJT21：177：……河中毋天田……
1714：六人画沙中天田六里。

---

① （唐）杜佑撰，王文锦点校：《通典》，中华书局1988年版，第801页。
② （东汉）许慎：《说文解字》［影印（清）陈昌治刻本］，中华书局1978年版，第287页。
③ （晋）郭璞注，管锡华译注：《尔雅》，中华书局2014年版，第438页。

文例所见，穿过"天田"往往说"兰越天田""兰越塞天田"，但简73EJT26：196 不是用"越"，而是用"渡"，"兰渡天田"；有简文是"沙中天田"，又有简文是"河中毋天田"，则天田所处的位置，当有两种，或为河中，或为沙中。"天田""强落""壍"在边防线上并存，不能制作成"强落""壍"的沙土地带用"天田"，其依山而建，傍地而生，根据地形因地制宜。

二 "天田"的管理

整治天田是戍卒的工作职责之一，称为"画天田"或"画治天田"。汪桂海《简牍所见汉代边塞徼巡制度》："天田作为边塞地区用来勘验是否有人非法出入塞的手段，平时需要勤加维护，保证其疏松、平整。这是戍卒的任务之一。"① 我们略举几个例子：

> 1674：卅二人画天田卅二里，率人日画三（百）步。
> 1714：六人画沙中天田六里，率人画三百步。

《居延新简释粹》："画天田：平整天田，简文又有称'画天田'者。"② 正如汪桂海《简牍所见汉代边塞徼巡制度》："边塞各烽燧必须使所负责地段的天田保持平整、疏松，必须经常维护，否则就是工作上的失误，要予以批评、处罚。"③ 画治天田是戍卒的日常工作，平常多见，《敦煌汉简》中有一例就是戍卒画治天田的记录模板，这个模板的格式和上面所举的例子格式相同，具体的数字用"若干"表示：

> 1584：若干人画天田，率人画若干里、若干步。

对天田的整治，分为"耕画"和"鉏治"，合称为"画治"：

---

① 汪桂海：《简牍所见汉代边塞徼巡制度》，《中国边疆史地研究》2006 年第 3 期。
② 薛英群、何双全、李永良注，甘肃省文物考古研究所编：《居延新简释粹》，兰州大学出版社 1988 年版，第 83 页。
③ 汪桂海：《简牍所见汉代边塞徼巡制度》，《中国边疆史地研究》2006 年第 3 期。

73EJT24：369：☑助治天田强落名县爵里年☑

1552：天田不耕画，不鉏治。

2017：□橄□曰：亭卒一人，候望微迹，画治天田，人力不足。

侯丕勋对"耕画"和"鉏治"作了分析，在《"天田"义源及具体制度——简牍研究的一点初步想法》中，他说："'耕'与'画'二者之意合起来，便是戍边吏卒使用'杖'与'木杖'等工具对现有'天田'进行疏松与整平，以利侦迹。""简文中的'鉏治'天田，实际上是指用锄头一类工具，在本无'天田'之地始造'天田'。"① "鉏治"是始作天田。王锦城在《西北汉简所见"强落"考论》中说："汉简始作天田或称'锄治'，具体过程为用木杖、耙等工具耕锄地表，使土层松软，然后将土抹平；或在地面挖壕沟，铺上细沙土。"②

三 "天田"的使用——日迹

天田，是西北边塞用作侦察敌人出入踪迹的沙田。戍边将士"日迹"的工作任务之一，就是检查"天田"上有无特殊迹象，掌握有没有敌人越过天田，同时还可以查看有没有戍卒兰越逃亡。《居延新简释粹》："日迹：巡查边防。日迹卒，巡逻士兵。"③

《汉书·晁错传》："为中周虎落。"颜师古注引三国魏苏林曰："作虎落于塞要下，以沙布其表，且视其迹，以知匈奴来入，一名天田。"④ 同质简中，日迹"天田"的文例不少：

1817：□□和，谨候望，明画天田，察塞外动静，有闻见，辄往言府。

---

① 侯丕勋：《"天田"义源及具体制度——简牍研究的一点初步想法》，《西北师大学报》（社会科学版）1996 年第 1 期。

② 王锦城：《西北汉简所见"强落"考论》，《中国文字研究》2017 年第 2 期。

③ 薛英群、何双全、李永良注，甘肃省文物考古研究所编：《居延新简释粹》，兰州大学出版社 1988 年版，第 52 页。

④ （东汉）班固撰，（唐）颜师古注：《汉书》，中华书局 1964 年版，第 2287 页。

2017：□檄□曰：亭卒一人，候望徼迹，画治天田，人力不足。

（一）戍卒"日迹"

"日迹"是将士戍边的重要工作，他们在一定范围内执行巡逻守边的重要防御任务。我们先来看看戍卒的日迹简。在《金关汉简》中关于戍卒日迹的简文不多，我们来看《居延新简》的例子。文例如下：

EPT43.32：临木隧卒三人。卒陈卢，癸未日①尽壬辰，积十日，毋人马兰越塞天田出入迹。卒氾□，癸巳日迹尽壬寅，积十日，毋人马兰越塞天田出入迹。卒苏汉，癸卯日迹尽壬子，积十日，毋人马兰越塞天田出入迹。凡积卅日。

18.8：卒郭钤，乙酉迹尽甲午，积十日。卒董圣，乙未迹尽甲辰，积十日。卒郭赐之，乙巳迹尽癸未，积九日。凡迹廿九日，毋人马兰越塞天田出入迹。

257.19：十月戊寅。卒董益迹尽丁亥十日，十月戊戌卒王借迹尽丁未十日，十月戊子卒王相迹尽丁酉十日，凡卅日迹。毋越塞出入迹。

以上简文 EPT43.32 是临木隧某月的日迹簿，共三位戍卒日迹，"卒陈卢，癸未日迹尽壬辰，积十日"。是隧卒陈卢从癸未到壬辰，共日迹十日②。本简日迹分工是：临木隧某月日迹，前十天是陈卢日迹，中间十天是氾（日迹，后十天是苏汉日迹，共积三十日。简所记录的日迹信息也证明了，戍卒日迹三人一组，以一月三十天或二十九天为一个基本时间单位。这样，我们得出结论：戍卒日迹以三人为一组，以一个月为一次任务的基本时间单位，三个人平均分担任务。戍卒"日迹"的时间应该有具体的规定。邢义田《汉代边塞军队的给假、休沐与功劳制——读〈居延新简〉札记之二》："可知三名戍卒每人轮一日，隔两

---

① 此处漏"迹"字，应该是"癸未日迹尽壬辰，积十日"。

② 吴超《天田与土河》认为，"乙酉迹尽甲午积十日"是对天田的管理（《敦煌研究》2004 年第 5 期）我们认为，这句话不是对天田的管理，而是戍卒日迹的记录。

天轮到一次。一个月每人仍是日迹十天，但轮法不同。其他也有十五日一轮的。"①

通过对汉简的穷尽收录，我们还发现一些信息。戍卒三人一组完成一个月的日迹工作，如果其中一人有外派事务，本月的日迹工作就由另外两个戍卒共同完成：

132.29：雔光九月癸未尽丁酉，积十五日迹，李安九月戊戌尽壬子，积十五日迹，赵赐九月旦省诣莢。凡积卅日□□

我们还发现一些信息，对戍卒的日迹工作也可以灵活处理。烽燧按一个月为时间单位安排三位戍卒为一组完成日迹工作，本组某位戍卒临时被抽调做别的事，同一组的另外两位戍卒就要负责本组本月的全部日迹任务。如果被派遣新任务的是两位戍卒，那本组的所有日迹任务都交由剩下的那位戍卒完成。如果本组的戍卒在期中接受新任务，由其他组的戍卒接手完成本月的日迹任务。

戍卒一月的日迹，对每个人都有详细的记录，这样的记录帮助我们对戍卒日迹有了更清楚的认识：

EPT56.31：不侵燧卒更日迹名：郭兔，乙亥、戊寅、辛巳、甲申、丁亥、庚寅、癸巳、丙申、己亥、辛丑、癸卯。李常有，丙子、己卯、壬午、乙酉、戊子、辛卯、甲午、丁酉、庚子、壬寅。李相夫，丁丑、庚辰、癸未、丙戌、己丑、壬辰、乙未、戊戌、省，不迹。

本月二十九天，不侵燧由郭兔、李常有、李相夫三人日迹，其中李常有日迹十天，李相夫日迹八天，其中一天记录为"省，不迹"，当是有外派任务，这一天由郭兔代为日迹，故本月郭兔日迹十天，外加一天，共十一天。

前面提及的这些文例，反映了戍卒日迹的时间规定，没有提及对空间

<hr>

① 邢义田：《汉代边塞军队的给假、休沐与功劳制——读〈居延新简〉札记之二》，李学勤主编，林剑鸣、谢桂华副主编：《简帛研究》（第一辑），法律出版社 1993 年版，第 200 页。

范围的要求。我们在《敦煌汉简》中搜录了一些残泐的汉简，残存的文意可以提供一些信息。文例如下：

> 1392A：十二月戊戌朔，博望隧卒旦微迹，西与青堆隧卒会界上，刻券。／屯
>
> 1392B：十二月戊戌朔，青堆隧卒旦微迹，东与博望隧卒会界上，刻券。／显明

简 1392A、1392B 面分别记载了相邻两隧戍卒日迹到双方交会的边界处，双方戍卒刻券为证，并署名。A 面是博望隧卒屯与西边青堆隧日迹戍卒交会边界上，刻券为证并署名。B 面是青堆隧卒显明与东边博望隧日迹戍卒交会边界上，刻券为证并署名。简 1392A、1392B 面提供的信息非常丰富，青堆隧与博望隧地界相邻，青堆隧在东边，博望隧在西边。双方戍卒仅在本隧完成日迹任务，不得越界，也不能不尽界。相邻隧的日迹戍卒可以共同刻券签字，可见当时的日迹工作不是某个隧的单独行为，而是整个边塞地区作为一个整体的系统边防工程，各隧之间相互协作，时间地点都有明确规定或约定，不同的烽燧之间才会有共同默契。

戍卒人数众多，相互之间很可能不认识，相邻两个烽燧的隧卒虽然日迹时有工作的接洽，但如果日迹戍卒换人了或其他什么原因，戍卒之间并不认识，这就影响到工作的开展，所以在他们日迹的时候，要用一定的凭证来证明他们的身份，在《居延新简》中有隧长、候长"日迹符"，也被称为"迹符"，应该相当于今天的"工作牌"，表明"日迹"者的身份。文例如下：

> EPT65.159：鉼庭，月廿三日隧长日迹符，以夜半起，行诣官。
>
> EPT44.21：第廿三候长迹符左。
>
> EPT44.22：第廿三候长迹符右。

根据上面这些文例，针对戍卒日迹工作了解到这些信息：1. 戍卒日迹以三人为一组；2. 戍卒日迹以一个月为一期；3. 戍卒日迹范围是本燧。伊传宁《汉代西北戍卒研究——以居延汉简为中心》也说："戍卒日迹的

范围是以本燧为限。"①

戍卒日迹得出这样的结论：戍卒在本隧的日迹工作，以一个月为标准时间单位分配工作，承担日迹的戍卒编制在最基层的防御单位"亭""隧"，往往三人为一组，具体的日迹工作往往是一个人独行前往，三个戍卒分别完成十天左右的日迹任务，共同完成一个月的日迹工作；戍卒日迹在本隧范围内完成，携带身份符筹等，与邻隧日迹戍卒以相互刻券、签字为凭。

如果戍卒在日迹过程中发现有人出入的痕迹而不报，是要遭受处罚的：

> EPT51.411 日迹行廿三里，久视天田中，目玄，有亡人越塞出入☑它部界中。候长、候史直日迹，<u>卒坐匿不言迹</u>☑

（二）长官日迹

戍守边塞的戍卒要日迹，候长和候史也要日迹，他们的工作同戍卒相比，应该是既有相同点，也有差别。候长和候史可以分别"日迹"，但以共同"日迹"为常见。兹引录几枚简文如下：

> EPT58.35：候史安世，七月甲戌迹尽壬寅积廿九日，无越塞渡天田出入迹。
>
> 6.7：候长充，六月甲子尽癸巳积卅日，日迹从第四隧南界北尽第九隧北界，毋越塞兰出入天田迹。
>
> 24.15：候长武光、候史拓，七月壬子尽庚辰积廿九日，日迹从第卅隧北尽鉼庭隧北界，毋兰越塞天田出入迹。

上面的简文是候长、候史日迹简，候长、候史可以单独日迹，也可以一起日迹，候长、候史同时"日迹"的简文比较常见，可能候长、候史

---

① 伊传宁：《汉代西北戍卒研究——以居延汉简为中心》，硕士学位论文，西北师范大学，2011 年。

同时"日迹"属于常态。

候长和候史"日迹"的空间和时间比较有规律。时间总是以一月为标准进行登记，一个月有多少天就算多少天。从空间范围看，比戍卒日迹的范围宽，戍卒仅日迹本隧，而候长、候史日迹几个烽燧，都是"从某隧北（南）尽某隧北（南）界"，范围明显大了许多。这个日迹的空间范围，当是候长、候史的行政管辖区域"部"的范围。李均明《秦汉简牍文书分类辑解》："戍卒之日迹与候长、候史之日迹范围有区别：戍卒在自己烽燧周围日迹，约合汉里三里左右，路程较近。候长、候史所在部范围之日迹，跨越多座烽燧，路程达二十汉里左右。"①

"天田"是边塞用作侦察敌人出入踪迹的沙田，"僵落"是古代用以遮护城邑或营寨的防御设施，故二者常常连用。侯丕勋《"天田"义源及具体制度——简牍研究的一点初步想法》："'僵落'与'天田'并存。"②我们认为，"僵落"与"天田"都是边塞的防御设施，故二者并存，在汉简中二者有连用：

> 73EJT24：369：☑助治天田强落名县爵里年☑
> 239.22：☑来南渡临莫隧强落天田☑

"僵落"与"天田"都是边塞的防御设施，故二者多搭配使用。

【枔柱】

在《金关汉简》中仅见一例"枔柱"：

> 73EJT30：214：六石弩一不正，负四算，转射皆不承长辟，枔柱一楿负二算。右新举。

---

① 李均明：《秦汉简牍文书分类辑解》，文物出版社 2009 年版，第 341 页。
② 侯丕勋：《"天田"义源及具体制度——简牍研究的一点初步想法》，《西北师大学报》（社会科学版）1996 年第 1 期。

还有一例"兰柱"：

73EJT26：43：毋适隧<u>兰柱</u>。

在同质简中，"枱柱"的例子有 8 例：31.6，31.9；68.95；266.5，266.22；EPT59.23；EPW63；EPT52.595；EPT57.108；99ES17SH1：12。"枱柱"也叫"山枱柱"，见于《居延新简》，共有 2 例：EPT40.132；EPT53.118。

按："枱柱"应该就是"木桩"，在边防线主要用来系悬索。《居延新简释粹》："枱柱：安装悬索的木桩。"[1] 又说："枱柱，《说文》：枱，木也。即木柱。"[2] 宋代李诫《营造法式·钩阑》："阑楯谓之枱。"

根据汉简简文可知，"枱柱"出现在守御器简中与守御器归在一起，"枱柱"应该属于守御器。"枱柱"需要砍伐，即它的材质是木质的，"枱柱"以坚硬为主要特征，审计时就要看是坚挺还是易折：

31.6，31.9：伐枱柱、马柳六☑
EPT57.108B：●第十七燧长常有，亭不涂，茭薪少三石，枱柱计不坚，毋非常屋，沙窆少一，县索缓，羊头石少二百，表小币，毋深目……沙灶少一，枱柱二十不坚。
EPT52.595：滞□易折枱柱毋□☑
EPW63：枱柱二折，负二算。

"枱柱"的功能是否实现，取决于其是否具有强大的承受力，如果"不坚"，就容易折断而没有价值，所以审计就得关注是否"坚"。简31.6，31.9中有"伐枱柱、马柳"，把"枱柱""柳"放在一起作为砍伐

---

[1] 薛英群、何双全、李永良注，甘肃省文物考古研究所编：《居延新简释粹》，兰州大学出版社 1988 年版，第 52 页。
[2] 薛英群、何双全、李永良注，甘肃省文物考古研究所编：《居延新简释粹》，兰州大学出版社 1988 年版，第 126 页。

的对象，二者具有相同相近的特征。《说文·木部》："柳，马柱。"① 《玉篇·木部》："柳，系马柱也。"② "柳"是用来系马的柱子，与"柳"共现的"枔柱"当与其有相似的功能。

> EPT59.23：第三隧长见。卒一人见。天田皆画，县索完，枔柱完。
> 99ES17SH1：12：☑葆塞天田延袤三里七十□☑用枔柱五百一十七枚☑用绞千七百五十二丈☑

"枔柱"与"县索"配套出现，作为守御器出现的"枔柱"与"县索"，当是以"枔柱"为立柱，"县索"系于其上。我们还看见守御器简中有"绞"，用量相当大，其当为"县索"的原材料。《礼记·杂记上》："小敛，环绖，公大夫士一也。"郑玄注："环绖者，一股所谓缠绖也。"孔颖达疏："知以一股所谓缠绖者，若是两股相交，则谓之绞。"③ "绞"，用两股条状物拧成的绳索。在《居延汉简》中也有"绞"的文例，当与此相关。例如下：

> 146.92：今日，入绞廿五丈☑

"枔柱"也叫"山枔柱"，可能因其使用地点而得名：

> EPT40.132 ☑解除二人，作十人。山枔柱率☑
> EPT53.118　　☑卅八人，山枔柱。

"枔柱"与"天田"配合，在天田外围防御敌人的侵入。

> 99ES17SH1：12：☑葆塞天田延袤三里七十□☑用枔柱五百一十

---

① （东汉）许慎：《说文解字》［影印（清）陈昌治刻本］，中华书局1978年版，第124页。

② （南朝梁）顾野王：《宋本玉篇》（影印本），北京市中国书店1983年版，第233页。

③ （清）阮元校刻：《十三经注疏》，中华书局1980年版，第1556页下。

七枚☐

侯丕勋《"天田"义源及具体制度——简牍研究的一点初步想法》："用以警示敌人的'柃柱'与'县索',以及用于通水和戍边吏卒出入塞的'水门'。这些具有不同特点、起着不同御敌作用的军事设施,在御敌这一点上与'天田'相关联。"① 又说:"在险关、要塞和某些隧辖境内,设有'县索'和'柃柱',且与'天田'临近、走向一致;察看'县索'、'柃柱',也是戍边吏卒'日迹'的基本任务。但从根本上说来,'县索'与'柃柱'是临近'塞天田',用以警示敌人的设施或标识,不可能是'塞天田'的组成部分。"②

第二节　兵器及兵器部件词语

《金关汉简》中出现的兵器及部件词语共 68 个。根据兵器的外形及功能,将《金关汉简》中这些兵器划分为几类:长兵器、短兵器、远射武器、兵器配件及其他。这 68 个词语中,单音节 11 个,双音节 23 个,多音节 28 个。姚磊《〈肩水金关汉简〉所见戍卒史料考略》认为戍卒的兵器装备有:"矢、兰、兰冠、承弦、靳干、靳幡、枭长弦、三石具弩、四石具弩、橐矢、橐矢铜镞、弩幡、幡、大刀、有方、服等。其中主要是弩、矢以及盛放矢的器物,如兰、兰冠、弩幡、幡、服,还有弩的弦,如承弦、枭长弦等。"③

【矛】

《金关汉简》中的"矛"使用频率不高,有单独的"矛"(73EJT24:

---

① 侯丕勋:《"天田"义源及具体制度——简牍研究的一点初步想法》,《西北师大学报》(社会科学版)1996 年第 1 期。

② 侯丕勋:《"天田"义源及具体制度——简牍研究的一点初步想法》,《西北师大学报》(社会科学版)1996 年第 1 期。

③ 姚磊:《〈肩水金关汉简〉所见戍卒史料考略》,《中国边疆史地研究》2018 年第 4 期。

246；73EJT27：5），有“长矛”（73EJT23：1040），“方銎矛”（73EJT37：1151），还有一例“虎文矛柲”（73EJD：11）。《居延汉简》中也有 1 例“长矛”。

> 73EJT24：246：□石具弩一，承弩二，稾矢二百，寅矢六十，矛二，瞀一，铁甲一，铁鞮铠一。
>
> 73EJT23：1040：铠鍉瞀各一，长矛二，铠甲鞮瞀各三，革甲鞮各四，幡三。
>
> 491.2：余长矛三，毋出入。

按：“矛”，古代的主要兵器。在长柄上装矛头，用于刺杀。殷周时矛头用青铜制成，至汉代盛行铁矛。《尚书·牧誓》：“称尔戈，比尔干，立尔矛。”① 《史记·仲尼弟子列传》：“（越王）送子贡金百镒，剑一，良矛二。”② 《释名·释兵》：“矛，冒也。”③

“矛”字也作“鉾、鈩、戎、𥎝”。“矛”的古文字形为“”，象形。《说文·矛部》：“矛，酋矛也，建于兵车，长二丈。象形。”④ 徐锴系传：“酋矛，长矛也。”⑤ 段玉裁注：“……象形。《考工记》谓之‘刺兵’，其刃当直。而字形曲其首，未闻。直者象其柲，左右盖象其英。《郑风》传云：‘重英，矛有英饰也。’《鲁颂》传云：‘朱英，矛饰也。’按：矛饰盖县毛羽。据郑笺，则《毛传》云‘重乔，累荷也’者，所以县毛羽也。”⑥

“矛”，就是“长矛”，《急就篇》卷三：“矛铤镶盾刃刀钩。”颜师古

---

① （清）阮元校刻：《十三经注疏》，中华书局 1980 年版，第 183 页上。

② （西汉）司马迁撰，（南朝宋）裴骃集解，（唐）司马贞索隐，（唐）张守节正义：《史记》，中华书局 1959 年版，第 2199 页。

③ （东汉）刘熙：《释名》，王云五主编：《丛书集成初编》，商务印书馆 1936 年版，第 111 页。

④ （东汉）许慎：《说文解字》［影印（清）陈昌治刻本］，中华书局 1978 年版，第 300 页。

⑤ （南唐）徐锴：《说文解字系传》，中华书局 1987 年版，第 272 页。

⑥ （清）段玉裁注，许惟贤整理：《说文解字注》，凤凰出版传媒集团、凤凰出版社 2007 年版，第 1249 页。

注："矛，酋矛也。长二丈。"《战国策·齐策五》："矛戟折。"鲍彪注："矛，酋矛也。"《诗经·秦风·无衣》："修我戈矛。"毛传："戈，长六尺六寸；矛，长二丈。"①《周礼·考工记·庐人》："酋矛当有四尺，夷矛三寻。"郑玄注："八尺曰寻，倍寻曰常。酋夷，长短名。"②王震《古兵器"有方"考证》推算："短矛长 20 尺，约 4.6 米，长矛长 24 尺，约 5.5 米。"③

在《金关汉简》中有"矛"，还有"长矛"。"长矛"即"长柄矛"。想来其柄应该比"矛"的"长二丈"还要长。"长矛"也叫"戛"。《文选·张衡〈东京赋〉》："立戈迤戛，农舆辂木。"李善注："戛，长矛。"④

在传世文献中，最早的"长矛"例子出现在《三国志》中，《三国志·魏志·典韦传》："太祖募陷陈，韦先占，将应募者数十人，皆重衣两铠，弃楯，但持长矛撩戟。"⑤《金关汉简》的例子，把"长矛"的出现时间提前了。

《金关汉简》还有"方銎矛"：

> 73EJT37：1151：赋阁已归。东部卒四人以众人出胍，北辟外垣西面□程令士吏将余卒持五人食，诣驷望并持方銎矛归之。

銎，装柄的孔。《说文·金部》："銎，斤斧穿也。"⑥段玉裁注："穿者，通也。《诗释文》作'斧空也'三字，谓斤斧之孔，所以受柄者。《豳风》毛传曰：'方銎曰斨，隋銎曰斧'，隋谓狭长。"⑦《诗经·豳风·七月》："取彼斧斨。"毛传："斨，方銎也。"⑧《说文·斤部》："斨，方

---

① （清）阮元校刻：《十三经注疏》，中华书局 1980 年版，第 373 页下。

② （清）阮元校刻：《十三经注疏》，中华书局 1980 年版，第 926 页中。

③ 王震：《古兵器"有方"考证》，《内蒙古社会科学》（汉文版）2009 年第 1 期。

④ （南朝梁）萧统编，（唐）李善注：《文选》，上海古籍出版社 1986 年版，第 113 页。

⑤ （西晋）陈寿撰，（南朝宋）裴松之注：《三国志》，中华书局 1971 年版，第 544 页。

⑥ （东汉）许慎：《说文解字》［影印（清）陈昌治刻本］，中华书局 1978 年版，第 295 页。

⑦ （清）段玉裁注，许惟贤整理：《说文解字注》，凤凰出版传媒集团、凤凰出版社 2007 年版，第 1227 页。

⑧ （清）阮元校刻：《十三经注疏》，中华书局 1980 年版，第 390 页中。

銎斧也。"① 其实，矛刃下口安装柄处也叫"銎"。《輶轩使者绝代语释别国方言·卷九》："骹谓之銎。"郭璞注："銎，即矛刃下口。"② 古代对武备"穿"的记载比较讲究，形状是圆还是方往往明确。古文中多见"方銎斧"，未见"方銎矛"。"矛"下口以圆形为常见，方形少见。"方銎矛"即矛刃下口是方形穿的矛。"圆銎矛""方銎矛"分别见图9、图 10。

图 9　圆銎矛

图 10　方銎矛

《金关汉简》还有"虎文矛柲"一例：

73EJD：11：建始四年计，余虎文矛柲卌七，毋出入，可缮。

柲，柄。《周礼·考工记·庐人》："戈柲六尺有六寸。"郑玄注：

---

① （东汉）许慎：《说文解字》［影印（清）陈昌治刻本］，中华书局 1978 年版，第 299 页。
② （西汉）扬雄撰，（晋）郭璞注，（清）戴震疏证：《輶轩使者绝代语释别国方言》，《丛书集成初编》本，商务印书馆 1985 年版，第 84 页。

"柲，犹柄也。"① 《左传·昭公十二年》："工尹路请曰：君王命剥圭以为戚柲。"杜预注："柲，柄也。破圭玉以饰斧柄。"② "虎文矛柲"，当是虎文的矛柄。"虎文"是汉代武官服。《后汉书·舆服志下》："虎贲将虎文绔，白虎文剑佩刀。虎贲武骑皆鹖冠，虎文单衣。"③ 于省吾《骈续》："金文'矛'上象其锋，中象其身，下端有銎，所以纳柲，一侧有耳，耳有孔，盖恐纳柲于銎之不固，以绳穿耳以缚之，亦有两侧有耳者。"对"矛"的结构外形描述得比较完整。

【鈇】

"鈇"在《金关汉简》中仅见一例：

> 73EJF3：269＋73EJF3：597：右十人董猛掌。受鈇二，斤斧各一，锸二，锯二。

按："鈇"，就是今天的铡刀，往往用来铡草。《说文·金部》："鈇，莝斫刀。从金夫声。"④ 段玉裁注："鈇，斫莝刀也。……莝者，斩刍也。斩刍之刀今之铡刀。"⑤ 《汉书·尹翁归传》："豪强有论罪，输掌畜官，使斫莝，责以员程，不得取代。不中程，辄笞督，极者至以鈇自刭而死。"颜师古注："鈇，斫莝刃也，音大夫之夫。使其斫莝，故因以莝刃自刭。"⑥ 《汉书·戾太子刘据传》："忠臣竭诚不顾鈇钺之诛，以陈其愚，志在匡君安社稷也。"颜师古注："鈇，所以斫人，如今莝刃也。"⑦ 《字源·金部》："鈇字本义为割草之刀。"⑧ 我们认为是铡草的

---

① （清）阮元校刻：《十三经注疏》，中华书局1980年版，第926页中。

② （清）阮元校刻：《十三经注疏》，中华书局1980年版，第2064页中。

③ （南朝宋）范晔、（晋）司马彪撰，（唐）李贤、（南朝梁）刘昭等注：《后汉书》，中华书局1965年版，第3670页。

④ （东汉）许慎：《说文解字》[影印（清）陈昌治刻本]，中华书局1978年版，第298页。

⑤ （清）段玉裁注，许惟贤整理：《说文解字注》，凤凰出版传媒集团、凤凰出版社2007年版，第1239页。

⑥ （东汉）班固撰，（唐）颜师古注：《汉书》，中华书局1964年版，第3208—3209页。

⑦ （东汉）班固撰，（唐）颜师古注：《汉书》，中华书局1964年版，第2745—2746页。

⑧ 李学勤主编：《字源》，天津古籍出版社2013年版，第1235页。

刀具。

铡刀用来铡草，也可以用来作为腰斩的刑具。《史记·项羽本纪》："约共攻秦，分王其地，南面称孤；此孰与身伏锧质。"司马贞索隐："《公羊传》云：'加之锧质。'何休云：'要斩之罪。'崔浩云：'质，斩人椹也。'又郭注《三苍》云：'质，莝椹也。'"① 《说文·金部》："锧，莝斫刀。"② 段玉裁注："《礼记》屡言'锧铖'。《秋官·掌戮》注曰：'斩以锧铖，若今要斩；杀以刀刃，若今弃市。'"③

"锧"就是"铡刀"。

在《居延新简》中有一个词"蕙秒坐"，意思也是"铡刀"，与之相当。

> 89.13：大苇箧一，狗三枚，……<u>蕙秒坐</u>四，书箧一，写娄一，封完。

"蕙秒坐"，就是修剪枝条、铡碎草料的刀具。"蕙"是杂草或乱生斜出的旁枝枯枝，"秒"是突然长出并高于其他枝条的嫩枝，"蕙"和"秒"都是需要修剪的枝条。"坐"，作"剉"理解，是切碎草料的刀具。④

【有方】

"有方"在《金关汉简》中出现频率比较高，共 21 例，出现在以下简文中：73EJT2：28；73EJT21：99；73EJT21：167；73EJT21：273；73EJT21：326；73EJT24：114；73EJT24：260；73EJT24：543；73EJT24：547；73EJT24：565；73EJT24：769；73EJT24：794；73EJT24：840；73EJT24：899；73EJT26：228；73EJT26：2；73EJT28：127；73EJT29：60；73EJF1：124；73EJF3：446；73EJH1：18。略举 2 例如下：

---

① （西汉）司马迁撰，（南朝宋）裴骃集解，（唐）司马贞索隐，（唐）张守节正义：《史记》，中华书局1959年版，第308—309页。

② （东汉）许慎：《说文解字》［影印（清）陈昌治刻本］，中华书局1978年版，第298页。

③ （清）段玉裁注，许惟贤整理：《说文解字注》，凤凰出版传媒集团、凤凰出版社2007年版，第1239页。

④ 见聂丹《〈居延汉简〉中的"蕙秒坐"》，《衡阳师范学院学报》2018年第2期。

73EJT21：99：戍卒巨鹿郡南䜌西始里孙义。年卅四，长七尺三寸，黑色。大刀一，<u>有方</u>一。

73EJF3：446：张掖郡䮺得骑士富安里黄立，年二十二。<u>有方</u>一。

"有方"在同质简中共出现54次，出现在以下简文中：7.25；10.37；14.2；14.8；33.12；40.5；50.3；87.13；112.23；※120.75；163.15；163.15B；214.126；232.31；239.81；287.10；311.2；511.9；512.24；515.1；522.4；544.1；EPT20.3；EPT51.111；EPT51.113；EPT51.185；EPT51.209；EPT51.372；EPT51.388；EPT51.592；EPT51.633；EPT52.196；EPT52.366；EPT52.408；EPT52.465；EPT53.3；EPT53.116；EPT57.2；EPT58.6；EPT58.31；EPF8.2、8.3；EPS4T2.1；EPS4T2.68；824；1040；1150；1154B；1564；1664；1687；1735；1822；2000ES9SF4：29。

按："有方"，一种兵器。罗振玉、王国维《流沙坠简·屯戍丛残考释·器物类二十九》："有方，亦兵器也。"① 《居延新简释粹》："有方：兵器。"②

73EJT24：114：☑剑一，右官兵；<u>有方</u>一，右卒兵。

73EJT28：127：☑<u>有方</u>一，右戍卒兵。

下面这枚简文显示，"戍卒"配备的"有方"是由官府统一生产的。简311.2戍卒"□丘定"的"有方"属于"卒兵"，是"居延都尉府"配备来的。

311.2：第廿隧卒□丘定。<u>有方</u>一，刃生。右卒兵受居延。

---

① 罗振玉、王国维：《流沙坠简》（影印本），中华书局1934年初版，1993年再版，第179页。

② 薛英群、何双全、李永良注，甘肃省文物考古研究所编：《居延新简释粹》，兰州大学出版社1988年版，第87页。

或许当时"居延"地区盛产"有方"，有专门的"有方"加工基地，我们在《居延新简》中发现一枚简文，称"居延有方"：

EPT51.209：箕山隧卒鱍得安成里范齐。六石具弩一。弩韬一。兰一，毋冠。稾矢铜镞百，少一。居延有方四。

我们也见到一例"官有方"：

87.13：☑□菜，持官有方一。

这些简文反映出居延地区有"有方"的生产基地，极有可能是都尉府的兵工厂。

《金关汉简》的"有方"文例是很多，除了明确其是一种武器外，没有见到更多、更详细的信息。我们在字典辞书中没有找到"有方"的相关信息，穷尽地搜罗了古代文献，只在《韩非子》和《墨子》中各找到一例：

《韩非子·八说》："搢笏干戚，不适有方铁铦；登降周旋，不逮日中奏百。"陈奇猷《韩非子新校注》："有方，未详。"（页）

《墨子·备水篇》："二十船为一队，选材士有力者三十人共船，亓二十人，人擅有方，剑甲鞮瞀，十人，人擅苗。"（页）

尹桐阳《墨子新释》："有方，守械之名。"孙诒让认为："'矛'误作'方'，则此'方'亦'矛'之误。……疑亦当作'亓十二人，人擅酋矛'。"[1] 李均明在《尹湾汉墓出土"武库永始四年兵车器集簿"初探》中认为："有方，载类长兵。"[2] 劳干在《居延汉简考证》中说："今按古

---

[1] 尹桐阳：《墨子新释》，1914 年衡南学社印本，第 154 页。

[2] 李均明：《尹湾汉墓出土"武库永始四年兵车器集簿"初探》，载连云港市博物馆、中国文物研究所编《尹湾汉墓简牍综论》，科学出版社 1999 年版，第 107 页。

兵器之类属，略可分为长兵及短兵；短兵为刀剑，而长兵为矛戟也。简牍中有方与刀剑并记，则有方应非刀剑。又据《墨子》，有方与长兵之矛同用于战船，则有方应亦为长兵矛戟之属。……有方者，即矛刃上之铁横方，亦即是矛头之戟。其铁横方即戟之铁刃也。"岑仲勉据"有方"用于水战推测"有方"是用来掘土的锄头："考粤俗常呼锄为'鄹'，邦、方古音甚相近，方即锄也，毁堤先锄土，故'方'为必携之用具……'方'应与锹、镢相当，而镢即大锄，可证'方'为'鄹'之古语。"① 岑仲勉根据方言古音，认为"方"是"鄹"之古语，"方"作锄头理解。孙诒让认为，"有方"作"酋矛"理解。吴毓江《墨子校注》认为"有方"是"盾"。张伟在《敦煌汉简中的兵器》中说："我们可以判断，有方、有句、句戟、句（勾）兵、钩戟其实是指一种兵器，这种兵器的起源就是西周早期的刀戈合体式兵器，习称钩戟。当然，有方并非单指钩戟，而应该是由钩戟演变而成的一种兵器。"② 黄登茜在《汉简兵簿与汉代兵器论考》中认为："有方即是一种木柄铁刃，刃部下端带有曲钩的矛形兵器，而不是戟之铁刃或戟之别名甚或是其他什么东西。"③

《墨子·备水》："二十船为一队，选材士有力者三十人共船，亓二十人，人擅有方。"据此可知，有方是可以用在战船上攻击敌人的武器。在西北边塞，有肩水河、额济纳河，与"有方"在水面防御的功能相契合。

"有方"在文献中相关资料极少，而《金关汉简》和同质简中的用例却相当多。前文提及《金关汉简》中"有方"有 21 例，同质简中"有方"有 54 例，如此多的文例，可以肯定"有方"不但是一种武器，还是一种很适应西北边塞使用的武器。

关于"有方"是什么样的兵器，我们不得而知。对于"有方"的外形，魏璐梦《〈肩水金关汉简（贰）〉词汇专题研究》："戟旁支利于勾拉与横撃，有方尖刺利于前刺叉刺。且汉初尖刺还不明显，到魏晋尖

---

① （清）岑仲勉：《墨子城守各篇简注》，《新编诸子集成》，中华书局 1958 年版，第 50 页。
② 张伟：《敦煌汉简中的兵器》，硕士学位论文，西北师范大学，2011 年。
③ 黄登茜：《汉简兵簿与汉代兵器论考》，硕士学位论文，西北师范大学，2001 年。

刺加长。"① 沈刚《居延汉简语词汇释》："旁支伸出有上翘为尖刺，双刺朝前，无回钩功能。"② 王震、庄大钧《有方训释辨正及其形制发展》："有方最初是一种矛锛组装的戟型短兵，大约在两汉时期逐步发展演变为所谓'铖戟'的形制。"③ 又根据"有方"在文献中的使用，认为其具有挖地功能，又根据文献中"有方"多与"矛戟"连用，认为锛、矛结合体就是"有方"。④ 张小锋《"有方"考论》："有方是戟发展演变过程中出现的一个新种类。"⑤ 关于"有方"是长兵器，还是短兵器，研究者说法不一。王震根据《墨子·备水》原文分析，认为："有方在攻城之敌以水淹城时可用于决毁敌人堤坝，掘土是其重要功用之一。"⑥

李均明《尹湾汉墓出土"武库永始四年兵车器集簿"初探》："有方，戟类长兵，旁枝伸出又上翘为钩刺，戟刺与旁枝及上翘之枝刺之间三折成近似方形的两个直角，故称。"⑦ 魏璐梦《〈肩水金关汉简（贰）〉词汇专题研究》："戟刺与旁支以及上翘的尖刺之间近似方形，故称为'有方'。"⑧ 据此，我们认为"有方"可能的样子，当如图11。

《敦煌汉简》《居延汉简》也有零星的残断简文可知"有方"的信息：

824：有方一，刃小缺，生。

1150：有方一，刃缺，生。

311.2：有方一，刃生。

---

① 魏璐梦：《〈肩水金关汉简（贰）〉词汇专题研究》，硕士学位论文，华东师范大学，2016年。

② 沈刚：《居延汉简语词汇释》，科学出版社2008年版，第78页。

③ 王震、庄大钧：《有方训释辨正及其形制发展》，《江汉考古》2008年第4期。

④ 王震、庄大钧：《有方训释辨正及其形制发展》，《江汉考古》2008年第4期。

⑤ 张小锋：《"有方"考论》，《历史教学》（高校版）2008年第6期。

⑥ 王震：《古兵器"有方"考证》，《内蒙古社会科学》（汉文版）2009年第1期。

⑦ 李均明：《尹湾汉墓出土"武库永始四年兵车器集簿"初探》，连云港市博物馆、中国文物研究所编：《尹湾汉墓简牍综论》，科学出版社1999年版，第107页。

⑧ 魏璐梦：《〈肩水金关汉简（贰）〉词汇专题研究》，硕士学位论文，华东师范大学，2016年。

图 11 有方

据简文看，"有方"是有"刃"的兵器，且"刃"会缺损。《说文·刃部》："刃，刀坚也。象刀有刃之形。"[1] 这些有方的"刃"已经残缺。残缺的"刃"表明其用在坚硬的地方，在同质简中，除了"有方"外，还有一例"斧头"残缺的例子："守御器簿。长斧三，皆缺敝。"（506.1）"生"，于豪亮《居延汉简丛释》："刃生，为'刃崖'之误释，'刃崖'必是指刀刃生锈。"[2] 这个观点遭受日本学者大川俊隆的反驳。明代宋应星《天工开物·五金》："凡铁分生、熟，出炉未炒则生，既炒则熟……凡造生铁为冶铸用者，就此流成长条、圆块、范内取用。""刃生"，是"刃"用生铁做成。

"有方"还用"缇"装饰：

73EJT21：326：受降隧有方一，用缇五寸。

---

① （东汉）许慎：《说文解字》［影印（清）陈昌治刻本］，中华书局 1978 年版，第 93 页。

② 于豪亮：《于豪亮学术文存》，中华书局 1985 年版，第 195 页。

"缇"，本来是指一种颜色。《说文·糸部》："缇，帛丹黄色。"① 在汉简中有用颜色表明这个颜色的物件的惯例。如"绛、缥、素、皁"都是颜色词，但在汉简中也有用来指这个颜色的布帛。"出钱廿八买绛。"（73EJT1：233）；"用绛一匹，用布十八匹。"（EPT40.6）；"缥一匹，直八百。……皁二丈五尺，直五百。"（284.36）；"素一尺，……绛尺五寸。"（132.20B）；"徐路人等以治舆地图，帛薄毋余素。"（217.7，49.15）。

简文中的"缇"，是一种挂在"有方"上面的丹黄色缨带。《周礼·春官宗伯·司服》："凡兵事，韦弁服。"郑玄注："今时伍伯缇衣，古兵服之遗色。"贾公彦疏："今时伍伯缇衣，古兵服之遗色者，郑取韎为赤色，韦犹以为疑，故举汉事以为沉，言伍伯者，伍者，行也，伯，长也。谓宿卫者之行长，见服缇赤之衣，是古兵服赤色，遗象至汉时，是其兵服赤之验也。"②《急就》篇卷二："绛缇絓绸丝絮绵。"颜师古注："缇，黄赤色也。"王应麟补注："黄氏曰：缇，缊也，古兵服赤色。补曰：《周礼》注：今亭长著绛衣。今时伍伯缇衣。"《仪礼·聘礼》："君使卿韦弁，归饔饩五牢。"郑玄注："韦弁，韎韦之弁，兵服也。"贾公彦疏："王之吉服有九祭，服之下，先云兵事韦弁服，后云视朝皮弁服，则韦服尊于皮弁。……《司服》注郑引《春秋传》曰：……附注又云：'今时伍伯缇衣，古兵服之遗色。'故知用韎韦也。韎即赤色，以赤韦为弁也，云兵服者，《司服》云：凡兵事韦弁服，故云兵服也。"③

"缇"，是古代的军旅色，用于"有方"上正符合这样的颜色需求。

据《金关汉简》及同质简看，"有方"多为戍卒随身携带。方便携带的武器，想来不会太长。简512.24戍卒"朱广德"配备的"有方"是借用的。"戍卒"配备"有方"数量绝大多数为一，可能都是随身携带的。举2例简文：

512.24：戍卒昌邑国西邨西土里朱广德，假<u>有方</u>一，完。

---

① （东汉）许慎：《说文解字》［影印（清）陈昌治刻本］，中华书局1978年版，第274页。
② （清）阮元校刻：《十三经注疏》，中华书局1980年版，第782页上。
③ （清）阮元校刻：《十三经注疏》，中华书局1980年版，第1059页中。

33.12：俱起燧戍卒䉤得成汉里徐偃。<u>有方</u>一。

"候长""候史""隧长"等边塞领导也配备"有方"，文例不多，他们使用"有方"的量不是很大：

EPT52.408：士吏、候长、候史还盾、<u>有方</u>，课言府。

112.23：第五隧长赵延年。<u>有方</u>二，破。

2000ES9SF4：29：第四候史郅谭<u>有方</u>二。

而在《居延汉简》中，有简文明确"余有方五十四"，可见此处有大量"有方"，可能是"有方"的加工基地或储存点，烽燧需要使用时，可以借用。

515.1：今余有方五十四。

【剑】

"剑"，在《金关汉简》中出现频率很高，共 60 例，见于如下简：
73EJT1：6；73EJT1：7；73EJT1：24；73EJT1：25；73EJT1：26；73EJT1：153；73EJT1：184；73EJT1：186；73EJT1：283；73EJT2：7；73EJT2：34；73EJT4：3；73EJT4：33；73EJT5：26；73EJT5：38；73EJT5：73；73EJT5：90；73EJT5：100；73EJT6：53；73EJT7：5；73EJT9：82；73EJT9：93；73EJT9：106；73EJT9：160；73EJT10：104；73EJT10：129；73EJT10：268；73EJT10：293；73EJT10：382；73EJT10：494；73EJT21：147；73EJT21：163；73EJT21：226；73EJT23：937；73EJT21：252；73EJT23：970；73EJT21：9；73EJT21：332；73EJT21：407；73EJT21：16；73EJT21：21；73EJT21：49；73EJT22：15；73EJT22：32；73EJT22：34；73EJT22：59；73EJT22：124；73EJT22：134；73EJT23：158；73EJT14：9；73EJT23：462；73EJT23：644；73EJT23：769A；73EJT23：773；73EJT23：774；73EJT23：830；73EJT24：114；73EJT24：122；73EJT24：129；73EJT24：241。略举两

例如下：

> 73EJT7：5：橐佗博望隧长解忧弟大男觻得寿光里孙青，<u>剑</u>一。
> 73EJT23：970：居延始至里宋毋害，牛车一两，弩一，矢十八，<u>剑</u>一。

按："剑"是一种两面有锋，中间有脊，柄短的短兵器。字亦作"鐱""劒"。《周礼·考工记·桃氏》："桃氏为剑，腊广二寸有半寸。"郑玄注："腊，谓两刃。"贾公彦疏："言'两刃'者，两面各有刃也。"① 这是关于"剑"的形制的最早记录。

"短剑"也称为"匕首"。《战国策·燕策三》："发图，图穷而匕首见。"《史记·刺客列传》："桓公与庄公既盟于坛上，曹沫执匕首劫齐桓公，桓公左右莫敢动。"司马贞索隐："刘氏云'短剑也'。《盐铁论》以为长尺八寸，其头类匕，故云'匕首'也。"② 三国魏曹冏《六代论》："汉祖奋三尺之剑，驱乌集之众，五年之中，而成帝业。"《周礼·考工记·桃氏》："身长五其茎长，重九锊，谓之上制，上士服之。身长四其茎长，重七锊，谓之中制，中士服之。身长三其茎长，重五锊，谓之下制，下士服之。"郑玄注："此今之匕首也。人各以其形貌大小带之。"贾公彦疏："云'此今之匕首也'者，汉时名此小剑为匕首也。云'人各以形貌大小带之'，解经上士中士下士，非谓三命为上士之属，宜以据形长者为上，次者为中，短者为下士。"③ 《史记·项羽本纪》："项籍少时，学书不成，去；学剑，又不成。项梁怒之。籍曰：'书足以记名姓而已，剑一人敌，不足学，学万人敌。'"④ 说明"剑"是一对一的搏斗武器。

---

① （清）阮元校刻：《十三经注疏》，中华书局1980年版，第915页下。
② （西汉）司马迁撰，（南朝宋）裴骃集解，（唐）司马贞索隐，（唐）张守节正义：《史记》，中华书局1959年版，第2516页。
③ （清）阮元校刻：《十三经注疏》，中华书局1980年版，第916页上。
④ （西汉）司马迁撰，（南朝宋）裴骃集解，（唐）司马贞索隐，（唐）张守节正义：《史记》，中华书局1959年版，第295—296页。原书作："项籍少时，学书不成，去学剑，又不成。"标点据文意改。

《释名·释兵》："剑，检也，所以防检非常也。又敛也，其在身拱时敛在臂内也。"①《说文·刃部》："剑，人所带兵也。从刃、金声。"②

《金关汉简》中的"剑"不仅出现时数量为"一"，且常与"牛车""大车""弓""矢""大刀"等共现，大多出现在通关文书中，当是属于个人随身携带的防身武器。我们引录内容完整或比较完整的几例简文如下：

73EJT21：16：河南郡雒阳充鱼里张宽，牛车一两，弩一，矢廿四，剑一。

73EJT23：773：鳞得安定里盖汉光午廿五，大车一两，牛一，剑一，弩一，矢十二。

73EJT9：82：河内温董里公乘李福，年廿六，长七尺二寸，黑色。轺车一乘，马一匹，剑一。

"剑"是随身携带的防身武器，《金关汉简》显示，"剑"还可以是由私人制造，二百五十钱一把：

73EJT23：769A：王子文治剑，二百五十。

"剑"是随身携带的有剑鞘包装严整的用来防身的扁长武器。"剑，从刃、金声。"从"金"得声的字有"整饬"义：

"袷"，"袷衽"，同敛衽，整饬衣襟以表恭敬。《战国策·楚策一》："一国之众，见君莫不敛衽而拜。""脸"，面部。南朝梁简文帝《妾薄命》："玉貌歇红脸，长颦串翠眉。""奁"，"妆奁"，收拾梳妆用品的器具。《说文·竹部》："奁，镜奁也。"③ 徐锴系传："奁，敛也，所以收敛

---

① （东汉）刘熙：《释名》，王云五主编：《丛书集成初编》，商务印书馆 1936 年版，第113 页。

② （东汉）许慎：《说文解字》［影印（清）陈昌治刻本］，中华书局 1978 年版，第 93 页。

③ （东汉）许慎：《说文解字》［影印（清）陈昌治刻本］，中华书局 1978 年版，第 97 页。

也。今俗作奁。"① 段玉裁注："别作匲，俗作奁。《广韵》云：'盛香器也。'"② 《后汉书·皇后纪·光烈阴皇后》："帝从席前伏御床，视太后镜奁中物，感动悲涕。"李贤注："奁，镜匣也。"③ "睑"，眼皮。《说文·目部》："睑，目上下睑也。"④ 《北史·姚僧垣传》："帝亲戎东讨，至河阴遇疾，口不能言，睑垂覆目，不得视。"⑤ "俭"，《说文·人部》："俭，约也。"⑥ 段玉裁注："约者，缠束也。俭者，不敢放侈之意。"⑦ "捡"，约束。汉代仲长统《昌言·杂编》："人之性有……广大阔荡者，患在无捡。"应验，即现实情况与预计情况一致："签"，《说文·竹部》："签，验也。"⑧ 徐锴系传："签出其处为验也。"⑨ 段玉裁注："验当作譣，占譣然不也。"⑩ "譣"，《说文·言部》："譣，问也。从言金声。"⑪ 段玉裁注："验在《马部》为马名。……今按，譣其正字也。譣训问，谓按问，与试验、应验义近。"也有"收敛"义。"敛"，收敛。《说文·攴部》："敛，收也。"⑫ 《尚书·洪范》："敛时五福，用敷锡厥庶民。"孔颖达疏："其福乃散于五处，不相集聚，若能五事皆敬，则五福集来归之，普敬五事，则是敛聚五福之道。"⑬ 殓，《释名·释丧制》："衣尸棺曰敛，敛藏不复见也。"⑭

---

① （南唐）徐锴：《说文解字系传》，中华书局1987年版，第87页。
② （清）段玉裁注，许惟贤整理：《说文解字注》，凤凰出版传媒集团、凤凰出版社2007年版，第343页。
③ （南朝宋）范晔、（晋）司马彪撰，（唐）李贤、（南朝梁）刘昭等注：《后汉书》，中华书局1965年版，第407页。
④ （东汉）许慎：《说文解字》［影印（清）陈昌治刻本］，中华书局1978年版，第73页。
⑤ （唐）李延寿：《北史》，中华书局1974年版，第2978页。
⑥ （唐）李延寿：《北史》，中华书局1974年版，第165页。
⑦ （清）段玉裁注，许惟贤整理：《说文解字注》，凤凰出版传媒集团、凤凰出版社2007年版，第659页上。
⑧ （东汉）许慎：《说文解字》［影印（清）陈昌治刻本］，中华书局1978年版，第98页。
⑨ （南唐）徐锴：《说文解字系传》，中华书局1987年版，第88页。
⑩ （清）段玉裁注，许惟贤整理：《说文解字注》，凤凰出版传媒集团、凤凰出版社2007年版，第1239页。
⑪ （清）段玉裁注，许惟贤整理：《说文解字注》，凤凰出版传媒集团、凤凰出版社2007年版，第56页。
⑫ （东汉）许慎：《说文解字》［影印（清）陈昌治刻本］，中华书局1978年版，第68页。
⑬ （清）阮元校刻：《十三经注疏》，中华书局1980年版，第189页下。
⑭ （东汉）刘熙：《释名》，王云五主编：《丛书集成初编》，商务印书馆1936年版，第132页。

从"仐"得声的字又有"细长"义。"荟","叶片细长的植物。《说文·艸部》:"荟,白荟也。"① 段玉裁注:"陆玑云:叶盛而细。""检",书检,长条形。《说文·木部》:"检,书署也。"② 《急就》篇卷三:"简札检署槧牍家。"颜师古注:"检之言禁也,削木施于物上,所以禁闭之,使不得辄开露也。"

据此,从"仐"得声的字,多有"细长""整饬"义素。我们也许可以反推出"仐"字的意思。"仐",《说文·亼部》:"仐,皆也。"③ 这是"仐"的引申义。"仐"的字形,在《金文编》作"仐",从"亼",从两个"卪","卪"像抬头祷告之形。我们认为"仐"是两个或多个"卪"整齐地抬头祷告。

罗蓓蕾《〈左传〉军事词语研究》:"'剑'的词源义为'收'。"④ 从"仐"得声的字,多有"整饬"义素。"剑"的得名与此有关:(1)"剑"的外形就是扁长的武器,中间有脊;(2)"剑"在《金关汉简》中多是"个人随身佩戴的"防身武器,对不规范、不合理、不合法的现象进行整饬。"剑"安放于剑鞘内,随身携带,是出行和重要仪式上完整衣装必不可少的装备。我们可以总结:"剑"是装在剑鞘内随身携带的武器,是重要仪式上必不可少的装备,多用来防身。

【弓、弩】

这一类除了有一例称为"弓"(73EJT23:971)以外,其余14例全部称为"弩"。

"弩",是"弓"的改良武器。在汉代西北边塞中称得上最有优势的远射武器,品类众多,有:弩(73EJT21:16)、承弩(73EJT23:145)、大黄弩(73EJT21:63B)、九石具弩(73EJT31:61)、八石具弩(73EJT23:399)、七石具弩(73EJT21:46)、六石弩(73EJT24:208)、六石具弩

---

① (东汉)许慎:《说文解字》[影印(清)陈昌治刻本],中华书局1978年版,第19页。
② (东汉)许慎:《说文解字》[影印(清)陈昌治刻本],中华书局1978年版,第124页。
③ (东汉)许慎:《说文解字》[影印(清)陈昌治刻本],中华书局1978年版,第108页。
④ 罗蓓蕾:《〈左传〉军事词语研究》,硕士学位论文,广西师范大学,2004年。

（73EJT22：112）、五石弩（73EJT21：382）、五石具弩（73EJT23：1024）、四石具弩（73EJT23：1062）、三石具弩（73EJT22：24）、三石承弩（73EJT22：112）、三石弩（73EJT22：33）。

按：《说文·弓部》："弓，以近穷远。象形。"① 王先谦疏证补："弓，穹也，张之穹隆然也。其末曰箫，言箫梢也；又谓之弭，以骨为之，滑弭弭也。中央曰弣，弣，抚也，人所持抚也。箫弣之间曰渊，渊，宛也，言曲宛也叶德炯曰：《老子·天之道》'其犹张弓乎。'"② 韩勇《汉简所见边塞兵器装备及其管理制度》："障隧戍卒没有配备弓，似乎只有边塞的骑士配备这种兵器，因为骑士在马上作战，如果用弩则不易操作，而使用弓却简单易操控。"③ 我们穷尽考察了《金关汉简》，共得带"弓"的简文 75 枚，其中涉及"骑士"的仅有 3 枚，说只有边塞骑士用"弓"，明显不符合事实。

《说文·弓部》："弩，弓有臂者。"④ "弩"有 13 种品类，即在《金关汉简》中就有 14 种称谓之多，说明当时的进攻武器，弓弩类占据了绝对的优势。简单划分，就有"承弩、具弩"或"官弩、私弩"之分；就拉力而言，在《金关汉简》中就有三石、四石、五石、六石、七石、八石的弩。同质简还有"大弩、小弩"之分，根据拉力看，还有达到十石，甚至十五石的弩⑤。除了对"弩"的划分很细，《金关汉简》中还有大量"弩"的部件以及储存"弩"的器物名称，由此推测，"弩"是汉代抵御外敌入侵的最常用武器。翦伯赞《秦汉史·序》："在器物的簿籍中，常见的兵器是弓矢，并常有领取铜矢的记录，因知当时驻防边塞的军队多为骑射部队，而且还在使用铜矢。"⑥ 马思敏《〈六韬〉军事用语研究》："弩：指通过使用机械力量射箭的弓。"⑦ 姚磊《〈肩水金关汉简〉所见戍

---

① （东汉）许慎：《说文解字》［影印（清）陈昌治刻本］，中华书局 1978 年版，第 108 页。
② （清）王先谦：《释名疏证补》，上海古籍出版社 1984 年版，第 338 页。
③ 韩勇：《汉简所见边塞兵器装备及其管理制度》，硕士学位论文，东北师范大学，2009 年。
④ （东汉）许慎：《说文解字》［影印（清）陈昌治刻本］，中华书局 1978 年版，第 270 页。
⑤ 《荀子·议兵》："魏氏之武卒，……操十二石之弩，负服矢五十个。"有十二石弩。
⑥ 翦伯赞：《秦汉史》，北京大学出版社 2001 年版，第 4—5 页。
⑦ 马思敏：《〈六韬〉军事用语研究》，硕士学位论文，西北师范大学，2015 年。

卒史料考略》："弩、矢无疑是汉军的守御利器。"① 这个结论与前面对"骑士"研究的结论一致，可参看前面"戍卒称谓·骑士"部分。

《金关汉简》中的远射武器，有"弩"有"弓"。"弓"共出现 38 例，"弓"没有别的更细的称谓，由"弓"组成的词语有"弓椟""弓椟丸"。"弩"一共出现 70 例，由"弩"组成的词语有"弩循"。"弩"可以进一步分为"大黄弩、八石具弩、七石具弩、六石具弩、六石弩、五石具弩、五石弩、四石具弩、三石具弩、三石承弩、三石弩、承弩"等。韩勇《汉简所见边塞兵器装备及其管理制度》："尽管在边塞弓、弩并存，但从简牍记载来看，弩的装备更为广泛，对于弓而言，只是偶有记载，装备的非常少。"② 这个对"弓"的说法，与我们所见不同。我们发现，在《金关汉简》中，"弓"的出现频率很高。

《金关汉简》中的弩、弓没有共现一简的，有弩就没有弓，有弓就没有弩；在同质简中还有二者合称的，可见"弩"与"弓"功用相近。

73EJT23：971：居延佐富里张广地，年廿五，长七尺五寸，黑色。马一匹，弓一，矢卅。

73EJT22：60：长安东章阳里李定，持牛车一两。弩一，矢廿。

179.6：校候三月尽六月折伤兵簿，出六石弩弓廿四付库，库受啬夫久廿三，而空出一弓，解何？

515.43：九月余六石弩弓，十。

《说文·弓部》："弩，弓有臂者。从弓，奴声。"③ "弩"出现很早，《周礼》中已经有了"弩"的名称，《周礼·夏官·司弓矢》："司弓矢掌六弓四弩八矢之法，辨其名物。"④《古史考》："黄帝作弩。"

《释名·释兵器》："弩，怒也，有势怒也。其柄曰臂，似人臂也。钩弦者曰牙，似齿牙也。牙外曰郭，为牙之规郭也。下曰悬刀，其形然也。

① 姚磊：《〈肩水金关汉简〉所见戍卒史料考略》，《中国边疆史地研究》2018 年第 4 期。
② 韩勇：《汉简所见边塞兵器装备及其管理制度》，硕士学位论文，东北师范大学，2009 年。
③ （东汉）许慎：《说文解字》［影印（清）陈昌治刻本］，中华书局 1978 年版，第 270 页。
④ （清）阮元校刻：《十三经注疏》，中华书局 1980 年版，第 855 页下。

合名之曰机，言如机之巧也，亦言如门户之枢机，开合有节也。"① 王先谦疏证补："其声势威响如怒，故以名其弩也。"②《墨子·备城门》："二步一木弩，必射五十步以上。"孙诒让间诂："毕云：'《通典·守拒法》云'木弩，以黄连、桑柘为之，弓长一丈二尺，径七寸，两弰三寸，绞车张之，大矢自副，一发声如雷吼，败队之卒'。"③ 孙机《汉代物质文化资料图说》有"弩"的发射的图示，④ 见图12。

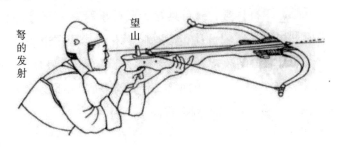

图12 弩

"弩"是一种威力强大的武器，可以远射，水战、陆战可以通用。《太公·六韬》："强弩长兵者，所以逾水战也。"《汉书·晁错传》："劲弩长戟，射疏及远，则匈奴之弓弗能格也。"⑤《广东新语·器语》："自古用兵，以弩为尚，《周官》有六弓、四弩、八矢之法。荀子谓：魏武卒操十二石之弩。晁错谓：劲弩长戟，为中国之长技。"刘军《两汉军事后勤研究》："同其他冷兵相比，借助机械击发的弓弩具有相当的'技术'含量，其维护保障的勤务难度自然更大，因此它可作为反映汉代军械勤务整体状况的典型代表。严格的军械勤务，提高了汉军武器装备的完好率，也使其技术优势得以充分发挥。"⑥ 当然，弩也有其局限。明代宋应星

---

① （东汉）刘熙：《释名》，王云五主编：《丛书集成初编》，商务印书馆1936年版，第109页。

② （清）王先谦：《释名疏证补》，上海古籍出版社1984年版，第338页。

③ （清）孙诒让撰，孙以楷点校：《墨子间诂》，《新编诸子集成》（第一辑），中华书局2001年版，第514页。

④ 孙机：《汉代物质文化资料图说（增订本）》，上海古籍出版社2008年版，第166页。

⑤ （东汉）班固撰，（唐）颜师古注：《汉书》，中华书局1964年版，第2281页。

⑥ 刘军：《两汉军事后勤研究》，硕士学位论文，吉林大学，2005年。

《天工开物·弩》："凡弩为守营兵器，不利行阵。"

弩的拉力单位用"石"，薛英群也说："计算弩的强度单位曰'石'，共分一、三、四、五、六、七、八、十等八级。"① 李天虹《居延汉简簿籍分类研究》："汉代以'石'作为计算弩强度的单位，拉满一石之弩，大约需提起一石重物之力。居延汉简所见弩有三石、四石、五石、六石、八石、十石、十五石等，并以六石、三石、五石弩居多。"② 《居延新简释粹》在解释"五石具弩"时说："五石：弩的射力。"③ 下文又说："汉简中有一、二、三、六石四种弩④。《战国策》曰：'天下之强弓劲弩，皆自韩出，……皆射六百步之外。'"⑤ 《说文》作"秳"。《说文·禾部》："秳，百二十斤也。"⑥ 秦、西汉时期一石为120斤，一斤约256克，一石约合今61斤。杨泓《中国古兵器论丛（增订本）》考证：三石弩的张力为90.7千克，五石弩的张力为151.2千克，六石弩的张力为184.1千克。⑦ 孙机《汉代物质文化资料图说（增订本）》："计算弓力的单位用斤，计算弩力的单位用石。一石弩，即拉满时需要的力量，相当于提起重一石（约30公斤）的物品的弩。三石弩、四石弩等以此类推。常用之弩为四石。从汉简所见，有一石弩、三石……八石弩、十石弩和十五石弩，最少一石，最高十五石，不见二石弩和九石弩。在长安未央宫出土骨签所见，还有二十石和四十石弩。"⑧

在《金关汉简》以及同质简中，弩的石数直接标明的，最高为十五石，最低为三石弩。而弩的实际石数，最低的有一石：

EPT50.95：大黄力十五石具弩一。

---

① 薛英群：《居延汉简通论》，甘肃教育出版社1991年版，第296页。

② 李天虹：《居延汉简簿籍分类研究》，科学出版社2003年版，第94页。

③ 薛英群、何双全、李永良注，甘肃省文物考古研究所编：《居延新简释粹》，兰州大学出版社1988年版，第55页。

④ "弩"当为"弩"之误。

⑤ 薛英群、何双全、李永良注，甘肃省文物考古研究所编：《居延新简释粹》，兰州大学出版社1988年版，第72页。

⑥ （东汉）许慎：《说文解字》［影印（清）陈昌治刻本］，中华书局1978年版，第146页。

⑦ 杨泓：《中国古兵器论丛（增订本）》，中国社会科学出版社2007年版，第299页。

⑧ 孙机：《汉代物质文化资料图说（增订本）》，上海古籍出版社2008年版，第159页。

73EJT22：33：南界亭长安国。三石弩一完，槀矢五十完。

174.29：载车□一，絜十枚，弩一石。

"一石"不是常规的石数。简文的规范记录是"×石弩"，如同"三石弩""四石弩"一样，"弩"前明确拉力。174.29 简不是"一石弩"，而是"弩一石"，仅仅是标出了某一件具体弩的拉力，不是一种"弩"的名称。"一石"不是一种弩固定的拉力，故没有看见"一石弩"的用法。174.29 简所记的弩原来的拉力不清楚了，今仅剩一石的拉力。在《金关汉简》就有明确记录"弩"拉力变化的文例：

73EJF1：21A＋24A：三石具弩一，今力三石七斤，伤两渊□
□//□□□六石具弩一，今力四石五十六□☑

73EJT24：792：☑□来，三石具弩一，今力三石。

简 73EJF1：21A＋24A "三石具弩"现在的拉力是"三石七斤"，"六石具弩"现在的拉力只有"四石五十六□"。简 73EJT24：792 是检测后的结论记录，没有变化也进行登记。

"弩"的拉力，在弩损伤或存放后是会变化的。同质简中也有相关例子：

36.10：官第一六石具弩一，今力四石卅三斤，射百八十五步，完。

445.4：☑赦充弩，故力三石，今力三石二☑

353.1：夷胡燧七石具弩，伤二憮、一渊、二燕、一弭，可缮，今力三石卅六斤六两。元康三☑，乙卯隧☑

2075：成柳，六石具弩一，完。今力四石六十八斤，射□☑

36.11：官六石第一弩，今力四石卅斤，伤两渊，可缮治。

2000ES9SF3：19：卒周充六石具弩一，今力六石二☑

159.7：三石具弩八，其二，力如故☑三，今力三石卅斤。

简 36.10 的"六石具弩"，现在的拉力是"四石卅三斤"。简 445.4

所记，弩的拉力原来是"三石"，现在是"三石二"。弩的拉力因为外在原因，是会发生变化的。简文中仅见"七石具弩、六石具弩、三石具弩"的力量发生了变化。七石的，拉力变化后为"三石卅六斤六两"。原来是六石的，变化后拉力为：四石六十八斤、四石卅三斤、四石卅斤、六石二。原来是三石的，变化后拉力为：如故、三石卅斤、三石二☐。"弩"的力量，损伤后往往减轻，但并不是所有"弩"的拉力都是减轻，也有增强拉力的：

> 2000ES9SF3：19：卒周充六石具弩一，今力六石二☐
> 445.4：☐赦充弩，故力三石，今力三石二☐

拉力减弱或增强都是需要调整的，要拉力保持原状才不需要调整，即审计时候"力如故"，才是弩保持完好的状态：

> 159.7：三石具弩八，其二，力如故☐三，今力三石卅斤。

在《金关汉简》中，明确了弩的力石与重量的关系：

> 73EJT24：294：☐☐赤力一百斤，四石闲五百八十斤，三石力四百斤，平乐隧弩石力☐

"三石力四百斤"，标准的三石弩拉力当有四百斤，简73EJF1：21A＋24A所记的三石具弩，拉力只有"三石七斤"，是拉力减弱了。由此可以推知，简174.29"弩一石"中，"一石"也是弩拉力下降后的数值，而不是一种弩的名称。这样，汉简中我们可以看见的弩，拉力最小的是三石弩，所见各种拉力的弩分别是：三石、四石、五石、六石、七石、八石、九石、十石、十五石。

弩的力量并非都是整数，在《居延汉简》中还有"四石五""三石二""四石卅三斤"的弩，有一例的拉力重量记录到"两"：

128.1：广地南部言永元五年六月官兵釜砲月言簿。……●赤弩
一张，力四石五，木破，起繁往往绝。

353.1：夷胡隧七石具弩，伤二儛、一渊、二燕、一弭，可缮，
今力三石卅六斤六两。

《金关汉简》及同质简中，除了对"弩"的力量有明确的区别，对
"弩"的归属、装备等也作了区分，有具弩、承弩，还有官弩、大弩、小
弩等不同名称。

"弩"的射程：

在《金关汉简》中仅一例记录了弩的射程：

73EJH1：47：☑六石弩一，射二百。

同质简中与射程相关的有 9 个文例：

341.3：☑具弩一，今力四石，射二百☑

36.10：官第一六石具弩一，今力四石卅三斤，射百八十五步，完。

14.26A，B：服胡隧戍卒一，今力五石廿九斤，射百八十步。

829B：□射百六十步。

491.7：☑射百五十步。

510.26：五石具弩，射百廿步。

515.46：三石具弩，射百廿步。

149.43：☑射百一十六步☑

2075：成柳，六石具弩一，完。今力四石六十八斤，射□☑

弩的力量与射程，没有直接的联系：

36.10：官第一六石具弩一，今力四石卅三斤，射百八十五步，完。

510.26：五石具弩，射百廿步。

515.46：三石具弩，射百廿步。

"弩"的射程与"弩"的拉力不成正比,记录中射程最远的"射二百
☑"是力量四石的弩发出的,同是"百廿步"(510. 26;515. 46),却分
别由"五石具弩"和"三石具弩"发射。

史书记载有射程为千余步的弩。《后汉书·陈球传》:"弦大木为弓,
羽矛为矢,引机发之,远射千余步,多所杀伤。"① 这么大的杀伤力和这
么远的射程,可能是床弩之类。

根据简文的完整记录看,"弩"的射程以"步"为单位。薛英群《居
延汉简通论》说:"射程以步为单位,标准射程为'百XX步'。"②

射程最远二百步以上,简 341. 3 由于简文记录的射程是"二百☑",
内容残缺而不知道具体是多少。简文记录射程最远的至少有"二百",最
近的有"百一十六步",相差八十多步。

【具弩】

"具弩"的用例比较多,划分也较细,有:九石具弩(73EJT31:
61)、八石具弩(73EJT23:399)、七石具弩(73EJT21:46)、六石具弩
(73EJT22:112)、五石具弩(73EJT23:1024)、四石具弩(73EJT24:
671)、三石具弩(73EJT22:24),在《居延汉简》中还有"官具弩"
(10. 37)、"官第一六石具弩"(36. 10)。③

按:各拉力的"具弩"出现频率差异较大。

"九石具弩"在《金关汉简》仅见一例,同质简中不见:

73EJT31:61:九石具弩一,伤两抚左应死四分。

"八石具弩"在《金关汉简》中有 1 例:73EJT23:399,在同质简中

---

① (南朝宋)范晔、(晋)司马彪撰,(唐)李贤、(南朝梁)刘昭等注:《后汉书》,中华
书局 1965 年版,第 1831 页。

② 薛英群:《居延汉简通论》,甘肃教育出版社 1991 年版,第 296 页。

③ 《居延汉简》还有"官六石第一弩":官六石第一弩,今力四石卅斤,伤两渊,可缮治。
(36. 11)

有 3 例：52. 17，82. 15；225. 34；327. 1。

"七石具弩"在《金关汉简》中有 1 例：73EJT21：46，在同质简中有 2 例：353. 1；511. 2。

"六石具弩"出现得多，在《金关汉简》中有 14 例：73EJT1：82；73EJT4：153；73EJT6：19；73EJT21：46；73EJT22：112；73EJT24：905；74EJT30：214；72EJC：476；73EJD：314B；73EJD：314A；73EJT29：86；73EJT29：126；73EJF1：21A＋24A；73EJF3：446。在同质简中有 65 例，其中《居延汉简》有 22 例：7. 24；30. 12；31. 12；36. 10；40. 5；42. 22；49. 12；51. 1A；52. 17，82. 15；56. 11；82. 32；99. 1；145. 38；210. 6；213. 46；225. 34；2. 55；283. 12；283. 45，283. 56；285. 18；515. 14；※N75。《居延新简》有 33 例：EPT4. 121；EPT5. 17；EPT5. 63A；EPT5. 63B；EPT6. 8；EPT6. 134；EPT9. 4；EPT17. 26；EPT48. 17；EPT50. 2；EPT51. 89；EPT51. 112；EPT51. 166；EPT51. 209；EPT52. 10；EPT52. 372；EPT52. 469；EPT52. 495；EPT52. 547；EPT53. 3；EPT53. 119；EPT56. 334；EPT57. 47；EPT59. 11；EPT59. 680；EPT68. 21；EPF8. 2、8. 3；EPF22. 420；EPF22. 433；EPF22. 463A；EPW84；EPC19；EPS4T2. 148。《敦煌汉简》有 7 例：1039；1188；1256；1286；1542A；1830；2075。《额济纳汉简》有 3 例：99ES17SH1：5A；99ES17SH1：5B；2000ES9SF3：19。

"五石具弩"在《金关汉简》中仅有 2 例：73EJT6：20；73EJT23：1024。在同质简中有 23 例，《居延汉简》有 9 例：18. 15；57. 14；37. 19；171. 19；217. 23；283. 12；1. 11；510. 26；582. 11。《居延新简》有 11 例：EPT5. 17；EPT53. 167；EPT56. 150；EPT59. 48；EPT59. 1；EPT65. 249；EPF22. 5；EPF22. 6；EPF22. 8；EPS4T1. 7；ESC17。《敦煌汉简》有 3 例：826；856；1634。

"四石具弩"在《金关汉简》中有 6 例，其中 3 见同出一简：73EJT23：1062；73EJT24：671；73EJT28：6；73EJT28：83。在同质简中共有 7 例，《居延汉简》有 2 例：33. 30；368. 11。《居延新简》有 2 例：EPT51. 68；EPS4T1. 7。《敦煌汉简》有 3 例：829A；1119；1663。

"三石具弩"在《金关汉简》中共有 5 例：73EJT22：24；73EJT22：112；73EJT23：145；73EJT23：768；73EJT1：152。同质简中有 24 例，

《居延汉简》有 9 例，分别出现在以下简中：75. 17；239. 53；149. 24；159. 7；214. 7；326. 4；418. 2；515. 46；522. 12。《居延新简》有 11 例：EPT51. 361；EPT52. 5；EPT52. 747；EPT53. 3；EPT53. 117；EPT53. 199；EPT56. 296；EPT57. 47；EPT65. 449；EPF22. 417；ESC16。《敦煌汉简》有 4 例：366A；1636；1643；1857B。

在同质简中发现有"大黄具弩"（433. 2），"大黄力十石弩"（52. 17，82. 15），"大黄力十五石具弩"（EPT50. 95），"官具弩"（10. 37），"官第一六石具弩"（36. 10），"六石赤耳具弩"（89. 21），"五石赤胄具弩"（89. 21）。现各举 1 例如下：

73EJT23：399：八石具弩一。

73EJT21：46：驿北亭长王禹士吏。七石具弩一伤二角，六石具弩一伤三角，六石具弩三完。

73EJT6：20：驿北亭卒孟阳，五石具弩一。

73EJT24：671：累山卒王平，四石具弩一，虿矢百五十。

73EJT22：112：三石具弩十四，三石承弩三，承弦六十四，枭长弦卅二。

89. 21：甲渠临木隧长□卒郑凤伐茭，见二人，候仓，六石赤耳具弩三完，婴缓，衣弦□解。弩一文中布不札□大下——，五石赤胄具弩一完，婴缓，衣弦解。

433. 2：入大黄具弩十四。

52. 17，82. 15：甲渠候鄣，大黄力十石弩一，右渊强一分，负一算。

EPT50. 95：大黄力十五石具弩一。

10. 37：第廿五车父平陵里辛盈川。官具弩七。承弩二。有方三。

36. 10：官第一六石具弩一，今力四石卅三斤，射百八十五步，完。

各种拉力的"具弩"在《金关汉简》及同质简中的分布并不均衡。根据上文统计结果看，"六石具弩"出现最多，在《金关汉简》中有 14 例，同质简有 65 例。"六石具弩"就是射力为六石的弩。《居延新简释粹》：“六石具弩：射力六石的弩。”① 六石具弩出现数量最多，使用频率最高，力石适中，当是最常见的武器。薛英群等说：“计算弩的强度单位曰‘石’，共分一、三、四、五、六、七、八、十等八级，以六石具弩为标准射器。”② 张伟《从敦煌汉简看汉代戍卒的武器装备》：“六石弩大约可射 260 米，是一种很强劲的武器了。”③ 如此看来，“弩”的力石极有可能以“六石”为标准。各拉力的弩出现的频率，见表19。

表19　　　　　**“具弩”的拉力在《金关汉简》及同质简中的分布**

具弩拉力	金关汉简	居延汉简	居延新简	敦煌汉简	额济纳汉简	总计
十五石			1			1
十石		1				1
九石	1					1
八石	1	3				4
七石	1	2				3
六石	14	22	33	7	3	79
五石	2	9	11	3		25
四石	6	2	2	3		13
三石	5	9	11	4		29
合计	30	48	58	17	3	156④

“具”是完备的意思。《仪礼·聘礼》：“管人为客三日具沐，五日具浴。”⑤ 胡培翚正义：“具者，备而勿缺之谓。”⑥ 具弩，就是完备的弩。陈直《居延汉简研究》：“《居延简》称弩皆为具弩，指装备齐全而言。”⑦

———————

①　薛英群、何双全、李永良注，甘肃省文物考古研究所编：《居延新简释粹》，兰州大学出版社1988年版，第72页。

②　薛英群、何双全、李永良注，甘肃省文物考古研究所编：《居延新简释粹》，兰州大学出版社1988年版，第296页。

③　张伟：《从敦煌汉简看汉代戍卒的武器装备》，《和田师范专科学校学报》2010年第4期。

④　“大黄具弩”（433.2）、“官具弩”（10：37）未计算在内。

⑤　（清）阮元校刻：《十三经注疏》，中华书局1980年版，第1773页上。

⑥　（清）胡培翚撰，刘峻、汪家鐅校：《仪礼正义》（17—18卷），《皇清经解续编本》，上海书店1988年影印，第25页。

⑦　陈直：《居延汉简研究》，天津古籍出版社1986年版，第19页。

薛英群《居延汉简通论》："所谓具弩，指配件完备的弩。"① 《居延新简释粹》："弩是由多种部件组成的，具弩，配套完整的弩。"② 正因为具弩是配件完备的弩，使用率高，所以在《金关汉简》中出现频率极高。

《金关汉简》及同质简中，不论是隧长、候长，还是普通隧卒，所配备的具弩都是一张。穷尽统计看，《金关汉简》有 32 例都是配备一张弩，仅四例简文记载配备弩数量不是"一"，这些例子出现在统计简或审计简中，故不是个人随身配备弩。

> 73EJT6：19：候长陈长生，六石具弩一。
> 73EJT6：20：骍北亭卒孟阳，五石具弩一。

简文记载配备弩数量不是"一"的有四个例子，两例是统计简，两例是审计简：

> 73EJT22：112：三石具弩十四，三石承弩三，承弦六十四，枲长弦卅二，稾矢千六百，茝矢四千八百，六石具弩八，弩幡廿五服廿二，兰冠廿二，靳干幡卅二，革甲鞮瞀卅二。
> 73EJD：110：见三石具弩十八。
> 73EJT23：1062：候长、候史□□。四石具弩二伤二角，四石具弩一完。
> 73EJT21：46：骍北亭长王禹士吏。七石具弩一伤二角，六石具弩一伤三角，六石具弩三完，稾矢五百五十，陷坚矢百五十，茝矢四百。

在《居延汉简》简 75.17 提及四个隧"獂胡、辟非、如意、临渠"，这些隧共拥有三石具弩四张，正好一个隧一张，看来是每一个隧配备有一张具弩：

---

① 薛英群：《居延汉简通论》，甘肃教育出版社 1991 年版，第 296 页。
② 薛英群、何双全、李永良注，甘肃省文物考古研究所编：《居延新简释粹》，兰州大学出版社 1988 年版，第 55 页。

75.17：□石具弩十，其四伤渊，獂胡、辟非、如意、临渠，三石具弩四，皆伤。

《金关汉简》中"弩"的数量极多，名称各异，说明"弩"在汉代是重要的武器。薛英群《居延汉简通论》："因为在边郡烽燧防御线上，弓弩等射器位于烽燧城郭之上，居高临下，杀伤面大，确有强大威力，是防御性战斗中的主要武器。"①"弩"在军事上的优势，一直沿用到唐宋时期。《广东新语·器语》："汉制：将军有强弩、积弩之名。《唐书》：择宿卫勇者为番头，习弩射。宋有弓弩院，造床子弩、虎翼弩、马黄弩。"前人对"弩"的研究还是比较详细的。薛英群《居延汉简通论》："茅元仪在其《武备志》中，标出了弩机各部件的大小尺寸，虽系明尺，但不难折合计算。《宣和博古图》和《西清古鉴》亦载明详细尺寸，其比例大同小异，基本上仍是汉弩形制。目前全国各地出土汉弩较多，形象资料丰富，可资比较。"②

由此可知，"具弩"在汉代西北边塞的大致情况：根据拉力强弱，"具弩"可以分为若干种。三石具弩到十石具弩都有，还有十五石具弩。其中以六石具弩为最常见，六石具弩是当时的标准具弩，官方的弩射活动，要以六石具弩为参赛武备。弩是常见武器，但其杀伤力强，也可能是因制作比较费功力，每隧往往只有一张弩。弩的拉力容易因受损或存放不当而发生变化，审计时要考察弩的拉力。

【承弩】

《金关汉简》中可见的"承弩"，除了独立出现的"承弩"（73EJT23：145；73EJT24：246；73EJT24：260）外，还有明确拉力的"三石承弩"（73EJT22：112；73EJT24：561；73EJT24：565）。例见下：

73EJT23：145：戍卒济阴郡定陶常富里董安定。三石具弩一完，

① 薛英群：《居延汉简通论》，甘肃教育出版社1991年版，第296页。
② 薛英群：《居延汉简通论》，甘肃教育出版社1991年版，第296页。

棄矢五十完，<u>承弩</u>二完，弩幨一完，靳干幡各一完，兰冠各一完。

73EJT24：561：☐<u>三石承弩</u>一。

按：《金关汉简》中有"具弩"，也有"承弩"。总体看来，"承弩"的使用比"具弩"少；就名称详略看，"承弩"仅有独立使用的"承弩"和一种明确拉力的"三石承弩"两种名称，"具弩"就有九石具弩、八石具弩、七石具弩、六石具弩、五石具弩、四石具弩、三石具弩这些名称，分类比"承弩"详细。此外，"承弩"的出现频率不高，独立出现的"承弩"在《金关汉简》中有3例，"三石承弩"也仅1例。在同质简中"承弩"有6例：10.37；249.16A；544.1；EPT53.252；EPT53.7；689。"三石承弩"有7例：14.2；239.53；239.98；562.16；EPT53.78；EPT58.31；688。同质简记录的弩，"具弩"的拉力三石到八石具弩都有，还有"十五石具弩"和"十石具弩"，"承弩"则只有"五石承弩"和"三石承弩"，其他拉力的承弩不见。

765：却适亭卒李宗☐，庚辰官☐一，<u>五石承弩</u>一，伤一渊。

EPT58.31：戍卒河内郡共昌国里薛毋危，年卅一，<u>三石承弩</u>一。

"承"，有"继、继承、接续"义。《诗经·小雅·天保》："如松柏之茂，无不尔或承。"孔颖达疏："新故相承代，常无雕落。犹王子孙世嗣相承，恒无衰也。"[①]《诗经·秦风·权舆》："吁嗟乎，不承权舆。"毛传："承，继也。权舆，始也。"[②]《战国策·齐策》："邯郸拔而承魏之弊。"鲍彪注："承，言继其后。"刘义庆《世说新语·赏誉》："使子继父业，弟承家祀，有何不可？"唐代韩愈《祭十二郎文》："承先人后者，在孙惟汝，在子惟吾。"宋代耐得翁《〈都城纪胜〉序》："中兴已百余年，列圣相承，太平日久，前后经营至矣。"

"承"有"接继"义，在汉简中，语素带"承"的器物不少，应该都

---

① （清）阮元校刻：《十三经注疏》，中华书局1980年版，第412页下。

② （清）阮元校刻：《十三经注疏》，中华书局1980年版，第374页中。

是备用器具。有"承弦"（73EJT21：66），"大黄承弦"（73EJT21：46），"枲承弦"（73EJT26：107A），"糸承弦"（72EJC：306）。还有同质简的"承索"（EPF22.305），"白糸承弦"（827），"六石糸承弦"（2241B），"承弩幡"（1682），这些器物，应该都是"备用"品。《居延新简释粹》："承索：备用的绳索。"①

"承弩"当是一种接继"具弩"的备用弩。薛英群《居延汉简通论》："承弩，指备用弩。"②"承弩"当是"具弩"的备用弩。

《金关汉简》中的"承弦"有四种："承弦"共有 8 例（73EJT21：66；73EJT21：210；73EJT22：112；73EJT24：716；73EJT26：107；73EJT26：217；73EJT35：15；73EJF3：455），"枲承弦"1 例（73EJT26：107），"五石弩糸承弦"1 例（73EJD：309），"大黄承弦"1 例（73EJT21：46）。各举一例如下：

> 73EJT21：210：卒承弦四，卒靳干幡各三。
>
> 73EJT26：107：执适枲承弦三挈□四尺负十算，坞中不扫除，负三算。
>
> 73EJD：309：骍马亭戍卒五石弩糸承弦四完。
>
> 73EJT21：46：骍北亭长王禹士吏……犊丸三，大黄承弦二

"承弦"的得名，当同"承弩"的得名一样，"承弩"是一种接继"具弩"的备用弩，"承弦"也应当是备用弦。《汉语大词典》："承弦，弓弦的副弦。"这里"副弦"所指比较模糊，其实就是备用弦。备用弦也有相应的拉力，所以有不同的限定，"五石弩糸承弦"当为用于"五石弩"的弦，"大黄承弦"当为用于"大黄弩"的弦。

"承弦"采用的材料，有"枲""糸"。"枲承弦"当是用麻为原材料

---

① 薛英群、何双全、李永良注，甘肃省文物考古研究所编：《居延新简释粹》，兰州大学出版社 1988 年版，第 79 页。

② 薛英群：《居延汉简通论》，甘肃教育出版社 1991 年版，第 296 页。

制作的"弦"。《说文·木部》："枲，麻也。"① 《集成》第六册："枲承弦，弩用麻制弓弦。"② 《居延新简释粹》："枲承弦：即用麻制成的弓弩之备用弦。"③

"糸承弦"当是用"细丝线"制作而成的"弦"。《说文·糸部》："糸，细丝也。"④ 徐锴系传："一蚕所吐为忽，十忽为丝。糸，五忽也。"⑤ 段玉裁注："丝者，蚕所吐也。细者，微也。细丝曰糸。"⑥ "五石弩糸承弦"是拉力为"五石"的弩使用的细丝线制成的备用弦。《居延新简》有"八石弩糸承弦"，也是拉力为"八石"的弩使用的细丝线制成的备用弦。

【大黄弩】

"大黄弩"在《金关汉简》中使用频率很低，仅见 3 例：72EJC：119；73EJT4H：41；73EJT21：63B。举一例如下：

> 73EJT21：63B：见大黄弩以下百卅七，右完兵大折伤兵，弩长辟卅。

同质简中有"大黄弩"4 例（225.34；236.13；1373；1389），大黄具弩（433.2）、大黄力十五石具弩（EPT50.95）、大黄力十石弩（52.17，82.15）各 1 例：

> 1373：兵弩各有数。檄到，严教吏卒，谨敬持兵弩，毋驰大黄弩。
> 433.2：入大黄具弩十四。

---

① （东汉）许慎：《说文解字》［影印（清）陈昌治刻本］，中华书局 1978 年版，第 149 页。

② 初师宾主编：《中国简牍集成》第六册，中国简牍集成编辑委员会编，敦煌文艺出版社 2001 年版，第 54 页。

③ 薛英群、何双全、李永良注，甘肃省文物考古研究所编：《居延新简释粹》，兰州大学出版社 1988 年版，第 87 页。

④ （东汉）许慎：《说文解字》［影印（清）陈昌治刻本］，中华书局 1978 年版，第 271 页。

⑤ （南唐）徐锴：《说文解字系传》，中华书局 1987 年版，第 252 页。

⑥ （清）段玉裁注，许惟贤整理：《说文解字注》，凤凰出版传媒集团、凤凰出版社 2007 年版，第 1119 页。

EPT50.95：<u>大黄力十五石具弩一</u>。

52.17，82.15：甲渠候鄣，<u>大黄力十石弩一</u>，右渊强一分，负一算。

按：据简文看，"大黄弩"是弩之精品。《集成》第七册："大黄弩，汉时良弩之名。"① 又叫"大黄"。《集成》第十册注"大黄力十五石具弩"时说："大黄，弩之力强尤善者，又名'大黄肩'。"② 不过，此处"大黄力十五石具弩"是一个整体，不当从中间断开。《居延新简释粹》："大黄弩：弩之最优者。"清代钱陆灿《周亮工墓志铭》："手发大黄，应弦殪敌。"也叫"黄间、黄肩"。《史记·李将军列传》："汉兵死者过半，汉矢且尽。广乃令士持满毋发，而广身自以大黄射其裨将，杀数人，胡虏益解。"裴骃集解："徐广曰：'《南都赋》曰"黄间机张，善弩之名"。'骃案：郑德曰'黄肩弩，渊中黄朱之。'孟康曰'《太公·六韬》曰"陷坚败强敌，用大黄连弩"。'韦昭曰'角弩色黄而体大也。'"司马贞索隐："大黄，黄间，弩名也。故韦昭曰'角弩也，色黄体大'是也。"③ 马思敏《〈六韬〉军事用语研究》："连弩：指装有机栝，可以同发数矢或连发数矢之弓。"④ "连弩"也是威力强大的"弩"，与"大黄"连用为"大黄连弩"。孙机在《汉代物质文化资料图说（增订本）》中也引此说："《史记·李将军列传》集解引韦昭说，'大黄'是'角弩'，'色黄而体大'，亦叫'黄间''黄肩'。"⑤《汉书·李广传》："汉兵死者过半，汉矢且尽。广乃令持满毋发，而广身自以大黄射其裨将。"颜师古注："服虔曰：'大黄，黄肩弩也。'孟康曰：'太公陷坚却敌，以大黄参连弩也。'晋灼曰：'黄肩即黄间也，大黄其大者也。'师古曰：'服、晋二说是也。'"⑥

---

① 初师宾主编：《中国简牍集成》第七册，中国简牍集成编辑委员会编，敦煌文艺出版社2001年版，第302页。

② 初师宾主编：《中国简牍集成》第十册，中国简牍集成编辑委员会编，敦煌文艺出版社2001年版，第36页。

③ （西汉）司马迁撰，（南朝宋）裴骃集解，（唐）司马贞索隐，（唐）张守节正义：《史记》，中华书局1959年版，第2873页。

④ 马思敏：《〈六韬〉军事用语研究》，硕士学位论文，西北师范大学，2015年。

⑤ 孙机：《汉代物质文化资料图说（增订本）》，上海古籍出版社2008年版，第169页。

⑥ （东汉）班固撰，（唐）颜师古注：《汉书》，中华书局1964年版，第2445页。

大黄弩，因体黄且大而得名。《史记·李将军列传》："而广身自以大黄射其裨将。"裴骃集解："郑德曰'黄肩弩，渊中黄朱之。'……韦昭曰'角弩色黄而体大也。'"① 据此可知，黄肩弩，据渊部黄色得名，是渊中颜色黄朱的弩。《汉书·李广传》："而广身自以大黄射其裨将。"颜师古注："孟康曰：'太公陷坚却敌，以大黄叁连弩也。'晋灼曰：'黄肩即黄间也，大黄其大者也。'"② 宋代王应麟《玉海·兵制十六·弓矢》："杨存中以克敌弓虽劲而士病蹶张之难，乃增损旧制，造马黄弩，制度精密，彼一矢未竟而此三发矣。"《续资治通鉴·宋纪》："存中又制诸军戎仗，以克敌弓虽劲，而士病蹶张之难，乃增损旧制，造成黄弩，制度精密，彼一矢未竟而此三发矣。"陈直《居延汉简研究》："居延、敦煌两简，均载有大黄弩。指黄间指臂而言，与《李广传》相合。知为边郡作战之利器，非李将军专用之兵器。"③ 因其大而黄，速度极快，所以又称"马黄弩"。明代李时珍《本草纲目·草五·马蓼》说"马蓼"："凡物大者，皆以马名之，俗呼大蓼是也。"章炳麟《新方言·释言》："古人于大物辄冠马字。"

大黄弩当为由"黄连、桑柘"一类的木材制作的弩。《周礼·考工记·弓人》："弓人为弓……凡取干之道七。柘为上，檍次之，檿桑次之，橘次之，木瓜次之，荆次之，竹为下。"④ "桑、柘"同类。《说文·木部》："柘，桑也。"⑤ "桑、柘"汁液能染黄赤色。《康熙字典·木部》："（柘）《本草》：'其本染黄赤色，谓之柘黄，天子服。'"《汉语大词典·木部》："柘，桑科。……叶可喂蚕，木质密致坚韧，是贵重的木料，木汁能染赤黄色。"其木质也是赤黄色的。"桑柘"叶片多用来做弦。《康熙字典·木部》："《蚕书》：'柘叶饲蚕为丝，中琴瑟弦，清响胜凡丝'。"李时珍《本草纲目·木三·柘》："喜丛生，干疏而直，叶丰而厚，团而有尖。其叶饲蚕，取丝作琴瑟清响胜常。"《通典·兵五》："木弩，以黄

---

① （西汉）司马迁撰，（南朝宋）裴骃集解，（唐）司马贞索隐，（唐）张守节正义：《史记》，中华书局 1959 年版，第 2873 页。

② （东汉）班固撰，（唐）颜师古注：《汉书》，中华书局 1964 年版，第 2445 页。

③ 陈直：《居延汉简研究》，天津古籍出版社 1986 年版，第 19 页。

④ （清）阮元校刻：《十三经注疏》，中华书局 1980 年版，第 934 页下。

⑤ （东汉）许慎：《说文解字》［影印（清）陈昌治刻本］，中华书局 1978 年版，第 117 页。

连桑柘为之，弓长一丈二尺，径七寸，两弰三寸，绞车张之，大矢自副，一发，声如雷吼，败队之卒。""桑柘"可制良弩，其木材、汁液皆为黄色。"黄连"不知是何物，当也与"桑柘"同类。

"大黄弩"是良弩，简文中明确拉力的是"力十五石弩""力十石弩"与之搭配使用，构成"大黄力十五石具弩""大黄力十石弩"。能够与"大黄"搭配的弩，力石都很大，"力十五石弩""力十石弩"应该是弩之精品。

附：汉简有"大黄承弦"和"大黄枲弦"：

73EJT21：46：骍北亭长王禹……犊丸三，大黄承弦二。
1623：大黄枲弦一。

"大黄承弦"是大黄弩使用的备用弦，"大黄枲弦"是大黄弩所使用的麻制弦。

【矢镞】

这一类共10个名物词语，其中与"矢"有关的就有7个，此外有"镞"、"箭"及"箭镊"各一。

矢（73EJT21：16）、弩矢（73EJT23：184）、藁矢（73EJT21：77）、蚤矢（73EJT21：46）、藁蚤矢（73EJT23：396A）、陷坚矢（73EJT21：46）、藁矢铜镞（73EJT21：61）、藁蚤矢铜镞（73EJT21：167）、箭（73EJT23：530）、箭镊（73EJT23：615）。略举几例：

73EJT21：16：河南郡雒阳充鱼里张宽，牛车一两。弩一，矢廿四，剑一。
73EJT23：184：弩矢五十。
73EJT23：396A：囗署所藁蚤矢九十二。
73EJT21：46：骍北亭长王禹士吏。七石具弩一伤二角，六石具弩一伤三角，六石具弩三完，藁矢五百五十，陷坚矢百五十，蚤矢四百。

按:"矢"是一个象形字,甲骨文作"🏹",小篆作"🏹"。《说文·矢部》:"矢,弓弩矢也。从入,象镝栝羽之形。古者夷牟初作矢。"① 关于"矢"的创造者,诸说不同。《荀子·解蔽篇》:"倕作弓,浮游作矢,而羿精于射。"② 《山海经》:"少皞生般,般是始为弓矢。"段玉裁认为"盖不妨有同时合成之者",也自有道理。《释名·释兵》:"矢,指也,言其有所指向迅疾也。又谓之箭。箭,进也,言前进也。……其旁曰羽,如鸟羽也。鸟须羽而飞,矢须羽而前也。……其受矢之器,以皮曰服,谓柔服用之也。"③ 王先谦疏证补:"叶德炯曰《御览·兵部》八十引《赵氏兵书》曰:'矢,一名信往。'按,古字信讯迅,俱通信往,当取迅往之义。《说文》:'箭,矢也。从竹前声。'"④

"矢"又称为"箭",《輶轩使者绝代语释别国方言·卷九》:"箭,自关而东谓之矢,江淮之间谓之鍭。"⑤ 以木或竹制成。《尚书·顾命》:"兑之戈,和之弓,垂之竹矢。"⑥《周易·系辞下》:"弦木为弧,剡木为矢。"⑦《周易·系辞下》:"刳木为舟,剡木为楫。"孔颖达疏:"楫必须纤长,理当剡削,故曰剡木也。"⑧"矢"也同理。《史记·平原君虞卿列传》:"民困兵尽,或剡木为矛矢,而君器物钟磬自若。"⑨

"矢"在《金关汉简》中出现频率极高,共有 93 次,在同质简中出现频率更高,共有 308 次。"箭"的出现频率却很低,在《金关汉简》中仅有 9 例,在同质简中仅有 24 例:《敦煌汉简》中有 3 例,《居延汉简》中有 11 例,《居延新简》中有 10 例。魏德胜《西北屯戍简牍中的"矢"

① (东汉)许慎:《说文解字》[影印(清)陈昌治刻本],中华书局 1978 年版,第 110 页。

② (清)王先谦撰,沈啸寰、王星贤点校:《荀子集解》,中华书局 1988 年版,第 401 页。

③ (东汉)刘熙:《释名》,载王云五主编《丛书集成初编》,商务印书馆 1936 年版,第 109—110 页。

④ (清)王先谦:《释名疏证补》,上海古籍出版社 1984 年版,第 340 页。

⑤ (西汉)扬雄撰,(晋)郭璞注,(清)戴震疏证:《輶轩使者绝代语释别国方言》,《丛书集成初编》本,商务印书馆 1985 年版,第 80 页。

⑥ (清)阮元校刻:《十三经注疏》,中华书局 1980 年版,第 239 页上。

⑦ (清)阮元校刻:《十三经注疏》,中华书局 1980 年版,第 87 页上。

⑧ (清)阮元校刻:《十三经注疏》,中华书局 1980 年版,第 87 页上。

⑨ (西汉)司马迁撰,(南朝宋)裴骃集解,(唐)司马贞索隐,(唐)张守节正义:《史记》,中华书局 1959 年版,第 2369 页。

"箭"》："西北屯戍简牍中，'矢'、'箭'都常见。"① 又说："《敦煌汉简》中4例，《居延汉简》中'竹箭'1例，用为弓箭义的有24例。《居延新简》中12例。"② 与我们考察的结论不一致。

《金关汉简》中出现的"矢"分别与"亶""稾""弩"构成双音节词"亶矢""稾矢""弩矢"，有的与"稾亶"构成三音节词"稾亶矢"。更多的是以单音节词出现。有的以单音节词形式出现用来记录在秋射发矢中带的成绩；有的与"弩"或"弓"搭配共现在同一枚简中；有的单独出现，不与某一语素构成词，也不与某一成分搭配出现。

"矢"分别与"亶""稾""弩"构成双音节词"亶矢""稾矢""弩矢"的用例，各举一例如下：

> 73EJT22：112：三石具弩十四，三石承弩三，承弦六十四，枲长弦卅二，稾矢千六百，亶矢四千八百，六石具弩八。
>
> 73EJT23：184：☑△弩矢五十。
>
> 73EJT24：671：累山卒王平。四石具弩一，亶矢百五十。

"矢"以单音节词形式出现的用例非常多。魏德胜《西北屯戍简牍中的"矢""箭"》说："值得注意的是，用为弓箭义的'矢'单用的已不多，多用在较固定的词语中，如'奴矢（弩矢）''亶矢''稾矢''茹矢'，单用时一般称'箭'。"③ 与我们调查的结论不一致。据我们调查，《金关汉简》及同质简中，"箭"的用量不大，"矢"的用例很多。

单用的"矢"举例如下：

> 73EJT21：78：☑年秋以令射，发矢十二，中□☑

---

① 魏德胜：《西北屯戍简牍中的"矢""箭"》，《鲁东大学学报》（哲学社会科学版）2011年第2期。

② 魏德胜：《西北屯戍简牍中的"矢""箭"》，《鲁东大学学报》（哲学社会科学版）2011年第2期。

③ 魏德胜：《西北屯戍简牍中的"矢""箭"》，《鲁东大学学报》（哲学社会科学版）2011年第2期。

73EJT21：163：弩一，<u>矢</u>十二，剑一。

73EJT21：225：轺车一乘，马一匹，弓一，<u>矢</u>廿。

简73EJT23：970"弩一，矢十八"，简73EJT9：106"弓一，矢十二枚"，可见"弩"和"弓"分别与"矢"搭配使用，它们所发射的都是"矢"。这两枚简都是人物通关文书，介绍出行人及其佩带的物品，"弩一，矢十八"是出行人携带了一张"弩"和十八枚"矢"，"弓一，矢十二枚"是出行人携带了一张"弓"和十二枚"矢"。

前文我们讨论过，《金关汉简》中的"弓"类词语，就只有"弓"这个唯一的名物词，而"弩"的称谓则很丰富。从弩的拉力看，可知"弩"比"弓"变化多样，可以调配，而"弓"就是平常佩带的防身武备，轻便易于携带，变化不大。

"弩"的类别很丰富，但在简文中我们发现，与"矢"配合共现的"弩"，都出现在人物通关文书中，通常省去"弩"具体的拉力，只用"弩"这一单音节形式与"矢"相配，如"弩一，矢十八"（73EJT23：970），"弩一，矢五十"（73EJT23：937），"弩一，矢十二"（73EJT21：163）。这与"弓"跟"矢"相配的情况是一致的。"弓"与"矢"搭配也呈这样的格式："弓一，矢廿"（73EJT24：129），"弓一，矢五十"（73EJT23：982），"弓一，矢十二"（73EJT10：395）。"弓"全部称为"弓"而没有更具体的称谓，这些"弓"全部与"矢"相配出现。

我们把"弓"与"弩"作一个比较。二者出现的语境相同，可以出现在通关文书中，分别与"矢"搭配使用。

73EJT23：982：☐里大夫利乐宗，年廿三，长七尺五寸，黑色。<u>弓一，矢五十</u>。

73EJT6：53：☐里王步舒，年卅八岁，长七尺二寸，黑剧食。牛车一两。<u>弩一，矢五十</u>，剑一。

另外，在《金关汉简》中，"弩"与"弓"跟"矢"搭配结合的频率都很高。

与"弩"相配出现的"矢"有 54 例：73EJT1：6；73EJT1：148；73EJT1：155；73EJT2：7；73EJT4：38；73EJT4：90；73EJT6：53；73EJT9：57；73EJT9：219；73EJT10：284；73EJT21：16；73EJT21：147；73EJT21：163；73EJT21：171；73EJT21：386；73EJT22：60；73EJT23：39；73EJT23：485；73EJT23：644；73EJT23：773；73EJT23：937；73EJT23：970；73EJT23：1019；73EJT23：1045；73EJT23：1073；73EJT24：51；73EJT24：242；73EJT24：310；73EJT25：9；73EJT25：48；73EJT25：61；73EJT25：197；73EJT26：79；73EJT27：19；73EJT27：27；73EJT29：3；73EJT30：9；73EJT30：181；73EJT30：248；73EJT31：31；73EJT37：159；73EJT37：193；73EJT37：624；73EJT37：730；73EJT37：873；73EJT37：1084；73EJT37：1126；73EJT37：1144；73EJT37：1298；73EJT37：1583；73EJT37：1589；73EJH2：8；73EJH2：16；73EJH2：110。与"弓"相配出现的"矢"有 52 例：73EJT1：7；73EJT1：37；73EJT1：143；73EJT3：80；73EJT5：26；73EJT5：38；73EJT9：40；73EJT9：78；73EJT9：93；73EJT9：106；73EJT9：199；73EJT9：245；73EJT9：260；73EJT9：292；73EJT9：308；73EJT9：378；73EJT10：63；73EJT10：268；73EJT10：279；73EJT10：395；73EJT21：21；73EJT21：151；73EJT21：225；73EJT21：9；73EJT21：407；73EJT22：30；73EJT22：124；73EJT23：971；73EJT23：982；73EJT24：102；73EJT24：129；73EJT24：403；73EJT25：109；73EJT29：77；73EJT29：108；73EJT29：135；73EJT30：10；73EJT30：120；73EJT30：137；73EJT30：248；73EJT30：266；73EJT37：388；73EJT37：79；73EJT37：652；73EJT37：791；73EJT37：986；73EJT37：1006；73EJT37：1382；73EJT37：1383；73EJT37：1586；72EJC：587；73EJD：224。①

根据上面的资料可见，"弓"的使用量与"弩"相当。

"弩"和"弓"分别跟"矢"搭配时，"弩"与"弓"的数量几乎都是"一"，②"矢"的数量似乎有一定的规律。

---

① 另有 5 例"矢"（73EJT1：284；73EJT4：18；73EJT4：150；73EJT7：78；73EJT23：538）由于简文残泐，不清楚这些"矢"是与"弩"还是"弓"共现一简。

② 在《金关汉简》中我们仅发现三例"弩"的数量是"二"的简文：

73EJT21：386：☑□长七尺二寸，黑色，牛车一两。弩二，矢五十，粟☑

《金关汉简》中与"矢"搭配共现的 54 例"弩",除了简 73EJT21:
386;73EJH2:110;73EJH2:16 这三枚简外,其余 51 例携带的"弩"
数量全部是"一"。而"矢"的数量则不一定,与一张"弩"搭配最少
的是"十二"枚(73EJT9:57),最多的达到"五十"枚(73EJT4:
38),此外,有"十八"枚(73EJT23:970)、"廿"枚(73EJT1:155)、
"廿四"枚(73EJT1:148)和"卅"枚(73EJT2:7),还有"卅三"枚
(73EJT31:31)、"卌六"枚(73EJT26:79)的各一例。我们在《居延
汉简》中也发现两例与"弩"搭配的"矢",其数量分别为"廿"枚
(36.6)和"卅"枚(521.12)。

为了更直观地体现《金关汉简》中与"弩"搭配的"矢"的数量及
频次,我们把这些"矢"的数量统计如下,见表 20。

表 20 《金关汉简》中与"弩"搭配的"矢"数量统计

简号	矢数量	频次	搭配	备注
73EJT4:38	弩一矢五十枚			
73EJT4:90	弩一矢五十枚			
73EJT23:39	弩一矢五十			
73EJT23:1019	弩一矢五十		车	
73EJT9:219	弩一矢五十		牛车	
73EJT24:310	弩一矢五十		牛车	
73EJT21:386	弩二矢五十		牛车	弩二①
73EJT23:485	弩一矢五十	25 次	牛车	
73EJT27:19	弩一矢五十		牛车	
73EJT37:159	弩一矢五十		牛车	
73EJT37:193	弩一矢五十		牛车	
73EJT37:1144	弩一矢五十		牛车	
73EJT37:1583	弩一矢五十		牛车	
73EJT23:937	弩一矢五十		剑	
73EJT25:197	弩一矢五十		剑	
73EJT37:1126	弩一矢五十		剑	

---

① 在《居延汉简》中我们也发现携带二张"弩"的例子:具弩二、矢六十枚。(280.12)

续表

简号	矢数量	频次	搭配	备注
73EJT6：53	弩一矢五十		牛车、剑	
73EJT37：624	弩一矢五十		牛、车	
73EJT37：1084	弩一矢五十		牛、车	
73EJT37：730	弩一矢五十		车、牛	
73EJT37：873	弩一矢五十	25次	轺车、马	
73EJT23：1045	弩一矢五十		（车）、马	
73EJT25：9	弩一矢五十		属车、马	
73EJT1：6	弩一矢五十		牡马、轺车；大丸、刀、剑	
73EJH2：8	弩一矢五十		马	
73EJT26：79	弩一矢卅六	1次	剑	
73EJT31：31	弩一矢卅三枚	1次	剑	
73EJT2：7	弩一矢卅		牛车、剑、大刀	
73EJT27：27	弩一矢卅		马、剑	
73EJT25：48	弩一矢卅	5次①	剑	
73EJT30：9	弩一矢卅		牛车	
73EJT37：1298	弩一矢卅			
73EJT1：148	弩一矢廿四			
73EJT25：61	弩一矢廿四			
73EJT10：284	弩一矢廿四	5次		
73EJT21：16	弩一矢廿四		牛车、剑	
73EJT24：51	弩一矢廿四		马	
73EJT1：155	弩一矢廿枚			
73EJT22：60	弩一矢廿		牛车	
73EJT29：3	弩一矢廿	5次②	牛车	
73EJT30：248	弩一矢廿		剑	
73EJT30：181	弩一矢廿枚		车马	
73EJT23：970	弩一矢十八	1次	牛车、剑	

① 在《居延汉简》中也有1例"卅"枚（521.12）：☑七月余三石一弩，卅矢☑
② 在《居延汉简》中也有1例与"弩"搭配出现的"矢"是"廿"枚的：
36.6：弩一，矢廿。同临。轺车一乘，马二匹。

简号	矢数量	频次	搭配	备注
73EJT9：57	弩一矢十二			
73EJT21：171	弩一矢十二			
73EJT21：163	弩一矢十二		剑	
73EJT23：644	弩一矢十二	7次	剑	
73EJT23：773	弩一矢十二		大车、牛、剑	
73EJT24：242	弩一矢十二		牛车	
73EJT37：1589	弩一矢十二		牛车	
73EJT21：147	弩一矢□	残泐	车马、剑	
73EJT23：1073	弩一矢☑	2次		
73EJH2：110	弩二矢卅□			弩二
73EJH2：16	弩二矢五		衣皁袭布单布绔、牛、车	弩二

与一张"弩"搭配的"矢"，出现次数最多的是"五十"枚，共出现24次[①]；第二是"十二"枚的，出现7次；"十二"的倍数"廿四"枚出现5次；"廿"枚和"卅"枚也各出现5次。由此可见，"五十""十二"这两个数在"矢"的统计中是比较特殊的数字，可能"卅""廿"也相对比较特殊。估计"矢"的包装应该有几种常见规格，特别以"五十枚"一包或"十二枚"一包为常见。

传统文献记载与我们统计的数据相合：《荀子·议兵》："魏氏之武卒，以度取之，衣三属之甲，操十二石之弩，负矢五十个。"[②]《汉书·匈奴列传下》："单于正月朝天子于甘泉宫，汉宠以殊礼……赐以冠带衣裳，黄金玺戮绶，玉具剑，佩刀，弓一张，矢四发。"颜师古注："服虔曰：'发，十二矢也。'韦昭曰：'射礼三而止，每射四矢，故以十二为一发也。'师古曰：'发，犹今言箭一放两放也。今则以一矢为一放也。'"[③]《后汉书·南匈奴传》："今赍杂缯五百匹，弓鞬韇丸一，矢四发，遣遗单于。"李贤注："矢十二曰发。"[④]

---

① 简73EJT21：386记录"矢"的数量也是"五十"，但与"矢"搭配的"弩"数量是"二"。

② （清）王先谦撰，沈啸寰、王星贤点校：《荀子集解》，中华书局1988年版，第272页。

③ （东汉）班固撰，（唐）颜师古注：《汉书》，中华书局1964年版，第3798—3799页。

④ （南朝宋）范晔、（晋）司马彪撰，（唐）李贤、（南朝梁）刘昭等注：《后汉书》，中华书局1965年版，第2947页。

在《金关汉简》通关文书简中，记录个人配备时，"弩一矢××"
是一种固定的结构①，"弩"和"矢"都是个人随身携带的对象。"弩"
与"矢"高频共现，于是在《金关汉简》中有一种把二者合称的"弩
矢"用法：

73EJT23：184：弩矢五十。

EPT53.138：甘露二年八月戊午朔丙戌，甲渠令史齐敢言之，第
十九隧长敞自言，当以令秋射，署功劳、即石力、发弩矢。

我们再来看"矢"与"弓"的搭配。

《金关汉简》中与"弓"搭配出现的"矢"有 52 例，除了简
73EJT1：143 携带的"弓"是两张外，其余 51 例"弓"数量全部是
"一"。而"矢"的数量则不一定，与一张"弓"搭配数量最少的是
"一"枚（73EJT9：93），最多的达到"八十"枚（73EJT9：292），② 此
外，有"五十"枚 12 次，"卅五"枚（73EJT30：137）和"卅三"枚
（73EJT1：7）各 1 例，"卅"枚 10 次，"廿"枚 8 次，"十六"枚、
"十四"枚各 1 次，"十二"枚的 9 次，"一"枚的 2 次。由此可见，
"矢"的数量出现次数最多的，还是"五十"，共有 12 次，其次"卅"
枚的出现 10 次，"十二"枚和"廿"枚均出现 8 次，其余的数量"八
十"枚、"十六"枚、"十四"枚均仅见 1 次，与"弓"搭配出现的这
种频次，和前文与"弩"搭配出现的频次相比，虽然有一定规律，但
显得较为随意。

我们在《居延汉简》中，也发现 11 例跟"弓"相配出现的"矢"：
37.6，340.38；43.10；87.12；120.27；334.30；334.37；334.42；334.47；
403.22；407.20；※559.48。

与《金关汉简》情况相同，这些"弓"的数量全是"一"，而"矢"

---

① 有三枚简是"弩二矢××"："弩二矢卅□"（73EJH2：110）；"弩二矢五"（73EJH2：
16），"弩二矢五十"（73EJT21：386）。

② 《居延汉简》有一例，与"弓"搭配的"矢"数量达到了"八十二"枚：
334.30：☐车牛一两，弓一具，矢八十二枚。

的数量则不一定，最少的是"五"枚（334.37），最多的达到"八十二"枚（334.30），此外，还有"十二"枚（403.22）、"廿四"枚（37.6，340.38；43.10）、"卅"枚（334.42；※559.48）和"五十"枚（334.47；407.20；433.36）。

为了更直观地体现《金关汉简》中与"弓"搭配的"矢"的数量及频次，我们也把这些"矢"的数量作了统计，见表21。

表 21　　　《金关汉简》中与"弓"搭配的"矢"数量统计

简号	矢数量	频次	搭配	备注
73EJT9：292	弓一矢八十枚	1		
73EJT5：38	弓一矢五十		剑	
73EJD：224	弓一矢五十		剑	
73EJT9：40	弓一矢五十枚			
73EJT37：1383	弓一矢五十		牛车、剑	
73EJT23：982	弓一矢五十			
73EJT37：986	弓一矢五十	11	牛、车	加上《居延汉简》共有 17 例
73EJT37：1006	弓一矢五十		鱼、橐、牛车	
73EJT37：1586	弓一矢五十枚		轺车、騩牡马	
73EJT29：108	弓一矢五十		轺车、马、剑	
73EJT10：63	弓一矢五十		轺车、马	
73EJT10：279	弓一矢五十		轺车、马	
73EJT30：137	弓一矢卅五	1	鍭	
73EJT1：7	弓一矢卅三	1	剑、刀	
73EJT21：407	弓一矢卅		马、剑	
73EJT23：971	弓一矢卅		马	
73EJT24：102	弓一矢卅			
73EJT22：30	弓一矢卅			
73EJT25：109	弓一矢卅		牛车	加上《居延汉简》共有 12 例
73EJT29：77	弓一矢卅	10	牛车	
73EJT37：79	弓一矢卅		车	
73EJT30：10	弓一矢卅		牛、车	
73EJT37：1382	弓一矢卅		轺车、马	
73EJT22：124	弓一矢卅		剑	

续表

简号	矢数量	频次	搭配	备注
73EJT9：199	弓一矢廿			
73EJT9：245	弓一矢廿			
73EJT21：225	弓一矢廿		轺车、马	
73EJT21：9	弓一矢廿	8	剑	
73EJT24：129	弓一矢廿		剑	
73EJT30：120	弓一矢廿		剑	
73EJT37：652	弓一矢廿☑		车	
73EJT5：26	弓一矢廿☑		剑	
73EJT21：151	弓一矢十六	1		
73EJT1：37	弓一矢十四	1		
73EJT3：80	弓一矢十二枚		轺车、马	
73EJT9：78	弓一矢十二		大刀	
73EJT9：106	弓一矢十二枚		轺车、马、剑	
73EJT9：308	弓一矢十二		剑	
73EJT10：268	弓一矢十二	9		加上《居延汉简》
73EJT10：395	弓一矢十二			共有 10 例
73EJT29：135	弓一矢十二		方相、马	
73EJT30：266	弓一矢十二			
72EJC：587	弓一矢十二			
73EJT37：791	弓一矢五	1	轺车	
73EJT9：93	弓一矢一发	2	马、剑	
73EJT37：388	弓一矢一发			
73EJT21：21	弓一矢□二枚		剑	
73EJT9：260	弓一矢□	4	轺车、马	
73EJT24：403	弓一矢□☑			
73EJT9：378	弓一矢☑			
73EJT1：143	弓二矢卅一	1		弓二

　　与一张"弓"搭配的"矢"，数量为"五十"枚的频率最高，达到11次；"卅"枚出现 10 次，"十二"枚出现 9 次，"廿"枚出现 8 次；"八十"枚、"卅五"枚、"卅三"枚、"十六"枚、"十四"枚，均各出

现 1 次①。

在《金关汉简》中,"弓一矢××"是一种固定的结构②,全部用在记录个人配备的通关文书中,这些"弓"和"矢"都是个人随身携带的武备。由此可见,个人所佩带的"矢"达到"八十二"枚之多。

与一张"弩"搭配的"矢",出现次数最多的就是"五十"枚和"十二"枚。可能与"弩"搭配的"矢"的包装有两种规格:十二枚一包或五十枚一包。与"弓"搭配的"矢"的数量又呈现出另一特点:出现次数最多的是"五十"枚,出现 11 次,此外,"卅"枚有 10 次,"十二"枚出现 9 次,"廿"枚出现 8 次。可能与"弓"搭配的"矢"的包装有四种规格,有"五十"枚一包、"三十"枚一包、"十二"枚一包和"廿"枚一包的。

"矢"的包装规格多为"十二"枚和"五十"枚一包的,也有"卅"枚和"廿"枚的,这样的规格当是"弓用矢"与"弩用矢"不同,各自的包装也有差异。

【稾矢、茧矢】

"稾矢"在《金关汉简》中出现 27 例,分别出现在以下简文中:73EJT1:82;73EJT1:152;73EJT2:31;73EJT21:46;73EJT21:61;73EJT21:77;73EJT21:167;73EJT21:196;73EJT21:210;73EJT21:8;73EJT22:24;73EJT22:33;73EJT22:112;73EJT23:145;73EJT23:396;73EJT23:462;3EJT23:768;73EJT24:246;73EJT24:985;73EJT28:6;73EJT28:69;73EJT28:83;73EJT28:104;73EJT30:113;73EJT4H:2 +73EJT4H:11;72EJC:425;72EJC:566。

"茧矢"在《金关汉简》中出现 12 例,分别出现在以下简文中:73EJT1:152;73EJT10:1;73EJT21:46;73EJT21:107;73EJT21:333;73EJT22:112;73EJT23:799;73EJT23:1024;73EJT24:246;73EJT24:

---

① 简文残泐,有 7 枚简看不清"矢"的数量:73EJT9:260;73EJT9:378;73EJT21:147;73EJT23:1024;73EJT23:1073;73EJT24:403;72EJC:162。

② 有一枚简是"弓二矢××",当是特例:"弓二矢卅一"(73EJT1:143)。

671；73EJT24：716；73EJF3：174B ＋73EJF3：197B。

按：《金关汉简》中有"弓一矢××""弩一矢××"等以单音节形式出现的"矢"，也有以双音节形式出现的"槀矢"和"蚩矢"。这两种"矢"是官方使用的武备。薛英群等《居延新简释粹》："矢又分蚩矢、槀矢，乃长短之别。"① 又说："蚩矢：短箭也。"② 薛英群在《居延汉简通论》又说："（秋射）所用的矢，分虻矢（短矢）、槀矢（长矢）分别记成绩。"③ 薛英群以长短为标准对"矢"进行分类，长的称为"槀矢"，短的称为"虻矢"。韩勇《汉简所见边塞兵器装备及其管理制度》："槀矢便是长箭，与槀矢相对的便是蚩矢，意为短箭。"④

《墨子·备城门》："为短矛、短戟、短弩、蚩矢，财自足，穴彻以斗。"孙诒让间诂："蚩矢，盖亦短矢也。"⑤ "蚩矢"当即薛英群所说的"虻矢"。据《墨子》文本看，的确可以理解为"短矢"，即杆较短的箭。

"蚩矢"又叫"飞蚩"。扬雄《辎轩使者绝代语释别国方言·卷九》："（箭）其三镰长尺六者谓之飞蚩。"⑥ 潘岳《闲居赋》："激矢蚩飞。"《广雅·释器》："虻，飞箭名。"《墨子·备城门》："为短矛、短戟、短弩、蚩矢，财自足，穴彻以斗。"孙诒让间诂："《文选·闲居赋》：'激矢蚩飞。'李注引《东观汉记》：'光武作飞蚩箭以攻赤眉。'《广雅·释器》云：'飞蚩，箭也。'此'蚩矢'，疑亦即'飞蚩'也。"⑦

---

① 薛英群、何双全、李永良注，甘肃省文物考古研究所编：《居延新简释粹》，兰州大学出版社 1988 年版，第 14 页。

② 薛英群、何双全、李永良注，甘肃省文物考古研究所编：《居延新简释粹》，兰州大学出版社 1988 年版，第 87 页。

③ 薛英群：《居延汉简通论》，甘肃教育出版社 1991 年版，第 296 页。

④ 韩勇：《汉简所见边塞兵器装备及其管理制度》，硕士学位论文，东北师范大学，2009 年。

⑤ （清）孙诒让撰，孙以楷点校：《墨子间诂》，《新编诸子集成》（第一辑），中华书局 2001 年版，第 561 页。

⑥ （西汉）扬雄撰，（晋）郭璞注，（清）戴震疏证：《辎轩使者绝代语释别国方言》，《丛书集成初编》本，商务印书馆 1985 年版，第 83 页。镰，就是棱。

⑦ （清）孙诒让撰，孙以楷点校：《墨子间诂》，《新编诸子集成》（第一辑），中华书局 2001 年版，第 561 页。

"蒿矢"，薛英群等认为是杆较长的箭。从"高"得声的字，多有"长"的义项。陆佃《埤雅·释草》："蒿，草之高者。"是"蒿"有"长、高"之义。《说文·竹部》："篙，所以进船也。从竹高声。"①"篙"是撑船的竹竿或木杆。《说文·水部》："滈，久雨也。从水高声。"②"滈"有"时间久长"之义。

也有人认为"蒿矢"得名于箭杆是用禾秆制成的，《汉语大词典·艹部》："蒿矢，箭的一种。因箭杆用禾秆制成，故称。"《居延新简释粹》："槀矢铜镞：槀：箭杆……即带杆的长箭。"③也有人认为"槀矢"是发声的响箭。字也作"嚆矢"。《庄子·在宥》："焉知曾史之不为桀跖嚆矢。"成玄英疏："嚆，箭镞有吼猛声也。"郭庆藩集释："嚆矢，本亦作嗃。向云：嚆矢，矢之鸣者。郭云：矢之猛者。《字林》云：嚆，大呼也。崔本作蒿，云：萧蒿可以为箭。"④一作"嗃矢"，黄庭坚《彤陂》："安能为人作嗃矢。"以嗃矢定其远近。据此注所言，"嚆矢"也被称为"嚆史"。

"槀矢"简、"蚩矢"简在《金关汉简》中有两类：一类是通关文书，记录随身携带的装备；一类是检查某部隧武备的记录。

通关文书具有规范的格式，往往包含以下几项信息：身份、籍贯、姓名（年龄）、（身高）、（肤色）、携带的物品，举两例简文如下：

73EJT22：24：戍卒巨鹿郡曲周东渠里杨庀。年廿九，长七尺四寸，黑色。三石具弩一，槀矢五十。

73EJT24：671：累山卒王平。四石具弩一，蚩矢百五十。

部隧武备检查的记录，往往有以下几项信息：某部隧或某部隧负责

---

① （东汉）许慎：《说文解字》［影印（清）陈昌治刻本］，中华书局 1978 年版，第 99 页。

② （东汉）许慎：《说文解字》［影印（清）陈昌治刻本］，中华书局 1978 年版，第 234 页。

③ 薛英群、何双全、李永良注，甘肃省文物考古研究所编：《居延新简释粹》，兰州大学出版社 1988 年版，第 86 页。

④ （清）郭庆藩：《庄子集释》，《新编诸子集成》，中华书局 1961 年第 1 版，2004 年版，第 377—378 页。

人、武备的储存情况。涉及储藏的弩、矢等物品的数量以及完备情况，略举几例如下：

　　73EJT21：46：骍北亭长王禹士吏，七石具弩一伤二角，六石具弩一伤三角六石具弩三完，橐矢五百五十，陷坚矢百五十，茧矢四百⋯⋯服一，兰二完。

　　73EJT22：112：三石具弩十四，三石承弩三，承弦六十四，枭长弦卅二，橐矢千六百，茧矢四千八百。六石具弩八，弩幡廿五服廿二，兰冠廿二，靳干幡卅二，革甲鞮瞀卅二。

《居延新简》也有这类例子：

　　EPF22.178：第十㯟部。弦三十㯟。橐矢三千一百，见二千一百五十，少九百五十。茧矢二千三百，见二千一百，少二百。

　　随身携带的装备记录与部隧储存武备记录，在内容和数量上的差别很大，给我们带来不同的信息。随身携带的武备，往往是一张弩配一批矢，携带的矢数量很有规律，故我们认为是成套出现，可以据此了解汉代"矢"的包装规格。部隧储存的武备，展现给我们的是武备储存量的大小以及武备种类装备规模，相对来说，信息较个人随身携带的装备更为完整丰富。

　　随身携带的"橐矢"数量较小，而部隧储存的"橐矢"量就比较大，根据这样明显的差异，部分残泐的简文，我们也可以推测其简文性质：

　　73EJT21：210A：橐矢四百卅六枚。

　　73EJT28：69：橐茧矢二千二百☐

　　73EJT1：152：☐三石具弩，橐矢五十，茧矢百五十。

　　根据简文记录的"橐矢""橐茧矢""茧矢"数量，可以判断前两例是武备检查记录，后面一例是通关文书，记录的是个人随身携带的装备。

前文讨论过，作为随身携带的物品，"矢"分别与"弩"和"弓"搭配。同为随身携带的物品，"稾矢""茧矢"只与"弩"搭配，没有一例与"弓"搭配。凭此可知，"稾矢""茧矢"只用于"弩"，不用于"弓"。所有与"稾矢""茧矢"搭配的"弩"，往往是有具体拉力的"具弩"，比如"六石具弩""三石具弩"等，不是以单音节词"弩"的形式出现，也不见"承弩"。随身携带的"弩"，虽然有了更加具体的称谓，但数量还是"一"。略举两例如下：

73EJT22：33：南界亭长安国。三石弩一完，稾矢五十完。

73EJT24：246：……□石具弩一，承弩二，稾矢二百，茧矢六十，矛二，瞀一，铁甲一，铁鞮铠一。

随身携带的装备记录中，与一张"弩"相配出现的"稾矢""茧矢"数量更加规律化。随身携带"稾矢"的简共13枚，随身携带"茧矢"的简共有6枚，这些简文记录的"稾矢""茧矢"数量很有规律。分别统计如下，见表22和表23。

表22　　　　　　　随身携带的"弩"与"稾矢"数量搭配统计

简号	弩	频次	稾矢数量	携带者
73EJT1：82	六石具弩一	1次	稾矢五十	当阳卒郭玉柃
73EJT28：6	四石具弩一	2次	稾矢铜鍭五十	戍卒伯人宣利里董安世
73EJT28：83	四石具弩一		稾矢十二	张众
73EJT22：24	三石具弩一		稾矢五十	戍卒巨鹿郡曲周东渠里杨庇
72EJC：425	三石具弩一		稾矢五十	戍卒东郡茌平东乐里张利亲
73EJT30：113	三石具弩一		稾矢五十	戍卒济阴郡定陶商里爱横
73EJT23：145	三石具弩一		稾矢五十	戍卒济阴郡定陶常富里董安定
73EJT1：152	三石具弩	9次	稾矢五十	
73EJT28：104	三石具弩一		稾矢十	□安乐里王小子
73EJT23：768	三石具弩一		稾矢铜鍭五十	□郸平阿里公乘吴传孺
73EJT22：33	三石弩一		稾矢五十完	南界亭长安国
73EJT24：985	三石弩一		稾矢五十	

简号	弩	频次	稾矢数量	携带者
73EJT23：462		1次	稾矢五十	

表 23　　　　　　　　　随身携带的"弩"与"茋矢"数量搭配统计

简号	弩	茋矢数量	携带者
73EJT21：107		茋矢百五十	戍卒东郡东阿高丘里程毕
73EJT24：671	四石具弩一	茋矢百五十	累山卒王平
73EJT1：152	三石具弩	茋矢百五十	
73EJT21：333		茋矢百五十	
73EJT24：246	□石具弩一	茋矢六十	
73EJT23：1024	五石具弩一	茋矢	□隧卒□□□

这 13 枚"稾矢"简中，有 12 枚"弩"与"稾矢"全部共现。有一例简文残泐不清，其余 12 枚简记录的"弩"数量都是"一"，以"具弩"为常。其中 9 例简"三石弩"中，有 7 例是"三石具弩"。与"稾矢"共现的"具弩"以"三石"为常。前面我们的研究，认为"六石弩"最常见。这样看来，可以说汉简中以"六石具弩"为常，但与"稾矢"搭配使用的主要是"三石具弩"。

6 枚"茋矢"简中，除了残泐不清的 2 例，余者可见均为数量是"一"的"具弩"。呈现出来的规律与"稾矢"简一样。

13 枚简中"稾矢"的记录都很完整。这些"稾矢"的数量，除了"十"和"十二"各一例外，其余 11 例都是"五十"。韩勇《汉简所见边塞兵器装备及其管理制度》："从配备的数量上看，一张弩一般配有五十支稾矢，也就是五十支长箭。"① 这和我们发现的规律差不多。"稾矢"的包装，以"五十"枚为一包，大多数人都随身携带一包"稾矢"。

6 枚"茋矢"简中，对"茋矢"的记录也很完整，这些"茋矢"的数量有四例为"百五十"，一例"六十"。可能"茋矢"就是"百五十"一包。作为一包的规格，似乎"百五十"有点多了。"百五十"刚好是"五十"的三倍，更可能是"五十"枚一包，共携带了三包。另外，"茋

---

① 韩勇：《汉简所见边塞兵器装备及其管理制度》，硕士学位论文，东北师范大学，2009 年。

矢"较"稾矢"短小，不占空间，也可能三包"茧矢"所占空间差不多相当于一包"稾矢"的空间，刚好携带。

再看看各部隧"稾矢""茧矢"的储存情况。为了更直观地反映《金关汉简》中"稾矢""茧矢"的储备情况，列表如下，见表24。

表 24 　　　　　　　　　　《金关汉简》"稾矢""茧矢"储存情况

简号	弩	稾矢数量	茧矢数量	所属部隧
73EJT22：112	三石具弩十四 三石承弩三 六石具弩八	稾矢千六百	茧矢四千八百	
73EJT21：46	七石具弩一伤二角 六石具弩一伤三角 六石具弩三完	稾矢五百五十	茧矢四百	骍北亭
73EJT4H：2 + 73EJT4H：11	具弩□□	稾矢铜鍭二百五十， 少五		执适隧
73EJT21：210		稾矢四百卅六枚		
73EJT21：61		稾矢铜鍭百		骍北亭
72EJC：566		稾矢铜鍭百		
73EJT2：31		稾矢九十一		□□部
73EJT21：196		稾矢…少廿五		

以上简文显示，"稾矢""茧矢"的储存数量较大。不过，由于简文残渺，"茧矢"的数量信息较少，所得的数据不具备代表性。我们在《居延新简》中发现若干例子，更有代表性。列表如下，见表25。

表 25 　　　　　　　　　　《居延新简》"稾矢""茧矢"储存情况

简号	稾矢数量		茧矢数量		所属部
	故	今	故	今	
EPF22.175	稾矢二千柒百	见千九百			万岁部
EPF22.176			茧矢二千五百 五十	见千九百六十 六，少	第三部
EPF22.177			茧矢二千三百	见千二十八， 少三百柒十二	第十部

续表

简号	稾矢数量		苣矢数量		所属部
	故	今	故	今	
EPF22.178	稾矢三千一百	见二千一百五十，少九百五十	苣矢二千三百	见二千一百，少二百	第十泰部
EPF22.179	稾矢三千三百	见二千六百，少八百	苣矢二千五百五十	见千三百，少千一百五十	第二十三部
EPF22.181	稾矢三千	见二千五百六十一，少三十九	苣矢二千一百	见千八百，今少三百	推木部
EPF22.182	稾矢三千五百	见三千一百，少三百	苣矢二千三百	见二千三百，少百	诚北部
EPF22.183			故二千一百	今苣矢千八百五十，少三百	吞远部
EPF22.184	稾矢三千一百五十	今见二千五百，少六百五十	苣矢二千一百	见千八百，少三百	不侵部

从表25可见，"稾矢""苣矢"的储存量极大，统计的数字以千计算。前面我们讨论过"弩"数量大，品类多。刚好与"稾矢""苣矢"搭配的都是"弩"，这样看来两者在数量上是一致的。再一次证明，在汉代西北边塞，弩的使用频率极高。

【铜镞】

在《金关汉简》中，"铜镞"可以细分为"稾矢铜镞"和"稾苣矢铜镞"。"稾矢铜镞"有7例：73EJT21：61；73EJT23：768；73EJT4：153；73EJT23：768；73EJT28：6；73EJT4H：2＋73EJT4H：11；72EJC：566。"稾苣矢铜镞"仅见1例：73EJT21：167。

73EJT28：6：戍卒伯人宣利里董安世。四石具弩一，兰一，一，稾矢铜镞五十。

73EJT21：167：稾苣矢铜镞四百五十，革甲鞮瞀各四，有方一。

按：《居延新简释粹》："稾矢铜镞：稾：箭杆。铜镞：用铜做的箭头。即带杆的长箭。"①"铜镞"与"矢"配套使用，"矢"的使用量很大，"铜镞"的使用量一样也很大。

521.9：受九月余蛋矢铜镞二万完☑

EPT59.168：六月余稾蛋矢铜镞二千五百七。毋出入。

EPT54.12：稾矢铜镞千。

"铜镞"在《金关汉简》中的使用频率不是很高，在同质简中就非常高了。在同质简中，有"稾矢铜镞""稾蛋矢铜镞"，还有《金关汉简》没有的"蛋矢铜镞"、"陷坚蛋矢铜镞"和"陷坚稾矢铜镞"。

在同质简中，有"稾矢铜镞"48例、"稾蛋矢铜镞"11例，"蛋矢铜镞"也有10例，"陷坚蛋矢铜镞"和"陷坚稾矢铜镞"各2例。

"稾矢铜镞"48例，具体出现在以下简文中：27.17；37.19；38.39；82.32；90.15；109.10；267.14；283.12；393.8；418.2；EPT20.3；EPT48.17；EPT50.2；EPT51.112；EPT51.150A；EPT51.150B；EPT51.209；EPT51.561；EPT51.677；EPT52.5；EPT52.495；EPT52.503；EPT53.3；EPT53.117；EPT53.200；EPT53.8；EPT54.10；EPT54.12；EPT56.296；EPT57.47；EPT59.48；EPT68.21；EPF22.61；EPF22.1；EPF22.9；EPF22.433；EPF22.869；EPC43；EPS4T2.46；EPS4T2.109；826；1710；1803；1821；99ES17SH1：14；2000ES9SF3：9A；2000ES9SF3：9B；2000ES9SF3：20。

"稾蛋矢铜镞"11例，具体出现在以下简文中：25.17；185.1；283.20；EPT53.215；EPT56.335；EPT59.168；EPF22.469；EPF22.603；EPF22.668；99ES16SF1：3；2000ES14SF1：1。

"蛋矢铜镞"10例，具体出现在以下简文中：521.9；EPT6.72；EPF8.2、8.3；EPT50.2；EPT57.39；EPS4T2.103；570B；826；1824；2117。此外还有见于《敦煌汉简》中的"陷坚蛋矢铜镞"2例：1818；

① 薛英群、何双全、李永良注，甘肃省文物考古研究所编：《居延新简释粹》，兰州大学出版社1988年版，第86页。

1982，见于《居延汉简》中的"陷坚稾矢铜镞"2例：199.12；340.1。

杜葆运、韩汝玢《汉长安城武库》："武库遗址规模相当大……第七遗址出土大量铁镞，约计一千余件。……已发掘出土的铁兵器有剑、刀、矛、戟和斧等，也有铜武器戈、镦、铜镞和铜剑阁等。从数量来看是铁器为主，铜武器次之。"① 韩勇《汉简所见边塞兵器装备及其管理制度》："至于为何在铁质兵器普遍推广的汉代，在边塞却仍用以铜质箭镞，而在内地已有大量的铁、钢镞出土，对于这一现象还有待于进一步分析。"② 在长安发现的武库中，有大量铁镞，也有少量铜镞。而汉代西北边塞，所有的镞都是铜质的，没有发现"铁镞"。李均明《尹湾汉墓出土"武库永始四年兵车器集簿"初探》："以铜为之，当取其不易生锈的优点，犹今尚以铜质枪弹、炮弹同理。"③

铜优于铁，在长安多用铁镞，在西北边塞只使用铜镞，是汉代把最强的兵力放在了西北防御上的力证。

【陷坚矢】

"陷坚矢"在《金关汉简》中仅见一例：

73EJT21：46：骍北亭长王禹，士吏。七石具弩一伤二角，六石具弩一伤三角，六石具弩三完。稾矢五百五十。<u>陷坚矢</u>百五十。茧矢四百。

在同质简中还发现有："陷坚茧矢"（10.5），"陷坚稾矢"（515.51），"陷坚稾矢铜镞"（199.12），"陷坚茧矢铜镞"（1982），"陷坚羊头铜镞箭"（128.1）。如下例：

74.14：☐今余<u>陷坚茧矢</u>二千四百。

---

① 杜葆运、韩汝玢：《汉长安城武库》，中国社会科学院考古研究所编著，文物出版社2005年版，第132页。

② 韩勇：《汉简所见边塞兵器装备及其管理制度》，硕士学位论文，东北师范大学，2009年。

③ 李均明：《尹湾汉墓出土"武库永始四年兵车器集簿"初探》，载连云港市博物馆、中国文物研究所编《尹湾汉墓简牍综论》，科学出版社1999年版，第87页。

515.51：☑月余陷坚稾矢六百五十。

199.12：二月余陷坚稾矢铜镞四百六十七☑

1818B：陷坚虻矢铜镞五十，完。

128.1：广地南部言永元五年六月官兵釜砲月言簿。承五月……陷坚羊头铜镞箭卅八枚。……右破胡隧兵物。

按："坚"，就是"刚、硬"或"刚硬之物"的意思。也有指"甲胄"。《史记·项羽本纪》："夫被坚执锐，义不如公；坐而运策，公不如义。"[1]《孟子·梁惠王上》："可使制梃以挞秦楚之坚甲利兵矣。"[2]

"陷坚"用在战场上，可破敌深入，《史记·魏其武安侯列传》："灌孟年老，颍阴侯强请之，郁郁不得意，故战常陷坚，遂死吴军中。"[3]《文选·左思〈吴都赋〉》："士有陷坚之锐，俗有节概之风。"[4]"陷坚"体现作战时深入敌营，一马当先，十分英勇。

"陷坚矢"，比一般的"矢"刚硬有力，可以直插目的物，故为"陷坚"。《史记·李将军列传》："广乃令士持满毋发，而广身自以大黄射其裨将。"裴骃集解："孟康曰'《太公·六韬》曰"陷坚败强敌，用大黄连弩。"'[5]前面讨论过，"大黄弩"是拉力很大的强弩，《太公·六韬》中配合"陷坚"出现的就是"大黄弩"。上面简文中提及"陷坚"的"矢"，当比普通的"矢"刚硬有力。"陷坚稾矢铜镞""陷坚虻矢铜镞"就是加强版的稾矢铜镞和虻矢铜镞，比一般的稾矢铜镞和虻矢铜镞都要硬。

附：【秋射】

73EJT21：78：☑年秋，以令射。发矢十二，中☑

---

[1] （西汉）司马迁撰，（南朝宋）裴骃集解，（唐）司马贞索隐，（唐）张守节正义：《史记》，中华书局1959年版，第305页。

[2] （清）阮元校刻：《十三经注疏》，中华书局1980年版，第2667页中、下。

[3] （西汉）司马迁撰，（南朝宋）裴骃集解，（唐）司马贞索隐，（唐）张守节正义：《史记》，中华书局1959年版，第2845页。

[4] （南朝梁）萧统编，（唐）李善注：《文选》，上海古籍出版社1986年版，第232页。

[5] （西汉）司马迁撰，（南朝宋）裴骃集解，（唐）司马贞索隐，（唐）张守节正义：《史记》，中华书局1959年版，第2873页。

73EJT9：385：☑□□□矢夺劳☑

按：上面简文是记录秋射发矢情况的秋射简，在《金关汉简》中有很多这样的文例。秋射时候发矢中帑的记录，《金关汉简》仅见此 2 例，在同质简中比较丰富，一共有 35 例，其中《居延汉简》有 20 例：34.13；45.23；133.14；142.16；145.37；173.24；202.18；217.27；227.15；232.21；264.24；270.23；2.9；484.52；484.55；485.5；485.14；485.36；485.50；※559.4。《居延新简》有 14 例：EPT5.120；EPT51.527；EPT11.1；EPT50.18；EPT51.461；EPT51.488；EPT52.95；EPT53.17；EPT56.337；EPT53.34；EPT53.41；EPT53.191；EPT54.20；EPT54.25。《额济纳汉简》有 1 例：2000ES7SH1：1。

秋射，也叫试射、秋试射。主要是对隧长射击技能的考核，要求是用规范拉力弩六石具弩进行比赛。这些简文中的"矢"，凡是记录试射次数的，只要文字记录清楚，所有的数量都是"十二"，无一例外。"试射"要求"发矢十二"。

"发矢十二，以六为程"，发矢十二次，以中帑六次为合格。超过六矢的，赐劳十五日，不足六矢的，夺劳十五日。

"程"有"度量衡总名"之义。《荀子·致仕》："程者，物之准也；礼者，节之准也。程以立数，礼以定伦。"杨倞注："程者，度量之总名也。"① 由此再引申出考课"标准"的意思。《汉书·江都易王非传》："不中程，辄掠。"颜师古注："程者，作之课也。"②

关于秋射的具体时间，《居延新简》有所提及：

EPT50.10：居延甲渠候官第十（隧）长公乘徐谭。……中功一，劳二岁。为吏五岁三月十五日。其六月十五日，河平二年、三年、四年秋试射，以令赐劳□令。其十五日河平元年、阳朔元年病不为劳。居延县人。

---

① （清）王先谦撰，沈啸寰、王星贤点校：《荀子集解》，中华书局 1988 年版，第 262 页。
② （东汉）班固撰，（唐）颜师古注：《汉书》，中华书局 1964 年版，第 2416 页。

这枚简是记录隧长徐谭连续五年通过"秋射"赐劳与否的记录。在河平二年、三年、四年连续三年参加了"秋试射",每一年参加的时间均在该年的"六月十五日";而河平元年、阳朔元年因病未参加"秋试射",简文对时间的记录极尽简略,仅作"十五日",这个"十五日"的时间记录当因前文而省略,也应该是"六月十五日"。

在河平元年、河平二年、河平三年、河平四年和阳朔元年,这五年的秋射均在该年的"六月十五日"举行。据此推测,举行"秋射"的时间在每一年的"六月十五日"。

"试射"是对隧长、候长、士吏等边防官员射击技能的考核,以对"隧长"的考核为主,也许"秋射"的主要考核对象就是在边防第一线的"隧长",同时,我们不见"隧卒"参与"秋射"考核的简文。也许"隧卒"并不要求参与"秋射",对他们的射击技术进行培训、考核的工作职责就交由"隧长"完成。边防战线的"隧长",占据着不可或缺的重要地位,是维护祖国平安的中流砥柱。

【循】

"循"在《金关汉简》中,字也作"循",也称为"弩循、弩循"。《金关汉简》中"循"(73EJT23:1040)、"弩循"(73EJT23:768)各见1例,"循"(73EJT21:252;73EJT6:73A)2例,"弩循"(73EJT21:66;73EJT22:112;73EJT23:145;73EJT23:1024)4例。各举一例如下:

73EJT23:1040:☑长矛二,铠甲鞮督各三,革甲鞮各四,循三。

73EJT21:252:☑□六副剑一,循一。

73EJT23:768:☑郸平阿里公乘吴传孺。三石具弩一,丝伟,同几郭轴辟完;弩循一完;稾矢铜镞五十,其卅二完,十八斥罫,兰、兰冠各一,负索完。

73EJT23:145:戍卒济阴郡定陶常富里董安定,三石具弩一完,稾矢五十完,承弩二完,弩循一完,靳干幡各一完,兰冠各一完。

按：《说文·巾部》："幠，载米齡也。"① 《广韵·谆韵》："幠，布贮。"② 《广雅疏证·释器》："幠，畜也。……畜之言贮也，亦通作贮。贾子《春秋》篇云：'橐漏贮中。'……幠之言载米畜也。"③

幠，本是用来装米的布袋，在《金关汉简》中，其出现在武备简中，当不是用来装米的。《集成》第六册："幠，盛弩的口袋。"④ 薛英群认为"幠"就是装弩的袋子，在《居延汉简通论》介绍秋射时说："考试开始之前，先由令丞检查'幠'（盛弩的袋子）和'服'、'兰'（盛矢的袋子）是否整齐及完损情况。"⑤ 《居延新简释粹》："幠：《广韵》曰：'布贮曰幠。'弩幠，盛弩的布袋。"⑥ 韩勇《汉简所见边塞兵器装备及其管理制度》："弩不仅是一种高尖端兵器，而且，还易损坏。因此，对它的保养也极为重要。为此，在分给戍卒弩的同时又配发弩幠作为盛弩的装备。"⑦ 说"弩幠作为盛弩的装备"是正确的，但说"弩幠"是"在分给戍卒弩的同时配发"的，我们没有看见相关的证据。

"幠""循"是袋子，与"弩"连用构成双音节词"弩循"或"弩幠"，这就进一步说明，"弩幠"的功能就是用来"装弩"的，"弩幠"是"装弩的袋子"。

【椟丸】

"椟丸"在《金关汉简》中出现次数不多，字也作"犊丸"，也称为"弓椟丸""大丸"。在《金关汉简》中用例不多，"椟丸""弓椟丸"各出现 2 例，"犊丸""大丸"各出现 1 例："椟丸"（73EJT23：530；73EJT1：24），"犊丸"（73EJT21：46），"弓椟丸"（73EJT1：25；73EJT4：

① （东汉）许慎：《说文解字》［影印（清）陈昌治刻本］，中华书局 1978 年版，第 160 页。

② （北宋）陈彭年：《宋本广韵》（钜宋本），凤凰出版传媒集团 2005 年版，第 30 页上。

③ （清）王念孙：《广雅疏证》，上海古籍出版社 1983 年版，第 257 页。

④ 初师宾主编：《中国简牍集成》第六册，中国简牍集成编辑委员会编，敦煌文艺出版社 2001 年版，第 254 页。

⑤ 薛英群：《居延汉简通论》，甘肃教育出版社 1991 年版，第 297 页。

⑥ 薛英群、何双全、李永良注，甘肃省文物考古研究所编：《居延新简释粹》，兰州大学出版社 1988 年版，第 74 页。

⑦ 韩勇：《汉简所见边塞兵器装备及其管理制度》，硕士学位论文，东北师范大学，2009 年。

189），"大丸"（73EJT1：6），各举一例如下：

> 73EJT23：530：☒弓一，椟丸一，箭五☒
> 73EJT21：46：马辛北亭长王禹……犊丸三，大黄承弦二。
> 73EJT4：189：关都亭长安世弓椟丸直二百卅案直☒
> 73EJT1：6：乘骊牡马一匹，轺车一两，弩一，大丸一，矢五十
> 枚，刀剑各一。

同质简中也有相关用例，"椟丸"有5例：87.12；1150；23.15；523.15；EPT43.4。"犊丸"有2例：346.2；279。"弓椟丸"有1例：28.19。

按："椟丸"盛箭矢的器具，《汉语大词典·木部》："椟丸，古代盛箭的器具。"字本作"韣丸"，也作"䵠敊""牍丸"。《说文·革部》："韣，弓矢韣也。"[①] 朱俊声说文通训定声："丸，字也作敊。"《輶轩使者绝代语释别国方言·卷九》："所以藏箭弩谓之箙，弓谓之鞬，或谓之牍丸。"[②] 戴震疏证："牍本作韣，古通用椟。"钱绎笺疏："《广雅·释器》：'䵠敊，矢藏也。''韣''牍'，并与'牍'。亦作'椟'。敊与丸亦同。"[③]《汉语大词典·皮部》："䵠丸，箭筒。"《广雅·释器》："䵠敊，矢藏也。"《广雅疏证·释器》："敊，韣鞴，矢藏也。……牍，盖矢箙之圆者也。牍，字或作擅，又作韣敊。通作丸。"[④]《玉篇·皮部》："䵠，所以贮弓，或作韣。"[⑤]《玉篇·皮部》："敊，䵠敊，箭器也。"[⑥]

《仪礼·士冠礼》："筮人执筴抽上韣。"郑玄注："韣，藏筴之器。今时藏弓矢者，谓之韣丸也。"贾公彦疏："韣，藏筴之器者，韣有二，其一从下向上承之，其一从上向下韬之也。云'今时藏弓矢者谓之韣丸也

① （东汉）许慎：《说文解字》［影印（清）陈昌治刻本］，中华书局1978年版，第62页。
② （西汉）扬雄撰，（晋）郭璞注，（清）戴震疏证：《輶轩使者绝代语释别国方言》，《丛书集成初编》本，商务印书馆1985年版，第83页。
③ （清）钱绎笺疏，李发舜、黄建中点校：《方言笺疏》，中华书局1991年版，第321页。
④ （清）王念孙：《广雅疏证》，上海古籍出版社1983年版，第263页下。
⑤ （南朝梁）顾野王：《宋本玉篇》（影印本），北京市中国书店1983年版，第482页。
⑥ （南朝梁）顾野王：《宋本玉篇》（影印本），北京市中国书店1983年版，第482页。

者'，此举汉法为况，亦欲见韬弓矢者以皮为之……则此鞬亦用皮也。"①
《后汉书·南匈奴传》："今赍杂缯五百匹，弓鞬韇丸一，矢四发。"李贤
注："《方言》云：'藏弓为鞬，藏箭为韇。'韇丸即箭箙也。"②

构成双音节词"韇丸""鞴丸"的语素，分割开来，"韇""鞴"可
以独立成词，"丸"也可以独立成词。《说文·丸部》："丸，圜倾侧而转
者。"③ 朱俊声通训定声："丸，箭箙之圆者。"

在古代文献中，还有"椟丸盖"，称为"冰"。《左传·昭公二十五
年》："公徒释甲，执冰而踞。"晋代杜预注："冰，椟丸盖。或云椟丸是
箭筩，其盖可以取饮。"④《左传·昭公十三年》："司铎射怀锦奉壶饮冰
以蒲伏焉。"晋代杜预注："冰，箭筩盖，可以取饮。"⑤"冰"字也作
"掤"。《诗经·郑风·大叔于田》："抑释掤忌，抑鬯弓忌。"毛传："掤，
所以覆矢。"孔颖达疏："掤为覆矢之物。"⑥陆德明释文："掤，音冰。所
以覆矢也。马云'韇丸盖也。'杜预云：'韇丸，箭筩也。'"⑦朱熹《诗
集传》："掤，矢筩盖。"《说文·手部》："掤，所以覆矢也。"⑧《广雅·
释器》："掤，矢藏也。"由此可见，"椟丸盖"在古代可以称为"冰"，
字也作"掤"。

文献记载"椟丸"既可以装"箭"，也可以装"弓"，还可以装"矢"，
其功能是不分的。《广雅·释器》："鞴朹，矢藏也。"《玉篇·皮部》："鞴，
所以贮弓，或作韇。"⑨《玉篇·皮部》："朹，鞴朹，箭器也。"⑩但在
《金关汉简》及同质简中，装"箭"还是"弓"其功能是明确划分的，
"椟丸"是用来装"弓"的。韩勇《汉简所见边塞兵器装备及其管理制

---

① （清）阮元校刻：《十三经注疏》，中华书局1980年版，第946页中。

② （南朝宋）范晔、（晋）司马彪撰，（唐）李贤、（南朝梁）刘昭等注：《后汉书》，中华书局1965年版，第2947页。

③ （东汉）许慎：《说文解字》[影印（清）陈昌治刻本]，中华书局1978年版，第194页。

④ （清）阮元校刻：《十三经注疏》，中华书局1980年版，第2111页上。

⑤ （清）阮元校刻：《十三经注疏》，中华书局1980年版，第2073页上。

⑥ （清）阮元校刻：《十三经注疏》，中华书局1980年版，第338页上。

⑦ （唐）陆德明：《经典释文》，中华书局1983年版，第64页。

⑧ （东汉）许慎：《说文解字》[影印（清）陈昌治刻本]，中华书局1978年版，第256页。

⑨ （南朝梁）顾野王：《宋本玉篇》（影印本），北京市中国书店1983年版，第482页。

⑩ （南朝梁）顾野王：《宋本玉篇》（影印本），北京市中国书店1983年版，第482页。

度》就说："椟丸，为盛弓之工具。"① 在《金关汉简》中有"弓椟丸"就明确其功能就是放置"弓"的。在同质简中还有"弓椟"：

11.12：出钱九百，买弓椟。
214.57：☑年廿八，富，史，有鞍马弓椟，复为候史☑

【兰、兰冠】

"兰"在《金关汉简》中出现频率不高，共出现4例（73EJT21：46；73EJT21：77；73EJT23：768；73EJT1：99），与其关系密切的"兰冠"出现7例（73EJT21：380；73EJT21：107；73EJT21：77；73EJT22：112；73EJT23：145；73EJT23：768；73EJT7：78），还有"冠"出现1例（73EJT1：99），各举一例如下：

73EJT21：77：☑棄矢五十，兰一，兰冠一，靳□，靳□☑
73EJT1：99：☑兰廿二，冠十七，服十七。靳□，靳幡，□□☑

按：有说"兰"是"藏兵之所"，是"古代悬弩的兵器架"。江淹《萧骠骑谢甲仗入殿表》："兰锜之设。"胡之骥注："兰锜，藏兵之所。受兵曰兰，受甲曰锜。"《管子·小匡》："重罪入以兵甲犀胁二戟，轻罪入兰盾鞈革二戟。"尹知章注："兰，即所谓兰锜，兵架也。"这种"兰"，也称为"兵兰"，是放置兵器的架子。

以上解释，置之于简文，意思不通。"兰"有"冠"，当是一种有盖的装东西的器具。且简文中的"兰"，均与"弩""矢""铜镞"等共现，"兰"当与"弩""矢""铜镞"等有更密切的关系。薛英群《居延汉简通论》介绍秋射时，认为"兰"就是"盛矢的袋子"："考试开始之前，先由令丞检查'幡'（盛弩的袋子）和'服'、'兰'（盛矢的袋子）是否整齐及完损情况。"② 韩勇《汉简所见边塞兵器装备及其管理制度》："还

---

① 韩勇：《汉简所见边塞兵器装备及其管理制度》，硕士学位论文，东北师范大学，2009年。
② 薛英群：《居延汉简通论》，甘肃教育出版社1991年版，第297页。

发放兰，作为盛箭之工具。在兰之上还有冠，做（作）为兰的盖子。"①

"兰"，繁体字作"蘭"，其本字是"籣"。在古代"艹部""竹部"换用比较常见。《说文·竹部》："籣，所以盛弩矢，人所负也。从竹，闌声。"②《广韵·寒韵》："籣，盛弩矢，人所负也。"③《汉书·韩延寿传》："（延寿）令骑士兵车四面营陈，被甲鞮鍪居马上，抱弩负籣。"如淳曰："籣，盛弩箭箙也。"颜师古注："籣，盛弩矢者也，其形如木桶。"④"籣"是古代可背负的盛弩箭器，从"竹"，这种器具当是用竹篾编制而成。注家说"盛弩矢"，前文讨论《金关汉简》中装"弩"的是"弩幨"，这里的"兰"应该是装"矢"。同一枚简文中，同时出现"弩幨"和"兰"，其功能必定有差别。

  73EJT23：1024：□□隧卒□□□□□。五石具弩一，完；弩幨一□；亩矢；兰☑

  99ES16ST1：20：☑石具弩一，稾矢五十，幨、兰冠☑

"籣"字作"蘭"，也作"韊""鞴"。当是这种器具也有用皮革制成，故从"革"。《说文·竹部》："籣，所以盛弩矢。"⑤段玉裁注："韊即籣字。《字林》作'鞴'。《玉篇》作'韊'。《索隐》曰：'如今之胡鹿而短。'胡鹿，《广韵》作'弧簶'，箭室也。"⑥《史记·信陵君传》："赵王及平原君自迎公子于界，平原君负韊矢，为公子先引。"司马贞集解："吕忱曰：'韊盛弩矢。'"裴骃索隐："韊音兰。谓以盛矢，如今之胡簶而短也。吕姓，忱名，作《字林》者，言'韊盛弩矢之器'。"⑦《六书故·

① 韩勇：《汉简所见边塞兵器装备及其管理制度》，硕士学位论文，东北师范大学，2009 年。

② （东汉）许慎：《说文解字》［影印（清）陈昌治刻本］，中华书局 1978 年版，第 98 页。

③ （北宋）陈彭年：《宋本广韵》（钜宋本），凤凰出版传媒集团 2005 年版，第 34 页上。

④ （东汉）班固撰，（唐）颜师古注：《汉书》，中华书局 1964 年版，第 3214—3215 页。

⑤ （东汉）许慎：《说文解字》［影印（清）陈昌治刻本］，中华书局 1978 年版，第 98 页。

⑥ （清）段玉裁注，许惟贤整理：《说文解字注》，凤凰出版传媒集团、凤凰出版社 2007 年版，第 349 页上。

⑦ （西汉）司马迁撰，（南朝宋）裴骃集解，（唐）司马贞索隐，（唐）张守节正义：《史记》，中华书局 1959 年版，第 2381 页。

革部》："鞬，弩矢室也。"① 《广韵》《集韵》《玉篇》中"簡"皆作"鞬"。《广韵·寒韵》"簡"下："鞬，同上。"② 《集韵·寒韵》："簡、鞬，《说文》所以盛弩矢，人所负也。或从革。"③ 《玉篇·革部》："鞬，藏弩矢服也。亦作闌。"④

"簡"，古代辞书解说为"藏弩矢"，是藏"弩"还是藏"矢"不分，但在《金关汉简》中，是明确有分界的。《金关汉简》中藏弩的是"弩幡"，藏弓的是"弓椟"，"簡"是藏"矢"的了。在《金关汉简》中"矢"有"稾矢""蚤矢"，它们的存放器具也当有差别。《金关汉简》中有"兰"也有"箙"，这就是分别存放"稾矢""蚤矢"的器具。

73EJT21：380：☐五十，兰、冠各三，<u>服</u>三，靳干幡各四。

李天虹《居延汉简簿籍分类研究》："或许兰多用以盛稾矢，箙则用以盛蚤矢。"⑤ 认为盛"稾矢"的是"簡"，盛"蚤矢"的是"箙"。

"簡""箙"应有所区别。我们从"簡"字的字形进行分析，也许可以得到答案。从"闌"得声的字，多有齐腰拦截、阻拦义。

"闌"，是门前遮栏。《说文·门部》："闌，门遮也。"⑥ "攔"，阻拦。杜甫《兵车行》："牵衣顿足攔道哭，哭声直上干云霄。" "蘭"，阻隔。《战国策·魏策三》："晋国之去梁也，千里有余，河山以蘭之，有周韩而间之。"鲍彪注："'蘭'作'闌'。"蘭，饲养家畜的圈。《汉书·王莽传中》："又置奴婢之市，与牛马同蘭。"颜师古注："蘭谓遮蘭之，若牛马蘭圈也。"⑦ "瀾"，大波浪。《孟子·尽心上》："观水有术，必观其瀾。"赵岐注："瀾，水中大波也。"⑧ "襴"，襴袍，下施横幅而得名。《资治通

① （南宋）戴侗：《六书故》，上海社会科学院出版社 2006 年版，第 435 页下。
② （北宋）陈彭年：《宋本广韵》（钜宋本），凤凰出版传媒集团 2005 年版，第 34 页上。
③ （北宋）丁度等编：《集韵》，上海古籍出版社 1985 年版，第 42 页下。
④ （南朝梁）顾野王：《宋本玉篇》（影印本），北京市中国书店 1983 年版，第 485 页。
⑤ 李天虹：《居延汉简簿籍分类研究》，科学出版社 2003 年版，第 95 页。
⑥ （东汉）许慎：《说文解字》［影印（清）陈昌治刻本］，中华书局 1978 年版，第 248 页。
⑦ （东汉）班固撰，（唐）颜师古注：《汉书》，中华书局 1964 年版，第 4110—4111 页。
⑧ （清）阮元校刻：《十三经注疏》，中华书局 1980 年版，第 2768 页下。

鉴·唐昭宗龙纪元年》："已具襕笏。"胡三省注："襕，音阑，即今之袍也。下施横幅，因谓之襕。"

从"阑"得声的字有"齐腰拦截"义。"藁矢""茵矢"，前者为长矢，后者为短矢。长矢在放置的时候，箭矢整个装进器具当不容易携带，拦腰围住而不掉落，则是最可能的携带方式。故这种器物往往不大。《史记·魏公子列传》："平原君负韊矢。"司马贞索隐："韊音蘭，谓以盛矢，如今之胡籘而短也。"① 湖北荆门郭店一号楚墓有两件木质藏矢器，均残。其中一件平面呈梯形，口大底小，由底座、前、后壁板，左、右挡板构成。壁板木质，挡板竹质。前壁极短，后壁较长，外侧为弧面。左、右挡板截面弧形，与前后壁板两边榫合。河南安阳殷墟小屯出土的商代藏矢器具，是在一丛箭镞周围有编竹印痕，复原后呈长方形的竹器，见图 13。

图 13　籣

以上两件器物学者多认为是"箙"。"箙""籣"混用时，二者不别。

---

① （西汉）司马迁撰，（南朝宋）裴骃集解，（唐）司马贞索隐，（唐）张守节正义：《史记》，中华书局 1959 年版，第 2845 页。

《金关汉简》中"箙""蘭"多在一枚简中出现，二者是明确区别处理的。我们认为这种拦腰截断的藏矢器，或用挡板，或用绳索捆扎的，当为"蘭"，主要用来装箭杆长的"稾矢"。

【服】

"服"在《金关汉简》中出现 4 例：73EJT21：380；73EJT21：46；73EJT1：99；74EJT：119，举两例如下：

> 73EJT21：380：☐五十，兰、冠各三，**服**三，靳干幡各四。
>
> 73EJT1：99：☐兰廿二，冠十七，**服**十七。靳☐，靳幡，☐☐☐

按："服"，通"箙"。盛箭之器。《说文·竹部》："箙，弩矢箙也。"① 《辎轩使者绝代语释别国方言·卷九》："所以藏箭弩谓之箙。"② 《释名·释兵》："（矢）其受之器，以皮曰服。"③ 王先谦疏证补："毕沅疏证曰：此当作'箙'。"④ 《汉语大字典·月部》："服，古代装箭、刀、剑等的套子。后作'箙'。"⑤ 《中文大辞典·月部》："服。盛矢器也。与'箙'通。"⑥《居延新简释粹》："服：即箙。装箭的袋子。"⑦《中国古代器物大词典》："服，盛箭的袋。"⑧《诗经·小雅·采薇》："四牡翼

---

① （东汉）许慎：《说文解字》［影印（清）陈昌治刻本］，中华书局 1963 年第一版，1978 年版，第 98 页。

② （西汉）扬雄撰，（晋）郭璞注，（清）戴震疏证：《辎轩使者绝代语释别国方言》，《丛书集成初编》本，商务印书馆 1985 年版，第 83 页。

③ （东汉）刘熙：《释名》，王云五主编：《丛书集成初编》，商务印书馆 1936 年版，第 110 页。

④ （清）王先谦：《释名疏证补》，上海古籍出版社 1984 年版，第 342 页。

⑤ 徐中舒主编：《汉语大字典》，崇文书局、四川辞书出版社、四川出版集团、湖北长江出版集团 2010 年版，第 2055 页。

⑥ 中文大辞典编纂委员会编纂，林尹、高明主编：《中文大辞典》，台北：中国文化大学出版部 1980 年版，第 6730 页。

⑦ 薛英群、何双全、李永良注，甘肃省文物考古研究所编：《居延新简释粹》，兰州大学出版社 1988 年版，第 73 页。

⑧ 陆锡兴主编：《中国古代器物大词典·兵器，刑具》分册，河北教育出版社 2001 年版，第 140 页。

翼，象弭鱼服。"郑玄笺："服，矢服也。"① 《国语·郑语》："檿弧箕服。"韦昭注："服，矢房。"《周礼·夏官·司弓矢》："中春献弓弩，中秋献矢箙。"郑玄注："箙，盛矢器也。"② 孙诒让正义："此经之箙则弓弩矢所通用，散文不别也。"③ 司马相如《子虚赋》："左乌号之雕弓，右夏服之劲箭。"南朝梁刘孝威《结客少年场行》："居延箭箙尽，疏勒井泉枯。"唐代柳宗元《唐铙歌鼓吹曲》之二："甲之櫜弓弭矢箙。"《金史·腊醅传》："敌问为谁，应之曰：'欢都。'问者射穆宗，矢著于弓箙。"

由此可见，盛箭的物品，称"服""箙"古文中常见。《荀子·议兵》："魏氏之武卒，以度取之，衣三属之甲，操十二石之弩，负矢五十个。"王先谦引俞樾说："服者，箙之假字。"④

盛矢器箙，有的是皮质的。《诗经·小雅·采薇》："四牡翼翼，象弭鱼服。"毛传："鱼服，鱼皮也。"⑤ 《周礼·夏官·司弓矢》："中秋献矢箙。"郑玄注："箙，以兽皮为之。"⑥ 孙诒让正义："此经之箙，则弓弩矢所通用，散文不别也。"⑦ 《周礼·夏官·司弓矢》："田弋充笼箙矢。"郑玄注："笼，竹箙也。"⑧

金文"箙"作"𤰞""𤰞"⑨，箭整齐地排放在盛箭器物内，镞端朝下，羽端朝上露在外面。《周礼·春官·巾车》："小服皆疏。"郑玄注："服，读为'箙'。小箙，刀剑短兵之衣。"⑩ 藏短小武器的装备被称为"箙"。河南安阳殷墟小屯出土的商代竹器，是在一丛箭镞周围有编竹印痕，复原后呈长方形的竹器，学者多认为是"箙"，其所藏的箭干较长，拦腰围住，我们认为是"兰"。见图14。

---

① （清）阮元校刻：《十三经注疏》，中华书局1980年版，第414页上。
② （清）阮元校刻：《十三经注疏》，中华书局1980年版，第855页下。
③ （清）孙诒让撰，王文锦、陈玉霞点校：《周礼正义》，中华书局1987年版，第2552页。
④ （清）王先谦撰，沈啸寰、王星贤点校：《荀子集解》，中华书局1988年版，第272页。
⑤ （清）阮元校刻：《十三经注疏》，中华书局1980年版，第414页上。
⑥ （清）阮元校刻：《十三经注疏》，中华书局1980年版，第855页下。
⑦ （清）孙诒让撰，王文锦、陈玉霞点校：《周礼正义》，中华书局1987年版，第2552页。
⑧ （清）阮元校刻：《十三经注疏》，中华书局1980年版，第856页下。
⑨ 陆锡兴主编：《中国古代器物大词典·兵器，刑具》分册，河北教育出版社2001年版，第106页。
⑩ （清）阮元校刻：《十三经注疏》，中华书局1980年版，第824页中。

装"矢"的器具也被称为"箙"。汉代刘向《新序·义勇》:"(芊尹文)抽弓于韔,援矢于箙,引而未发也。"也叫"步叉"。《释名·释兵》:"步叉,人步所带,以箭叉其中也。"① 《汉书·五行志下之上》:"宣王立,女童谣曰:'檿弧箕服,实亡周国。'"颜师古注:"服,盛箭者,即今之步叉也。"② 《后汉书·舆服志上》:"戎车,其饰皆如之。蕃以矛麾金鼓羽析幢翳,韩胄甲弩之箙。"刘昭注引古文:"《通俗文》:'箭箙谓之步叉。'干宝亦曰:'今谓之步叉。'"③ 马王堆 3 号墓出土一实物,应该就是"箭箙",中间像桶,两侧有尖角,见图 14。

图 14 箭箙

"矢"也叫"步靫""鞴靫"。《广雅·释器》:"鞴靫,矢藏也。"《释

---

① (东汉)刘熙:《释名》,王云五主编:《丛书集成初编》,商务印书馆 1936 年版,第110 页。

② (东汉)班固撰,(唐)颜师古注:《汉书》,中华书局 1964 年版,第 1466 页。

③ (南朝宋)范晔、(晋)司马彪撰,(唐)李贤、(南朝梁)刘昭等注:《后汉书》,中华书局 1965 年版,第 3646 页。

名·释兵》："步叉，人步所带，以箭叉于其中也。"① 王先谦引毕沅曰："苏兴曰：'步叉即鞴靫。'……步鞴一声之转，靫即叉之俗体。"② 也有倒序双音节词"靫鞴"。《广韵·麻韵》："靫，靫鞴，弓箭室也。"③

藏矢之器也叫"胡禄""胡簶""胡鞬""胡箓""胡簏""葫簏""葫芦""箶簏""弧箓""瓠蠦""蒲卢"等。

《汉语大词典》："胡禄，亦作'胡鹿'，亦作'胡簏'，亦作'胡簶'。藏矢的器具。"又"胡簏，见'胡禄'。"《新唐书·兵志》："人具弓一，矢三十，胡禄、横刀、砺石、大觿、毡帽、毡装、行滕皆一。"④ 《广韵·屋韵》："簶，弧簶，箭室也。"⑤ 《玉篇·竹部》："簶，胡簶，箭室。"⑥ 程瑶田《果蠃转语记》："蒲卢又转之为瓠蠦，为箶簏，箭室也。"⑦

张永言《汉语外来词杂谈》认为"胡禄"一词在南北朝时传入中国。岑仲勉认为"胡禄"是突厥语 qurluqr 的对音。藏矢之器中国本来就有，受外来语的影响，这一时期外来语多加"胡"表示，如"胡琴""胡帐"等，故藏矢器具也加上"胡"，但这样就与表"胡人衣装"的"胡服"混淆了。为了区别之，找音近字不失为一条快捷方式。"簏、服"与"禄、簏"等中古音的韵相同，故把藏矢器称为"胡禄""胡簶""胡鞬""胡箓""胡簏"。"胡""弧"同音，"葫"以"胡"得声，故又称为"弧箓""葫簏""葫芦"等。这是民族文化交融在魏晋时期的体现。

在传世文献中"簏""簡""鞬""幡"功能不甚分别。《后汉书·南匈奴传》："今赏杂缯五百匹，弓鞬韇丸一，矢四发。"李贤注："《方言》云：'藏弓为鞬，藏箭为韇。'韇丸即箭簏也。"⑧ 李贤认为"韇丸"就是

---

① （东汉）刘熙：《释名》，王云五主编：《丛书集成初编》，商务印书馆 1936 年版，第110 页。

② （清）王先谦：《释名疏证补》，上海古籍出版社 1984 年版，第 110 页。

③ （北宋）陈彭年：《宋本广韵》（钜宋本），凤凰出版传媒集团 2005 年版，第 47 页下。

④ （北宋）欧阳修、宋祁等撰：《新唐书》，中华书局 1975 年版，第 1325 页。

⑤ （北宋）陈彭年：《宋本广韵》（钜宋本），凤凰出版传媒集团 2005 年版，第 132 页上。

⑥ （南朝梁）顾野王：《宋本玉篇》（影印本），北京市中国书店 1983 年版，第 279 页。

⑦ （清）程瑶田撰，（民）洪汝闿校：《果蠃转语记一卷附校记一卷》，《丛书集成续编》（73 册），台湾：新文丰出版公司 1981 年版，第 309 页上。

⑧ （南朝宋）范晔、（晋）司马彪撰，（唐）李贤、（南朝梁）刘昭等注：《后汉书》，中华书局 1965 年版，第 2947 页。

"箭箙"。在《金关汉简》中它们各自的功用区别很明显：装"弩"的是"帾"，装"弓"的是"韇"，装"稾矢"的是"籣"，装"茰矢"的是"箙"。①

【弦】

在《金关汉简》中，"弦"的种类有三种：长弦、承弦、杞弦。

"长弦"有"枲长弦"和"弩长弦"两种："枲长弦"有6例，出现在以下简文中：73EJT21：46；73EJT21：66；73EJT21：107；73EJT21：8；73EJT22：112；73EJT35：15。"弩长弦"（73EJT4H：2 + 73EJT4H：11）仅见1例。

按：据《居延汉简》35.14看，弦储存在"函"里。

35.14：第十二隧长徐忠。弦函破，□二，不事用。

此外还有"枲承弦"（73EJT26：107）。在《居延汉简》《居延新简》中，还有"六石枲弦"（36.9）、"六石枲长弦"（40.5）、"赤枲弦"（EPT65.304）、"糸弦"（EPT6.67），是《金关汉简》中没有的，可以作为补充。

36.9：□□□□糸弦四。弩一，六石枲弦一。元凤三年四月辛卯朔甲辰，肩水塞尉将来受□

385：六石枲长弦，三。

EPT65.304：鄣卒高□，八月二十黍日假五石弩一。赤枲弦、糸纬。稾矢箭五十。

陈直《居延汉简研究》："由机带弓，则用糸承弦，或枲长弦，系以

---

① 有一例"弩"也用"服"：大黄弩服衣绝非物，负二算。皮宥二，□□，负□算（74EJT：119），是特例。

丝为之,枲以麻为之,故名称各别。"① 罗小华《〈地湾汉简〉中的"弦"》:"从地湾汉简的记载来看,当时西北地区制作弦的材料有枲、韦、丝等,且有考古实物佐证。从传世文献的记载来看,制作弦的材料即便到了后世也没出现大的变化。"② 韩勇《汉简所见边塞兵器装备及其管理制度》:"弦从质地上看又分为系弦和枲弦。"③ 李天虹《居延汉简簿籍分类研究》:"系弦是丝制的弦,而枲弦为麻制的弦。"④

【扟弦】

《金关汉简》有"扟弦"一例,不知是什么弦。文例见下:

> 73EJT21:46:驿北亭长王禹士吏。七石具弩一伤二角,六石具弩一伤三角……服一,兰二,完。四□□张铁扟弦各一,犊丸三,大黄承弦二,枪一□楗各三,枲长弦二。

按:在《居延汉简》和《居延新简》中有"扟弦"和"糸扟弦"各一例:

> 482.4:☑糸扟弦二具☑
>
> EPT53.237:□张扟弦一☑

"扟弦"可以单独称为"扟弦",也可以根据采用的材料,称为"铁扟弦"和"糸扟弦"。

"扟"也作"厄",《尹湾汉简》有"厄弦":

> 《尹湾汉简·六反》:"铁厄弦千二百廿一。"

---

① 陈直:《居延汉简研究》,天津古籍出版社 1986 年版,第 19—20 页。

② 罗小华:《〈地湾汉简〉中的"弦"》,《简帛网》,http://www.bsm.org.cn/show_article.php? id=3145,2018 年 5 月 30 日。

③ 韩勇:《汉简所见边塞兵器装备及其管理制度》,硕士学位论文,东北师范大学,2009 年。

④ 李天虹:《居延汉简簿籍分类研究》,科学出版社 2003 年版,第 94 页。

《敦煌汉简》中有"把弦""杞弦",当也是"扡弦"的不同释读:

827:□□□□□□,立徽枭把弦一,完。白糸承弦八,完。梳四,完。

1673:立徽枭杞弦一。

查对原简,比较模糊,得不到我们需要的信息。

在《敦煌汉简》中发现一例"扡弦铁钩":

22:☑张。漆木便张一,扡弦铁钩一,无次要。

"扡弦铁钩"就是上面所说的"扡弦""把弦""杞弦""铁扡弦""糸扡弦"一类的器物,是射手发射箭矢时,用来钩住弦以提高箭矢动力的器具,可以是铁的,也可以是丝线的。《集成》把"扡"释读为"扡",《集成》第八册:"扡弦,用于张弦的钩,引之以丝或麻绳。"① 其实,"扡弦"不一定是"钩",也可能是"带"。

"把""扡""杞""矼"可以认为是"把"的异体字。《说文·手部》:"把,握也。"② 段玉裁注:"握者,搤持也。《孟子》注曰:'拱,合两手也。把,以一手把之也。'"③ 这里的"把弦"当是得名于其"握住弦""钩住弦"。故又称为"把弦铁钩"或"弩腰钩带"。其主要用于使用腰引弩。"扡弦"又称为"絜"。《说文·糸部》:"絜,一曰弩腰钩带。"④

孙机《汉代物质文化资料图说(增订本)》:"使用腰引弩时,射手自腰部以绳钩弦张弓。其绳名絜。……其钩在汉简中名为'扡弦铁钩'

---

① 初师宾主编:《中国简牍集成》第八册,中国简牍集成编辑委员会编,敦煌文艺出版社2001年版,第76页。

② (东汉)许慎:《说文解字》[影印(清)陈昌治刻本],中华书局1978年版,第98页。

③ (清)段玉裁注,许惟贤整理:《说文解字注》,凤凰出版传媒集团、凤凰出版社2007年版,第1038页上。

④ (东汉)许慎:《说文解字》[影印(清)陈昌治刻本],中华书局1978年版,第275页。

（《流沙·器物》52）、'把弦铁钩'（《敦煌汉简》22）、'铁弝弦'（《尹湾汉简·兵车器集簿》）。"① 孙机《汉代物质文化资料图说（增订本）》附有"腰引弩"图②，转引如下，见图15。

图15　腰引弩

附：【弦纬】

我们在《居延汉简》《居延新简》中发现一个名物词语"弦纬"，这是《金关汉简》中没有的词语，其用例也不少，分别为：弦纬（236.34；EPT50.205），糸弦纬（283.12；EPT53.117；EPT59.11；EPT65.58），枭弦纬（EPT59.746），例见下：

EPT50.205：第二隧弩臂、弦纬。

EPT59.746：☑□枭弦纬☑

EPT53.117：☑□具弩五，糸弦纬完。三石具弩十二，完。

按：《集成》第十册："弦、纬，皆弩弓之弦索。"③"弦"和"纬"，皆作"弦索"解释，于词法不妥。"纬"在古代典籍中，的确有"古筝上的弦"的用法。《楚辞·刘向〈九叹·愍命〉》："破伯牙之号钟兮，挟人

---

① 孙机：《汉代物质文化资料图说（增订本）》，上海古籍出版社 2008 年版，第 167—168 页。

② 孙机：《汉代物质文化资料图说（增订本）》，上海古籍出版社 2008 年版，第 166 页。

③ 初师宾主编：《中国简牍集成》第十册，中国简牍集成编辑委员会，敦煌文艺出版社 2001 年版，第 51 页。

筝而弹纬。"而简文中，"弦""纬"连言，"纬"作"弦"理解的不多，故称"弦"时，在"弦"后面累赘"纬"表示"弦"是不合逻辑的，故"纬"作"弦"理解不通。

"纬"，是横织的丝线。《说文·系部》："纬，织横丝也。"① 由"横织的丝线"引申出"缠束"的意思。《释名·释典艺》："纬，围也。反复围绕，以成经也。"②《墨子·迎敌祠》："令命昏纬狗纂马擘纬。"孙诒让间诂："《大戴礼记·夏小正》：'农纬厥耒'，传云：'纬，束也。'言纬纂必坚固。苏云：'纬，束也。'③

我们再来看看汉简中与"弦纬"相关的用词，有"弦纬""系弦纬"，可知"纬"在这里是缠束"弦"于弓弩的带子，这个带子多是"系"制作的，故有"系弦纬"，还有一例意思明确的"赤枲弦系纬"，由此可以知道，缠束弓弦的带子，采用的材质就是"丝带"。

据此可知，"弦纬"就是缠束弦于弓弩的带子，多是由丝带做成。

【曲旃、缇绀胡】

《金关汉简》中有"曲旃"，多与"缇绀胡"和"缇"、"绀胡"同简共现，有"曲旃"2 例（73EJH1：18；73EJT21：8），"缇绀胡"2 例（73EJT22：134；73EJT21：66），"缇"4 例（73EJH1：18；73EJT21：8；73EJT21：326；73EJT21：66），"绀胡"2 例（73EJH1：18；73EJT21：8），例见下：

73EJH1：18：登山隧卒济阴郡定陶中庄里担福。有方一。有方一，曲旃、缇绀胡各一。

73EJT21：66：寸 ●承弦四其一黑弦狠靡解，枲长弦一古绝，缇绀胡一，缇长三丈五尺。

---

① （东汉）许慎：《说文解字》［影印（清）陈昌治刻本］，中华书局 1978 年版，第 271 页。

② （东汉）刘熙：《释名》，王云五主编：《丛书集成初编》，商务印书馆 1936 年版，第 99 页。

③ （清）孙诒让撰，孙以楷点校：《墨子间诂》，《新编诸子集成》（第一辑），中华书局 2001 年版，第 577 页。

73EJT22：134：☑缇绀胡二，□私剑十，靳干，靳幡十五。

73EJT21：326：受降隧有方一，用缇五寸☑

在同质简中，也有"曲旃"（349.7；562.18；1868；EPT51.564）、"缇绀胡"（10.19；239.39；349.7；EPT4.8；1678；1735；1868）"绀胡"（10.37；562.18）。"曲旃"多与"缇绀胡"或"绀胡"并列出现。也有独立出现的"曲旃"（EPT51.564）"缇绀胡"（10.19；239.39；1678；1735；EPT4.8）和"绀胡"（10.37）。现举两例如下：

1868：服一。曲旃、缇绀胡各一。

EPT4.8：始建国三年余计。缇绀胡二十三。建国三年毋出入。

按：《说文·㫃部》："旃，旗曲柄也，所以旃表士众，《周礼》曰：'通帛为旃。'"①"旃"即是"用整幅帛制成的曲柄长幡"。

《史记·武安侯列传》："（武安侯）前堂罗钟鼓，立曲旃；后房妇女以百数。"裴骃集解："如淳曰：'旌旗之名。通帛曰旃。曲旃，僭也。'苏林曰：'礼，大夫建旃。曲旃，柄上曲也。'"司马贞索隐："曲旃，旌旃柄上曲，僭礼也。通帛曰旃。《说文》云'曲旃者，所以招士也。'"②《史记》的注解，在《汉书》中也有印证。《汉书·田蚡传》："前堂罗钟鼓，立曲旃；后房妇女以百数。"颜师古注："如淳曰：'旃，旗之名也，通帛曰旃。曲旃，僭也。'苏林曰：'礼，大夫建旃。曲，柄上曲也。'师古曰：苏说是也。许慎云'旃，旗曲柄也，所以旃表士众'也。"③

旃，是赤色、无饰、曲柄的旗。《仪礼·聘礼》："使者载旃，帅以受命于朝。"郑玄注："旃，旌旗属也。载之者所以表识其事也。"④ 扬雄

---

① （东汉）许慎：《说文解字》［影印（清）陈昌治刻本］，中华书局1978年版，第140页。

② （西汉）司马迁撰，\（南朝宋）裴骃集解，（唐）司马贞索隐，（唐）张守节正义：《史记》，中华书局1959年版，第2844—2845页。

③ （东汉）班固撰，（唐）颜师古注：《汉书》，中华书局1964年版，第2381页。

④ （清）阮元校刻：《十三经注疏》，中华书局1980年版，第1047页中。

《法言·问明》："举兹以旍，不亦宝乎？"刘师培补释："盖旍为军中之标识，引申之即为旌表之义。"五代马缟《中华古今注·旌旍》："旍者，善也，以彰善人之德。""旍"是用于表彰的标志性旗帜。表彰功能，使"旍"具有感染力、号召力，成为宣传招士的重要方式。"大夫建旍"是据礼制而建，而边塞多见"曲旍"，是不受礼制的约束。《汉书·司马相如传上》："楚王乃驾驯駮之驷，乘雕玉之舆，靡鱼须之桡旍，曳明月之珠旗。"颜师古注："张揖曰：'以鱼须为旍柄，驱驰逐兽，正桡靡也。'郭璞曰：'通帛为旍。'师古曰：'大鱼之须出东海，见《尚书·大传》。桡旍即曲旍也。'"① "桡"，就是"曲"，《周易·大过》："栋桡，凶。"陆德明释文："桡，曲折也。"②《汉语大词典》注"桡旍"为轻柔飘荡的旗帜。引文《文选·司马相如〈子虚赋〉》："靡鱼须之桡旍，曳明月之珠旗。"张铣注："桡，弱也。""曲旍"是"用整幅帛制成的曲柄长幡"，为轻柔飘荡的旗帜。

另，据《敦煌汉简》简225，"曲旍"由牢掾制作：

225： ●前付牢掾张里，令为治<u>旍</u>，问已末？

"掾"，是官府中佐助官吏的人员的通称。"牢掾"可能是"狱卒"。《史记·项羽本纪》："项梁尝有栎阳逮，乃请蕲狱掾曹咎书抵栎阳狱掾司马欣，以故事得已。"③

在同质简中，"缇绀胡"多与"曲旍"并列出现，根据同质简的文例，两者关系必定密切。"缇绀胡"又是什么？《说文·系部》："缇，帛丹黄色。"④ "绀，帛深青扬赤色。""缇、绀"都是表颜色词，想来应该是修饰"胡"的补充成分。那我们把"胡"的意思搞清楚了，"缇绀胡"所指自然清楚了。

---

① （东汉）班固撰，（唐）颜师古注：《汉书》，中华书局1964年版，第2539页。

② （唐）陆德明：《经典释文》，中华书局1983年版，第24页。

③ （西汉）司马迁撰，（南朝宋）裴骃集解，（唐）司马贞索隐，（唐）张守节正义：《史记》，中华书局1959年版，第296页。

④ （东汉）许慎：《说文解字》[影印（清）陈昌治刻本]，中华书局1978年版，第274页。

胡，是"器物的下垂部分"。《周礼·考工记·冶氏》："戈广二寸，内倍之，胡三之，援四之。"① 孙诒让正义："胡之言喉也，援曲而有胡，如人之喉在首下曲而下垂。"② 又说："胡乃横刃之下，当援内相接处，为半刃下垂，附于柲者。"③ 此处"胡"指"戈戟之刃曲而下垂的部分"。《周礼·秋官·大行人》："朝位宾主之间七十步，立当前疾。"郑玄注引郑司农曰："前疾，谓驷马车辕前胡，下垂柱地者。"④ 此处"胡"指"车辕的颈部下垂部分"。⑤ 罗振玉、王国维《流沙坠简》："古人于下垂之物，皆以胡譬之，旗幅之下垂者，形似牛胡，故有肥胡、幡胡、幅胡之名。或单言幡，或单言幅，则语之略也。"⑥

《金关汉简》中，"胡"受前面两个颜色词"缇、绀"的限制，并多与"曲旃"并列出现，应当是"旗子下垂的飘带"。

"旗子下垂的飘带"为什么受颜色词"缇、绀"的限制，形成固定的词语"缇绀胡"？这与"缇绀胡"的颜色相关。

《说文·糸部》："缇，帛丹黄色。"⑦ "绀，帛深青扬赤色。"《周礼·天官·酒正》："辨五齐之名，一曰泛齐。二曰醴齐。三曰盎齐。四曰缇齐。"贾公彦疏："其色红赤，故以缇为名之。案：郑下注'五伯缇衣'，亦赤黑色也。"⑧ 《周礼·地官·草人》："凡粪种，骍刚用牛，赤缇用羊。"郑玄注："赤缇，縓色也。"贾公彦注："云'赤缇，縓色也'者，《尔雅》云：'一染色谓之縓，故以縓赤当之也。'"⑨《说文·糸部》："縓，帛赤黄色。"⑩《史记·滑稽列传》："为治斋宫河上，张缇绛帷，女

---

① （清）阮元校刻：《十三经注疏》，中华书局 1980 年版，第 915 页中。

② （清）孙诒让撰，王文锦、陈玉霞点校：《周礼正义》，中华书局 1987 年版，第 3245—3246 页。

③ （清）孙诒让撰，王文锦、陈玉霞点校：《周礼正义》，中华书局 1987 年版，第 3246 页。

④ （清）阮元校刻：《十三经注疏》，中华书局 1980 年版，第 855 页下。

⑤ （清）阮元校刻：《十三经注疏》，中华书局 1980 年版，第 891 页上。

⑥ 罗振玉、王国维：《流沙坠简》（影印本），中华书局 1934 年初版，1993 年再版，第 184—185 页。

⑦ （东汉）许慎：《说文解字》[影印（清）陈昌治刻本]，中华书局 1978 年版，第 274 页。

⑧ （清）阮元校刻：《十三经注疏》，中华书局 1980 年版，第 668 页下—669 页上。

⑨ （清）阮元校刻：《十三经注疏》，中华书局 1980 年版，第 746 页中。

⑩ （东汉）许慎：《说文解字》[影印（清）陈昌治刻本]，中华书局 1978 年版，第 274 页。

居其中。"张守节正义引顾野王曰："缇,黄赤色也。"① 《释名·释采帛》:"绀,含也,青而含赤色也。"② 《说文·糸部》:"绀,帛深青扬赤色。"③ 《论语·乡党》:"君子不以绀缬饰。"何晏注:"缬者,三年练以缬饰衣。"邢昺疏:"缬,浅绛色。"④ 《说文·糸部》:"缬,帛青赤色也。"《玉篇·糸部》:"缇,帛赤色也。"⑤ 同质简中"缇、绀"是黄赤色,颜色接近而连用。罗振玉、王国维也说:"缇者,帛赤黄色,绀,帛深青而扬赤色也。二色不能相兼,缇绀殆一色之名也。"⑥ 《集成》第八册:"缇,丹黄色。绀,青色。胡,此指旗帜外侧周围的边缘装饰部分。"⑦ 细分两种颜色。尉侯凯《读〈肩水金关汉简〉零札七则》说:"'缇绀胡'应当是指由缇、绀两种不同颜色的缣帛制成的旗帜。"⑧

尉侯凯《读〈肩水金关汉简〉零札七则》引简 73EJT21:318 推测说:"缇绀胡"似又有"缇胡""绀胡"之分。⑨ 在同质简中,也有单独出现的"绀胡",当是"缇绀胡"的另一证据。

10.37:第廿五车父平陵里辛盈川。官具弩七。承弩二。有方三。稾矢三百五十。稾蚤千五十。绀胡一。……

562.18:曲旃、绀胡各一完。

"缇"是军旅之色,常指代军队。《周礼·春官·司服》:"凡兵事,

① (西汉)司马迁撰,(南朝宋)裴骃集解,(唐)司马贞索隐,(唐)张守节正义:《史记》,中华书局 1959 年版,第 3211—3212 页。

② (东汉)刘熙:《释名》,王云五主编:《丛书集成初编》,商务印书馆 1936 年版,第 70 页。

③ (东汉)许慎:《说文解字》[影印(清)陈昌治刻本],中华书局 1978 年版,第 274 页。

④ (清)阮元校刻:《十三经注疏》,中华书局 1980 年版,第 2494 页下。

⑤ (南朝梁)顾野王:《宋本玉篇》(影印本),北京市中国书店 1983 年版,第 490 页。

⑥ 罗振玉、王国维:《流沙坠简》(影印本),中华书局 1934 年初版,1993 年再版,第 184—185 页。

⑦ 初师宾主编:《中国简牍集成》第八册,中国简牍集成编辑委员会编,敦煌文艺出版社 2001 年版,第 3 页。

⑧ 尉侯凯:《读〈肩水金关汉简〉零札七则》,《西华大学学报》(哲学社会科学版)2017 年第 1 期。

⑨ 尉侯凯:《读〈肩水金关汉简〉零札七则》,《西华大学学报》(哲学社会科学版)2017 年第 1 期。

韦弁服。"郑玄注:"今时伍伯缇衣,古兵服之遗色。"贾公彦疏:"言伍伯者,伍,行也;伯,长也。谓宿卫者之行长,见服纁赤之衣,是古兵服赤色,遗象至汉时,是其兵服赤之验也。"[1]《急就篇》卷二:"绛缇絓绸丝絮绵。"颜师古注:"缇,黄赤色也。"王应麟补注:"黄氏曰:缇,纁也,古兵服赤色。补曰:《周礼》注:今亭长著绛衣。今时伍伯缇衣。""缇"是军旅之色,故在同质简中,"缇"色衣装不少,有裤子称为"缇绩",有皮鞋称为"革缇",有绑腿称为"缇行縢"。

简文中的"缇绀胡",是"旗子下垂的橘色飘带"。

【弩檠绳、檠白绳】

"弩檠绳"在《金关汉简》仅见一枚简的 A、B 面,"檠白绳"仅见一例,例见下:

73EJT6:62A:☑过满弩檠绳斋采色。
73EJT6:62B:☑过满弩檠绳斋采色。
73EJD:91:□□剑,狗少一,檠白绳少。

按:"檠",正弓器。《淮南子·修务训》:"弓待檠而后能调,剑待砥而后能利。"《汉书·苏武传》:"武能网纺缴,檠弓弩。"颜师古注:"檠谓辅正弓弩也。"[2]《唐韵·庚韵》:"檠,所以正弓。或作弯,通作橬。"明代方孝孺《深虑论三》:"善治弓者,见其欹则檠之,使其调而已。"

"檠"也称为"柲",或作"闭"。《诗经·秦风·小戎》:"竹闭绲縢。"陆德明释文:"郑注《周礼》云:'弓檠曰柲,弛则缚于弓里,备顿伤也,以竹为之。'"[3]《仪礼·既夕礼》:"弓矢之新沽功,有弥饰焉,亦张可也。有柲。"郑玄注:"柲,弓檠,弛则缚之于弓里,备损伤,以竹为之。"贾公彦疏:"柲,弓檠者。按《冬官》弓人造弓之时,弓成,纳

① (清)阮元校刻:《十三经注疏》,中华书局 1980 年版,第 782 页上。
② (东汉)班固撰,(唐)颜师古注:《汉书》,中华书局 1964 年版,第 2463 页。
③ (清)阮元校刻:《十三经注疏》,中华书局 1980 年版,第 370 页下。

之檠中，以定往来体。此弓檠谓凡平驰弓之时，以竹状如弓缚之于弓里，亦名之为柲。"① 《汉语大词典·木部》："柲，弓檠。多用竹制，形状与弓同。当弓不用时，缚于弓里，以防弓受损。"

《金关汉简》有"弩檠绳""檠白绳"，在同质简中，我们也发现"檠"的用例，出现的词语有"檠绳""檠弩绳""檠弩白绳"，这些词语对我们理解"檠"提供了帮助：

7.24：囗二，贾六十。檠绳十四，贾廿八。革一，贾廿。白韦三利，贾六。●凡并直二百九十四。

227.73：檠弩绳少十一，毋胜。

326.6A：汲桐二，直卅。枲长弦四，直百。桐绳二囷，折橐二，直百五十。檠弩绳卅二丈，直五十。菅绳廿丈，廿。服二，直廿。胶二斤，十五。扬弩绳一，直十。楯革一，直十。

2000ES9SF3：14：第九隧檠弩白绳卅二，完。

"檠绳"应该就是正弓弩的绳子。据同质简所见词语，"檠绳"说得具体点就可以称为"弩檠绳"（73EJT6：62）"檠弩绳"（227.73），明确其功能；再进一步就是"檠白绳"（73EJD：91）、"檠弩白绳"（2000ES9SF3：14），这又明确其颜色了。

"白绳"，字典辞书不见收录，多用来作量器，"白绳"应该就是用来测量的工具。《一切经音义·卷三十六》："绯绳，弹白绳为界道。"《文殊师利宝藏陀罗尼经》："取其牛粪以香水和复涂地面使令三遍，然后复取稠香水以洒坛地，即取白绳量取八肘，东西南北以等度。"《卫公兵法辑本·攻守战具》："眇目视之，三齿齐平，则为高下准。或十步，或一里，乃至数十里，目力所及，置照板、度竿，亦以白绳计其尺寸，则高下、丈尺分寸可知。"陈直《居延汉简研究》："（弩）或兼用弩绳，扬檠弩绳以辅佐之。"②

据此，我们认为同质简中的"檠白绳、檠弩白绳"应该是调整"弓

---

① （清）阮元校刻：《十三经注疏》，中华书局 1980 年版，第 1164 页中。
② 陈直：《居延汉简研究》，天津古籍出版社 1986 年版，第 19—20 页。

弩"时用来测量"弓弩弦"的长短或"弓弩"力石的工具。可以称为"檠白绳，檠弩白绳"，也可以称为"檠绳、弩檠绳、檠弩绳"。

"檠"是正弓器。弓弩可以矫正的，在同质简中称为"檠持"；弓弩被败坏严重，不可以矫正的，在同质简中称为"不檠持"：

> EPT53.63：元康二年五月己巳朔辛卯，武威库令安世，别缮治卒兵姑臧，敢言之。酒泉大守府移丞相府书曰：大守☒迎卒受兵谨掖<u>檠持</u>，与将卒长吏相助至署所……

> EPT59.162 ☒□里上造张熹，万岁候长居延沙阴里上造郭期，不知犊烽火，兵弩<u>不檠持</u>。熹□☒☒□斥免。它如爰书，敢言之。

> EPF22.399 署第十七部候长，主亭隧七所，兵弩扁戾，<u>不檠持</u>，毋鞍马。

> EPF22.689 ☒兵弩<u>不檠持</u>。案业软弱不任吏职，以令斥免，它如爰书。敢☒

【鸾】

《金关汉简》仅见一例"鸾"，例见下：

> 73EJT22：149：出居延尉□所乘传车一乘，<u>鸾</u>三，缘靳一，□□，茵一。

按：《六书统》："鸾，与銮同。铃名。"《说文·金部》："銮，人君乘车四马，镳八銮铃，象鸾鸟声，和则敬也。"[1] "銮"，车行则摇动作响，声似鸾鸟。汉代张衡《东京赋》："銮声哕哕，和铃鉠鉠。"晋代崔豹《古今注·舆服》："五辂衡上金爵者，朱雀也。口衔铃，铃谓銮，所谓和銮也。"[2]《广韵·桓韵》："銮，銮铃。崔豹《古今注》：'五路衡上金雀者，

---

① （东汉）许慎：《说文解字》［影印（清）陈昌治刻本］，中华书局1978年版，第298页。
② （晋）崔豹：《古今注》，中华书局1985年版，第34页。

朱鸟也。口衔铃，铃谓之銮也。'"①

"鸾"与"銮"同，是装于轭首、车衡上，或安装在马嚼子两端的铃。

第三节 守御器词语

《金关汉简》中的武备，分为兵器和守御器。简文录有《守御器簿》，很明显地表明哪些是属于守御器，我们把简文明确指出是"守御器"的单列出来。《金关汉简》出现的"守御器"词语有86个，其中单音节词19个，双音节词45个，多音节词22个。这一类的名物词语比较多。

【斤、斧】

《金关汉简》中"斤"的使用频率不高，有"斤"（73EJF3：269＋73EJF3：597）、大斤（73EJT24：247A＋73EJT24：268B）、小斤（73EJT1：142）各一例。"斧"的使用频率与"斤"相比要高点。有"斧"3例：73EJF3：269＋73EJF3：597；73EJT22：34；73EJT24：592。"长斧"6例：73EJT28：105；73EJT37：1540；73EJF3：289；73EJT4H：11＋73EJT4H：2；73EJT10：381；74EJT37：1537－1558。"小斧"1例73EJT1：142。举例如下：

> 73EJT24：268B：大斤一，大庑一。
>
> 73EJT37：1540：长斧四，沙二石，瓦帚二。

按："斤""斧"在《金关汉简》中连用：

> 73EJT1：142：小斤一，小斧一，小棰一，小椎一，橀二。
>
> 73EJF3：269＋73EJF3：597：右十人董猛掌。受鉄二，斤斧各一。

---

① （北宋）陈彭年：《宋本广韵》（鉅宋本），凤凰出版传媒集团2005年版，第34页下。

在同质简中连用更常见，如："斧二，斤二"（47.5），"斧二，斤二"（67.2），"斤二枚，斧二枚"（85.4），"斤二枚，斧二枚"（85.23），"斤、斧各二"（EPT43.49），"斤、斧"（214.47），"斤刃决，斧刃决"（1147）。

"斧""斤"大量地并列出现，是功用极其相似的体现，同时也说明二者一定有所区别。

在《金关汉简》中，"斤"分大小，即"大斤、小斤"；"斧"则分"小斧、长斧"。可能二者的区别在于："斤"看体型的大小及重量，"斧"看其柄的长短。

"斤"与"斧"的区别。《说文·斤部》："斤，斫木也。"① 段玉裁注："凡用斫物者，皆曰斧。斫木之斧则谓之斤。象形。"② 《说文·斤部》："斧，所以斫也。"③ 段玉裁注："所以二字今补。斧之为用广矣，斤则不见于他用也。"④ 《孟子·梁惠王上》："数罟不入洿池，鱼鳖不可胜食也；斧斤以时入山林，材木不可胜用也。"⑤ "斧""斤"都可以用来砍伐木材。《字源·斤部》"斧"字下："斧是用来砍伐树木的工具，也用作砍伐人的刑具，用处很广……"⑥ "斤"字下："从甲骨文西周金文兵字从斤看，斤虽本来用为砍木之工具，但也用于战争。"⑦ 又有人认为"斧"与"钺"相对，是礼仪上的重要标志物。《庄子·胠箧》："虽有轩冕之赏弗能劝，斧钺之威弗能禁。"成玄英疏："小曰斧，大曰钺。"⑧ 又有人认为"斧""斤"主要差别在"銎"。《释名·释用器》："斨，戕也。"⑨ 毕沅疏："斧、斨同类，唯銎稍异。"《诗经·豳风·破斧》："既

---

① （东汉）许慎：《说文解字》［影印（清）陈昌治刻本］，中华书局1978年版，第271页。
② （清）段玉裁注，许惟贤整理：《说文解字注》，凤凰出版传媒集团、凤凰出版社2007年版，第1245页上。
③ （东汉）许慎：《说文解字》［影印（清）陈昌治刻本］，中华书局1978年版，第299页。
④ （清）段玉裁注，许惟贤整理：《说文解字注》，凤凰出版传媒集团、凤凰出版社2007年版，第1245页上。
⑤ （清）阮元校刻：《十三经注疏》，中华书局1980年版，第2666页中。
⑥ 李学勤主编：《字源》，天津古籍出版社2013年版，第1240页。
⑦ 李学勤主编：《字源》，天津古籍出版社2013年版，第1240页。
⑧ （清）郭庆藩：《庄子集释》，《新编诸子集成》，中华书局1961年第1版，2004年版，第350、352页。
⑨ （东汉）刘熙：《释名》，王云五主编：《丛书集成初编》，商务印书馆1936年版，第104页。

破我斧，又缺我斨。"毛传："隋（椭）銎曰斧。"① 《诗经·豳风·七月》："取彼斧斨，以伐远扬。"毛传："斨，方銎也。"孔颖达疏："隋銎曰斧，方銎曰斨。然则斨即斧也，唯銎孔异耳。故云'斨，方銎也。'"朱熹集传："斧，隋銎。"②

"斤"是一个象形字，在商周时期作"𠂤"，像斤形。西周时期作"𠂤"，下面部件像"所斫木"。"斧"是一个"从斤，父声"的形声字。《字源·斤部》"斧"字下："（斧）本作𠂤，像手持石斧……父即斧字之初文，因为用为父亲之父，因此加'斤'旁而成为从斤父声的形声字。"③

"斤"与"斧"的区别，当与上面所言的砍伐对象联系不大。在《金关汉简》中作为守御器的"斤"与"斧"，在外形上有直观的差异。《国语·齐语》："恶金以铸锄夷斤斸，试诸壤土。"韦昭注："斤，形似锄而小。"唐兰《中国青铜器的起源与发展》指出："斤就是锛，既可以作兵器，也可以作农具或工具。"周纬《中国兵器史稿·周代劈砍长兵（斧、戈、戚、斤）》："斧之用为直劈，斤之用则为横断也。"④

由于"斤"与"斧"有这样的区别和联系，所以在《金关汉简》和同质简中，"斤"与"斧"各自存在又前后相随，紧紧连用。

"斤""斧"与一般的进攻武器是有区别的。《左传·哀公二十五年》："皆执利兵，无者执斤。"杜预注："斤，工匠所执。"⑤ 在汉简中，明确"斧"是属于守御器：

691：守御器：<u>长斧</u>四；长椎四；木面衣一。

韩勇把"斧"看作一种什器，在《汉简所见边塞兵器装备及其管理制度》中，他说："在记载弩、有方、盾等兵器时，都不与斧混和在一起记载，在记一隧兵器时，更是把斧排除在外，可见斧的确不是兵器

---

① （清）阮元校刻：《十三经注疏》，中华书局 1980 年版，第 398 页中。
② （清）阮元校刻：《十三经注疏》，中华书局 1980 年版，第 380 页中。
③ 李学勤主编：《字源》，天津古籍出版社 2013 年版，第 1240 页。
④ 周纬：《中国兵器史稿》，中华书局 2018 年版，第 109 页。
⑤ （清）阮元校刻：《十三经注疏》，中华书局 1980 年版，第 2182 页上。

而是什器。"① 从《敦煌汉简》691 简文可见，"斧"不是什器，也不是兵器，"斧"是一种守御器。

"斤""斧"在《金关汉简》及同质简中的出现频率不高，另外，在《居延汉简》中，我们看见的"斧"有几例都是破败损坏的：

> 506.1：守御器簿：<u>长斧三</u>，皆缺散。长椎三。
>
> 127.24：连梃斥解，<u>斧多随折</u>，<u>长斧梃皆檐栖唯呼</u>，穉色不鲜明。

我们怀疑，"斤""斧"在边塞防御中的使用频率不高，破败了也没有及时修补整治。

另外，有"长斧"，其是古代一种守城武器。《墨子·备城门》："二步置连梃、长斧、长椎各一物。""城上之备：……桔槔、连梃、长斧、长椎……。"②《墨子·备城门》明确"长斧"与"连梃、长椎"等都是守城的必备守御器，在《额济纳汉简》中可知"长斧"可用于"坞"上：

> 2000ES7S：22：☑上坞用长斧☑

《墨子·备城门》："斧，柄长六尺，刃必利。"孙诒让间诂"斧，柄长六尺"说："《预览·兵部》引《备卫法》'用斧长六尺'，亦与此同。《备城门》篇'长斧柄长八尺'，此短二尺，与彼异。"③ 一般的"斧"，柄往往长"六尺"，"长斧"柄长"八尺"。

【栖】

《金关汉简》中的"栖"出现频率比较低。有"栖"2 例：（73EJT21：

---

① 韩勇：《汉简所见边塞兵器装备及其管理制度》，硕士学位论文，东北师范大学，2009 年。

② （清）孙诒让撰，孙以楷点校：《墨子间诂》，《新编诸子集成》（第一辑），中华书局 2001 年版，第 568 页。

③ （清）孙诒让撰，孙以楷点校：《墨子间诂》，《新编诸子集成》（第一辑），中华书局 2001 年版，第 568 页。

182；74EJT30：214）；"长棓"1例：74EJT24：609A；"长掊"1例：73EJT37：1553，各举一例如下：

73EJT21：182：☑□□八，长椎一，<u>棓</u>四，连椎四……牛头石卅，马矢六石，烟造四，沙造二，破釜一所。

74EJT24：609A：<u>长棓廿四</u>

73EJT37：1553：<u>长掊</u>四，木薪二石，小苣二百。①

同质简中也有"棓""长棓"：

506.1：守御器簿。长斧三，皆缺敝。长椎三，一。<u>长棓</u>三，一。长料二。

1806：守御器簿。长斧三，长椎三，蓬呈三，<u>棓</u>三。□

按：棓，就是大棒。《说文·木部》："棓，梲也。"②《说文·木部》："梲，木杖也。"③《说文·木部》"棓"下段玉裁注："棓、棒正俗字。"④《广雅·释器》："棓，杖也。"《輶轩使者绝代语释别国方言·卷五》："佹，自关而西谓之棓。"郭璞注："今连架，所以打谷者。"⑤钱绎笺疏引《开元占经》中石氏云："棓者，大杖，所以打贼也。"⑥《淮南子·诠言训》："王子庆忌死于剑，羿死于桃棓。"高诱注："棓，大杖。"清代俞樾《茶香室丛钞·旱魃》："果见火光入农家，以大棓击之，火焰散乱，有声如驰。"可见"棓"即"杖"，就是"棒"，用来杖击敌人或盗贼。

---

① "长掊"，《居延新简释粹》作"长棓"（74EJT37：1537－1558）。

② （东汉）许慎：《说文解字》[影印（清）陈昌治刻本]，中华书局1978年版，第123页。

③ （东汉）许慎：《说文解字》[影印（清）陈昌治刻本]，中华书局1978年版，第123页。

④ （清）段玉裁注，许惟贤整理：《说文解字注》，凤凰出版传媒集团、凤凰出版社2007年版，第463页上。

⑤ （西汉）扬雄撰，（晋）郭璞注，（清）戴震疏证：《輶轩使者绝代语释别国方言》，《丛书集成初编》本，商务印书馆1985年版，第49页。

⑥ （清）钱绎笺疏，李发舜、黄建中点校：《方言笺疏》，中华书局1991年版，第199页。

《居延新简释粹》："棓：木杖。兵器之一。"① "棓"是一种守御器，为文献中记载。《汉书·西域传上·乌弋山离国》："（乌弋）以金银饰杖。"颜师古注："杖谓所持兵器也。"②

"棓"也有铁质的，《吕氏春秋·贵卒》："操铁杖以战，而所击无不碎。"《六韬·军用篇》："方首铁棓。"在满城汉墓出土一铁棒，一头略粗，一头略细，直径分别为2.1厘米和1.4厘米，细端一截为方柱体，应该就是《六韬》所记之"棓"。见图16。

图16　棓

"棓"有"长棓"，也有"小棓"。《敦煌汉简》就有1例"小棓"，例见下：

8：□□，蒹棓廿。斗☑，小棓廿。苫□☑

《说文·木部》："棓，棁也。"③《淮南子·主术》有"袖棁"。《急就》篇颜师古注："棁，小棓也，今俗呼为袖棁，言可藏于怀袖之中也。"《居延新简》中还有"连棓"：

EPT48.18A □五斤。长料廿。储水□桐一，容十石。枪百，大二韦，长八尺。辟门疾犁一，大十韦，长丈三尺。□□二石，连棓廿。灭火斧二，有忍。

《集成》第九册："连棓，即连棒。"④ 棓，古代既可以是兵器，也可

① 薛英群、何双全、李永良注，甘肃省文物考古研究所编：《居延新简释粹》，兰州大学出版社1988年版，第50页。
② （东汉）班固撰，（唐）颜师古注：《汉书》，中华书局1964年版，第3889页。
③ （东汉）许慎：《说文解字》[影印（清）陈昌治刻本]，中华书局1978年版，第123页。
④ 初师宾主编：《中国简牍集成》第九册，中国简牍集成编辑委员会编，敦煌文艺出版社2001年版，第294页。

以作农具，即连枷。《輶轩使者绝代语释别国方言·卷五》："金，自关而西谓之棓。"郭璞注："今连架，所以打谷者。"①

【小棰】

"小棰"在《金关汉简》中仅见1例：

73EJT1：142A：小斤一，小斧一，小棰一，小椎一，楬二。

在《居延新简》中，也有1例木质"棰"：

EPT59.6：木长棰二，柄长，负二算。

按："小棰"在《金关汉简》中，与"小斤、小椎、小斧、楬"并用，当是一种小型守御器。"棰"字从"木"，当为木质。

"棰"《说文解字》没有收录，据字形看，可以分析为"从木垂声"。从"垂"得声的字，有"下垂"义，也有"延展"义。"垂"，《说文·土部》："垂，远边也。"② "陲"，边境，边疆。《左传·成公十三年》："焚我箕郜，芟夷我农功，虔刘我边陲。"③ 也指"路旁、路缘"，汉代王粲《咏史》："妻子当门泣，兄弟哭路陲。"

从"垂"得声的字，也有"下垂"义，或具有"由上及下"的动作义。如"硾"，《说文·石部》："硾，捣也。从石垂声。"④《吕氏春秋·劝学》："夫弗能兑而反说，是拯溺而硾之以石也。"高诱注："硾，沉也。""箠"，《说文·土部》："击马也。从竹，垂声。""棰"，名词用法同"杖，鞭"，《庄子·天下》："一尺之棰，日取其半，万世不竭。"⑤

---

① （西汉）扬雄撰，（晋）郭璞注，（清）戴震疏证：《輶轩使者绝代语释别国方言》，《丛书集成初编》本，商务印书馆1985年版，第49页。

② （东汉）许慎：《说文解字》［影印（清）陈昌治刻本］，中华书局1978年版，第289页。

③ （清）阮元校刻：《十三经注疏》，中华书局1980年版，第1912页中。

④ （东汉）许慎：《说文解字》［影印（清）陈昌治刻本］，中华书局1978年版，第196页。

⑤ （清）郭庆藩：《庄子集释》，《新编诸子集成》，中华书局1961年第1版，2004年版，第1106页。

"捶"动词义指"敲打"。《说文·手部》:"捶,以杖击也。从手垂声。"[①]
汉代王充《论衡·变动》:"张仪游于楚,楚相掠之,被捶流血。"

从"垂"得声的字有"下垂"义,其往往呈"线"状或"面"状铺展而不是"点"状着力,可能与"垂"有"延展"义素相关,这是从"垂"得声的字与从"佳"得声的字义素上的差别。"陲",边境,所指是"面",有隐藏义"边境一带"。"陲"也有"路沿"义,有隐藏的"路面"义素。"硾",捣也,受力的是"面"。"箠",击马。"捶",用杖、鞭打,受力面呈"线"状。

"棰"在古籍中有使用,意义同"棍棒"。《史记·秦始皇本纪》:"及至秦王,续六世之余烈……执棰拊以鞭笞天下,威振四海。"[②] 王念孙《读书杂志·汉隶拾遗·武梁石室画像三石》:"'子骞衣寒,御车失棰。'棰与'箠'同。《说文》箠,击马箠也,字或作'棰'。"[③]《韩非子·奸劫弑臣》:"无棰策之威,衔橛之备,虽造父不能以服马。"古籍用例,"棰""箠"呈带状着力。

据本简看,"棰"与"小斤、小斧、小椎一、楯"并列使用,"小棰"是一种守御器。又"小棰""小椎"连用,两者必定有差别。它们都是击打守御器,"小椎"的受力面积较小,"小棰"的受力面积较大。

> EPT59.6:<u>木长棰二,柄长,负二算</u>。

"长棰"的柄有定数,过长了审核不过。《居延新简》中的"木长棰","柄长,负二算"。

【椎/锥】

"椎"在《金关汉简》中以双音节词"连椎、长椎、小椎、木椎"

---

① (东汉)许慎:《说文解字》[影印(清)陈昌治刻本],中华书局1978年版,第257页。

② (西汉)司马迁撰,(南朝宋)裴骃集解,(唐)司马贞索隐,(唐)张守节正义:《史记》,中华书局1959年版,第280页。

③ (清)王念孙:《读书杂志》(下),北京市中国书店1985年版,第109页。

的形式出现，字也作"锥"，这几个词出现的频率都不高："连椎"出现
2 例：73EJT21：182；73EJT22：37。"长椎"出现 2 例：73EJT21：182；
73EJT37：1554。"木椎"出现 1 例：73EJT37：1547。"小椎"出现 1 例：
73EJT1：142A。也有 1 例单音节形式的"锥"：73EJT6：171。例见下：

> 73EJT37：1554：长椎四，马矢二石，程苴九。
> 73EJT22：37：守御器具簿。□□，连椎四，木枓二，七尺板二。
> 73EJT37：1547：茹十斤，鼓一，木椎二。
> 73EJT1：142A：☑小斤一，小斧一，小棰一，小椎一，樯二。
> 73EJT6：171：☑□□，锥一卩，□一卩，□□，籴粟七斗。

按："椎"在《金关汉简》中明确属于"守御器"。《吕氏春秋·简
选篇》："鉬耰白梃，可以胜人长铫利兵。"高诱注："耰，椎也。"贾谊
《过秦论》："鉬耰棘矜，不铦于钩戟长铩。""耰"，释为"椎"，是捶碎
土块的榔头，当为农民起义军所临时取用。

《集成》第七册："椎，槌、棰。"[1]"椎"与"棰"应该一样，但我
们在《金关汉简》中发现一例"椎、棰"共现，二者肯定不同，例
见下：

> 73EJT1：142A：☑小斤一，小斧一，小棰一，小椎一，樯二。

前文讨论"棰"时，我们知道其受力面较大，与之相比，"椎"的受
力面较小。

同质简的文例明确了"椎"需要皮套子装起来。"椎"与"韦"连
用的两个例子见下：

> EPT56.186：☑椎不韦，负一算。

---

① 初师宾主编：《中国简牍集成》第七册，中国简牍集成编辑委员会编，敦煌文艺出版社
2001 年版，第 116 页。

283.13：椎一，韦币。

"韦"，《说文·韦部》："韦，兽皮之韦可以束枉戾相韦背，故借以为皮韦。"① "韦"是去毛熟治的柔软皮革。《仪礼·聘礼》："君使卿韦弁。"郑玄注："变皮弁服韦弁，敬也。……皮韦同类，取相近耳。"贾公彦疏："王之吉服有九祭，服之下，先云兵事，韦弁服，后云视朝皮弁服，则韦服尊于皮弁。……有毛则曰皮，去毛熟治则曰韦，本是一物，有毛无毛为异。"② 文献中"韦"也可以是皮制的剑鞘。《墨子·兼爱中》："昔者晋文公好士之恶衣，故文公之臣皆牂羊之裘，韦以带剑。"《汉书·东方朔传》："贵为天子，富有四海，身衣弋绨，足履革舄，以韦带剑，莞蒲为席。"颜师古注："但空用韦，不加饰。"③

"韦"可以做"剑鞘"，也可以做成用来装"椎"的"椎套"。上面两例"椎不韦"和"椎一，韦币"意思很清楚，分别是"椎没有带上椎套"和"有椎一把，椎套破币"。如果没有装进皮套子，将被处罚。故我们认为，"椎"作为守御器，平日装在被称为"韦"的"椎套"里，两者配套出现，在考核检查的时候，"椎套"的有无和残破与否，须登记在册作为奖惩的依据。

往往必须用皮套子装起来的器具，体型不大，都有刃口。用"皮套子"收纳的"椎"，也当有刃口。《马王堆汉墓帛书》有一例"木椎"的使用就能说明问题：

《马王堆汉墓帛书·五十二病方》："即内（纳）肾（朘）于壶空（孔）中，而以采为四寸杙二七，即以采木椎窐（剟）之。"

"木椎"可以"剟"，可以"割"，可以"戳刺"。《汉书·贾谊传》："盗者剟寝户之帘，搴两庙之器。"颜师古注："剟谓割取之也。"④ 《史

---

① （东汉）许慎：《说文解字》［影印（清）陈昌治刻本］，中华书局1978年版，第113页。
② （清）阮元校刻：《十三经注疏》，中华书局1980年版，第1059页中、下。
③ （东汉）班固撰，（唐）颜师古注：《汉书》，中华书局1964年版，第2858—2859页。
④ （东汉）班固撰，（唐）颜师古注：《汉书》，中华书局1964年版，第2023页。

记·张耳陈余列传》："吏治榜笞数千，刺剟，身无可击者，终不复言。"司马贞索隐："掇亦刺也。"① "木椎"既可以"割"，也可以"戳刺"，当如同今天可见的凿子。北齐刘昼《新论·专学》："使左手画方，右手画圆，令一时俱成，虽执规矩之心，回剟剈之手，而不能者，由心不两用，则手不并运也。"袁孝政注："剟，方刀。剈，圆刀。"

"木椎"尚可以"割"可以"戳刺"，"铁椎"更不必说。在文献中，"木椎"较少见，多以"铁椎"出现：

> 《史记·信陵君传》："朱亥袖四十斤铁椎，椎杀晋鄙，公子遂将晋鄙军。"②
>
> 《史记·淮南王列传》："厉王有材力，力能扛鼎，乃往请辟阳侯。辟阳侯出见之，即自袖铁椎椎辟阳侯。"③
>
> 《汉书·张良传》："良尝学礼淮阳，东见仓海君，得力士，为铁椎重百二十斤。"④

据《史记》《汉书》文例，重"四十斤"或重"百二十斤"的"铁椎"，体型当很大。

1986 年，在甘肃天水放马滩出土木棰一件，《文物》1989 年第 2 期记录一把"漆锤"："髹黑漆，由头、柄以榫卯构成。头呈长方形，长10.8、宽3、厚1.6 厘米。柄呈长条扁圆形，长 45.8 厘米。"⑤ 这是"棰"，着力面与棰身齐，《文物》附有图片，⑥ 转引如下，见图 17。孙机

---

① （西汉）司马迁撰，（南朝宋）裴骃集解，（唐）司马贞索隐，（唐）张守节正义：《史记》，中华书局 1959 年版，第 2584—2585 页。

② （西汉）司马迁撰，（南朝宋）裴骃集解，（唐）司马贞索隐，（唐）张守节正义：《史记》，中华书局 1959 年版，第 2381 页。

③ （西汉）司马迁撰，（南朝宋）裴骃集解，（唐）司马贞索隐，（唐）张守节正义：《史记》，中华书局 1959 年版，第 3076 页。

④ （东汉）班固撰，（唐）颜师古注：《汉书》，中华书局 1964 年版，第 2367—2368 页。

⑤ 甘肃省文物考古研究所、天水市北道区文化馆：《甘肃天水放马滩战国秦汉墓群的发掘》，《文物》1989 年第 2 期。

⑥ 甘肃省文物考古研究所、天水市北道区文化馆：《甘肃天水放马滩战国秦汉墓群的发掘》，《文物》1989 年第 2 期。

《汉代物质文化资料图说（增订本）》有"长椎"的图片，"椎"体较宽，着力面内敛，没有刃口。① 转引如下，见图 18。

图 17 漆椎

图 18 长椎

"椎"与"椎"的差别，就在于着力面的大小。"椎"的着力面较宽，而"椎"的着力面较窄。"椎"的着力面甚至可以有刃口。

"椎"，可以用来杀牛。椎牛，即用椎捶打牛，直到把牛打死，今天西南地区苗族村寨，逢年过节或办婚丧大事，均有"打牛"的习俗，捆住牛的四肢，用铁锤捶打牛头，直至打死，场面较为残忍。孙机《汉代物质文化资料图说（增订本）》有"山东沂南画像石有椎牛图"。② 见图 19。

在《金关汉简》中有"长椎"，当是长柄的椎：

73EJT37：1554：长椎四，马矢二石，程苴九。

---

① 孙机：《汉代物质文化资料图说（增订本）》，上海古籍出版社 2008 年版，第 151 页。
② 孙机：《汉代物质文化资料图说（增订本）》，上海古籍出版社 2008 年版，第 390 页。

图19 棰牛图

同质简中有"长椎",也有"短椎":

    1806:守御器簿。长斧三。<u>长椎</u>三。蓬呈三。棓三。□
    1698:<u>短椎</u>,二。

    柄长的是"长椎",柄短的是"短椎"。《居延新简释粹》:"长椎:武器。《汉书·张良传》:'得力士为铁椎,重二十斤'。……长椎为有柄之椎。"①《墨子·备城门》:"长椎,柄长六尺,首长尺五寸。"孙诒让间诂:"长椎长六尺,头长尺。"②

    《金关汉简》中"椎"在各隧的使用量不大。

    73EJT21:182:长椎一,棓四,连椎四。
    73EJT37:1547:茹十斤,鼓一,木椎二。
    73EJT37:1554:长椎四,马矢二石,程苣九。

    "椎"在各隧部的使用量,多为一件、二件,最多的四件,在《居延汉简》中有一例是五件。"吞远隧,椎五。"(279.20)可见作为守御器,

---

    ① 薛英群、何双全、李永良注,甘肃省文物考古研究所编:《居延新简释粹》,兰州大学出版社1988年版,第75页。
    ② (清)孙诒让撰,孙以楷点校:《墨子间诂》,《新编诸子集成》(第一辑),中华书局2001年版,第568页。

"椎"并不是最常用的。

【连梃】

"连梃"（73EJT24：592；73EJT37：1551＋1555），字也作"连廷"（72EJC：119），在《金关汉简》中仅见 3 例，各举一例如下：

> 73EJT37：1551＋1555：连梃四，芮薪二石，狗二。
>
> 72EJC：119：连廷一右随枝，负一筭。幡二，紛皆短七寸，负二筭。

在《居延汉简》中也发现"连梃"2 例（68.105；127.24），举一例见下：

> 68.105：☐绳少十丈。连梃绳解。

按："梃"，是可以伤人的棒。《孟子·梁惠王上》："杀人以梃与刃，有以异乎？"《睡虎地秦简·法律答问》："'以梃贼伤人。'可（何）谓'梃'？木可以伐者为'梃'。"《说文·人部》："伐，击也。从人持戈。"①

"连梃"，古代一种状如打禾用的连枷的守御器，是置于城门的守城武备。《居延新简释粹》："连梃：《通典·兵·守拒法》曰'如打禾连枷状，打女墙外上城之敌。'"②《墨子·备城门》："二步置连梃、长斧、长椎各一物。"孙诒让间诂："《通典·守拒法》云：'连梃，如打禾连枷状，打女墙外上城敌人。'"③ 岑仲勉《墨子城守各篇简注·（子）备城门》："今俗打禾杆分两节，可以旋转，取其用力省而打击重，且可于爬城敌人相距七八尺时用之。"④《墨子·备城门》："梃长二尺，大六寸，索长二

---

① （东汉）许慎：《说文解字》［影印（清）陈昌治刻本］，中华书局 1978 年版，第 167 页。
② 薛英群、何双全、李永良注，甘肃省文物考古研究所编：《居延新简释粹》，兰州大学出版社 1988 年版，第 75 页。
③ （清）孙诒让撰，孙以楷点校：《墨子间诂》，《新编诸子集成》，中华书局 2001 年版，第 513 页。
④ （清）岑仲勉：《墨子城守各篇简注·（子）备城门》，《新编诸子集成》，中华书局 1958 年版，第 9 页。

尺。"孙诒让间诂："即《备城门》篇之'连梃'。凡连殳、连梃，盖皆以索系连之。"① 连梃是两根棒子并且中间用绳子维系的守御器，手握其中一根棒子往目标方向打，另一根棒子往前绕绳子旋转前进，这样的打击力很大，是"用力省而打击重"。《居延汉简》68.105从侧面证实了"连梃"需要"绳子"维系：

68.105：☑绳少十丈。连梃，绳解。

本简是检查时的记录，"连梃绳解"，说明"连梃"的构造需要"绳子"，而检查的时候，已经"绳解"。前文提及的"连椎""连棓"也是"皆以索系连之"的武器。农村有一种打谷农具，叫作"梁盖"，当如"连梃"一类。用两根小孩手腕粗细、长约1.5米的木棒做成。两根木棒，一根略细长，一根略粗短，中间系上牢固的绳子。使用时，手持粗短的木棒，用力往前甩，细长的木棒在惯力的带动下，抽打在谷物上使之脱粒。"连梃"一类工具的使用，见图20。

图20　梁盖

【枪】

"枪"在《金关汉简》中仅见4例：73EJT21：134；73EJT23：852；

———————

① （清）孙诒让撰，孙以楷点校：《墨子间诂》，《新编诸子集成》，中华书局2001年版，第558页。

73EJT21：46；74EJT37：1537 - 1558。举 2 例见下：

73EJT21：134：枪卅。

74EJT37：1537 - 1558：长杚二，枪卅，狗笼二，连梃四，芮薪
二石。

在《居延汉简》中，"枪"出现在守御器簿中，当属于守御器：

506.1：守御器簿。……沙、马矢各二石。羊头石五百。枪三。

按："枪"，一种两头削尖的守御器。《集成》第九册："枪，擂木、
目标之属。《一切经音义》引《三苍》：'木两端锐曰枪。'服虔《通俗
文》：'剡木伤盗曰枪'。"① 《居延新简释粹》："枪：两头削尖的木棒。
《一切经音义》引三苍云：'木两端锐曰枪。'"② "枪"是竹木削有尖头的
刺击性守御器。《仓颉》篇："剡木伤盗曰枪。""枪"的制造原理简单，
是一种出现较早的守御器。《说文·木部》："枪，距也。"③ 段玉裁注：
"《止部》曰：'距，止也。一曰，枪也。'按，枪有相迎斗争之意。"④
《玉篇·木部》："枪，距也，木两头锐也。"⑤《墨子·备城门》："二步置
连梃、长斧、长椎各一物，枪二十枚，周置二步中。"孙诒让间诂："《国
语·齐语》云：'挟其枪刈耨镈'，韦注云：'枪，舂也。'《一切经音义》
引《三苍》：'木两端锐曰枪。'"⑥ 李华《〈练兵实纪〉军事词语研究》：
"到了晋代，枪头改进为短而尖的形式，比矛轻便而锋利，从而被更加

① 初师宾主编：《中国简牍集成》第九册，中国简牍集成编辑委员会编，敦煌文艺出版社
2001 年版，第 293 页。

② 薛英群、何双全、李永良注，甘肃省文物考古研究所编：《居延新简释粹》，兰州大学出
版社 1988 年版，第 75 页。

③ （东汉）许慎：《说文解字》[影印（清）陈昌治刻本]，中华书局 1978 年版，第 121 页。

④ （清）段玉裁注，许惟贤整理：《说文解字注》，凤凰出版传媒集团、凤凰出版社 2007 年
版，第 451 页上。

⑤ （南朝梁）顾野王：《宋本玉篇》（影印本），北京市中国书店 1983 年版，第 239 页。

⑥ （清）孙诒让撰，孙以楷点校：《墨子间诂》，《新编诸子集成》（第一辑），中华书局
2001 年版，第 514 页。

广泛地应用。自晋以后，枪兴而矛衰，唐和五代以后，枪都成为军队的主要武器。宋元明时期，是枪的黄金时代，种类丰富，形制复杂。"① 在《金关汉简》中，"枪"已经出现，但出现频率不高。

"枪"在《金关汉简》中的出现频率不高，但"枪"的包装规格的痕迹是明显的。在《金关汉简》的七个例子中，"枪卅"有三例，"枪十"有一例，"枪五"有一例。在同质简中，"枪"出现十例，"枪百"（EPT48.18A）有一例，"枪五十"（EPF25.24；227.2）有两例，"枪十"（26.5；18.1）有两例，"枪五"（EPT49.13；279.20）也有两例。这些包装规格分别是"枪百""枪五十""枪卅""枪十""枪五"，这些数量都给我们一个暗示，都是数字"五"的倍数，我们认为"枪"的包装规格，当以一包五支为常见。

从"仓"得声的字，往往有"快速相撞"的义素。"鎗"，《说文·金部》："鎗，钟声也。从金仓声。"② 鎗，敲击钟从而发出的声音。"玱"，《说文·玉部》："玱，玉声也。"《汉语大词典·玉部》："象声词。玉相击的声音。""呛"，既指水或食物进入气管，引起气逆突然喷出；也指说话生硬尖刻，今天还说"呛人"。"抢"，《庄子·逍遥游》："我决起而飞，抢榆枋而止，时则不至，而控于地而已矣，奚以九万里而南为？"③ 郭庆藩集释："支遁云：枪（抢），突也。"④《说文·止部》："扗，止也。从止巨声。一曰抢也。"⑤ 徐锴系传："抢，头撞地也。"⑥《说文·木部》："枪，距也。"徐锴系传："司马迁书曰：'见狱吏而头枪地。'"⑦《玉篇·木部》："枪，犹抵也。《汉书》云：见狱吏则头枪第也。"⑧ "创"，创伤，这是快速相撞之后的结果。《战国策·燕策三》："秦王复击轲，被八创。"

① 李华：《〈练兵实纪〉军事词语研究》，硕士学位论文，陕西师范大学，2016年。

② （东汉）许慎：《说文解字》［影印（清）陈昌治刻本］，中华书局1978年版，第297页。

③ （清）郭庆藩：《庄子集释》，《新编诸子集成》，中华书局1961年第1版，2004年版，第9页。

④ （清）郭庆藩：《庄子集释》，《新编诸子集成》，中华书局1961年第1版，2004年版，第10页。

⑤ （东汉）许慎：《说文解字》［影印（清）陈昌治刻本］，中华书局1978年版，第38页。

⑥ （南唐）徐锴：《说文解字系传》，中华书局1987年版，第32页。

⑦ （南唐）徐锴：《说文解字系传》，中华书局1987年版，第114页。

⑧ （南朝梁）顾野王：《宋本玉篇》（影印本），北京市中国书店1983年版，第239页。

"怆"，怆惶、慌张。得到消息瞬间的反应，是消息和人心的快速碰撞。

"枪，从木仓声。"据字形分析，明其材料和性状，"从木"可得"枪"为"木质"，"仓声"可得其与迅捷相关。"枪"就是木质的快速行刺的工具。

【枓】

"枓"在《金关汉简》中出现 6 例。"枓"（73EJT4：22），"小枓"（73EJT23：68A），"长枓"（73EJT37：1550），"木枓"（73EJT22：37），"瓦枓"（73EJT37：1542），字也作"瓦斗"（73EJF3：289），各出现一例。略举几例，见下：

> 73EJT4：22：出瓦箕十，枓十。
> 73EJT37：1550：长枓二，枪卌，狗笼二。
> 73EJT22：37：守御器具簿。□□，连椎四，木枓二，七尺板二。
> 73EJF3：289：长斧刃一枚破，瓦斗少一枚。

在同质简中发现"木枓"2 例：（89.21；438.1），"长枓"3 例：（227.24；506.1；EPT48.18）。

> 506.1：守御器簿。长斧三皆缺散，长椎三，长棓三，长枓二。

按：从汉简提供的材料可知：据外形看，"枓"可以分为"小枓"和"长枓"，据材料则可以分为"木枓"和"瓦枓"。

"长枓"，与前文提及的守御器"长斧""长椎""长棓"等一样，皆有"长柄"。《居延汉简》简 506.1 把"长斧、长椎、长棓、长枓"置于一简，当有其共性。《说文·木部》："枓，勺也。"[1] 徐锴系传："字书枓、斗有柄，所以斟水。"[2] 段玉裁注："凡升斗字作斗，枓勺字作枓，本

---

[1]　（东汉）许慎：《说文解字》［影印（清）陈昌治刻本］，中华书局 1978 年版，第 122 页。
[2]　（南唐）徐锴：《说文解字系传》，中华书局 1987 年版，第 115 页。

不相谋，而古音同当口切，故枓多以斗为之。"① 《说文·勺部》："勺，挹取也，象形。中有实，與包同意。"② 段玉裁注："勺，枓也。……《诗》：'酌以大斗。'毛云：'长三尺。'谓其柄。"③

"斗""枓"各有其义，本不相同。"斗"，量词，《说文·斗部》："斗，十升也。"④ 《说文·木部》："枓，勺也。"⑤ 《居延新简释粹》："枓：杓也，勺水工具。"⑥"斗""枓"因古音相同，在文献中多有混用。

《诗经·大雅·行苇》："酌以大斗，以祈黄耇。"郑玄笺："大斗，长三尺也。"陆德明释文："斗，字又作'枓'……三尺谓大斗之柄也。"孔颖达疏："大斗长三尺，谓其柄也。"⑦

柄长三尺的"大枓"，用来舀水浇灌。我们怀疑这样的"大枓"就是《金关汉简》所谓的"长枓"。因其带有长柄，方便手握把持，可以作为武器伤人。《史记》中就有这样的例子，《史记·张仪列传》："昔赵襄子尝以其姊为代王妻，欲并代，约与代王遇于句注之塞。乃令工人作为金斗，长其尾，令可以击人。与代王饮，阴告厨人曰：'即酒酣乐，进热啜，反斗以击之。'"司马贞索隐："凡方者为斗，若安长柄，则名为枓，音主。尾即斗之柄，其形若刀者是也。"张守节正义："反斗即倒柄击也。"⑧ 《史记·赵世家》："襄子姊前为代王夫人。简子既葬，未除服，北登夏屋，请代王。使厨人操铜枓以食代王及从者，行斟，阴令宰人各以

① （清）段玉裁注，许惟贤整理：《说文解字注》，凤凰出版传媒集团、凤凰出版社2007年版，第459页。

② （东汉）许慎：《说文解字》［影印（清）陈昌治刻本］，中华书局1978年版，第299页。

③ （清）段玉裁注，许惟贤整理：《说文解字注》，凤凰出版传媒集团、凤凰出版社2007年版，第1242页。

④ （东汉）许慎：《说文解字》［影印（清）陈昌治刻本］，中华书局1978年版，第300页。

⑤ （东汉）许慎：《说文解字》［影印（清）陈昌治刻本］，中华书局1978年版，第122页。

⑥ 薛英群、何双全、李永良注，甘肃省文物考古研究所编：《居延新简释粹》，兰州大学出版社1988年版，第79页。

⑦ （清）阮元校刻：《十三经注疏》，中华书局1980年版，第535页中。

⑧ （西汉）司马迁撰，（南朝宋）裴骃集解，（唐）司马贞索隐，（唐）张守节正义：《史记》，中华书局1959年版，第2297页。

枓击杀代王及从官，遂兴兵平代地。"张守节正义："（枓）音斗。其形方，有柄，取斟水器。《说文》云'勺'也。"① 据司马贞和张守节的注解可知，"枓"是方形有柄的可以盛放水的器皿。

"枓"是有柄的器皿，用来舀水，有木质的、陶制的，也有金属质地的。"长枓"是有三尺长柄的方形器皿，可以用来舀水，也可以盛放食材。《金关汉简》中就有"罋"盛水，置于城门、坞上用来防火、御敌。《墨子·备城门》："五步一罋，盛水有奚，奚蠡大容一斗。"孙诒让间诂："《说文·缶部》云'罋，缶也。'苏云：'下言木罋容十升以上者，五十步而十，是五步一罋也。'"②

"枓"用来舀"罋"里的水进行御敌。《墨子·备城门》："用瓦木罋容十升以上者，五十步而十，盛水且用之。"孙诒让间诂："《史记·韩信传》：'以木罋缻渡军'，是罋或瓦或木，皆可以盛水也。"③ 据《金关汉简》，"枓"也有"木枓"和"瓦枓"，二者正好相配。

【鞮瞀】

在《金关汉简》中有"鞮瞀"，也有加上材质的"革鞮瞀""铁鞮瞀"。也有与"铠甲"连用，构成"革甲鞮瞀、革铠鞮瞀、铠甲鞮瞀、铁甲鞮瞀"等结构，也有单独出现的"铁甲、瞀"。

它们的出现频率各不相同：革鞮瞀 3 例（73EJT30：191；72EJC：484；73EJT30：192）、铁鞮瞀 1 例（73EJT30：191）、革甲鞮瞀 9 例（73EJT21：11；73EJT21：12；73EJT21：13；73EJT21：14；73EJT21：40；73EJT21：167；73EJT21：333；73EJT21：334；73EJT22：112）、革铠鞮瞀 1 例（73EJT28：11）、甲鞮鞮瞀 1 例（73EJT37：777）、铠甲鞮瞀 1 例（73EJT23：1040）、铁甲鞮瞀 1 例（73EJT21：40）、铁鞮铠 1 例

---

① （西汉）司马迁撰，（南朝宋）裴骃集解，（唐）司马贞索隐，（唐）张守节正义：《史记》，中华书局 1959 年版，第 1794 页。

② （清）孙诒让撰，孙以楷点校：《墨子间诂》，《新编诸子集成》（第一辑），中华书局 2001 年版，第 515 页。

③ （清）孙诒让撰，孙以楷点校：《墨子间诂》，《新编诸子集成》（第一辑），中华书局 2001 年版，第 525—526 页。

（73EJT24：246）、铁甲 2 例（72EJC：615；73EJT24：246）、兜 2 例（73EJT24：246；73EJT37：1265）。

单现的"鞮兜"有 4 例，与"铠甲"连用的"鞮兜"有 14 例，频率比单现的还要高。[1] 与"铠甲"连用的，多见"铠甲"在前，"鞮兜"在后，但有一例"铁鞮铠"例外，是"鞮兜"在前，"铠甲"在后。

按："鞮兜"就是"头盔"。《居延新简释粹》所说："鞮兜：即头盔，作战时用来保护头部的帽子。"[2] 对《金关汉简》作穷尽的收集，发现在《金关汉简》中"鞮兜"字，有"鞮鍪""鍉鍪""鍉兜""鞮鍪"[3]。相关简文举例如下。

"鞮兜"在《金关汉简》《居延汉简》《居延新简》《敦煌汉简》中都有，共出现 45 例，其中在《金关汉简》中出现 22 例，在《居延汉简》中有 13 例，《居延新简》有 4 例，《敦煌汉简》出现 5 例：

> 73EJT30：191：铁鞮兜二，革鞮兜三。
> 73EJF3：150：校肩水三时簿，鞮兜二百一十三，掾世史章。
> 826：铁甲鞮兜各四。

"鞮鍪"仅 1 例，出现在《额济纳汉简》中：

> 2002ESCSF1：8：铁鞮鍪□

"鍉鍪"共有 3 例。《额济纳汉简》中发现 2 例（99ES17SH1：9；99ES17SH1：28），《居延新简》中发现 1 例（EPT8.2、8.3）：

---

① 《金关汉简》有一例"鞮兜"仅写作"鞮"，不知是遗漏，还是"鞮兜"可以省作"鞮"：

73EJT23：1040：☑铠鍉兜各一，☑长矛二，铠甲鞮兜各三，革甲鍪各四，幡三。

② 薛英群、何双全、李永良注，甘肃省文物考古研究所编：《居延新简释粹》，兰州大学出版社 1988 年版，第 73 页。

③ 在《居延新简释粹》还有"鍉鈝"：第十八隧，铁铠鍉鈝各三，见。（74EPF8：23）《集成》作"鍪"，图版不清，无法核对。《说文》无"鈝"字。《中华本》《集成本》均释读为"鍪"。

EPT8.2、8.3：铁铠鍉鍪各三，见。

"鍉瞀"在《金关汉简》《居延新简》《居延汉简》中共出现 12 例，其中《金关汉简》中 1 例，《居延新简》中 10 例，《居延汉简》中出现 1 例。现仅举 1 例如下：

49.26：铁鍉瞀若干，其若干币绝，可缮。

"鞮瞀"类多与"革铠、铁铠（铁鞮）、铠、革甲、铁甲、甲鞮、甲"等搭配使用：

73EJT28：11：革铠鞮瞀各一，传诣平乐隧毋留急 （急急）

73EJT21：40：平乐隧长庄延年。铁甲鞮瞀各二，□□□币，革甲鞮瞀各四完。

73EJT21：12：止虏隧卒孙赤革甲鞮瞀各一

73EJT37：777：☑□部甲鞮鞮瞀里簿。

EPT ES（T119）.1：收失隧铁鞮鞮瞀各五。

EPT 22.621：☑□铁铠铁鞮瞀

EPT8.2、8.3：铁铠鍉鍪各三，见。

EPT17.26：铁铠鍉瞀各三。

据收录的词语可见，《金关汉简》中的"头盔"，有皮革的，也有铁质的，可以单独出现，也有与"铠甲"连用的。"鞮"字又作"鍉"，"瞀"字又作"鍪""鍪"，分别构成"鍉鍪"（99ES17SH1：9），"革鞮鍪"（73EJT24：380），"铁鞮鍪"（2002ESCSF1：8），"铁鍉鍪"（99ES17SH1：28），"铁鍉瞀"（49.26），还有相应的与"铠甲"连用构成的结构，① 有

---

① 有"铠甲"与"头盔"分开记录的，如简 EPT5.17：铁铠五铁鍉瞀五。

"☑铠鍉督"（73EJT23：1040），①"铁铠鍉督"（EPT65.86），"铁铠鍉鍪"（EPT8.2、8.3）等。《敦煌汉简》有一例"鞮"，省形作"是"："革甲是督□"（2096A）。

"鞮鍪"字，因材质不同，有"革鞮鍪"（73EJT24：380），也有"铁鍉鍪"（99ES17SH1：28）。与"鞮督"连用的"铠甲"字，因有"铁甲"，也有"革甲"，故可以从"钅"作"铠"，也可以从"革"作"鞲"，如"甲鞲鞮督"（73EJT37：777），"铁鞲鞮督"［EPT ES（T119）.1］。

从"革"作"鞲"的"鞲"字出现，颠覆了传统对"铠""甲"的看法。传统观念认为"铠""甲"材质不同，皮谓之"甲"，金谓之"铠"。《尚书·说命中》："惟甲胄起戎。"孔安国传："甲，铠；胄，兜鍪。"孔颖达疏："古之甲胄皆用犀兕未有用铁者，而鍪铠之字皆从金，盖后世始用铁耳。"② 《广雅·释器》："函、甲、介，铠也。"王念孙疏证："《周官·司甲》注：'甲，今时铠也。'疏云：'今古用物不同，其名亦异，古用皮谓之甲，今用金谓之铠。'"赵岩在《几组上古汉语军事同义词研究》中根据《尹湾汉墓》简牍记载"铁甲札五十八万七千二百九十九，革甲十四斤"说："革甲正是用来制甲，而铁甲札是用来连缀铁铠的。"③ 马克冬《简帛兵书军事用语研究》："'甲'与'铠'浑言则同，析言则有别：就材料而言，皮制为'甲'，由金属制成的称为'铠'。"④认为"铠""甲"有别，"铠"是铁质的，"甲"是皮质的。在《金关汉简》及同质简中，"铠"和"甲"一样，既有铁质的，也有皮革的，与上面论及的从材质上来区分不吻合。《金关汉简》及同质简中可见"铁甲""革甲"，"铁铠""皮鞲"都有，文例见下：

73EJT21：40：平乐隧长庄延年。<u>铁甲鞮督</u>各二，□□□币，<u>革甲鞮督</u>各四完。

① 《金关汉简》有"革铠鞮督"，此"☑铠鍉督"，可能就是"革铠鍉督"或"铁铠鍉督"的残损。简73：EJT32：39有"铁铠☑，革☑，铁鍉☑，革鍉☑"是我们这些词语的残损。

② （清）阮元校刻：《十三经注疏》，中华书局1980年版，第175页上。

③ 赵岩：《几组上古汉语军事同义词研究》，硕士学位论文，东北师范大学，2006年。

④ 马克冬：《简帛兵书军事用语研究》，博士学位论文，西南大学，2014年。

73EJT28：11：革铠鞮瞀各一，传诣平乐隧毋留急　　（急急）

EPT ES（T119）.1：收失隧铁鞮鞮瞀各五。

根据《金关汉简》及同质简记录，我们只能说：从材料上来看，"铠""甲"无别。

我们把"鞮瞀、鍉瞀、鍉鍪、鞮鍪、鞮鍪"作同词异形处理。据褚良才《敦煌变文中的古代军语汇释》研究，头盔也作"头牟、低牟、岑牟、戈牟、兜鍪、胄"。①

据简文所见，"甲铠、鞮瞀"有里衬，也有装絮，有襟带缠束收纳，简文如下：

73EJT37：777：☑□部甲鞮鞮瞀里簿。

本简是某部记录"甲鞮鞮瞀"的"里衬"簿，用专门的简文记录"里衬"，可知"甲鞮鞮瞀"用"里衬"是常例。在《居延汉简》《敦煌汉简》中有文例支撑：

1036：兵、守御器，弩折伤，承弦、糒少，甲、鞮瞀毋里，皆不应簿。

3.26：第十五隧长李严，铁鞮瞀二，中毋絮，今已装。五石弩一，左强三分，今已亭。铁铠二，中毋絮，今已装。

14.23：鞮瞀十二，条毋组，十一空，毋韦绞，毋纤，毋四。

《敦煌汉简》中简1036是一枚兵器、守御器检查登记簿，所记"甲、鞮瞀毋里，皆不应簿"。"里"就是"里衬"。简文所说"甲"和"鞮瞀"均没有"里衬"，不符合原来记录的内容。

《居延汉简》中简3.26"铁鞮瞀二，中毋絮，今已装"，是有两个"铁鞮瞀"，里层没有绪絮，现已经装絮。简14.23："鞮瞀十二……毋纤。""纤"，《集韵》："纤纩，恶絮。"这里是说"鞮瞀"没有装絮。

---

① 褚良才：《敦煌变文中的古代军语汇释》，浙江教育出版社1998年版，第524页。

戴"鞮瞀"有带子系起来，在《金关汉简》中有一例可见：

> 72EJC：119：☑二紟皆短七寸负二筭，大黄弩辟衣紟非物负一
> 筭，大黄弩辟橐衣紟非物负一筭。大黄弩辟衣紟非物负一筭，鞮瞀紟
> 短各三寸负二筭，木面衣庠呼一尺负一筭。

《说文·糸部》："紟，衣系也。籀文从金作綅。"[①] 《玉篇·糸部》：
"紟，结衣也。亦作衿。"[②]《广韵·沁韵》："紟，紟带。或作襟。"[③]

另外，在《敦煌汉简》中，有一例似乎也是提及"鞮瞀"的带子：

> 14.23：鞮瞀十二，条毋组。

简文中的"条毋组"，是说"鞮瞀"的带子没有编织。"组"有"编
织；编结"的意思。《诗经·鄘风·干旄》："素丝纰之，良马四之。……
素丝组之，良马五之。"毛传："纰，所以织组也。总纰于此成文，于彼
显以素丝纰组之法驭四马也。……总以素丝而成组也。"郑玄笺："素丝
者，以为缕，以缝纰旌旗之旒縿。……以素丝缕缝组于旌旗以为之饰。"[④]

由此可知，《金关汉简》提及的"鞮瞀"就是"头盔"，多与"铠
甲"连用。"鞮瞀"有用铁制作的，也有用皮革制作而成。"鞮瞀"有
"里衬"，有的加絮。"鞮瞀"还有维系的带子使之戴在头上更稳固。

【楮】
"楮"在《金关汉简》中有两例：

> 73EJT24：247：●所寄张千人舍器物记：……复参靳豆带各一，
> 居米庚中。榆荚二斗，楮一。

---

① （东汉）许慎：《说文解字》［影印（清）陈昌治刻本］，中华书局1978年版，第275页。
② （南朝梁）顾野王：《宋本玉篇》（影印本），北京市中国书店1983年版，第491页。
③ （北宋）陈彭年：《宋本广韵》（钜宋本），凤凰出版传媒集团2005年版，第128页下。
④ （清）阮元校刻：《十三经注疏》，中华书局1980年版，第319页上、下。

　　73EJT1：142A：小斤一，小斧一，小棰一，小椎一，<u>櫱</u>二。

同质简也有两例：

　　303.6＋303.1：戍卒梁国睢阳第四车父宫南里马广。<u>櫱</u>二，锯二。
　　2.17：<u>櫱</u>五一，留钩三，轮二，轴一付，锯二，斧二，举钌二。

　　按："櫱"在字书辞典中均不见，根据其字形结构看，"櫱"可能是形声字，也可能是会意字，或"从木从齿"，或"从木齿声"。"从齿"或"齿声"是探求"櫱"词义的重要线索，查阅《说文》，全书竟无一例"齿声"的字，凡带有部件"齿"的字，均为"从齿"。据此，我们认为"櫱"是"从木从齿"的字，"从齿"明确"櫱"与"齿"密切相关。"从木"往往表示义类，表示的范围较宽泛。

　　从"齿"的字，名词的多有"咬合""抓取"的功能，动词的多有"咬合""抓取"义，形容词多为牙齿的状貌，如："啮"，《说文·齿部》："齧，噬也。从齿㓞声。"① 《说文·口部》："噬，啖也。喙也。"②"啖，食也。"《玉篇·口部》："啮，齧也。正作齚。"③《玉篇·口部》："咬，亦为齚字。"④"喙，口也。""喙"有人、动物的口唇义，也有器物的尖端义。《战国策·燕策二》："蚌方出曝而鹬啄其肉，蚌合而拑其喙。"《史记·楚世家》："庄王曰：'子无阻九鼎！楚国折钩之喙，足以为九鼎。'"张守节正义："凡戟有钩。喙，钩口之尖也。"⑤"啮"的动词用法有"咬、啃"义。《管子·戒》："东郭有狗啀啀，旦暮欲啮我。"汉代王充《论衡·论死》："今人死，手臂朽败，不能复持刃，爪牙堕落，不能复啮噬，安能害人？""齰"，《说文·齿部》："齰，啮也。从齿，昔

　　① （东汉）许慎：《说文解字》［影印（清）陈昌治刻本］，中华书局1978年版，第45页。
　　② （东汉）许慎：《说文解字》［影印（清）陈昌治刻本］，中华书局1978年版，第31页。
　　③ （南朝梁）顾野王：《宋本玉篇》（影印本），北京市中国书店1983年版，第105页。
　　④ （南朝梁）顾野王：《宋本玉篇》（影印本），北京市中国书店1983年版，第104页。
　　⑤ （西汉）司马迁撰，（南朝宋）裴骃集解，（唐）司马贞索隐，（唐）张守节正义：《史记》，中华书局1959年版，第1700—1701页。

声。"①《文选·宋玉〈风赋〉》:"啗齰嗽获,死生不卒。"李善注引《文选》:"齰,齧也。"② 齧,即"啮"的繁体字,有"咬、啃"的意思。

这些从"齿"的字,均与"牙齿"相关,或指牙齿形貌,或指牙齿功用。我们认为,"檣"是"从齿"的字,据简文文例看,所指是名词,也可以从形貌、功用两方面考虑其词义:(1) 从形貌看,"檣"有像牙齿一样整齐排列的咬合部件;(2) 从功用看,"檣"当有牙齿一样的咬合、抓取功能。

从"木"从"金"偏旁的字可以换用。在西北汉简中就有从"木"从"金"偏旁换用的,甚至也可以省去偏旁,如"锸"(85.23),字也作"桶"(47.4),也有去掉偏旁作"臿"(303.16)的。同理,此处的"檣"也可以同"鑇"。《玉篇·金部》:"鑇,鉼鑇。"③ "鉼"指两个并列使用的金属,"鑇"当指形似齿一样整齐排列有咬合功能的金属器具。陈直《居延汉简研究》:"《玉篇·金部》'鑇,鉼鑇也'。与此义并不相关。当为齿轮之齿。三七二页简,亦有二县齿曲梁之文。近山西永济有齿轮零件之发现,与本简完全符合。"④ "檣"的形状大致,见图21。

图 21 檣

---

① (东汉)许慎:《说文解字》[影印(清)陈昌治刻本],中华书局 1978 年版,第 45 页。
② (南朝梁)萧统编,(唐)李善注:《文选》,上海古籍出版社 1986 年版,第 584 页。
③ (南朝梁)顾野王:《宋本玉篇》(影印本),北京市中国书店 1983 年版,第 330 页。
④ 陈直:《居延汉简研究》,中华书局 2009 年版,第 392 页。

何茂活认为："檤""鑃"都是"凿"的异体字。"凿"有从"金"从"齿"的写法，《字汇补·金部》："鑿，古凿字。""凿""鑿"同。《玉篇·金部》："鑿，穿也，鏨也。"① "鏨，小鑿也。"② 《古俗字略》卷五："凿，鏨也。鑿，同上。"③ "凿"，从"金"顺理成章，从"木"则文义不顺。用木材做成的"凿"没有见过，客观上也难以想象。说"檤"是"凿"的异体字难以接受。"檤"不可能是"凿"的异体字，作"鑃"的变换形旁的异体字倒是符合客观实际。"檤"，"鑃"的异体字，义为"鉼鑃"。

据此可得，"檤"有木质的，也有铁质的，类似齿轮一类的有排列整齐的齿牙、可以咬合的器具，字也作"鑃"。

---

① （南朝梁）顾野王：《宋本玉篇》（影印本），北京市中国书店 1983 年版，第 324 页。
② （南朝梁）顾野王：《宋本玉篇》（影印本），北京市中国书店 1983 年版，第 324 页。
③ （明）陈士元：《古俗字略》（第五卷），两江总督采进本，第 2014 页。

第五章 《金关汉简》戍卒与武备设施词语的研究价值

　　饶宗颐、李均明在《敦煌汉简编年考证·前言》中就说："治汉简当先通文例、明假借、审制度、稽名物，娴熟史、汉常用字汇、惯语，以定其句读，其效果自然与寻常不同。"① 通名物，是简帛研究工作中重要的内容。

　　翦伯赞在《秦汉史·序》中所言："敦煌与居延两地所发现的汉简内容大抵相同，皆系汉代西北边防留下来的文书、簿籍、信札及经籍之类的东西；因而其所记载，大都皆系屯戍、烽燧、戍役、廪给、器物及边塞杂事之类。这些记载大半都是文献的历史中记而不详，或根本没有的，所以是一种崭新的史料。"②

　　《金关汉简》涉及的戍卒与武备设施词语很多，数量巨大，内容丰富，而《金关汉简》相关词语的研究成果不多，原因就在于简牍材料较零散，简帛词语研究随意性大，不成系统，没有形成一定的体系和方法。《金关汉简》则体量大，内容涉及大量汉代军事行政文书，涉及大量边关吏卒的个人信息和生活信息，具有极高的史料价值，是我们研究这一段历史的珍贵材料，这批体量很大的汉简包括大量的戍卒与武备设施词语。据我们完全统计，总共有 193 个相关词语，其中有一些不见于其他出土文献

---

　　① 饶宗颐、李均明：《敦煌汉简编年考证》，载《饶宗颐二十世纪学术文集》，台北：新文丰出版公司 2003 年版，第 i 页。

　　② 翦伯赞：《秦汉史》，北京大学出版社 2001 年版，第 4 页。

也不见于传世文献的名物词语。这样庞大的戍卒与武备设施词语集中在《金关汉简》中，为我们的研究提供了重要的材料保证。

《金关汉简》性质明晰、用途明确、地域清楚、时代明晰、材料丰富，这批材料具有重要的研究价值，是我们研究戍卒及武备词语的极佳选择。

第一节　对军事学的研究价值

两汉时期，统治者很重视西北边塞的防御，《金关汉简》中出现了大量的军事机构名、烽燧名、兵器名，据此可以了解汉代的军事政策、烽燧布局和军事活动，了解汉代的军事实力，掌握汉代军事科技的发展水平。《金关汉简》中大量的军事机构名称，为汉代屯边的基层军事机构的建置研究提供第一手资料。府、候、部、隧的组织结构、人员构成、佐吏设置、武备设施、设备配置等都有很直观的资料。还有"仓""厩""狱""车"等机构的设置，大量的武器、守御器，对军事制度、军事水平、军队管理等的研究相当重要。我们来看看守御器和武器的情况。

【皮帽、草帽】

"皮帽""草帽"在《金关汉简》中出现频率不高，字形却有几种，当是因为其使用频率不高，书手不同，故而字形多样。"帽"有作"冒、督"的，"帽"有作"辟"的。从材料看，"帽"有皮质的，还有明确就是羊皮的："皮帽"（72EJC：119；73EJT37：1542；495.1），"皮督"（EPT48.129），"皮冒"（506.1），"羊皮冒帽"（EPT56.74）；"帽"有革的、羊皮的，也有草的："革帽"（506.1），"羊皮冒帽"（EPT56.74），"草帽"（495.1；EPT48.129），"草辟"（73EJT24：213）。例子如下：

72EJC：119：<u>皮帽</u>不事用负一算，冠二紟非物不事用负一算。

73EJT37：1542：<u>皮帽草帽</u>各一。瓦抖二。

73EJT24：213：草辟及冒各一。

同质简中也有相关文例：

495.1：□□皮窅草草各一。
EPT48.129：甲渠鄣皮督草草各一。
506.1：守御器簿……皮冒革草各一，毋冒。
EPT56.74：羊皮冒草一。
317.24：檠绳十四，贾廿八。草一，贾廿。

按："草"，原本是蓑衣。《说文·艸部》："草，雨衣。一曰衰衣。"[1]徐锴系传："《春秋·左传》'齐师遇雨，陈成子衣制，杖戈'注云：'制，雨衣。'制与草声相近。"[2]《说文·衣部》："衰，艸雨衣。秦谓之草。"[3] 王念孙疏证《广雅·释器》"草谓之衰"说：《越语》云：'譬如衰笠，时雨既至必求之。'经传或从艸作蓑。"《广韵·昔韵》："草，雨衣。"[4]《玉篇·艸部》："草，雨衣。一曰蓑。"[5] 《类篇·艸部》："草，一曰蓑衣。……《说文》：雨衣。"《集韵·支韵》："草，一曰蓑衣。""草"即为草编的雨衣。在《金关汉简》中有"草草"，即草编的蓑衣，可以防雨。

"草"，字也作"薜"。王念孙疏证《广雅·释器》"草谓之衰"时，说："薜，与草同。《六韬·农器篇》云：'蓑薜簦笠。'"字也作"襞"，《国语·齐语》："首戴茅蒲，身衣襏襫，沾体涂足，暴其发肤，尽其四支之敏，以从事于田野。"韦昭注："襏襫，蓑襞衣也。"清代陈元龙《格致镜原·冠服类·诸衣》引《庶物异名疏》："管子曰：农夫身穿襏襫。襏襫，蓑草结衣，御雨之具也。"又引《事物绀珠》："襄薜，莎草雨衣。"

① （东汉）许慎：《说文解字》［影印（清）陈昌治刻本］，中华书局 1978 年版，第 25 页。
② （南唐）徐锴：《说文解字系传》，中华书局 1987 年版，第 21 页。
③ （东汉）许慎：《说文解字》［影印（清）陈昌治刻本］，中华书局 1978 年版，第 173 页。
④ （北宋）陈彭年：《宋本广韵》（钜宋本），凤凰出版传媒集团 2005 年版，第 153 页下。
⑤ （南朝梁）顾野王：《宋本玉篇》（影印本），北京市中国书店 1983 年版，第 255 页。

在《金关汉简》中，也作"辟"：

73EJT24：213：草辟及冒各一。

"革"也有隐蔽义。《史记·淮阴侯列传》："（韩信）夜半传发，选轻骑二千人，人持一赤帜，从间道革山而望赵军。"裴骃集解引如淳曰："革音蔽。依山自覆蔽。"司马贞索隐曰："谓令从间道小路向前，望见陈余军营即住，仍须隐山自蔽，勿令赵军知也。革音蔽，蔽者，覆盖也。……《说文》云'箪，蔽也。'"韩兆琦评注："从小路上山，隐蔽到（临近赵营的）山上。革：同蔽。"[①] "革"的语源义当是"隐蔽"。衣装在人类创造之初，其主要功用就是用来遮蔽保护身体，部分衣装的命名义就是"隐蔽"。如《广雅·释器》："衣，隐也。"王念孙疏证："《白虎通义》云：衣者，隐也。裳者，障也。所以隐形自障蔽也。"《风俗通义·愆礼》："巾所以饰首，衣所以蔽形。"王利器注："晏子春秋内篇谏下：'冠足以修敬，不务其饰；衣足以掩形，不务其美。'"[②] 《释名·释衣服》："裳，障也。所以自障蔽也。"[③] "韠，蔽也，所以蔽膝前也，妇人蔽膝亦如之。"[④] 这反映了早期人类社会对衣装功能的认识。

"草革"具有防雨、隐蔽的作用。孙机《汉代物质文化资料图说（增订本）》："革通椑，甲声。草革就是草甲。"[⑤] 出现在守御器簿中的"草革"，披在身上，是可以隐蔽、可以防雨防晒的守御器具。每个亭隧仅有一件，是侦察兵使用的装备。"草革"是侦察兵用来隐蔽、防雨的草编衣装。

"冒"，学者多理解为一种面具。薛英群、何双全、李永良注《居延

---

① （西汉）司马迁撰，（南朝宋）裴骃集解，（唐）司马贞索隐，（唐）张守节正义：《史记》，中华书局 1959 年版，第 258 页。

② （东汉）应劭撰，王利器校注：《风俗通义校注》，中华书局 1981 年版，第 161 页。

③ （东汉）刘熙：《释名》，王云五主编：《丛书集成初编》，商务印书馆 1936 年版，第 77 页。

④ （东汉）刘熙：《释名》，王云五主编：《丛书集成初编》，商务印书馆 1936 年版，第 79 页。

⑤ 孙机：《汉代物质文化资料图说（增订本）》，上海古籍出版社 2008 年版，第 174 页。

新简释粹》：“皮宿，用皮革作成的防面具。”① 张国艳《居延新简词汇札记》：“赵叔向《肯綮录·俚俗字义》：‘目深曰宿。’所以‘皮宿’当是一种与眼睛有关的器物，又由于它出现在兵器簿上，所以它可能是一种用皮革制成的保护眼睛的武器装备。”② 王震亚、张小锋《汉简中的戍卒生活》：“皮宿是用皮革作成的防御面具。”③ 也有不同理解。陈直《居延汉简研究》把简 303.11 中的“皮宿”释读为“皮官”，并解释：“皮官当为陂官的省文，《汉书·地理志》九江郡有陂官，盖管陂池山泽之利者。”④《集成》第七册：“皮宿，皮制守御器。每隧亭配置一枚。”⑤

“宿”和“冒”、“瞀”都与“目”相关，分别构成“皮宿、皮冒、皮瞀”，是用来观察敌情的器具。且多与“草革”连用出现在守御器簿中，它们是侦察兵配套使用的装备，李天虹《居延汉简簿籍分类研究》：“皮冒、草革二物常常并列，大约配套使用。简 EPT48.129 记‘皮瞀’与‘草革’并列，皮瞀显即皮冒。瞀为头盔，冒同帽，两字含义类同。革，《说文》：‘革，雨衣。一曰衰衣。’对比分析，冒、革似乎与胄、甲相当。”⑥ 把“皮冒”理解为“头盔”，认为“冒、革”与“胄、甲”相当。王锦城在《释西北汉简中的“冒”——兼论“皮冒”“草革”及相关词语》中认为“皮冒”相当于“头盔”，说：“‘皮冒’为皮制的帽子。又从例（5）来看，‘皮冒’也作‘皮瞀’。‘瞀’通‘鍪’，为古代战士的头盔，也称‘鞮瞀’‘兜鍪’等。”⑦ 作者又进一步细说，认为：“‘皮冒’和‘草革’搭配使用，每个亭隧配备一套，其功能也很明确，即主要用

---

① 薛英群、何双全、李永良注：《居延新简释粹》，兰州大学出版社 1988 年版，第 73 页。“防面具”，应该是“防御面具”的脱漏。简 74EJT37：1542“皮宿”就出现在《橐他箕当隧始建国二年五月守御器簿》中。

② 张国艳：《居延新简词汇札记》，《青海师专学报》2002 年第 2 期。“皮宿”并没有出现在“兵器簿”上，而是出现在“守御器簿”中。

③ 王震亚、张小锋：《汉简中的戍卒生活》，西北师范大学历史系，甘肃省文物考古研究所编：《简牍学研究》（第二辑），甘肃人民出版社 1998 年第 1 版，2009 年第 2 版，第 130 页。

④ 陈直：《居延汉简研究》，天津古籍出版社 1986 年版，第 383 页。

⑤ 初师宾主编：《中国简牍集成》第七册，中国简牍集成编辑委员会编，敦煌文艺出版社 2001 年版，第 227 页。

⑥ 李天虹：《居延汉简簿籍分类研究》，科学出版社 2003 年版，第 114 页。

⑦ 王锦城：《释西北汉简中的“冒”——兼论“皮冒”“草革”及相关词语》，《古汉语研究》2019 年第 1 期。

来防雨，为边塞亭燧的雨具。"① 凭借一个通假字"瞀"，作者把两者归为一类。作"皮瞀"字的频率很低，《金关汉简》没有，仅在《居延新简》中找到一个用例。"皮瞀"和"鞮瞀"差别极大，用法和语境都不同，从简文文例可以明显看出二者没有共同之处：

> EPT48.129：甲渠鄣皮瞀草革各一。
>
> 73EJT37：1542：皮瞀草革各一。瓦枓二。
>
> 73EJT21：11：止虏隧卒王不信，革甲鞮瞀各一。
>
> 73EJT21：334：☐靬干☐，革甲鞮瞀各四。

《金关汉简》中"瞀"与"深目"功用相近，都是用来观察瞭望的，前者是斥候（侦察兵）随身携带的装备，后者是鄣隧坞上安装的相对固定的装置；故前者多与"革"连言，工作时需要隐蔽，后者多与"转射"连言，发现敌情要射击。初仕宾、任步云《居延汉代遗址的发掘和新出土的简册文物》："虎落上部堆积中，出土Ⅱ形木器多件，据出土现象和特征分析，或许是简文里常见的'转射'或'深目'，是嵌在坞顶女墙（或堞雉）上的一种射击、观察装置。"②

"革"和"瞀"，两个对象配套使用，一是侦察工具，二是防身隐蔽对象。《集成》不了解这点，导致注释有误：羊皮冒革一。（EPT56.74）《集成》第十一册："羊皮冒革，守御器之一，以羊皮制作，可防敌矢、石攻击，又可以透视观察敌情。"③"羊皮冒革一"，即"羊皮冒、羊皮革各一"，就是羊皮制作的防雨隐蔽衣和羊皮制作的瞭望镜各一。至于"防敌矢、石攻击"，是臆测。

前文所举例子显示"瞀、革"在各亭隧的需要量不大，每亭隧各配置一枚。《居延汉简》简303.11通过统计的方式，更加明确地说明了

---

① 王锦城：《释西北汉简中的"冒"——兼论"皮冒""草革"及相关词语》，《古汉语研究》2019年第1期。

② 初仕宾、任步云：《居延汉代遗址的发掘和新出土的简册文物》，《文物》1978年第1期。

③ 初师宾主编：《中国简牍集成》第十一册，中国简牍集成编辑委员会，敦煌文艺出版社2001年版，第29页。

"皮眢"的用量：

> 303.11：凡亭隧皮眢廿八。其十三枚受府，十五枚亭所作，少七
> 枚。凡亭隧卅五所。

这是某地 35 所亭隧皮眢的总数。共有"皮眢"28 枚，包括都尉府直接配备发放的 13 枚和亭隧自己制作的 15 枚。已有 28 枚，还少 7 枚，总数应该有 35 枚。35 个亭隧共需要 35 枚"皮眢"，即一亭隧需要 1 枚。与前文显示的亭隧储备数量一致。

总而言之，"革""眢"都是斥候候望时的必备装备。每个亭隧仅配备一套。"革"是侦察兵用的防雨隐蔽衣，多用草编而成，也有革质的。"眢"是侦察用的瞭望镜，多以皮革制成。两者是侦察兵工作时必不可少的装备，配套使用。

通过对《金关汉简》的整理研究，发现汉代守御器中已经有瞭望装备了。简文"眢"与"革"多连用，"深目"与"转射"多连用。前者是便携装备，有"眢"与"革"，"眢"用来观察，"革"用来隐蔽。后者是固定装置，有"深目"和"转射"，"深目"用来观察，"转射"用来解决发现的敌情。故"深目"与"转射"连用。"深目"与"转射"数量不清楚，"眢"与"革"是一隧一套，可知汉代的瞭望设备已经完全在防御工作中发挥作用了。

遗憾的是这样的远望设备到今天也没有发现实物，只有耐心等待考古发掘的新成果，期待某天的发掘成果能印证我们今天的结论。

"皮眢"与"深目"的差异，在于"皮眢"是侦察兵可以随身携带的，而"深目"是固定装置不能携带。王鸿国《汉代居延的边防设施》："转射。这种设施是安装在居延边塞坞堠上用来可转动发射箭矢的装置。……深目。常与转射并列，既可与转射配合使用，也可单独使用，是防御体系中不可缺少的东西。"① 明确了"转射是安装在堠坞上的固定装置"，"深目"与之"配合使用"，可知"深目"也是堠坞

---

① 王鸿国：《汉代居延的边防设施》，《阳关》2006 年第 4 期。

上使用的装置。但他在介绍"转射"时，说"居延出土的转射，是用四根方木合成'Ⅱ'形的方框，高 41 厘米，控制转角在 100—150 度左右，通过斜下的射孔，可采取有效的角度向城坞下瞄准发箭，亦可观察敌情。"① 这"可观察敌情"当是与"转射"配合使用的"深目"的功能，因其与"转射"经常配合出现故而导致功能被混淆。

另外，在《金关汉简》中的确有"斥候"这样的专职侦察人员。丝路在《烽隧·亭障·斥堠》中说："斥堠设于边地前沿或边塞上，以侦察敌情，盘查出入，等于现在的观察哨所。"② 认为"斥堠"是建筑而不是人，在《金关汉简》和同质简中，"堠""候"换用，"堠楼"也写作"候楼"，多单独作"堠"。《居延新简释粹》："候楼：建筑在堠上用以瞭望的哨楼。"③ 又说："堠，指观察、瞭望敌情的土堡。"④

73EJT23：447：☐日未中时堠上一通马，日失夕时堠上一通马。

214.5：第卅六隧长宋登……锯一不事用，转栌皆毋枢，洞皆毋肩冒，堠楼不垂涂墭，狗笼一顷。

"斥堠"相当于现在的"观察哨所"，在《金关汉简》及同质简中，字作"斥候"，用作人而不是建筑，是与"观察哨所"功能相当的执勤人员，即侦察兵。例见下：

73EJF3：94：出米五斗三升，五月己酉，给食宣辨军宣司马，司马郭长，司马王兰李候，斥候五人。积十八人。

303.31：肩水斥候骑士十人，正月用食十七石四斗☐升少。

---

① 王鸿国：《汉代居延的边防设施》，《阳关》2006 年第 4 期。

② 丝路：《烽隧·亭障·斥堠》，《新疆师范大学学报》（社会科学版）1984 年第 1 期。

③ 薛英群、何双全、李永良注，甘肃省文物考古研究所编：《居延新简释粹》，兰州大学出版社 1988 年版，第 49 页。

④ 薛英群、何双全、李永良注，甘肃省文物考古研究所编：《居延新简释粹》，兰州大学出版社 1988 年版，第 111 页。

"斥堠"的基本工作装备就是"皮弁"和"草萆"。"草萆"用来隐蔽，"皮弁"用来观察。

从词语出现的频率，可以知道汉代的武器使用情况。在《金关汉简》中，记录有这些武器：弩、剑、弓、刀、有方、斧、矛、斤等，这些武器的出现频率分别是：弩：148 次，剑：110 次，弓：76 次，刀：41 次，有方：22 次，斧：10 次，矛：5 次，斤：3 次。

使用频率最高的就是"弩"，其次是"剑"，再次是"弓"。"弩"独占鳌头。"弩"和"弓"属于远射兵器，在汉代边塞，远射类武器使用最普遍。从划分类别的详略看，使用频率前三名的"弩""剑""弓"呈两极分化。"剑""弓"就只有一个名称，而"弩"则分好多种。

我们就以使用最普遍的远射武器的"弓""弩"来比较说明。在《金关汉简》中，"弩"的使用量和使用频率均超过了"弓"，就命名的角度看，"弓"仅一个称谓"弓"（73EJT23：971），而"弩"则十分丰富，有具弩，有承弩，有普通弩，有精良的大黄弩，还有明确所属的官弩。从拉力看，也细分为不同拉力的弩。在《金关汉简》及同质简中出现的"弩"，就有以下这些：弩、承弩、大黄弩、三石弩、三石承弩、三石具弩、四石具弩、五石弩、五石具弩、六石弩、六石具弩、七石具弩、八石具弩、九石具弩。

同质简中还有：官具弩、官第一六石具弩、大黄力十石弩、大黄力十五石具弩。

据前文研究，各种拉力的弩中，最常见的是"六石具弩"。凭借这样的名物词语使用现象，可以明确：在汉代的武器中，使用最普遍的就是远射武器。这时候的"弩"已经相当成熟，在武器中具有压倒一切的绝对优势，为汉王朝保家卫国守卫边疆发挥了重要作用。这个结论与我们研究的戍卒类词语得到的结论一致，在所有的戍卒中，除了隧卒外，数量最多的就是"骑士"。汉代骑士配备不同拉力的弩守卫边疆，其中六石具弩是当时的常规武器。

另外，在《金关汉简》中出现的守御器"铠甲"，字形有"铠"也有"鞼"，以前者为常见，后者仅见一例，说明当时的铠甲有铁质的，也有皮革的。以铁质的为常见，偶见皮革的。有一个词语作"革铠鞮鍪"

（73EJT28：11），材质虽是"革"，字形仍作"钅"旁的"铠"，是"铁甲"多于"革甲"的现象在文字上的反映。杜葑运、韩汝玢《汉长安城武库》："武库遗址规模相当大……已发掘的第一遗址中，有大量铁铠甲，其中一块重约七八十斤。……这也说明铁器的使用在当时有更进一步的发展。"① 与文字反映的结果一致，铁铠甲的使用较普遍。另外，从考古发掘看，汉代长安出土的"镞"大部分为铁质，少部分为铜质。而《金关汉简》中则有大量的"铜镞"，不见"铁镞"。"铜镞"不易生锈，是汉王朝把精良武备用于边塞防御的力证。

第二节　对词汇史和辞书编撰的价值

《金关汉简》中出现了一些辞书中未见的词语，可以扩充辞书容量、丰富辞书内容，如前文提及的"亶矢""槀矢"。有些词语《汉语大词典》虽已收录，所用例句晚于汉代，凭借出现在《金关汉简》的文例，可以使辞书例句时间提前。《汉语大词典》的编写方针是"古今兼收，源流并重"，例证由古至今进行梳理，探源得流，展现词语的发展脉络以及词义的变化，对汉语本身的研究，对汉语语源的研究，对汉语词汇的研究特别是汉语史的研究意义重大。初衷是很有意义的，而实际操作中，总有一些问题难以克服。今天所见，《汉语大词典》所选的一些词条的最早例句，还不是最早的，就《金关汉简》已经出现的部分词语，其在《汉语大词典》中的最早例句或为魏晋时期，或更晚。在这里对这个问题进行探讨，希望《汉语大词典》修订时更趋完善。

【炊帚】

《汉语大词典·火部》下：

【炊帚】：炊帚，见"炊箒"。

【炊箒】：亦作"炊帚"。刷洗锅碗等的炊事用具。北魏贾思勰

---

① 杜葑运、韩汝玢：《汉长安城武库》，中国社会科学院考古研究所编著，文物出版社2005年版，第132页。

《齐民要术·造神曲并酒》："日三过，以炊箒刷治之，绝令使净。"郭澄清《大刀记》开篇十四："黄泡绿沫的水面上，漂浮着笤箒、炊箒。"

《汉语大词典》中"炊箒"的最早用例，出自北魏贾思勰的《齐民要术》，而《金关汉简》早已有"炊帚"的用例：

　　　　73EJT4：47A：☑炊帚三百枚☑

《汉语大词典》的关于"炊帚"用例可以提前几百年。

"炊帚"，是烧饭过程中用到的"帚"。陈直《居延汉简研究》："炊帚即饭帚。"《说文·竹部》："箒，陈留谓饭帚曰箒。从竹，捎声。"① "饭箒"是一种炊帚，这个名称今天还在使用。孙机《汉代物质文化资料图说（增订本）》："炊毕清洗器皿则用箒（说文·竹部），即居延汉简所称'炊帚'。"② "帚"不仅"炊毕"使用，在整个烧饭过程中都使用，烧饭前用来清洗器具，烧饭中用来清扫食材，烧饭后用来清洗器具。

"帚"在《金关汉简》中有四见：除了"炊帚"（73EJT4：47）以外，有"帚"（73EJT24：343）、"瓦帚"（73EJT37：1540）以及残泐的"□帚"（73EJT24：343）。例见下：

　　　　73EJT24：343：帚一，□帚一，笥一合，于二，大杯三，小杯三。
　　　　73EJT4：47：炊帚三百枚。
　　　　73EJT37：1540：长斧四，沙二石，瓦帚二。③

在同质简中也有"帚"（368A；913）、"炊帚"（220.18；EPT48.18B），还有"木帚"（325.9），"木糵帚"［ES（T119）.3］。比如：

　　　　325.9：木帚

① （东汉）许慎：《说文解字》［影印（清）陈昌治刻本］，中华书局1978年版，第96页。
② 孙机：《汉代物质文化资料图说（增订本）》，上海古籍出版社2008年版，第390页。
③ 本简《居延新简释粹》原释文："沙二石，瓦帚二。茹十斤，鼓一，木椎二。……● 橐他箕当隧始建国二年五月守御器簿。"（74EJT37：1537－1558）。明"瓦帚"属于守御器。

ES（T119）.3：☐木檠帚一。

"帚"，用来刷扫的器具。《急就篇》卷三："箅箄箕帚筐箧篓。"颜师古注："帚，所以扫刷。"

"帚"是一个会意字，从"又、巾、冂"。《说文·巾部》："帚，粪也。从又持巾，扫冂内。"① 徐锴系传："古《白纻歌》词曰：'白纻，色如银，制以为袍余作巾，袍以光躯巾拂尘'。② 巾可以拂也，故帚从巾，取象也。冂，门内也。"③ 段玉裁注："冂旧作冖，非。今按，当作郊冂字，音扃，介也。凡埽除以洁清介内。持巾者，埽之事，肪于拂拭。因巾可拭物，乃用萑芳黍梨为帚拂地矣。合三字会意。"④ "帚"不仅扫除污秽，也可以用来扫粮米、饭食，"炊帚"，是烧饭过程中用到的扫米粒等的"帚"。

据《说文》所讲，"帚"起源于杜康。《说文·巾部》"帚"字下："古者少康初作箕帚秫酒。"⑤《说文·酉部》："酒，古者仪狄作酒醪……杜康作秫酒。"⑥

"帚"从"巾"，今多用植物捆束而成。《汉语大词典·巾部》："帚，扫除刷洗秽物的用具。多将植物束其干，散其枝叶、毫端而成。"汉简中的"帚"，据用途分，有"炊帚"（73EJT4：47），根据材料分，有"瓦帚"（73EJT37：1540）、"木檠帚"［ES（T119）.3］、"木帚"（325.9）。

"木帚""木檠帚"，据材料而言，都是取材于木做成的"帚"。"木帚"就是将软木段一头打磨光滑，一头捶碎变软做成的帚。"木檠帚"，

---

① （东汉）许慎：《说文解字》［影印（清）陈昌治刻本］，中华书局1978年版，第159页。

② （南唐）徐锴《说文解字系传》原作"白纻，色如银，袍以光躯巾拂尘，制以为袍余作巾。"（第158页）据《乐府解题》"质如轻云色如银，制以为袍余作巾。袍以光躯巾拂尘"及文意改。

③ （南唐）徐锴：《说文解字系传》，中华书局1987年版，第158页。

④ （清）段玉裁注，许惟贤整理：《说文解字注》，凤凰出版传媒集团、凤凰出版社2007年版，第631页上。

⑤ （东汉）许慎：《说文解字》［影印（清）陈昌治刻本］，中华书局1978年版，第159页。

⑥ （东汉）许慎：《说文解字》［影印（清）陈昌治刻本］，中华书局1978年版，第311页。

是以木质对象制作成的长毛状帚。氂，就是硬而卷曲的毛。《说文·牦部》："氂，强曲毛。可以箸起衣。从牦省，来声。"① 段玉裁注："箸同褚，装衣也。《王莽传》：'以氂装衣。'师古曰：'毛之强曲者曰氂，以装褚衣，令其张起也。'按，此氂皆氂之误。"② "氂""从牦省"，"牦"是长毛牛。《说文·牦部》："牦，西南夷长髦牛也。"③ 段玉裁注："古西南夷之地，皆产旄牛。如郭璞注《山海经》所云：'背、厀及胡、尾皆有长毛'者，小角，其体纯黑，土俗用为菜，其尾腊之可为拂子。云长髦者，谓背、厀、胡、尾皆有长毛。"④ 《说文·犛部》："氂，犛牛尾也。"⑤ "犛"是长毛牛，"氂"从"牦"，所指的硬而卷曲的毛，当也不短。"木氂帚"应该就是用棕叶一类较硬的木质材料做成的"马尾笤"或用棕毛做成的打扫床铺的"笤帚"类。

在笔者的家乡贵州农村地区，各类"帚"广泛使用，多用高粱秆、铁树枝、棕树叶、棕⑥、细竹枝条等捆扎而成，也有用竹筒、软木做成的各种"笤帚"，用途不同，形制和材料都有区别。扫地的大而宽扁，呈蒲扇形，多用高粱秆加木棍或直接用棕树叶扎成，称为"笤把"；扫饭食的形制较小，呈圆筒形，称为"饭笤"，多用高粱秆或铁树枝加木棍捆扎而成，见图22。《敦煌汉简》图版有"帚"，称为"刷墙帚"，今天贵州农村做饭用的饭笤就是这个样式，见图23。或用竹筒、软木做成，竹筒做成的呈圆筒形，被称为"竹笤帚"；软木做的呈扁长形，被称为"木笤帚"。用竹筒做的，选取合手粗细的竹筒，竹筒的一头用刀划破呈细条状，另一头磨光滑即可。孙机《汉代物质文化资料图说（增订本）》有"饭笤"的图片⑦，似用竹筒破开做成的，与贵州使用的

① （东汉）许慎：《说文解字》［影印（清）陈昌治刻本］，中华书局1978年版，第30页。

② （清）段玉裁注，许惟贤整理：《说文解字注》，凤凰出版传媒集团、凤凰出版社2007年版，第93页上。

③ （东汉）许慎：《说文解字》［影印（清）陈昌治刻本］，中华书局1978年版，第30页。

④ （清）段玉裁注，许惟贤整理：《说文解字注》，凤凰出版传媒集团、凤凰出版社2007年版，第93页上。

⑤ （东汉）许慎：《说文解字》［影印（清）陈昌治刻本］，中华书局1978年版，第30页。

⑥ 棕，即是"棕衣"，是包裹棕树树干的一层网状纤维外皮，其质地较软而结实。

⑦ 孙机：《汉代物质文化资料图说（增订本）》，上海古籍出版社2008年版，第390页。

"竹筲箵"相同。见图 24。

打扫器具的形制也小，多用软木做成，选取材料较柔软的木材段，大小称手，软木段的一头用锤子锤破呈刷子状，另一头打磨光滑即可。打扫床铺的有两种，一种形制较小，呈蒲扇形，多用棕做成，叫"筲箵"，见图 25。

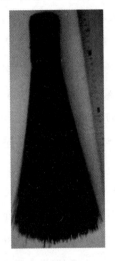

图 22　饭箵（1）

图 23　饭箵（2）

图 24　竹筲箵

图 25　筲箵

汉简中还有"瓦帚"，不明其义。薛英群《居延汉简通论》："瓦帚，册史不见记述，如望文生义，略推测似为陶质扫帚，也许用除灰烬，因陶不燃，故称瓦帚。"① 瓦帚出现在《守御器簿》中，应该是灭火的工具。极有可能是燃放烽烟后，用来灭火扒灰的守御器。今天使用的消防灭火扫把，估计与此功用相似。见图 26。

图 26 消防扫把

这样，我们对"帚"和"炊帚"有了一个较为全面的认识。"炊帚"的最早用例提前到汉代，为词汇史研究提供了更加准确的信息，完善了字典辞书的用例。同时，也为人类文化学和社会学的研究提供了更加丰富的信息。

【长矛】

《汉语大词典·长部》"长"字下：

【长矛】：一种旧式兵器。长柄矛。《三国志·魏志·典韦传》："太祖募陷陈，韦先占，将应募者数十人，皆重衣两铠，弃楯，但持长矛撩戟。"《太平天国资料·虏在目中》："视官兵稍败，则左右之军追上，

———

① 薛英群：《居延汉简通论》，甘肃教育出版社 1991 年版，第 401 页。

两军一合，后军随后一围，如连环之式，用长矛混战。"

在传世文献中，"长矛"最早的例子出现在三国时期，《汉语大词典》所举的最早例子，就是《三国志》的文例。《金关汉简》中已经出现了"长矛"的例子①：

73EJT23：1040：铠鍱督各一，长矛二，铠甲鞮督各三，革甲鞮各四，幨三。

这样，由于文献资料的补充，"长矛"出现的时间提前了。再对字典辞书重新编撰时可以收录更早的用例，对中国文化史的研究，提供了新的信息，丰富了人们的认知。也为汉语史的研究提供了重要的资料保证。

【堠】

《汉语大词典·土部》"堠"字下：

③古代瞭望敌情的土堡。本作"候"。如：亭堠；斥堠；烽堠。《字汇·土部》："堠，斥候。斥，度也；堠，望也，以望烽火也。"唐白居易《和渭北刘大夫借便秋遮虏寄朝中亲友》："堠空烽火灭，气胜鼓鼙鸣。"宋刘克庄《赠防江卒》之五："战地春来血尚流，残烽缺堠满淮头。"

《汉语大词典》给"堠"的"古代瞭望敌情的土堡"这个义项所举的例子中，《字汇》是明代的研究成果，所举最早文例是唐代白居易的诗歌，而"堠"在《金关汉简》文例多见，全部与"瞭望敌情的土堡"意思相关，随便举一例如下：

73EJT23：447：日未中时堠上一通。日失夕时堠上一通。②

在同质简中，表示"瞭望敌情的土堡"意思的"堠"的文例更多，

---

① 具体内容，见"第四章·第二节·兵器及兵器部件词语"部分【矛】字下。
② 具体内容，见"第四章·第一节·屯戍设施词语"部分【堠】字下。

俯拾即是。这既可以补充字典辞书在更早时期的例证空白，也为汉语史研究提供重要的信息，帮助汉语史研究者在梳理词汇发展流源时，得出更加准确可信的论证结论。

从词汇结构看，穷尽地收录《金关汉简》戍卒与武备设施词语，掌握了古代汉语晚期词汇结构。《金关汉简》有193个相关名物词语，单音节词36个，双音节词101个，这时候汉语的双音化已经占了优势，不再以单音节为主体。

第三节　对词源学研究的价值

词源研究，从汉代《释名》开始，是人们一直关注的热点问题，从宋代的右文说到清代的右声说，不断地探索词语的得名缘由。

每一样物品的命名都有其归宿，语音往往保留了很多线索，为后人探求得名之源提供了可能。我们尝试运用语音线索寻找词语的得名之由。

汉代边塞经常发生与北方匈奴的战争，导致对匈奴的忧患意识在意识形态中产生，被强化的防范意识，体现在西北边塞的烽燧命名上，于是就有几大类型的烽燧名出现，有渴望破敌制胜的，有对自身强大追求的，有对和平的追求，有对美好富足生活的向往，有对万古千秋世代延续的渴望。这样的烽燧名随处可见。

如：对破敌制胜的渴望：伏虏隧（73EJT9：101）、灭虏隧（73EJT37：890）、却虏隧（73EJF1：33）、乘胡隧（73EJT23：577）、服胡隧（73EJT23：29）、获胡隧（073EJF3：84）、禁胡隧（73EJT24：338）、破适隧（73EJT37：1082）、却适隧（73EJT37：1425）、逆寇隧（73EJT24：137）、穷寇隧（73EJT23：125）、辟之隧（73EJF3：87）、胜之隧（73EJT37：62）。

对强大的追求：强汉隧（73EJT21：401）、勇士隧（73EJT6：42）、广汉隧（73EJT23：392）、莫当隧（73EJT29：8）、后起隧（73EJT6：41）、广利隧（73EJT21：420）、广土隧（73EJF3：138）、广新隧（73EJF3：397＋73EJF3：403）。

对和平的追求：安世隧（73EJT23：826）、安汉隧（73EJT23：628）、

安竟隧（73EJT23：500）、安农隧（73EJT23：298）、安土隧（73EJT24：261）、富平隧（73EJT26：265）、平乐隧（73EJT21：356）、始安隧（73EJT11：16）、望安隧（73EJT37：865）。

对美好富足生活的向往：安乐隧（73EJT23：481）、常宽隧（73EJH1：12）、富昌隧（73EJT2：13）、骊喜隧（73EJT21：385）、乐昌隧（73EJT23：877）、乐哉隧（73EJT24：549）、美草隧（73EJT26：137）、广利隧（73EJT21：420）、临利隧（73EJT30：39）。

对万古千秋世代延续的渴望：千秋隧（73EJF3：277）、万世隧（73EJT23：764）、万福隧（73EJT21：137）、延寿隧（73EJT9：85）。

举例如下：

73EJT23：287：临泽隧牛印，襄泽隧长李由，临利隧长孙庆，禽寇隧宋宋良，穷寇隧长张□☑

73EJT23：481：止虏隧长申延寿九月，安乐隧长孙东门九月。

73EJT21：137：本始四年二月甲辰，万福隧长通光，受司马米二石二斗，以廪平乐以南到如意。

73EJF1：49：南界望泽隧，万世隧举亭上一表。

烽燧名很多，对这些烽燧名的进一步研究，对军事史、历史地理学、军政制度关系史的研究都很有帮助。

第四节　对历史地理学研究的价值

过去进行汉代历史地理的研究，因为资料不够，地域研究只能在大的地理范围内进行，结论也是大致的轮廓，要进行更具体的研究则缺乏资料，举步维艰。

《金关汉简》在这个方面弥补了一些空白。在西北边塞，从大的行政建置到具体的乡里，《金关汉简》都有丰富的记载。传世文献往往记录到县，里则几乎不提及，《金关汉简》记录有明确"郡"、"县"的"里"

就有965个，不清楚郡县的"里"有135个。《金关汉简》这965个完整的地名，包含了从"郡"到"里"的详细信息，所指清楚明确，弥补了传世文献的空白。《金关汉简》还有不见于传世文献的县，甚至有郡，如"雎阳郡"就不见于传世文献。

《居延新简》简EPT59.582，详细记载了各地之间的位置关系及距离远近，展示了一个空间位置关系，是研究古代地理方位的极佳材料：

EPT59.582：长安至茂陵七十里。茂陵至茯置卅五里。茯置至好止七十五里。好止至义置七十五里。月氏至乌氏五十里。乌氏至泾阳五十里。泾阳至平林置六十里。平林置至高平八十里。媪围至居延置九十里。居延置至觻里九十里。觻里至循次九十里。循次至小张掖六十里。删丹至日勒八十七里。日勒至钧著置五十里。钧著置至屋兰五十里。屋兰至垄池五十里。

这里记录了四条邮置线路：

```
              七十里      卅五里      七十五里     七十五里
1. 长安————→茂陵————→茯置————→好止————→义置

              五十里      五十里      六十里       八十里
2. 月氏————→乌氏————→泾阳————→平林置————→高平

              九十里      九十里      九十里       六十里
3. 媪围————→居延置————→觻里————→循次————→小张掖

              八十七里    五十里      五十里       五十里
4. 删丹————→日勒————→钧著置————→屋兰————→垄池
```

几条邮置线路之间的距离记载明确，最短的距离卅五里，最长的九十里，每一条邮置路线都涉及五个地名。这样的安排必定与山形地貌、人口密度、经济水平等相关。这样的材料对于研究古代地名地望，对古代的邮置设置、交通布局、城市建设等都具有不可估量的价值。对地理学、社会学、科技史等都具有极高价值。简牍研究对不少学科都有很大的价值等待大家去发掘。

索　引

扣弦　324

罢卒　126

棓　338

材官　168

长矛　377

车父/车工/车卒　113

承弩　282

樯　359

炊帚　372

大黄弩　285

鞮瞀　354

堞　219

枓　352

棱丸　312

鈇　257

服　319

稿矢、苣矢　299

弓、弩　269

河　194

堠　197，378

墼　223

剑　265

楼樐/楼阑　207

斤、斧　335

具弩　277

兰、兰冠　315

连梃　348

枌柱　250

絲　334

矛　253

弩檠绳、檠白绳　332

皮宿、草革　364

骑士　137

枪　349

强落　228

渠　192

曲旃、缇绀胡　327

省卒　119

矢镞　288

隧卒　59

天田　239

田卒/戍田卒/田兵　71

亭卒 106

铜镞 306

坞 201

弦 323

弦纬 326

陷坚矢 308

小棰 341

游徼 133

有方 258

郭卒 96

治渠卒／治沟卒 92

椎／锥 342

幨 311

参考文献

一 研究材料类

初师宾主编:《中国简牍集成》,中国简牍集成编辑委员会编,敦煌文艺出版社 2001 年版。

甘肃简牍保护研究中心、甘肃省文物考古研究所、甘肃省博物馆、中国文化遗产研究院古文献研究室、中国社会科学院简帛研究中心编:《肩水金关汉简》(壹—伍),中西书局 2011 年、2012 年、2013 年、2015 年、2016 年版。

甘肃省文物考古研究所、甘肃省博物馆、文化部古文献研究室、中国社会科学院历史研究所编:《秦汉魏晋出土文献——居延新简——甲渠候官与第四燧》,文物出版社 1990 年版。

甘肃省文物考古研究所编:《敦煌汉简》,中华书局 1991 年版。

甘肃省文物考古研究所、甘肃省博物馆、中国文物研究所、中国社会科学院历史研究所编:《居延新简——甲渠候官》,中华书局 1994 年版。

李均明:《秦汉简牍文书分类辑解》,文物出版社 2009 年版。

李均明、何双全:《散见简牍合辑》,文物出版社 1990 年版。

马怡、张荣强主编:《居延新简释校》,天津古籍出版社 2013 年版。

史语所简牍整理小组、台北"中央研究院"历史语言研究所:《居延汉简补编》,新北:文渊企业有限公司 1998 年版。

孙家洲主编:《额济纳汉简释文校本》,文物出版社 2007 年版。

魏坚主编:《额济纳汉简》,广西师范大学出版社 2005 年版。

吴礽骧、李永良、马建华释校:《敦煌汉简释文》,甘肃人民出版社 1991

年版。

谢桂华、李均明、朱国炤:《居延汉简释文合校》,文物出版社 1987 年版。

薛英群、何双全、李永良注,甘肃省文物考古研究所编:《居延新简释粹》,
兰州大学出版社 1988 年版。

中国社会科学院考古研究所编:《居延汉简甲乙编》,中华书局 1980 年版。

中国社会科学院考古研究所编:《居延汉简》,中华书局 1980 年版。

二 工具书类

(北宋)陈彭年:《宋本广韵》(鉅宋本),凤凰出版传媒集团 2005 年版。

戴家祥主编:《金文大字典》,学林出版社 1995 年版。

(北宋)丁度等编:《集韵》,上海古籍出版社 1985 年版。

(清)段玉裁注,许惟贤整理:《说文解字注》,凤凰出版传媒集团、凤凰
出版社 2007 年版。

(南朝梁)顾野王:《宋本玉篇》(影印本),北京市中国书店 1983 年版。

(清)桂馥:《说文解字义证》,中华书局 1987 年版。

(晋)郭璞注,管锡华译注:《尔雅》,中华书局 2014 年版。

郭锡良编著:《汉字古音手册》,北京大学出版社 1986 年版。

华夫等:《中国古代名物大典》,济南出版社 1993 年版。

冷玉龙等撰:《中华字海》,中华书局、中国友谊出版公司 1994 年版。

李学勤主编:《字源》,天津古籍出版社 2012 年第 1 版,2013 年版。

(东汉)刘熙:《释名》,王云五主编:《丛书集成初编》,商务印书馆
1936 年版。

(北宋)陆佃:《埤雅》,《丛书集成初编》本,中华书局 1985 年版。

陆锡兴主编:《中国古代器物大词典》,河北教育出版社 2001 年版。

(南宋)罗愿:《尔雅翼》,《丛书集成初编》本,中华书局 1985 年版。

罗竹风主编:《汉语大词典》,汉语大词典出版社 1986—1993 年版。

(明)梅膺祚:《字汇》,上海辞书出版社 1991 年版。

(清)钱大昕:《声类》,《丛书集成初编》本,中华书局 1985 年版。

(清)钱绎笺疏,李发舜、黄建中点校:《方言笺疏》,中华书局 1991 年版。

(唐)释慧琳,(辽)释希麟:《正续一切经音义》,上海古籍出版社 1986

年版。

（唐）释玄应：《一切经音义》，王云五主编：《丛书集成初编》本，商务印书馆 1936 年版。

（北宋）司马光等编：《类篇》，上海古籍出版社（据汲古阁影宋钞本影印）1984 年版。

（明）宋镰撰，（明）屠隆订正：《篇海类编》，《续修四库全书》本，上海古籍出版社 2002 年版。

（清）孙星衍等辑，周天游点校：《汉官六种》，中华书局 1990 年版。

汤可敬：《说文解字今释》，岳麓书社 1997 年版。

唐作藩：《上古音手册》，江苏人民出版社 1982 年版。

（清）王筠：《说文句读》，中国书店 1983 年版。

王力主编：《王力古汉语字典》，中华书局 2000 年版。

（清）王念孙撰：《广雅疏证》，上海古籍出版社 1983 年版。

（清）王先谦：《释名疏证补》，上海古籍出版社 1984 年版。

（南唐）徐锴：《说文解字系传》，中华书局 1987 年版。

徐中舒主编：《汉语大字典》，崇文书局、四川辞书出版社、四川出版集团、湖北长江出版集团 2010 年版。

（东汉）许慎：《说文解字》［影印（清）陈昌治刻本］，中华书局 1963 年第一版，1978 年版。

（西汉）扬雄撰，（晋）郭璞注，（清）戴震疏证：《輶轩使者绝代语释别国方言》，《丛书集成初编》本，商务印书馆 1985 年版。

余迺永：《新校互注宋本广韵》（定稿本），上海人民出版社 2008 年版。

（三国魏）张揖：《广雅》，《丛书集成初编》本，中华书局 1985 年版。

（清）张玉书等编，王引之校改：《康熙字典》，上海古籍出版社 1996 年版。

中国社会科学院语言研究所词典编辑室编：《现代汉语词典》，商务印书馆 2005 年版。

中文大辞典编纂委员会编纂，林尹、高明主编：《中文大辞典》，台南："中国文化研究所" 1968 年版。

（清）朱骏声撰，余国庆、黄德宽点校：《说文假借义证》，黄山书社 1997

年版。

（清）朱骏声：《说文通训定声》（影印本），中华书局 1984 年版。

三 征引文献类

（东汉）班固：《白虎通》，《丛书集成初编》本，中华书局 1985 年版。

（东汉）班固撰，（唐）颜师古注：《汉书》，中华书局 1964 年版。

（清）岑仲勉：《墨子城守各篇简注》，《新编诸子集成》，中华书局 1958 年版。

（明）陈士元撰：《古俗字略》七卷，（两江总督采进本），四库全书总目
　　提要。

（西晋）陈寿撰，（南朝宋）裴松之注：《三国志》，中华书局 1971 年版。

（清）程瑶田撰，（民）洪汝闿校：《果蠃转语记一卷附校记一卷》，《丛书
　　集成续编》（73 册），台北：新文丰出版公司 1981 年版。

（西晋）崔豹：《古今注》，中华书局 1985 年版。

（南宋）戴侗：《六书故》，上海社会科学院出版社 2006 年版。

（唐）杜佑撰，王文锦等点校：《通典》，中华书局 1988 年版。

（南朝宋）范晔、（晋）司马彪撰，（唐）李贤、（南朝梁）刘昭等注：
　　《后汉书》，中华书局 1965 年版。

郭沫若主编：《中国史稿》，人民出版社 1976 年版。

（清）郭庆藩：《庄子集释》，《新编诸子集成》，中华书局 1961 年第 1 版，
　　2004 年版。

（西晋）郭象注，（唐）成玄英疏：《庄子注疏》，中华书局 1961 年版。

（清）胡培翚撰，刘峻、汪家鳌校：《仪礼正义》，《皇清经解续编本》本，
　　上海书店 1988 年影印。

（战国）韩非撰，陈奇猷校注：《韩非子新校注》，上海古籍出版社 2000
　　年版。

黎翔凤撰，梁运华整理：《管子校注》，《新编诸子集成》，中华书局 2004
　　年版。

（唐）李延寿：《北史》，中华书局 1974 年版。

（北魏）郦道元：《水经注》，时代文艺出版社 2001 年版。

（西汉）刘安撰，（东汉）高诱注：《淮南子》，上海古籍出版社 1986 年版。

（清）刘宝楠撰，高流水点校：《论语正义》，中华书局 1990 年版。

（唐）陆德明：《经典释文》，中华书局 1983 年版。

马非百：《管子轻重篇新诠》，《新编诸子集成》（第一辑），中华书局 1979 年版。

（五代）马缟编撰：《中华古今注》，《丛书集成初编》本，中华书局 1985 年版。

（北宋）欧阳修、宋祁等撰：《新唐书》，中华书局 1975 年版。

（清）阮元校刻：《十三经注疏》，中华书局 1980 年版。

（西汉）史游、（唐）颜师古注，（宋）王应麟补注，钱保唐补音：《急就篇》，《丛书集成初编》本，中华书局 1985 年版。

（北宋）司马光编著，胡三省音注：《资治通鉴》，中华书局 1956 年第 1 版，1963 年版。

（西汉）司马迁撰，（南朝宋）裴骃集解，（唐）司马贞索隐，（唐）张守节正义：《史记》，中华书局 1959 年版。

（明）宋应星著，潘吉星译注：《天工开物译注》，上海古籍出版社 1993 年版。

（清）孙诒让撰，孙以楷点校：《墨子间诂》，《新编诸子集成》（第一辑），中华书局 2001 年版。

（清）孙诒让撰，王文锦、陈玉霞点校：《周礼正义》，中华书局 1987 年版。

王利器校注：《盐铁论校注》，《新编诸子集成》（第一辑），中华书局 1992 年版。

（清）王念孙：《读书杂志》，北京市中国书店 1985 年版。

（清）王先谦补注：《汉书补注》，中华书局 1983 年版。

（清）王先谦：《后汉书集解》，上海古籍出版社 1984 年版。

（清）王先谦撰，沈啸寰、王星贤点校：《荀子集解》，中华书局 1988 年版。

（清）王先谦：《庄子集解》，中华书局 1954 年版。

（清）吴任臣：《字汇补》，上海辞书出版社 1991 年版。

（南朝梁）萧统编，（唐）李善注：《文选》，上海古籍出版社 1986 年版。

杨伯峻：《春秋左传注》，中华书局 1981 年第 1 版，1995 年第 3 版。

杨树达：《盐铁论要释》，中华书局 1963 年版。

尹桐阳：《墨子新释》，民国三年衡南学社印本。

（东汉）应劭撰，王利器校注：《风俗通义校注》，中华书局 1981 年版。

朱谦之：《老子校释》，《新编诸子集成》（第一辑），中华书局 1984 年版。

四 研究著作类

《中国军事史》编写组编：《武经七书译注》，解放军出版社 1986 年版。

陈梦家：《汉简缀述》（考古学专刊甲种第十五号），中国社会科学院考古
研究所编辑，中华书局 1980 年版。

陈盘：《汉晋遗简识小七种》（"中央研究院"历史语言研究所专刊之六十
三），台北："中央研究院"历史语言研究所 1975 年版。

陈文华：《农业考古》，文物出版社 2002 年版。

陈直：《居延汉简研究》，天津古籍出版社 1986 年版。

陈直：《两汉经济史料论丛》，陕西人民出版社 1980 年版。

褚良才：《敦煌变文中的古代军语汇释》，浙江教育出版社 1998 年版。

杜葆运、韩汝玢：《汉长安城武库》，中国社会科学院考古研究所编著，
文物出版社 2005 年版。

［日］冨谷至：《汉简词汇考证》，张西艳译，中西书局 2018 年版。

甘肃省文物考古研究所、甘肃简牍保护研究中心编：《甘肃简牍百年论著
目录》，甘肃文化出版社 2008 年版。

高敏：《秦汉史探讨》，中州古籍出版社 1998 年版。

胡平生、张德芳、中国文物研究所、甘肃省文物考古研究所编撰：《敦煌
悬泉汉简释粹》，上海古籍出版社 2001 年版。

黄今言：《秦汉军制史论》，江西人民出版社 1993 年版。

黄金贵：《古代文化词语考论》，浙江大学出版社 2001 年版。

黄文杰：《秦至汉初简帛文字研究》，商务印书馆 2008 年版。

翦伯赞：《秦汉史》，北京大学出版社 2001 年版。

蒋礼鸿、任铭善：《古汉语通论》，浙江教育出版社 1984 年版。

劳干：《居延汉简——考释之部》（"中央研究院"历史语言研究所专刊之
四十），台北："中央研究院"历史语言研究所 1960 年版。

劳干:《居延汉简——图版之部》("中央研究院"历史语言研究所专刊之二十一),台北:"中央研究院"历史语言研究所 1957 年版。

李宝通、黄兆宏:《简牍学教程》,甘肃人民出版社 2011 年版。

李均明:《古代简牍》,文物出版社 2003 年版。

李均明:《尹湾汉墓出土"武库永始四年兵车器集簿"初探》,连云港市博物馆、中国文物研究所编:《尹湾汉墓简牍综论》,科学出版社 1999 年版。

李均明、刘国忠、刘光胜、邬文玲:《当代中国简帛学研究(1949—2009)》,中国社会科学出版社 2011 年版。

李均明、刘军:《简牍文书学》,广西教育出版社 1999 年版。

李天虹:《居延汉简簿籍分类研究》,科学出版社 2003 年版。

林甘泉主编:《中国经济通史:秦汉卷》,中国社会科学出版社 2007 年版。

林梅村、李均明:《秦汉魏晋出土文献·疏勒河流域出土汉简》,文物出版社 1984 年版。

刘叔新:《汉语描写词汇学》,商务印书馆 2005 年版。

罗振玉、王国维:《流沙坠简》(影印本),中华书局 1934 年初版,1993 年再版。

骈宇骞、段书安:《二十世纪出土简帛综述》,文物出版社 2006 年版。

(南宋)钱文子:《补汉兵志》,《二十五史补编》第 1 册,中华书局 2005 年版。

裘锡圭:《从出土文字资料看秦和西汉时代官有农田的经营》,《裘锡圭学术文集》第 5 卷,复旦大学出版社 2012 年版。

裘锡圭:《读汉简札记》,李学勤主编,林剑鸣、谢桂华副主编:《简帛研究》(第二辑),法律出版社 1996 年版。

饶宗颐、李均明:《敦煌汉简编年考证》,载《饶宗颐二十世纪学术文集》,台北:新文丰出版公司 2003 年版。

任继昉:《汉语语源学》,重庆出版社 1992 年版。

沈刚:《居延汉简语词汇释》,科学出版社 2008 年版。

沈颂金:《二十世纪简帛学研究》,学苑出版社 2003 年版。

苏秉琦:《战国秦汉考古》,上海古籍出版社 2014 年版。

孙膑撰，张震泽校注：《孙膑兵法校理》，《新编诸子集成》，中华书局 1984
　　年第 1 版，2014 年版。

孙机：《汉代物质文化资料图说（增订本）》，上海古籍出版社 2008 年版。

谭其骧：《中国历史地图集：秦·西汉·东汉时期》，中国地图出版社 1982
　　年版。

汪家伦、张芳：《中国农田水利史》，农业出版社 1990 年版。

吴礽骧、甘肃省文物考古研究所：《河西汉塞调查与研究》，文物出版社
　　2005 年版。

向熹：《简明汉语史》，高等教育出版社 1993 年版。

邢义田：《汉代边塞军队的给假、休沐与功劳制——读〈居延新简〉札记
　　之二》，李学勤主编，林剑鸣、谢桂华副主编：《简帛研究》（第一
　　辑），法律出版社 1993 年版。

邢义田：《治国安邦：法制、行政与军事》，中华书局 2011 年版。

徐朝华：《上古汉语词汇史》，商务印书馆 2003 年版。

薛英群：《居延汉简通论》，甘肃教育出版社 1991 年版。

杨泓：《中国古兵器论丛（增订本）》，中国社会科学出版社 2007 年版。

殷寄明：《汉语语源义初探》，学林出版社 1998 年版。

于豪亮：《于豪亮学术文存》，中华书局 1985 年版。

于振波：《简牍与秦汉社会》，湖南大学出版社 2012 年版。

岳邦湖、钟圣祖、甘肃省文物组编：《疏勒河流域汉代长城考察报告》，
　　文物出版社 2001 年版。

臧知非：《秦汉赋役与社会控制》，三秦出版社 2012 年版。

张显成：《简帛文献论集》，巴蜀书社 2008 年版。

张显成：《简帛文献学通论》，中华书局 2004 年版。

赵宠亮：《行役戍备：河西汉塞吏卒的屯戍生活》，科学出版社 2012 年版。

赵兰香、朱奎泽：《汉代河西屯戍吏卒衣食住行研究》，中国社会科学出
　　版社 2015 年版。

郑有国：《中国简牍学综论》，华东师范大学出版社 1989 年版。

中国社会科学院考古研究所等编辑：《满城汉墓发掘报告》，文物出版社
　　1980 年版。

五 论文类

（一）期刊论文（包括外国译文）

安文朗：《释"燧"》，《中国语文》1983 年第 4 期。

安忠义：《从汉简等资料看汉代的食品加工技术》，《鲁东大学学报》（哲学社会科学版）2006 年第 3 期。

安忠义：《汉简〈守御器簿〉词汇释例五则》，《南京师范大学文学院学报》2005 年第 2 期。

陈公柔、徐苹芳：《大湾出土的西汉田卒簿籍》，《考古》1963 年第 3 期。

陈公柔、徐萍芳：《关于居延汉简的发现和研究》，《考古》1960 年第 1 期。

陈玲：《试论汉代边塞刑徒的工作》，《甘肃高师学报》2004 年第 6 期。

陈晓鸣：《汉代边兵的日常生活和待遇问题述略》，《江西师范大学学报》1996 年第 3 期。

陈直：《居延第一批汉简与汉史的关系》，《西北大学学报》（哲学社会科学版）1979 年第 1 期。

程维荣：《汉代居延戍卒及其法律地位》，《政治与法律》2008 年第 3 期。

初师宾：《汉边塞守御器备考略》，《汉简研究文集》，甘肃省文物工作队编，甘肃人民出版社 1984 年版。

初仕宾、任步云：《居延汉代遗址的发掘和新出土的简册文物》，《文物》1978 年第 1 期。

崔丽芳：《论汉代边军的组织与管理》，《大连大学学报》2012 年第 4 期。

杜朝晖：《从"胡禄"说起——兼论古代藏矢之器的源流演变》，《中国典籍与文化》2007 年第 6 期。

甘肃省博物馆、敦煌县文化馆、甘肃省文物考古研究所编：《敦煌马圈湾汉代烽燧遗址发掘报告》，载《敦煌汉简》下册，中华书局 1991 年版。

［日］高村武幸：《关于汉代材官、骑士的身份》，杨振红译，载卜宪群、杨振红主编《简帛研究二○○四》，广西师范大学出版社 2006 年版。

高荣：《汉代河西的水利建设与管理》，《敦煌学辑刊》2008 年第 2 期。

高元武：《汉朝西北边疆戍卒的基本情况及日常工作》，《重庆科技学院学报》（社会科学版）2010 年第 17 期。

管东贵:《汉代屯田的组织与功能》,《"中央研究院"历史语言研究所集刊》第四十八本第四分,台北:"中央研究院"历史语言研究所 1977 年版。

郭伟涛:《汉代肩水塞部隧设置研究》,《文史》2018 年第 1 辑。

郝二旭:《"肩水"小考》,《中国历史地理论丛》2010 年第 1 期。

何双全:《汉代戍边士兵籍贯考述》,《西北史地》1989 年第 2 期。

侯丕勋:《"天田"义源及具体制度——简牍研究的一点初步想法》,《西北师大学报》(社会科学版) 1996 年第 1 期。

侯丕勋:《西北所出土简牍的特点》,西北师范大学历史系、甘肃省文物考古研究所编:《简牍学研究》(第一辑),甘肃人民出版社 1996 年版。

侯旭东:《西汉张掖郡肩水候系年初编:兼论候行塞时的人事安排与用印》,西北师范大学历史文化学院、甘肃简牍博物馆编:《简牍学研究》(第五辑),甘肃人民出版社 2014 年版。

侯宗辉:《肩水金关汉简所见"从者"探析》,《敦煌研究》2014 年第 2 期。

胡永鹏:《读〈肩水金关汉简(贰)〉札记》,《中国文字》新四十期,台北:艺文印书馆 2014 年版。

胡永鹏:《肩水金关汉简校读札记》,《汉字文化》2015 年第 3 期。

黄今言、陈晓鸣:《汉朝边防军的规模及其养兵费用之探讨》,《中国经济史研究》1997 年第 1 期。

黄艳萍:《〈肩水金关汉简(壹)〉纪年简校考》,《敦煌研究》2014 年第 2 期。

黄艳萍:《〈肩水金关汉简(叁)〉纪年简校考》,《敦煌研究》2015 年第 2 期。

蒋波、周世霞:《〈肩水金关汉简(肆)〉所见甘肃人身高》,《兰州文理学院学报》(社会科学版) 2017 年第 2 期。

焦天然:《两汉都试考——兼论汉简中的秋射》,《鲁东大学学报》(哲学社会科学版) 2014 年第 1 期。

康玉平:《居延汉简中的戍边故事》,《档案与社会》2012 年第 5 期。

劳干:《汉代兵制及汉简中的兵制》,《"中央研究院"历史语言研究所集刊》第 10 册,中华书局 1987 年版。

李古寅：《汉代河西军屯劳动者成份和生活状况》，《社会科学》1983 年
　　第 4 期。

李均明：《汉代甲渠候官规模考（上）》，《文史》第 34 辑，中华书局 1992
　　年版。

李均明：《汉简遣书考述》，李学勤主编，林剑鸣、谢桂华副主编：《简帛
　　研究》（第一辑），法律出版社 1993 年版。

李振宏：《汉简"省卒"考》，《史学月刊》1993 年第 4 期。

李正宇：《敦煌郡的边塞长城及烽警系统》，《敦煌研究》1995 年第 2 期。

刘光华：《西汉边郡屯田的管理系统及其有关问题》，《敦煌学辑刊》1988
　　年第 Z1 期。

刘军：《两汉军事后勤比较研究》，《咸阳师范学院学报》2011 年第 1 期。

罗见今、关守义：《〈肩水金关汉简（贰）〉历简年代考释》，《敦煌研究》
　　2014 年第 2 期。

马智全：《居延汉简中的"河渠卒"应是"治渠卒"》，《中国农史》2015
　　年第 4 期。

马智全：《说"僵落"》，《敦煌研究》2018 年第 1 期。

［日］米田贤次郎：《秦汉帝国的军事组织》，余太山译，中国社会科学院
　　历史研究所战国秦汉史研究室编：《简牍研究译丛》（第二辑），中国
　　社会科学出版社 1987 年版。

牛忠菁、方琦：《肩水金关汉简所见田卒与戍卒之别》，《赤峰学院学报》
　　（汉文哲学社会科学版）2019 年第 7 期。

彭慧敏：《两汉在西域屯田论述》，《新疆大学学报》（哲学社会科学版）
　　1985 年第 1 期。

彭晓艳：《〈说文通训定声〉"别义"研究》，《社会科学论坛》2012 年第
　　9 期。

［日］森鹿三：《论居延出土的卒家属廪名籍》，金立新译，见中国社会科
　　学院历史研究所战国秦汉史研究室编《简牍研究译丛》（第一辑），
　　中国社会科学出版社 1983 年版。

邵正坤：《汉代边郡军粮廪给问题探讨》，《南都学坛》（社会科学版）2005
　　年第 5 期。

丝路:《烽隧·亭障·斥堠》,《新疆师范大学学报》(社会科学版)1984年第 1 期。

宋治民:《居延汉简中所见西汉屯田二、三事》,《四川大学学报》(哲学社会科学版)1981 年第 2 期。

孙闻博:《河西汉塞"河渠卒"为"治渠卒"辨》,《敦煌研究》2015 年第 5 期。

田尚:《古代河西走廊的农田水利》,《中国农史》1986 年第 2 期。

汪桂海:《简牍所见汉代边塞徼巡制度》,《中国边疆史地研究》2006 年第 3 期。

汪受宽:《肩水金关汉简"黑色"人群体研究》,《中华文史论丛》2014年第 3 期。

王鸿国:《汉代居延的边防设施》,《阳关》2006 年第 4 期。

王剑英:《汉代的屯田》,《历史教学》1956 年第 9 期。

王锦城:《释西北汉简中的"冒"——兼论"皮冒""草革"及相关词语》,《古汉语研究》2019 年第 1 期。

王锦城:《西北汉简所见"强落"考论》,《中国文字研究》2017 年第 2 期。

王彦辉:《论秦汉时期的正卒与材官骑士》,《历史研究》2015 年第 4 期。

王震:《古兵器"有方"考证》,《内蒙古社会科学》(汉文版)2009 年第 1 期。

王震、庄大钧:《有方训释辨正及其形制发展》,《江汉考古》2008 年第 4 期。

王震亚、张小锋:《汉简中的戍卒生活》,西北师范大学历史系,甘肃省文物考古研究所编:《简牍学研究》(第二辑),甘肃人民出版社 1998 年第 1 版,2009 年第 2 版。

王子今:《关于居延"车父"简》,《简帛研究》(第二辑),法律出版社1996 年版。

[日] 尾形勇:《汉代屯田制的几个问题——以武帝、昭帝时期为中心》,吕宗力译,中国社会科学院历史研究所战国秦汉史研究室编:《简牍研究译丛》(第一辑),中国社会科学出版社 1983 年版。

尉侯凯:《读〈肩水金关汉简〉零札七则》,《西华大学学报》(哲学社会科学版)2017 年第 1 期。

魏德胜：《西北屯戍简牍中的"矢""箭"》，《鲁东大学学报》（哲学社会科学版）2011 年第 2 期。

魏燕利：《汉"塞天田"新探》，《池州师专学报》2003 年第 6 期。

吴超：《天田与土河》，《敦煌研究》2004 年第 5 期。

徐子宏：《汉简所见烽燧系统的考核制度》，《贵州师范大学学报》（社会科学版）1988 年第 4 期。

杨芳：《汉简所见河西边塞军屯人口来源考》，《中国边疆史地研究》2009 年第 1 期。

杨延霞：《肩水金关汉简所见戍卒名籍考》，《黑龙江史志》2013 年第 17 期。

姚磊：《〈肩水金关汉简〉所见戍卒史料考略》，《中国边疆史地研究》2018 年第 4 期。

姚磊：《〈肩水金关汉简〉所见田卒史料探析》，《中国农史》2016 年第 4 期。

［日］永田英正：《居延汉简烽燧考——特以甲渠候官为中心》，那向芹译，见中国社会科学院历史研究所战国秦汉史研究室编《简牍研究译丛》（第二辑），中国社会科学出版社 1987 年版。

于豪亮：《居延汉简中的"省卒"》，《文物》1963 年第 11 期。

［日］羽田明、秦仙梅：《"天田"辨疑》，《文博》2000 年第 5 期。

张国艳：《居延新简词汇札记》，《青海师专学报》2002 年第 2 期。

张俊民：《汉代居延屯田小考——汉甲渠候官出土文书为中心》，《西北史地》1996 年第 3 期。

张俊明：《汉代边境防御制度初考——以出土汉简日迹简为中心的考察》，卜宪群、杨振红主编：《简帛研究二〇〇四》，广西师范大学出版社 2006 年版。

张丽萍：《释西北屯戍汉简中的"楼樏"——兼论"椎"的所指和作用》，《贵州工程应用技术学院学报》2019 年第 1 期。

张伟：《从敦煌汉简看汉代戍卒的武器装备》，《和田师范专科学校学报》2010 年第 4 期。

张显成：《论简帛的文献学研究价值》，《古籍整理研究学刊》2005 年第 1 期。

张显成：《论简帛文献的词汇史研究价值——兼论其汉语史研究价值》，

《简帛研究》（第三辑），广西教育出版社1998年版。

张小锋：《"有方"考论》，《历史教学》（高校版）2008年第6期。

张颖慧：《敦煌、居延简中的"关、戍、楼橹"》，《阿坝师范高等专科学校学报》2011年第4期。

张永言：《汉语外来词杂谈》（补订稿），《汉语史学报》第七辑，上海教育出版社2007年版。

赵宠亮：《居延汉简所见"罢卒"》，《石家庄学院学报》2010年第5期。

赵宠亮：《西北汉简所见边塞戍所的请销假制度》，《文博》2010年第1期。

赵沛：《居延汉简所见〈兵簿〉〈被兵簿〉——兼论居延边塞兵器配给》，《西北史地》1994年第4期。

朱绍侯：《两汉屯田制研究》，《史学月刊》2012年第10期。

（二）博士学位论文

郭伟涛：《汉代张掖郡肩水塞研究》，清华大学，2017年。

胡永鹏：《西北边塞汉简编年及相关问题研究》，吉林大学，2016年。

黄艳萍：《〈肩水金关汉简〉（壹—肆）异体字研究》，华东师范大学，2016年。

黄永美：《西汉长城若干问题研究》，西北大学，2013年。

李洪财：《汉简草字整理与研究·汉代简牍草字汇编》，吉林大学，2014年。

马克冬：《简帛兵书军事用语研究》，西南大学，2014年。

姚磊：《肩水金关汉简缀合、编连及相关问题研究》，武汉大学，2018年。

张国艳：《居延汉简虚词研究》，华东师范大学，2005年。

（三）硕士学位论文

弓建中：《公元前2世纪前后秦汉西北边防及其效果》，西北大学，2001年。

韩勇：《汉简所见边塞兵器装备及其管理制度》，东北师范大学，2009年。

黄登茜：《汉简兵簿与汉代兵器论考》，西北师范大学，2001年。

李华：《〈练兵实纪〉军事词语研究》，陕西师范大学，2016年。

李亮良：《西北屯戍汉简中常见的吏卒爵位与西汉民爵制初探》，西南大学，2012年。

李天一：《汉简所见张掖地区屯戍人口籍贯相关问题研究》，吉林大学，2018年。

李烨：《〈肩水金关汉简（壹）〉研究三题》，西南大学，2013 年。

李志远：《西汉西北地区戍卒生活研究》，东北师范大学，2008 年。

梁馨予：《河西汉塞屯戍士卒籍贯管理研究》，西北师范大学，2018 年。

刘军：《两汉军事后勤研究》，吉林大学，2005 年。

刘倩倩：《〈肩水金关汉简（壹）〉注释及相关问题研究》，华东师范大学，2015 年。

刘小文：《〈尉缭子〉军事用语研究》，西南师范大学，2003 年。

罗蓓蕾：《〈左传〉军事词语研究》，广西师范大学，2004 年。

马思敏：《〈六韬〉军事用语研究》，西北师范大学，2015 年。

孟建升：《西北出土汉简中所见的"养"及其相关问题的研究》，广西师范大学，2012 年。

王耀辉：《居延汉简所见戍、田卒服役制度研究》，西北师范大学，2016 年。

王震宁：《〈墨子〉城守诸篇军事工程技术研究》，陕西师范大学，2014 年。

魏璐梦：《〈肩水金关汉简（贰）〉词汇专题研究》，华东师范大学，2016 年。

吴军：《汉简中河西边郡的防御组织研究》，西北师范大学，2001 年。

杨晓军：《肩水金关汉简书写形态考察——以 T1 - T10 出土简牍为例》，西北师范大学，2016 年。

伊传宁：《汉代西北戍卒研究——以居延汉简为中心》，西北师范大学，2011 年。

张珂：《汉代西北边塞戍卒境遇浅析》，山东大学，2017 年。

张朋军：《汉代居延戍卒研究》，郑州大学，2012 年。

张伟：《敦煌汉简中的兵器》，西北师范大学，2011 年。

赵岩：《几组上古汉语军事同义词研究》，东北师范大学，2006 年。

赵叶：《〈肩水金关汉简（叁）〉文字整理与相关专题研究》，聊城大学，2016 年。

朱奎泽：《西汉西北戍边军粮问题研究》，西北师范大学，2004 年。

（四）网络论文

曹方向：《初读〈肩水金关汉简（壹）〉》，简帛网，http：//www. bsm. org. cn/show_ article. php? id =1549，2011 -09 -16。

方勇：《读〈肩水金关汉简（壹）〉小札（二则）》，简帛网，http：//

www. bsm. org. cn/show_ article. php？id＝1859，2013－06－10。

方勇：《读肩水金关汉简札记二则》，简帛网，2011－09－16，http：//www. bsm. org. cn/show_ article. php？id＝1550。

何茂活：《〈肩水金关汉简（壹）〉残断字释补》，复旦大学出土文献与古文字研究中心网，http：//www. gwz. fudan. edu. cn/Src Show. asp？Src_ ID＝2377，2014－11－20。

何茂活：《〈肩水金关汉简（叁）〉历谱简零缀》，复旦大学出土文献与古文字研究中心网，http：//www. gwz. fudan. edu. cn/Src Show. asp？Src_ ID＝2675，2015－12－09。

何茂活：《肩水金关汉简缀合校释一则》，复旦大学出土文献与古文字研究中心网，http：//www. gwz. fudan. edu. cn/Web/Show/2415，2015－ 01－07。

何茂活：《肩水金关汉简缀合校释一则》，复旦大学出土文献与古文字研究中心网，http：//www. gwz. fudan. edu. cn/，2015－01－18。

何有祖：《读〈肩水金关汉简（叁）〉札记（一）》，简帛网，2016－01－ 29，http：//www. bsm. org. cn/show_ article. php？id＝2448。

何有祖：《读〈肩水金关汉简（叁）〉札记（二）》，简帛网，2016－01－ 20，http：//www. bsm. org. cn/show_ article. php？id＝2450。

何有祖：《读肩水金关汉简札记（一则)》，简帛网，2016－01－09，http：// www. bsm. org. cn/show_ article. php？id＝2416。

何有祖：《读肩水金关汉简札记（二则)》，简帛网，2016－01－11，http：// www. bsm. org. cn/show_ article. php？id＝2417。

胡永鹏：《读〈肩水金关汉简（贰）〉札记》，简帛网，2013－09－17， http：//www. bsm. org. cn/show_ article. php？id＝1555。

罗小华：《〈地湾汉简〉中的"弦"》，简帛网，2018－05－30，http：// www. bsm. org. cn/show_ article. php？id＝3145。

马智全：《〈地湾汉简〉研读札记（七）》，简帛网，2018－06－19，http：// www. bsm. org. cn/show_ article. php？id＝3171

田炳炳：《读〈肩水金关汉简〉札记四则》，简帛网，2014－07－02，http：// www. bsm. org. cn/show_ article. php？id＝2043。

魏德胜：《〈肩水金关汉简（三）〉73EJT29：117A 简解读》，简帛网，2014 - 06 - 26，http：//www. bsm. org. cn/show_ article. php？id = 2037，http：// www. bsm. org. cn/show_ article. php？id = 3232。

谢坤：《读肩水金关汉简札记（一）》，简帛网，2016 - 01 - 11，http：// www. bsm. org. cn/show_ article. php？id = 2418。

谢坤：《读肩水金关汉简札记（二）》，简帛网，2016 - 01 - 12，http：// www. bsm. org. cn/show_ article. php？id = 2422。

谢坤：《读肩水金关汉简札记（三）》，简帛网，2016 - 01 - 13，http：// www. bsm. org. cn/show_ article. php？id = 2426。

邢义田：《〈肩水金关汉简（壹）〉初读札记之一》，简帛网，2012 - 05 - 08，http：//www. bsm. org. cn/show_ article. php？id = 1686。

许名玱：《〈肩水金关汉简（肆）〉缀合七则简册复原》，简帛网，2016 - 01 - 12，http：//www. bsm. org. cn/show_ article. php？id = 2425。

颜世铉：《肩水金关汉简》（肆）缀合第 1 - 2 组》，简帛网，2016 - 01 - 13，http：//www. bsm. org. cn/show_ article. php？id = 2429。

颜世铉：《肩水金关汉简》（肆）缀合第 3 - 4 组》，简帛网，2016 - 01 - 13，http：//www. bsm. org. cn/show_ article. php？id = 2430。

颜世铉：《肩水金关汉简》（肆）缀合第 5 - 6 组》，简帛网，2016 - 01 - 14，http：//www. bsm. org. cn/show_ article. php？id = 2436。

姚磊：《读〈肩水金关汉简〉札记》（三十六），简帛网，2018 - 05 - 16，http：//www. bsm. org. cn/show_ article. php？id = 3104。

姚磊：《读〈肩水金关汉简〉札记》（一），简帛网，2015 - 11 - 02，ht- tp：//www. bsm. org. cn/show_ article. php？id = 2333。

伊强：《〈肩水金关汉简（贰）〉缀合一则》，简帛网，2014 - 06 - 16，ht- tp：//www. bsm. org. cn/show_ article. php？id = 2033。

伊强：《〈肩水金关汉简（壹）〉缀合六则》，简帛网，2015 - 10 - 06，ht- tp：//www. bsm. org. cn/show_ article. php？id = 2033。

张朝阳：《由肩水金关汉简解读居延汉简一案例补考》，简帛网，2011 - 11 - 18，http：//www. bsm. org. cn/show_ article. php？id = 1581。

张俊民：《〈肩水金关汉简（壹）〉释文》，简帛网，2011 - 09 - 23，http：//www. bsm. org. cn/show_ article. php？id = 1555。

张俊民：《〈肩水金关汉简（壹）〉释文补例续》，简帛网，2012 - 05 - 08，http：//www. bsm. org. cn/show_ article. php？id = 1687。

张俊民：《金关汉简札记》，简帛网，2011 - 10 - 15，http：//www. bsm. org. cn/show_ article. php？id = 1565。

张文建：《〈肩水金关汉简（壹）〉再缀三则》，简帛网，2017 - 01 - 22，http：//www. bsm. org. cn/show_ article. php？id = 2707。

张文建：《肩水金关汉简（壹）缀合（一）》，简帛网，2017 - 06 - 18，http：//www. bsm. org. cn/show_ article. php？id = 2824。

张文建：《肩水金关汉简（壹）缀合（二）》，简帛网，2017 - 06 - 19，http：//www. bsm. org. cn/show_ article. php？id = 2826。

赵尔阳：《浅谈肩水金关汉简中涉及张掖郡籍"田卒"的几则简文》，简帛网，2018 - 08 - 25，http：//www. bsm. org. cn/show_ article. php？id = 3212。

后　记

　　简帛词汇研究是我生活的一部分。那一个个灵动的字，是书手亲自书写，带给我最真实的感受，似乎上面还有书手的余温。对简帛词汇进行研究，由于材料绝对真实，凭借简帛传递的信息就很可靠，简帛记录的对象是客观存在的，凭借书手所处的时代，可以发掘更多的文化信息。简帛文字是书手手书的结果，因此，在简帛词汇研究过程中，字形辨析、词义分析、文化探析、历史挖掘是必需的工作。每突破一个令人焦虑几天的问题，都让人兴奋不已。通过辨字形、通声韵、看语境、析文例，考证出某个词语之后都极有成就感。能够把简帛词汇研究作为自己的工作，何其有幸！

　　我在西南大学文献所攻读汉语言文字学专业博士学位期间，得到导师张显成教授的大力帮助和指导，确定博士学位论文《西北屯戍汉简名物词语研究》。受博士论文启发成功申报并主持了国家社科基金项目"肩水金关汉简名物词语研究"（项目编号：13CYY052），本书稿就是国家社科基金项目结题成果的一部分。"肩水金关汉简名物词语研究"涉及的内容较广较杂，因而专门选取与屯戍相关的部分，重新整合成《〈金关汉简〉戍卒与武备词语研究》。

　　在进行国家社科基金项目研究的过程中，我感受颇深的就是时间紧、语料少。拿到立项通知书后，兴奋之余开始着手研究工作，当时手里只有《肩水金关汉简（壹）》，《肩水金关汉简（贰）》2012年12月刊出，书还在路上没有拿到。手里的《肩水金关汉简（壹）》已经看了几遍，现在重新查图版、审释文、收录名物词语。随后拿到《肩水金关汉简（贰）》，又开始重复（壹）时的那些工作，并把（贰）与（壹）整合在一起。还有（叁）（肆）（伍）没有刊出。考虑到资料的完整性对于任何研究来说都很有意义，于是就这样，一边做，一边等。2016 年 8 月这套书总算全部出完了，等到全部拿到手的时候，2017 年已经向我们招手了。

我拿到厚厚的五套十五册书，迅速着手进行名物词语的搜集整理研究工作，要把这五套书的名物词语全部糅合成一个整体。考虑到《敦煌汉简》、《居延汉简》、《居延新简》、《额济纳汉简》与《肩水金关汉简》的关系，也把这四批简中的名物词语作穷尽收录，附于《肩水金关汉简名物词语》后面作重要的补充。

2018 年 5 月，小女降世，使得原本忙碌的我，暂时放下手中的工作，只能在她睡熟后，独坐书桌前细细品味与简帛对话的惬意。

2019 年 5 月，收到国家社科项目五位匿名审稿专家的意见，感谢各位专家耐心读完厚厚的书稿，也感谢各位专家给出的很好的建议，项目顺利以"良好"等次结题。尽可能地吸收专家们的意见，以此为起点，勇攀学术的高峰！

感谢恩师，总是给我以鼓励和帮助！感谢我的父母，年迈的双亲看见我手上事多，尽可能地分担我的责任，尽可能多地帮助我带小女，让我能有更多自己的时间！感谢先生，在我无助的时候给我无穷的力量！感谢大宝，你的自律，让我腾出不少宝贵的时间！感谢小女，她那么娴静，那么乖巧，静静地看着你，耐心地等待与你目光的交会，只需要一瞬间，她就满意地笑了。宝贝，是你们给了我前进的力量。

为了美好的每一天，为了美好的明天，加油，加油，继续加油！